Otakar Klíma

VEB F. A. Brockhaus Verlag
Leipzig

RUHM UND UNTERGANG
DES ALTEN IRAN

Übersetzt aus dem Tschechischen
von Herbert Sauer-Žur

Die Originalausgabe erschien unter dem Titel
»Sláva a pád starého Íránu« im Verlag Orbis Prag 1977

Die Vorsätze zeigen ein Detail
vom Treppenaufgang des Palastes in Persepolis

ISBN 3-325-00161-0

1. Auflage

Lizenz-Nr. 455/150/1/88 · LSV 0229
Lektor: Erika Kunath
Kartenredaktion: Rüdiger Thomas
Buchgestaltung: Bernhard Dietze
Illustrationen: Helga Paditz
Printed in the German Democratic Republic
Lichtsatz und Druck: (52) Nationales Druckhaus Berlin,
Betrieb der VOB National
Buchbinderische Weiterverarbeitung: GG Interdruck, Leipzig
Redaktionsschluß: 31. März 1987
Bestell-Nr. 586 970 3
01480

Inhaltsverzeichnis

Statt einer Vorrede

Wenn ich dieses Buch der Öffentlichkeit vorlege, möchte ich den geschätzten Leser darauf aufmerksam machen, daß es darin nicht ausschließlich, ja nicht einmal vorrangig um eine nüchterne Schilderung iranischer Geschichte vor Ankunft der Araber geht, die von Mutmaßungen über Wirken und Einflüsse gesellschaftlicher Kräfte strotzt, obwohl sie auf der Analyse von Tafeln, Ostraka, Papyri, Pergamenten, Inschriften und anderen zu Bescheinigungen, Bestellungen, Verträgen und diversen Rechtsurkunden dienenden Dokumenten beruhen. Mit vollem Bedacht greife ich auf die alte griechische Methode zurück, aus griechischen und orientalischen Quellen erzählenden Charakters zu ergründen zu versuchen, was wir als genus loci bezeichnen. Ich zweifle nicht daran, daß der Leser hauptsächlich gesellschaftliches Geschehen in Gestalt von Beziehungen und wechselseitigem Aufeinanderwirken der Menschen sowie bestimmte gesellschaftliche Systeme in bestimmtem Gebiet und zu bestimmter Zeit interessieren werden.

Menschen bringen diese Systeme hervor und leben darin. Ich bitte den Leser, sich nicht darüber aufzuhalten, daß er iranische Namen einer Person neben dem griechischen Namen einer anderen Person vorfindet. Das liegt daran, daß wir für diese oder jene Epoche keine echten einheimischen Belege besitzen und es wenig sinnvoll wäre, die iranische Form aus einer fremden Umschrift um jeden Preis rekonstruieren zu wollen.

Allwissende Autoritäten werden im Buch manches aufspüren, was ihnen kühn vorkommt. Damit muß jeder Autor rechnen. Es sei mir lediglich gestattet, die Hoffnung zum Ausdruck zu bringen, daß mein Buch neben anderen Publikationen seines Charakters ehrenvoll bestehen möge.

April 1975 — Der Autor

Iran, ein Land der Kontraste, und seine Vorzeit

Sehr oft begegnen wir am Anfang von Büchern, die iranische Fragen behandeln, dem Satz: »Iran ist und war von jeher ein Land voller Kontraste.« Mir scheint, daß die Autoren gar nicht anders beginnen können. Also ist es ein Klischee. Doch nach gründlicher Untersuchung aller Erscheinungen stellen wir fest, daß das, was zunächst wie eine stereotype Phrase anmutet, tiefe Wahrheit enthält.

Neben kahlen Gebirgen, die himmelhoch ragen, Sümpfen und Salzwüsten gibt es anheimelnde wohlbestellte Felder, Weiden, Wälder, Siedlungen mit Gärten und Hainen – allerdings nur dort, wo Wasser, dieser Schöpfer und Bewahrer allen Lebens, vorkommt. Die Iraner verehrten es folglich als heiliges Element, und seine Gottheit, die anmutige Ardvisura Anahita, erfreute sich im iranischen Frühreich zahlreicher Tempel. Und ums Wasser wurde gerungen: Die Seelen der Toten kehrten einmal im Jahr in Verbänden bewaffneter Himmelsfrauen auf die Erde zurück, um sich von ihren Nachfahren feiern und bewirten zu lassen. Sie trugen untereinander heftige Fehden aus ums Wasser für ihre ehemaligen Heimatorte, für ihre Familien, Sippen, Stämme und Völkerschaften. Wasser hatte es im Iran ehedem, vor zehn bis fünfzehn Jahrtausenden etwa, sogar im Überfluß gegeben. Inmitten dieser weitläufigen Region dehnte sich ein Meer aus, wie archäologische Ausgrabungen und paläontologische Funde beweisen. Später wandelte sich das Klima, und trockenere Zeiten zogen herauf. An das Meer gemahnen bis heute die Salzwüsten.

In jener späteren Epoche lebten im Iran Menschen, wovon Höhlenfunde künden (z. B. in Tange Padban in den Bachtijar-Bergen nordöstlich von Schustar). Die Höhlenmenschen gingen auf Jagd, hantierten mit Steinwerkzeugen, nutzten auch Holz und Knochen als Rohstoff, formten aus Ton primitive Gefäße. Um die Kenntnis ältester iranischer Siedlungen machte sich der Archäologe Roman Ghirshman verdient. Mit fortschreitender Schrumpfung des Binnenmeeres greifen Wald- und Weidegebiete Raum, nimmt der Wildbestand zu, entfaltet sich das Jagdwesen.

Als Prototyp menschlichen Daseins gilt die Jägersiedlung in Sijalk unweit von Kaschan, die Ghirshman vor dem zweiten Weltkrieg entdeckt hat. Um 7000-5000 v. u. Z. kommen Ackerbau und Viehzucht auf. In der frühesten Schicht von Sijalk gibt es bereits farbige Keramik, Grobgewebe, Kupfergegenstände; Steinwerkzeuge überwiegen zwar, doch erscheint auch Schmuck, wie Halsbänder aus Muscheln und Armreifen aus Kieseln, ja es gibt kleine Mörser, worin Schminke gestampft wurde. Darstellungen von Antilopen- und Ziegenköpfen an Gefäßen wurden hier freigelegt, sogar ein Bildnis des damaligen Menschen mit einer Mütze auf dem Haupt und einem Lendentuch am Gürtel. Die jüngere Schicht von Sijalk zeugt schon von beachtlichem Fortschritt. Die Wohnstätten sind aus sonnengebrannten Ziegeln erbaut, bekannt ist die Töpferscheibe. Das Geschmeide besteht teilweise aus Halbedelsteinen, die Keramikornamente prangen reichhaltiger und prachtvoller. Die Sippen halten sich Vieh, erste Haustiere. Die oberste Schicht von Sijalk ist schon fast vollkommen. Häuser aus richtigem Ziegel haben Fenster und steinerne Fundamente, auf den Gefäßen sind Ackerbauer, Jäger und reigenweise Tänzerinnen abgebildet, der Schmuck ist aus Nephrit, Kristall, Perlen, Lapislazuli (Lasurstein) gefertigt. Die Kupfergegenstände wurden zumeist gegossen, mithin nicht mehr wie früher erschmolzen. Aber über all dieser Herrlichkeit breitet sich eine Schicht von Schutt und Asche; ein feindlicher Überfall um das Jahr 3000 v. u. Z. setzte dieser Kultur ein jähes Ende, und eine neue Kultur eines neuen Volkes bricht an.

Mit solchen Fundorten kann Iran in verhältnismäßig großer Zahl aufwarten. Die berühmtesten liegen auf dem Boden Altmediens, wie um Qom, Raj, Damghan, Save; sie sind zugleich die ältesten. In anderen (Tepe-Gijan südlich von Hamadan, Tell-e Bakun bei Persepolis und Susa) dekken sich die Forschungsergebnisse mit denen der zweiten Ausgrabungsschicht von Sijalk.

Außerordentliche Mühe bereitet es, die rassische Zugehörigkeit der früheren Bewohner aus Knochenresten zu bestimmen. Die Wissenschaftler sprechen von einem sogenannten asiatischen Element, das einst ganz Vorderasien bewohnt habe und dessen Existenznachweis nicht nur in den erwähnten iranischen Grabungsstätten erbracht worden sei, sondern ebenso in Palästina, Syrien, Mittelasien (Anau) und in der Indusniederung (die weltbekannten Zentren der Bronzezeitzivilisation Harappa und Mohendsho-Daro).

Was haben diese Völkerschaften zu Zivilisation und Kultur beigesteuert? Über den Ackerbau und die Viehzucht, die Keramik sowie die Kupfer- und Steinbearbeitung hinaus, wovon eben die Rede war, treffen wir auf erste Kunstschöpfungen, Gravierungen und Figürchen, die Tiere und Frauen gestalten, was auf Anfänge religiöser Anschauungen verweist. Zu den ältesten Denkmalen zählt eine Frauenstatuette aus Tepe Sarab, 6,15 cm hoch und, grobgeschätzt, vom Ausgang des 7. Jahrtausends v. u. Z. stammend. Die Frauengestalt zeigt markant hervorgehobene Geschlechtsmerkmale, hat breite Hüften (ist offenkundig in anderen Umständen) und üppige Brüste. Statt des Nackens und des Kopfes trägt sie einen Schaft, dessen Abschluß ein Augenpaar andeutet. Als Hände und Beine dienen einfache Stummel. Die Figur präsentiert sich gleichsam in Entbindungsposition, wahrscheinlich Fruchtbarkeit symbolisierend. Möglicherweise handelt es sich um die Muttergöttin, eine Art Pendant zur vestalischen Venus.

Großer Wert wurde auf die Bestattung, selbstverständlich als Kulthandlung zu deuten, gelegt. Sie wurde im Haus vollzogen, die Leichname sind rund 15 bis 20 cm unter der Erde, in hockender Stellung, begraben und von den Habseligkeiten umgeben, die sie zu Lebzeiten besessen hatten, Schmuck, Ketten aus Muscheln und Schneckengehäusen, Metallperlen u. a. m. Der Körper wurde mit roter Farbe bestrichen, um im Jenseits möglichst frisch zu wirken. Die Grabfunde erhellen, daß die

Frauenstatuette von Tepe Sarab

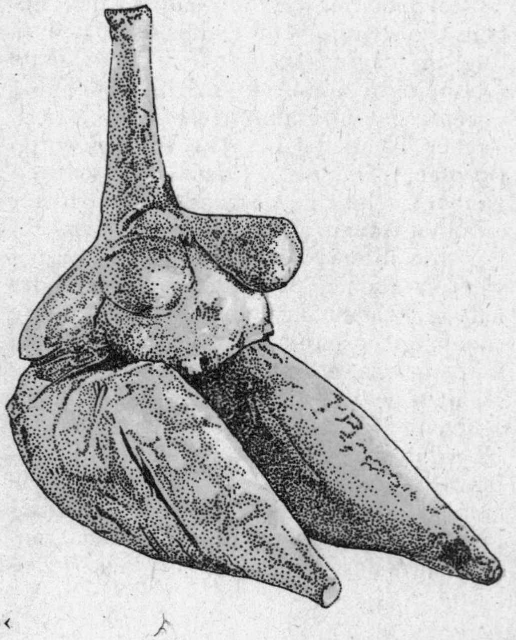

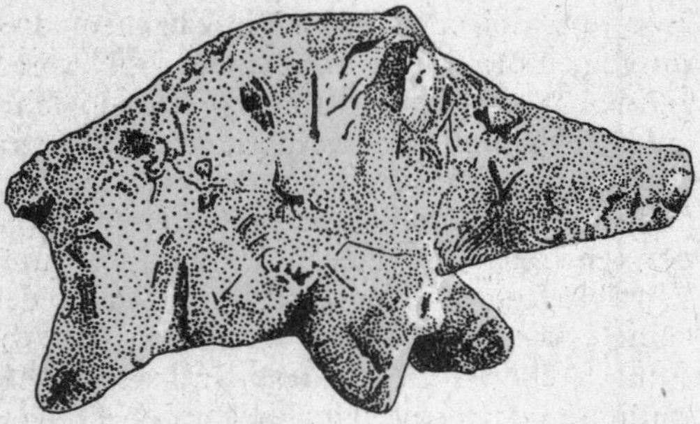

Eberfigürchen aus Tepe Sarab

Menschen dieser antiken Siedlung wohl an ein Leben nach dem Tode geglaubt haben und daß die Beerdigung unter dem Fußboden des eigenen Heimes den Geist der Ahnen an die Wohnstatt ihrer Nachkommen fesseln sollte, um sie zu beschützen oder ihnen in irgendeiner Weise Beistand zu gewähren. Zur Besonderheit der Funde gehört, daß die Materialien häufig von weither kamen: die Muscheln aus dem Meer, der Obsidian beispielsweise aus Kleinasien. Rätselhaft bleibt, auf welchem Wege sie dahingelangt sein mögen.

Historische Anfänge

Schon mehr als 4000 Jahre v. u. Z. begann den ersten vorderasiatischen Völkern der Gegensatz zwischen jenen zwei Welten allmählich bewußt zu werden, die die Natur nebeneinandergestellt hatte, der Kontrast zwischen dem Hochland von Iran und der Tiefebene im Stromland von Euphrat und Tigris. Die natürliche Grenze zwischen Iran und der Tiefebene bildeten die Gebirgsketten Zagros, Poscht-e Kuh und die Berge weiter dem Südosten zu, wie Kale Kuh (4200 m), Kuh-e Gurganak (4420 m), der Kamm Kuh-e Diluje sowie im Süden der Kuh-e Dehma (4276 m). Im Westen erstreckt sich die elamitische Tiefebene am Fluß Karun und daran anschließend Mesopotamien.

Fruchtbare Ebenen lockten seit Urzeiten Menschen zu Siedlung und Ackerbau. Babylonien war ein sprichwörtlich reiches Land, das weit mehr Menschen nährte, als es Bewohner hatte. Die Gebirgsgegenden hingegen boten unerschöpfliche mineralische Bodenschätze, deren Babylonien entbehrte. In gewissem Umfang waren beide Gebiete hinsichtlich der Produkte ihres Landes und ihrer Arbeit aufeinander angewiesen. Hier, in diesem Erdteil, entfaltete sich beizeiten der Wettbewerb zwischen Hoch- und Tiefländern, in dem nicht selten die Bergstämme die Oberhand behielten, bis die Zivilisation in Mesopotamien mit der Entwicklung des Ackerbaus und der Entstehung des sumerischen und des akkadischen Staatswesens eine Stufe erreichte, die die Waagschale auf Dauer zugunsten der Tiefländer ausschlagen ließ. Der Karawanenverkehr lebte auf, mit dessen Hilfe Mesopotamien die benötigten Rohstoffe für die Bautätigkeit sowie für die Waffen- und Werkzeugherstellung erwarb und ebenso aus den gebirgigen Gefilden sich mit seltenen Mineralen und Holz versorgte.

Da Kultur und Zivilisation in Vorderasien gerade in der fruchtbaren mesopotamischen Ebene ihren Aufschwung nahmen, rühren von dort auch die ersten schriftlichen Nachrichten. Wir finden in ihnen Anmerkungen zu Völkerschaften, die in Mesopotamiens Nachbarschaft lebten und in dessen Geschichte eingriffen. Es waren die westiranischen Völker im Zagros-Gebirge und seinen Ausläufern, bekannt als Lullubier, Gutier, Kassiten und Elamiter. Ihre Urheimat und ihre Herkunft bleiben nach wie vor verborgen. Die Elamiter werden auf akkadischen Monumenten als muskulös, stämmig, großwüchsig dargestellt, mit langem Haar und Vollbart. Ihre Geschichte kennzeichnen von Beginn an unentwegte Auseinandersetzungen mit Mesopotamien, von dessen Bewohnern sie die Keilschrift und andere Fertigkeiten übernahmen. Die Gutier beherrschten das Zwischenstromland an die hundert, die Kassiten schließlich gar an die fünfhundert Jahre. Über die Elamiter ermittelten die Archäologen, leider ohne gesicherte Datierung, daß sie ihr Reich dreimal im Flußgebiet von Kercha und Karun errichtet hatten. Im Jahre 1971 beging das Iranische Reich höchst feierlich den 2500. Jahrestag seines Bestehens.

Doch da Babylon 539 v. u. Z. für immer Fremdlingen zur Beute gefallen ist, hätte Mesopotamien bereits damals mindestens sein 2500jähriges Jubiläum feiern können.

Elams dreifacher Ursprung wird auf ungefähr 1850, 1300 und 820 v. u. Z. anberaumt. Eine systematische Geschichtsschreibung kannte man nicht, und sie nach bestimmten Epochen zu datieren, wie wir es heutzutage zu tun pflegen, fiel niemandem ein. In späterhin aufgestellten Verzeichnissen babylonischer und assyrischer Könige klaffen zuweilen Lücken bzw. sind manche Zahlen unleserlich oder verschiedene Namen, sei es auf Tafeln, sei es auf Inschriften, herausgebrochen; kurzum, ein zusammenhängender Geschichtsablauf mit zuverlässigen Jahreszahlen läßt sich nicht rekonstruieren. Kulturreste organischer Genesis bestimmen die Archäologen mit modernen, recht exakten Methoden.

Irgendwann in der zweiten Hälfte des zweiten Jahrtausends v. u. Z. brachen die Arier nach Iran auf. Sie gehörten zur Gruppe indoeuropäischer Völker und rückten, etwa aus dem südöstlichen Europa kommend, stammweise, in Wellen heran, zogen teils über den Kaukasus, teils über die Steppen zwischen dem Kaspischen Meer und dem Aralsee, vielleicht auch östlich vom Aral auf Iran zu und weiter in südlicher Richtung nach Indien. Die Arier stellten in der indoeuropäischen Familie einen Zweig dar, wie die Slawen, Kelten, Germanen, Balten, Italiker, Griechen und andere mehr. Alle Sprachen dieser Zweige waren einander verwandt, da sie einem gemeinsamen Quell entsprungen waren, nämlich dem Indoeuropäischen. Im Nahen Osten taucht das arische Element am frühesten in der Führungsschicht des Mitanni-Reiches auf, das im nordwestlichen Mesopotamien lag und um 1600 v. u. Z. entstanden war; die Namen der Herrscher klingen arisch.

Die Arier wanderten mit riesigen Viehherden und benutzten Pferdewagen. Sie ließen sich an Stellen nieder, wo es genügend Wasser gab, und gingen dort von nomadisierender Lebensweise zu Ackerbau und Viehzucht über, bewässerten die Gebiete um den Urmiasee, die Zagrosniederungen, Vorgebirge und Oasen, Waldgegenden und Steppen und Weideland. An höhergelegenen Orten legten sie befestigte Zentren an. Stämme gliederten sich in Sippen, die jeweils ein Dorf besiedelten. Sippen zerfielen in Familien, die einzelne Wirtschaften unterhielten. Die Stammesgebiete könnte man als Gaue bezeichnen. Außer Ackerbau, Vieh- und Kleintierzucht widmeten sich die Dorfbewohner Handwerksarbeiten, die zur Herstellung und Wartung von Werkzeugen, Wagen, Pflügen, Gefäßen, Waffen u. ä. erforderlich waren. Mit der Jagd befaßten sich die Männer, während es den Frauen neben der Hausarbeit oblag, morgens das Vieh auf die Weide zu treiben. Zur Hauptnahrung wählten sie das Fleisch verschiedener Haustiere und erlegten Wildes, außerdem Milch, Butter, Käse und Mehlspeisen. Der Mann war Oberhaupt der Familie, die Frau (in früher Epoche gewöhnlich eine) hatte in ihr eine geachtete Stellung inne. Erst später, als die Stammesangehörigen sich nach Besitztum zu unterscheiden begannen und fremden Einflüssen unterlagen, brach sich die Polygamie Bahn. Aber auch in solchen Fällen blieb eine die Hauptfrau, die Herrin des Hauses. In den Krieg zogen alle tauglichen Männer. Sie kämpften auf Streitwagen, ihre Waffen waren der Speer und der Bogen.

Ältere Forscher neigten zu der Ansicht, daß die arischen Eindringlinge über ein höheres Kulturniveau verfügten als jene Völkerschaften, in die sie eindrangen. Neuere Untersuchungen weisen aus, daß es sich nicht so verhalten hat, zumindest nicht überall. Beispielsweise herrschte im Industal eine bedeutend höhere Zivilisation, deren Reste in Harappa und Mohendsho-Daro entdeckt wurden. Andererseits muß gesagt werden, daß diese Kulturstufe geraume Zeit vor dem Ariereinfall zugrunde gegangen war.

Von Belang ist die Bezeichnung der Arier und deren Bedeutung. Obwohl diese Frage noch nicht vollends geklärt ist, darf man den bisherigen Forschungsergebnissen vertrauen, die den Namen mit dem Wort *arja* verbinden, das in altindisch soviel wie liebenswürdig, freundlich bedeutet, wenn vom Verhältnis der Gottheiten zu den Menschen die Rede ist, und treu, ergeben, fromm, sofern das Verhältnis der Menschen zu den Göttern charakterisiert werden soll. Nach Unterwerfung eines Großteils von Iran und Indien durch die Arier erlangte das Wort die Bedeutung vornehmer, hochgeborener Herren im Gegensatz zu den unterjochten Bewohnern. Die alten Perser nannten ihre Dynastie arija, im östlichen Iran wechselt das Wort arija in heiligen Büchern zur Bezeichnung des Herrschervolkes und dazu über, das iranische Land Airjoschajana zu nennen, d. h. Siedlungsgebiet der Arier. In späteren Zeitläuften entwickelte sich aus diesen Formen der Name des iranischen Reichs, Eran, in Verbindung mit dem Attribut Schahr, Reich der Iraner, eigentlich Arier. Und in der Gegenwartssprache benennt das Wort Iran für sich genommen einerseits das Territorium zwischen Elburs, Persischem Golf und den westlichen Gebirgsketten, dem Suleiman-Höhenzug, dem Hindukusch, wozu das derzeitige iranische Reich, Afghanistan und Balutschistan gehören, andererseits das Kaiserreich allein, das in der Geschichtsschreibung oft, früher nahezu ausschließlich Persien hieß. Die Bezeichnung Persien trifft allerdings auf den gegenwärtigen Staat bezogen nicht zu; denn Persien war eigentlich nur der Landstrich im Süden Irans im weiteren Sinne des Wortes. Sein Name übertrug sich im Altertum bei den Griechen auf das gesamte achämenidische Staatswesen, weil dessen Begründer eben aus Persien stammten. Im Altertum erscheint beim griechischen Geographen Strabon aus Amaseia der Begriff Ariane als Bezeichnung für die ostiranischen Länder und wird zuweilen mit Aria, der Umgebung der heutigen Stadt Herat, verwechselt. Anzumerken ist, daß der alte achämenidische Staat keinen offiziellen Staatsnamen trug. Den Staat beherrschte der König sozusagen als sein Herr, und so galt nach despotischer Auffassung der König selbst als der Staat. Erst später, in der Sassanidendynastie, kommt der Name Eran Schahr auf, vermutlich unter fremdem Einfluß.

Zu einem weiteren interessanten Detail sei folgendes gesagt: Der Name Arier, also der gemeinsamen Ahnen der Inder und Iraner, nahm in Europa seit den Anfängen neuzeitlicher orientalischer Forschungen eine neue Bedeutung an. Die alten Forscher erachteten ehedem die Arier als Urväter obengenannter Volksgruppen und nicht, wie es richtig wäre, als deren Brüder, und so wurde dieses Wort statt des Terminus Indoeuropäer gebraucht. Das geschah zu Zeiten, als das Sanskrit, die antike Literatursprache der Inder, für die Mutter der indoeuropäischen Sprachen ausgegeben wurde und nicht als deren Schwester.

Wie die alte Welt von den Iranern erfuhr

Die ersten Informationen über die Arier sind in akkadischen, d. h. assyrischen und babylonischen Denkmalen erhalten. Darauf kommen wir noch zu sprechen. Als Kyros der Große 546 v. u. Z. das lydische Reich vernichtete, wurden die Bewohner griechischer Siedlungen in Kleinasien zu persischen Untertanen. Denjenigen, die Handel trieben, erschloß sich ein großes Reich. Das förderte das Interesse für Land, Produktion, Wirtschaft, Verwaltung, Armee, Sitten, Religion, Zivilisation der Perser. Die Griechen konnten nicht umhin, dies alles zu studieren, wollten sie erfolgreich an persischer Wirtschaft und Politik teilhaben. Und so verbreiten sich Nachrichten über das Perserreich und dessen Lebensweise bereits in den Werken eines der ersten griechischen Geschichtsschreiber, Hekataios aus Milet, noch vor dem ionischen Aufstand (früher als 500 v. u. Z.).

Am persischen Hof standen in der achämenidischen Zeit oftmals Griechen in herrschaftlichen Diensten, wie die Ärzte Demokedes und Ktesias, die Seefahrer Skylax und Konon, die politischen Flüchtlinge und Emigranten Histiaios, miletischer Tyrann, Demaratos, König von Sparta, Hippias, letzter Tyrann Athens, und viele andere. Sie alle unterhielten Verbindungen zu ihren griechischen Landsleuten in Kleinasien und Griechenland, übermittelten ihnen Berichte über ihre Beobachtungen und Erfahrungen. Von der Qualität der Kenntnisse über Persien und seine Institutionen setzt uns eine Rede ins Bild, die Herodotos dem miletischen Tyrannen Aristagoras in den Mund legte: »Denn die Barbaren sind keineswegs mutige Männer, während ihr im Krieg mit eurer Tapferkeit an vorderster Front steht. Und ihre Waffe sind Bogen und Speer, und sie ziehen in Hosen in den Kampf und haben Hüte auf dem Kopf, so daß sie leicht zu übermannen sind. Zudem besitzen die Bewohner jenes Festlandes mehr Reichtümer als alle übrigen zusammen: Gold, Silber und Kupfer und bunte Kleider und Zugtiere und Sklaven in Hülle und Fülle; all das wird euer sein, wenn es euch danach gelüstet.«(V., 49)

Erstaunlich ist, wie Herodot durch Aristagoras die persischen Verhältnisse bereits vor Ende des 6. Jahrhunderts v. u. Z. durchaus realistisch erkennen und einschätzen läßt. Immerhin nahm er Xenophons Aufruf zur Kolonisierung Persiens um zweihundert Jahre vorweg. Freilich dürfen wir nicht verschweigen, daß Xenophons Rede in der Anabasis, von der unten mehr zu berichten sein wird, sich auf äußerst harte Erfahrung stützte.

Die besten Informationen über das Perserreich lieferte im 5. Jahrhundert v. u. Z. Herodot in seinem Werk von den griechisch-persischen Kriegen, worin er die Geschichte der umliegenden Länder einflocht. Die griechische Literatur über persische Angelegenheiten war sehr reichhaltig, doch uns überkam lediglich eine bescheidene Anzahl Schriften und Bruchstücke aus verlorengegangenen Werken. Die Griechen bezeichnen die Iraner einmal als Meder, einmal als Perser; in konkreten Fällen drücken sie sich präzis aus. Von der alten persischen Literatur erhielten sich nur Inschriften. Geographische Daten über den Iran überlieferten ziemlich detailliert Strabon aus Amasia, Isidoros aus Charax und Claudius Ptolemaios.

Seit dem 2. Jahrhundert v. u. Z. begannen die Römer sich für den Iran zu interessieren. Recht zahlreich sind die erhalten gebliebenen historischen Arbeiten über

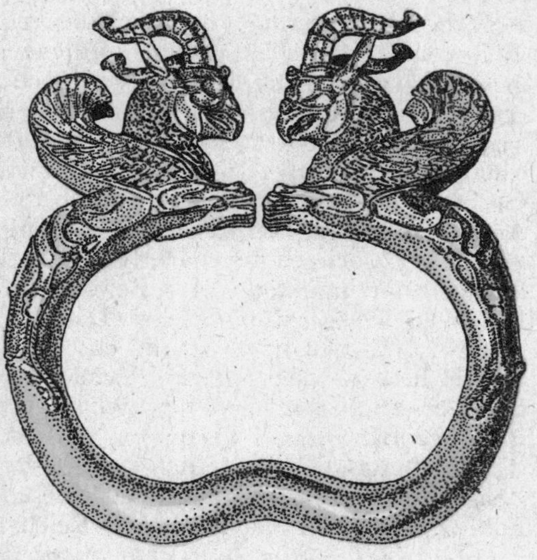

Goldring (5. Jh. v. u. Z.)

Alexander den Großen, die Seleukiden, die Parther und schließlich über die Sassaniden; sie enthalten eine Menge Aufschlüsse über sämtliche Bereiche des Lebens, der Kultur und iranische Institutionen.

Relativ spärlich werden wir über die Sprachen unterrichtet. Der Lexikograph Hesychios bewahrte einige persische Wörter in griechischem Gewand.

Mit den Persern beschäftigten sich ebenfalls die Armenier, ihre nächsten Nachbarn und über die meiste Zeit ihrer Geschichte ihnen untertan. Material gibt es genug, doch die Chronologie ist in armenischen Chroniken zumeist unzuverlässig und ungenau. Über Persien erfahren wir außerdem von den Juden aus dem Alten Testament, aus den griechisch verfaßten Werken des Josephus Flavius und aus jüngeren Schriften wie den Targumen, Midraschim und dem Talmud, nur sporadisch aus Chroniken. Sehr dürftig fallen koptische und schon gar altägyptische Überlieferungen aus. Eine überaus große Rolle spielt syrisches Schrifttum, das sowohl originäre Berichte beisteuerte als auch griechische Dokumente verarbeitete. Über die Syrer gelangten viele Einzelheiten aus der iranischen Geschichte zu den Arabern und von ihnen zu den Persern zurück. Seit dem Ende des Sassanidenreiches finden sich auch in chinesischen Quellen bemerkenswerte Aussagen.

An Methoden, etwas über andere Völker zu erkunden, hat es nie gefehlt. Am meisten trug der internationale Handel dazu bei, da die Kaufleute sich lebhaft für Verkehrsadern und Städte, für Marktplätze und ökonomischen Bedarf, nicht zuletzt für Rohstoffe interessierten. Kriegszüge ermöglichten das Kennenlernen fremder Länder und Völker nicht minder. Diplomaten besuchten Höfe der Schahs und Satrapen und brachten ihren Landsleuten Kunde von dortigen Gegebenheiten. An Höfen hielten sich Söldnerführer, Ärzte, Vertriebene aus anderen Ländern auf, Flüchtlinge, die in ihrer Heimat verfolgt wurden oder mit persischer Intervention rechneten. Reisende durchquerten das Reich in verschiedenen Richtungen und machten sich mit Besonderheiten und Traditionen von Städten und Stämmen vertraut. Seefahrer ergründeten Bedingungen küstennaher und Hochseeschiffahrt und schauten nach günstigen Standorten für neue Faktoreien aus. Sklaven unterrichteten ihre freien Landsleute, freigekaufte Gefangene schilderten die Zustände, unter denen sie ihr Dasein fristen mußten. Glaubensboten, Buddhisten, Christen, Gnostiker u. a., pilgerten zuzeiten durch den Iran und predigten ihre unterschiedlichen Lehren.

In der hellenistischen Epoche verbreiteten sich im Iran Kulte verschiedener griechischer Gottheiten, die einheimischen Göttern verwandten Charakters angeglichen, adaptiert wurden; so konnten ihre Wesensfunktionen ermittelt werden, von denen in vielen Fällen sonst kaum Informationen vorhanden waren. Von eminenter Wichtigkeit waren die Amtsberichte der Statthalter, aus denen in späteren Zeiten Geschichtsschreiber ganze Bücher zusammenstellten. Auch Korrespondenz zwischen den Satrapen und ihrer Administration über mannigfache Erscheinungen der Wirtschaft, über Finanz- und Rechtsfragen ist überliefert. Es sind Papyri oder Tontafeln, hauptsächlich in Mesopotamien, Tonscherben, Ostraka genannt, auf denen Bescheinigungen ausgestellt wurden, z. B. in parthischen Weinkellern von Nisa (beim heutigen Aschchabad); im mesopotamischen Dura-Europos bediente man sich dazu des Pergaments. Interessenten ließen sich die Inschriften persischer Könige übersetzen, so Alexander der Große Kyros' Grabschrift: »O Mensch, ich bin Kyros, des Kambyses Sohn, der den Persern ein Reich gegründet und in Asien als König regiert hat. Neide mir nicht mein Grabmal!« So lautet es bei Arrianus und Strabon; Plutarch sagt es etwas anders. Die vorübergehende feindliche Besetzung des Landes förderte allerhand Kenntnisse über das fremde Volk zutage und umgekehrt. Auch die Wanderungen größerer Menschengruppen, wie sie die Assyrer und nach ihnen gleichermaßen die Perser unternahmen, begünstigten das gegenseitige Kennenlernen. Denken wir nur an die biblischen Bücher Ezechiel, Esther, Esra, Nehemia, Haggai, Sacharja und einige andere, jüngere, wie Daniel, in denen die Schicksale der Juden im babylonischen Exil und andere historische Ereignisse sowie prophetische Voraussagen beschrieben werden.

... und wie sich das neuzeitliche Europa für sie zu interessieren anschickte

Die Europäer wußten im Mittelalter vom Iran nur das, was lateinische Bücher brachten; Griechischkenner waren rar. Erst seit der Zeit des Humanismus wurden griechische Schriften herausgegeben und kommentiert. Neben ihnen war es die hebräische Bibel, die Wissen verbreitete. Die Kenntnis ihrer Sprache nahm seit Ende des 15. Jahrhunderts langsam zu. Originale iranische Quellen waren damals unzugänglich. Mit der Ausweitung der Verbindungen zwischen europäischen Ländern und Vorderasien durch Reisende, Handelsagenten und Missionare wurden zugleich orientalische Sprachen entdeckt, allen voran Arabisch, Persisch und Türkisch. Orientalisten des 17. Jahrhunderts begannen arabische und persische Geschichtswerke bzw. Übersetzungen von Teilen daraus oder aber ihren Inhalt, für europäische Bedürfnisse zugeschnitten, zu veröffentlichen. So eigneten sich die Europäer die Geschichte in deren heimischen Fassungen an.

Von der altpersischen Schrift wußten schon die Griechen, doch jahrhundertelang widmete sich ihr niemand. Persische Inschriften hatten die Europäer längst wahrgenommen, aber in der Neuzeit spricht als erster über sie der spanische Gesandte Gareias de Silva y Figueroa im Jahre 1618. Ein paar Jahre später stellte der Italiener Pietro della Valle fünf akribisch kopierte Zeichen vor und behauptete, daß von rechts nach links geschrieben werde. Erst Carsten Niebuhr, deutscher Gelehrter in dänischen Diensten, beschrieb 1765 in Persepolis fünf Inschriften König Dareios' I. und zwei Inschriften von dessen Sohn Xerxes I. mit gebotener Gründlichkeit. Er meinte, die Inschriften seien in dreierlei Alphabeten geschrieben und müßten von links nach rechts gelesen werden. Es stellte sich jedoch heraus, daß es sich um drei verschiedene Sprachen handelte. G. Tychsen erkannte in dem Zeichen, das sich am häufigsten wiederholte, nämlich im schrägen von oben nach rechts unten weisenden Keil, ein Worttrennungszeichen, F. Münter eruierte rein zufällig zwei Zeichen und erkannte die Inschriften der Achämenidendynastie zu. Er entschlüsselte gleichfalls die Zeichen für »König« und »König der Könige«.

Einen regelrechten Umschwung in der Entzifferung altpersischer Schrift führte der Gymnasialprofessor G. F. Grotefend herbei, als er am 4. September 1802 der Göttinger Gelehrten Gesellschaft eine Abhandlung über die Auflösung der Inschriften vorlegte. Zur Grundlage der Entschlüsselung nahm er Dareios' Inschrift a von Persepolis, die 6 Zeilen und 14 Wörter umfaßte. Aus der Arbeit des französischen Forschers A. Silvestre de Sacy vom Jahre 1793 stellte er den Titel persischer Könige in der Sassanidenperiode, König der Könige, fest und leitete von Anzahl, Reihenfolge und Form einzelner Zeichen beider Wörter ab, daß der Titel schon in der altpersischen Inschrift auftaucht. Anhand griechischer Texte und der Bibel fixierte er die Namen der Könige und deren Thronfolger und ordnete den einzelnen Zeichen die wahrscheinlichen phonetischen Werte zu. Es gelang ihm, die Lautwerte von dreizehn Zeichen nachzuweisen (statt ja las er irrtümlich ha), und er markierte später zwei weitere Zeichen: k (richtig ku) und r (richtig ru). Auf diesen Fundamenten bauten dann weitere Orientalisten auf. Indessen, erst Henry Rawlinson, englischer Resident in Persien, der seit 1835 die Inschriften studiert hatte, entdeckte und veröffentlichte die Inschrift von Behistun, wobei er sämtliche Zeichen entschlüsselte: Die altpersische Keilschrift hat 36 Silben, Konsonanten und Vokale (sei es a, i oder u), in bestimmten Fällen wird nur der Mitlaut gelesen. Darüber hinaus gibt es drei Vokale, Worttrennungszeichen und sogenannte Ideogramme, Zeichen für ganze Wörter (König, Land, Provinz, Gott, Ahura Mazda, letzteres sogar mit der Endung des zweiten Falles, insgesamt acht solche Ideogramme), schließlich auch Zahlwörter.Fast zu gleicher Zeit wurden noch zwei ausstehende Sprachen entziffert, in denen Übersetzungen persischer Inschriften vorlagen. Die eine entpuppte sich als Akkadisch, Sprache der mesopotamischen Semiten, in zwei Varianten, der babylonischen und assyrischen, die andere als Elamisch oder Susisch, wie es zu Zeiten der Achämeniden hieß. Ursprünglich jedoch hielt man es für eine Sprache, die von den sogenannten Medern turanischer Herkunft gesprochen wurde. Erst nach und nach schwanden die falschen Ansichten, und heute ist die Frage dieser Schriftformen und Sprachen endgültig gelöst. Die zweite Quelle der iranischen Philologie ist die heilige Schrift des Zarathustraglaubens, das Awesta. Die Awesta-Sprache wurde von europäischen Reisenden in Indien entdeckt, wo noch heute mancherorts Nachfahren der alten Iraner leben, die ihre Heimat vor den Arabern und während deren Herrschaft verlassen haben. Erst der Franzose Abraham Hyacinthe Anquetil du Perron stieß um 1755 während seines Indienaufenthalts auf das Awesta, ließ es sich von einem Priester ins Persische übersetzen und brachte die Manuskripte nach Europa. Er publizierte eine umfassende Abhandlung über den Zarathustraglauben und eine französische Fassung des Awesta. Allerdings wurde seine Arbeit mit Mißtrauen aufgenommen und von vielen Wissenschaftlern als Fälschung abgetan, weil ihr Inhalt nicht die Erwartungen erfüllte, die man ihr entgegenbrachte, und nicht die Vorstellungen bestätigte, die man in bezug auf den Zarathustrismus hegte. Spätere Forscher machten sich durchs Studium von Manuskripten und alten Übertragungen mit den Awesta-Originalen vertraut und stellten Anquetils Ehre wieder her. Und so entwickelte sich vor einhundertfünfzig Jahren ein neuer Wissenschaftsbereich, die vergleichende indoeuropäische Philologie. Es wurde begriffen, daß eine ganze Reihe europäischer und asiatischer Sprachen auf einen gemeinsamen Ursprung zurückgeht, wovon ihre Struktur und Lexik zeugen. Im Sog dieser Studien schritt die Iranistik voran.

Großen Auftrieb erhielten iranische Forschungen zu Beginn unseres Jahrhunderts durch die Entdeckung von Handschriften und Werksfragmenten in Turfan, im chinesischen Turkestan gelegen. Besonderes Gewicht für die Iranistik hatte der Fund manichäischer Bücher in etlichen iranischen Sprachen, die in anderen Formen wenig geläufig waren, darunter in Soghdisch. In chotansakischer Sprache sind uns buddhistische Werke überliefert. Wir kennen auch ein Bruchstück des persischen Psalmenbuches für iranische Christen. Diese Entdeckungen änderten allmählich die in der Iranistik verwurzelten Ansichten und übten einen starken Einfluß auf die Geschichte der vorderasiatischen Kultur aus.

Arische Sprachen, unter besonderer Berücksichtigung von iranischen Inschriften

Die Ursprache der Arier ist in keinem Schriftdenkmal überliefert. Nach der Spaltung beider Stammesgruppen, der indischen und der iranischen, begann ihre eigenständige Entwicklung, und beide Sprachen entfernten sich sukzessive voneinander sowohl durch Lautverschiebungen als auch in Wortbedeutungen. Dennoch blieben sie über ihr ganzes Altertum hinweg einander so ähnlich, wie es heutzutage etwa die slawischen Sprachen untereinander sind.

Auf indischem Boden ist die älteste Form die Sprache heiliger Hymnen, das alte Veda-Indisch, an das die Sprache der späteren sehr reichen Literatur, das Sanskrit, anknüpfte. Im Iran ist die altpersische Sprache der achämenidischen Inschriften im Westen und die Sprache des Awesta im Osten überkommen. Wenn auch das Alter des Persischen aufgrund der recht ordentlich datierten Überreste bekannt ist, läßt sich nicht sagen, wann das Awesta entstanden, wann es zum erstenmal niedergeschrieben worden ist. Es besteht aus zwei Teilen, dem alten, der die Gathas (Lieder) mit Strophen, nicht ohne Grund Zarathustra selbst zugeschrieben, enthält, und dem jüngeren mit den übrigen Partien. Schon in achämenidischer Epoche begegnen wir Erscheinungen, die uns auf eine Entwicklung zum Mittelpersischen hin aufmerksam machen, das erst in nachalexandrinischer Zeit aufkommt, vor allem unter den Sassaniden, und zwar in Inschriften und im Psalter. Im Nordwesten entfaltete sich das Parthische, die Sprache der Arsakiden. Diese beiden Varianten benutzten zahlreiche semitische Wörter, die beim Lesen iranisch ausgesprochen wurden. Rein erscheinen beide Sprachen in den manichäischen Texten. Die Zarathustraanhänger behielten in ihrem Mittelpersisch viele semitische Fremdschreibungen bei. In Mittelasien und in den angrenzenden Ländern schrieben die Soghden, deren Hauptzentren Buchara und Samarkand waren, für Buddhisten, Christen und Manichäer Bücher in ihren Dialekten. Die buddhistischen Werke wurden auch in die sakische Sprache übersetzt, die sich um die Stadt Chotan im chinesischen Turkestan konzentrierte.

Die Sprache der Meder hat sich seltsamerweise nicht erhalten. Lediglich aus persischen Inschriften kennen wir einige Fachausdrücke, Titel, Eigennamen und aus griechischen Büchern einzelne Wörter wie tigris, Pfeil, tatyras, Fasan, spaka, Hund. Ähnlich verlief das Schicksal der skythischen Sprache. Wir kennen allein Eigennamen aus Inschriften von der Nordküste des Schwarzen Meeres, aus griechischen Büchern und von einigen orientalischen Denkmalen. Unermüdliche Forschungen ergaben, daß das Ossetische im Kaukasus den letzten Überrest der skythischen Sprachgruppe bildet. Ebenso blieb der soghdischen Sprache ein einziger Nachkomme, nämlich das Jaghnobi im heutigen Usbekistan.

Von den sarmatischen Dialekten erhielten sich lediglich ein paar Eigennamen in griechischen Inschriften und lateinischen Schriftwerken, weil die Römer mit den Sarmaten im römischen Kaiserreich einige Schwierigkeiten hatten. Von den übrigen alten iranischen Sprachen sind wenige Inschriften in baktrisch bewahrt, das im kuschanischen Reich etwa in den ersten drei Jahrhunderten u. Z. gesprochen wurde, Tages- und Monatsnamen u. ä. im sistanischen und ferghanischen Dialekt sowie Begriffe und etliche Wörter in Anmerkungen zu rechtskundlichen Büchern in chorasmischer Sprache, die zwischen den Unterläufen von Amu- und Syrdarja beheimat war. Sowjetische Gelehrte fanden dort vor einiger Zeit auch Münzen und Inschriften. In der Sassanidenzeit entwickelte sich bereits die neupersische Sprache, die die arabische Herrschaft überdauerte und im Iran ebenso wie in Afghanistan als Kultur- und Literatursprache fungiert, in Indien einst gegolten hat. Ihre mittelasiatische Form wurde zur eigenständigen Sprache wie das Tadshikische, das im heutigen Tadshikistan Amts- und Schriftsprache ist. Um ihre rechtmäßige Stellung mühte sich die afghanische Sprache bzw. das Paschto, das ostiranischen Ursprungs ist, während das Balutschische im Westteil Pakistans eine westiranische Sprache ist. Außer diesen Sprachen werden an den Westgrenzen noch kurdische Dialekte gesprochen; in Iran spricht man viele Dialekte, die sich in mitteliranische und kaspische scheiden. Im äußersten Osten gibt es Pamirdialekte, die allmählich aussterben.

Das Leben der arischen Stämme

Ursprünglich waren alle Männer frei und bewaffnet. Hirten hüteten ihre Herden, von Hunden unterstützt. Diese ergebenen Menschenfreunde waren nötig, weil Vieh von jeher gestohlen wurde, nicht nur von Menschen, sondern auch von Raubtieren. Es gab zur Genüge einheimische Feinde, Diebe und Schurken bzw. Räuber, die das spätere Gesetzbuch auf interessante Weise unterscheidet: Dieb heißt: »Ich habe es nicht«, Schurke: »Ich hab's, aber ich geb's nicht zurück«. Ausländische Gegner trieben als Beute ihrer Kriegszüge oftmals große Viehherden von dannen, wie es akkadische Inschriften berichten. Der Assyrerkönig Tiglatpilesar III. (745-727 v. u. Z.) raubte einem Land 8650 Menschen, 300 Maultiere, 660 Esel, 1350 Rinder, 19000 Schafe, einem anderen 65000 Menschen samt ihrer ganzen Habe und ungezählten Herden.

Der Bauer bestellte das Feld, sein Tier war der Auerochse. Er bewohnte ein Haus mit vier Ecksäulen, die durch Querbalken verbunden und Spreizhölzer gestützt wurden; gedeckt war es mit Schilf- und Rohrmatten. Die Wände wurden wahrscheinlich geflochten. Sie schliefen auf Fellen und Teppichen, bekannt sind auch Liegen und Decken. Pelze standen reichlich zur Verfügung, da die Dorfbewohner Raubtiere jagten. Oft wütete der Wolf in den Ställen, doch im Iran gab es auch Bären, Hyänen, Schakale, Wildschweine, Büffel und Antilopen.

Mitten im Haus war die Herdstelle. Küchengerät und -geschirr waren zumeist aus Holz, manche Gefäße aus Ton, die Kessel aus Metall. Anfangs stellten die Landleute alles selbst her, bis sich einzelne vorwiegend der Produktion und Reparatur von Gerätschaften widmeten. Altindische Schriften erwähnen Zimmerleute und Wagner, den Fleischer, der der Kuh die Haut abzieht und sie in der Sonne ausbreitet. Die Frau führt den Haushalt, versorgt das Vieh, arbeitet auf dem Feld. Für die Braut mußte ein bestimmter Kaufpreis entrichtet werden, da sie für ihre Gemeinschaft als wichtige Arbeitskraft verlorenging. Vielmännerei gab es bei den Ariern nicht, ebensowenig Ehebeziehungen zwischen nahen Verwandten. Oft lebte der Sohn auch nach der Hochzeit im väterlichen Haus, unter väterlicher Oberhoheit weiter.

Entwicklungstendenzen allgemeiner Art brachten in diese primitive Gesellschaft zwei Elemente ein: Krieger und später Sklaven. Der Selbsterhaltungstrieb führte dazu, daß man sich um fähige Individuen scharte, die den Schutz zu organisieren und in vorderster Front zu kämpfen wußten. Anfangs zogen alle in den Krieg, später waren ausgewählte Männer gefragt, die sich Kampfpraktiken aneigneten und die Waffen besser zu führen verstanden als die übrigen.

An einer Stelle der indischen heiligen Hymnen werden die Dörfler als Leute charakterisiert, die zum Kampf nicht taugten. Das trifft wohl auf spätere Zeiten zu, doch

Ansätze eines Kriegswesens, eines künftigen Adels zeichneten sich hier schon ab. Zu seinem Streittier wählte der Kämpfer das Pferd, doch der Soldat ritt es nicht. Das Pferd zog den Wagen, auf dem der Waffenträger stand und von dem aus er focht.

Sklaven waren größtenteils Gefangene, die man, statt sie zu erschlagen oder den Göttern zu opfern, arbeiten ließ. Sie bildeten ein riesiges Vermögen, so daß nach Einführung dieser Verfahrensweise die Produktion aufblühte und die Entwicklung einer Kultur beginnen konnte. Nach und nach unterschieden sich in der arischen Region die Sklaven in ihrer Lebensweise. Manche hatten es insgesamt erträglich, die meisten arbeiteten aber unter schrecklichen Leiden, vor allem jene in den Bergwerken.

An einer Stelle der altiranischen heiligen Schrift heißt es: »Für die Heilung eines Priesters wird heiliger Segen erteilt, für die Heilung eines Hausherrn ein großes Tier niedrigster Preisstufe geopfert, für die Heilung eines Dorfältesten ein großes Tier mittlerer Preisstufe, für die Heilung eines Gauvorstehers ein großes Tier der höchsten Preisstufe, für die Heilung eines Monarchen ein vierspänniger Wagen, für die Heilung einer Hausfrau eine Eselin, für die Heilung der Frau des Dorfältesten eine Kuh, für die Heilung der Gattin des Gauvorstehers eine Stute, für die Heilung der Gemahlin des Monarchen ein weibliches Kamel.« Und weiter ist die Rede von Tarifen für die Heilung von Tieren: bei einem großen Tier erster Stufe ein großes Tier zweiter, bei einem großen Tier zweiter ein großes Tier dritter, bei einem großen Tier dritter Stufe ein Schaf, für die Heilung eines Schafes ein Fleischgericht. Uns wird die Hierarchie der Werte bewußt; als höchstes Honorar galt der Segen aus geistlichem Munde.

Und so gelangen wir in eine Welt, deren Geheimnisse in der Bezeichnung besonderer Persönlichkeiten das eigentliche Fundament der Gesellschaftsverfassung legten. Mit dem Glauben an Wesen, die sich in der Natur hinter für einfältige Menschen unfaßbaren Erscheinungen verbargen, entwickelte sich eine dünne Schicht von »Auserwählten«, die sich mit dem Studium der Geisterwelt und der Wechselbeziehungen zwischen dem Menschen und den unsichtbaren Urhebern des Weltenlaufs befaßten. Der Mensch nahm den Kampf mit der Natur auf und mußte sich, wenn er leben wollte, eine Vorstellung davon schaffen, wie er sich zu denen stellen würde, die über ihm waren. Anfangs bat, beschwor und ehrte jeder Bauer die Geister und Gottheiten mit Opfern und Gaben, später traten Priester an seine Stelle, als Vermittler zwischen Menschen und Göttern. Wenn wir lesen, daß der Priester für die Heilung mit dem Segen gezahlt hat, dürfen wir darüber nicht lächeln, vielmehr müssen wir uns bewußt machen, daß die Gedanken dieser Menschen etwa von der Überzeugung beherrscht waren, das Wort des Priesters besitze die magische Kraft, die selbst die Götter zwingt zu tun, was der Mensch sich von ihnen wünscht. Die menschliche Bitte mußte sich freilich in Formen kundtun, die geheimnisvollen Vorschriften gemäß ihre Genauigkeit und demzufolge ihre erwartete Wirkung gewährleisteten. Die präzise Form, die präzise Diktion bindet Priester und Zauberer, der die magische Macht des Wortes kennt. Das altindische religiöse Werk Çatapathabrahmanam erzählt beispielsweise vom alten Zauberer, der sich am Gott Indra rächen wollte und durch ein Wunder ein Wesen schuf, das Indra verderben sollte. Ein solches Geschöpf hieß in der alten Sprache der Inder Indra-schátru = der Indrafeind, mit Betonung auf der vorletzten Silbe. Bei dem Zauberakt jedoch verhaspelte sich der Zauberer und betonte den Namen am Anfang statt auf der vorletzten Silbe. So ausgesprochen: Índra = schatru = Indra, der Feind, bezeichnet dieses Wort denjenigen, der von Indra getötet wird. Auf diese Weise trug die Gottheit einen leichten Sieg davon. Der alte arische Glaube, von dem wir wissen, daß er bis nach Indien und dem alten Iran verbreitet war, diente dem gesamten gesellschaftlichen Leben als Grundlage. Er bestimmte, was sich ziemte und was nicht, bemaß Strafen für Sünden und Entlohnungen für gute Taten, schrieb vor, wie sich der Mensch allein und unter Stammesgenossen zu verhalten hatte, wie er die Götter anflehen und ihnen danken sollte, kurzum, jedwede menschliche Handlung war mit Geboten und Normen belegt, die alle Angehörigen arischer Gruppen verbanden. Außer Priestern wirkten bei den Ariern Magier, Wahrsager, Propheten, die die Zukunft weissagten, sei es bei Neugeborenen aus verschiedenen Zeichen und Makeln am Körper, sei es auf andere Weise, ähnlich den altslawischen und den Zauberern anderer verwandter Völker.

Die Häuptlinge hielten in ihren Dörfern auch Sänger, die die Taten der Ahnen besangen. Natürlich ruhte das Gemeinschaftsleben der Sippen und der allmähliche Zusammenschluß der Kräfte gegen feindliche Überfälle, die Bildung größerer Einheiten auf den Schultern wackerer Männer, die sich der Achtung ihrer Stammesgenossen erfreuten. Mit ihrer zunehmenden Verehrung entfalteten sich heldische Traditionen, die der Macht Vorschub leisteten und ganze Serien regionaler Sagen hervorbrachten. Das Volk – und bereits davor der Stamm – selbst durchlebte eine Zeit, in der sich nach und nach sein Identitätsbewußtsein ausbildete, aus der Vorstellung heraus, es sei unter den übrigen ähnlichen Gebilden ein besonderes eigengeprägtes Ganzes, es unternehme, pflege, baue, erringe etwas; zu dieser Zeit rühmt es Kraft, Ergebenheit, Achtung vor dem Erfahrungsschatz der Ahnen, genießt es die Morgendämmerung seiner Genesis in Mythen und Sagen, verherrlicht die Sphäre, an die es glaubt, ebenso jene, in der es existiert, haßt es Dämonen und Widersacher. Kämpfe bildeten den Hauptinhalt alter Sagen.

Überkommen sind einige persische Sagen dank den griechischen Historikern Herodot und Ktesias, die sich auf Kriege medischer Könige und Kyros' des Großen gegen die assyrischen und skythischen Dynastien beziehen. Heilige Schriften des Zarathustraglaubens, das sog. Awesta, wiederum berichten von Herrschern und Helden des östlichen Irans, wie sie diverse zivilisatorische und kulturelle Errungenschaften eingeführt und mit den bösen Elementen gerungen haben. König Huschang war der erste Gesetzgeber, Tahmuras ritt auf dem Teufel wie auf einem Pferd in dreißig Jahren von einem Ende der Welt zum anderen, König Jima Chschaeta oder Dshamschid regierte zur Zeit des Paradieses, als es weder Winter noch Krankheit noch Alter gab, und erbaute eine Burg, worin auserwählte Teile der Menschheit die nahende Weltkatastrophe überdauern sollten, bis er sich schließlich der Hoffart schuldig machte und des göttlichen Segens verlustig ging. Das Drachenungeheuer Dahak bemächtigte sich seiner, zersägte ihn mit einer Säge aus Fischgräten und tyrannisierte den Iran ein Jahrtausend lang. Doch es kam ein Nachfahre der alten Könige, Feridun, besiegte den Tyrannen und legte ihn in einer Höhle am Fuße des Berges Demavand in Ketten. Später mußten die Iraner so manches von den Turern erdulden, und die Auseinandersetzungen nahmen kein Ende, wobei arische Siege überwogen, bis der Prophet Zarathustra sich einstellte und einen neuen Glauben der Güte und Ordnung verkündete.

Über geschlossene Werke heldischen Inhalts wie die Griechen mit der Ilias verfügten die Iraner lange Zeit nicht. Erst im 10. Jahrhundert u. Z. verfaßte ein solches Opus (Schāhnāme) der Dichter Ferdousi. Er datiert Irans Geschichte vom ersten König Gajomart bis zum Arabereinfall. Mit der Zeit wuchs die Zahl der Sagen, sie wurden mit phantastischen Einzelheiten und regionalen Varianten vom Wirken der Vasallenfürsten ergänzt. Stets hatten sie für Persönlichkeiten, die im Iran an der Macht waren, großes Gewicht. Jeder König mußte seinen Stammbaum aufweisen, der die königliche Herkunft belegte; er mußte bis zum ersten Menschen und zu König Gajomart zurückreichen. Sobald eine neue Welle von Zuwanderern heranrollte, ein neues Geschlecht den Thron besetzte, galt die erste Sorge des Herrschers der Aufstellung eines Stammbaumes. Wer sich in diesen Dingen gut auskennt, sieht, wie die Experten bei ihrer Herstellung so manche Dynastie zusammengeflickt und -gekittet sowie Lücken in alten Überlieferungen mit Generationen gestopft haben, von denen alte Quellen nichts berichteten.

Nur ein beredtes Beispiel möge genügen: In Zarathustras Strophen, den sog. Gathas, Liedern, ist die Rede von Fürsten, die sich dem Propheten widersetzten und nach seinem Urteil natürlich unbotmäßig handelten. Sie hießen Kawis oder später Kajaniden. Als indessen einer von ihnen, Vischtaspa, zum Glauben des Propheten übertrat, stilisierte die Tradition seine Vorfahren zu standhaften Helden hoch, die zu den iranischen Untertanen von jeher ein besseres Verhältnis gepflegt hatten. Aus ihnen wurde eine sympathische Dynastie zurechtgezimmert, deren Ahne ein gewisser Regent Nautara war, angeblich direkter Nachkomme Ferdousis. Aber das Awesta selbst spricht nur von Nautaras, die keinen guten Leumund haben und selbstredend zu den ursprünglichen Eindringlingen und Usurpatoren irgendeines Landes rechnen. So wurde in der iranischen Geschichte fortwährend gefälscht, der König mußte Blut alter Schahs vorweisen können und somit zugleich von Gottes Gnaden sein.

Später, in der Sassanidenära, gestalteten Zarathustrapriester Irans Geschichte, allerdings eher eine Art erzählte Kirchengeschichte. Im Mittelpunkt ihrer Historiographie stand Zarathustra, vor ihm waren die sagenumwobenen Herrscher, und dazwischen wurde tröpfchenweise eigentliche persische Geschichte eingeträufelt, etwa zwei Dareios, in denen jedoch niemand echte Achämeniden, wie wir sie kennen, vermuten würde. Danach kamen Alexander der Große und seine Thronfolgergeschlechter.

Vischtaspa war nicht Dareios' I. Vater, wie einige Forscher meinten. Der richtige Vater von Dareios lebte noch zu Lebzeiten des Sohnes und kam zusammen mit seiner Gemahlin tragisch um, als sie das Grabmal besichtigten, das Dareios sich hatte errichten lassen. (Allerdings hieß auch er Vischtaspa = Hystaspes.) Die Magier, die sie mit Seilen auf die Plattform hievten, erschraken vor Schlangen, ließen die Seile los, beide Gatten stürzten in die Tiefe. Über den Awesta-Vischtaspa hingegen ist nichts Derartiges bekannt.

Entstehung und Anfänge iranischer Staaten

Die Gesellschaft, die ursprünglich in Stammesverbänden lebte, litt oft unter Hungersnöten infolge von Mißernten, epidemischen Krankheiten, wie Pest oder Cholera, und Naturkatastrophen. Dies setzte das Leben der alten Arier allzu häufig jähen Wendungen aus. Doch den meisten Schaden fügten ihnen Menschen zu, Feinde und Verbrecher. Die Feinde standen im Norden, wo der Syrdarja die Grenze zwischen der seßhaften und nomadischen Lebensweise zog, sie standen im Westen, wo die Grenzgebirge die Arier vom westlichen niederungsreichen Elam und der Zivilisation Akkads trennten. Damit sei nicht gesagt, daß es diesseits des Syrdarja keine Nomaden gegeben habe. Aber das, was wir unter Nomadentum verstehen, waren Nomadenstämme, die riesige Vieh- und Kleintierherden mitführten, einstige Brüder der Iraner, Skythen; sie begannen allmählich hinter denen zurückzubleiben, die bis ins Innere des Irans vorgedrungen waren und sich dort für immer und fest niedergelassen hatten. Zu diesen Nomaden gehörten auch nichtarische, ja nichtindoeuropäische Stämme. Die Nomaden nährten sich außer von der Viehhaltung von der Jagd und fielen zuweilen in Gebiete ein, die Seßhafte bewohnten, um Nahrung besserer Güte, als sie selbst hatten, hochwertige Gegenstände und Haustiere zu rauben, die Menschen verschleppten sie in die Sklaverei, allen voran Handwerker. Nomadenstämme bekriegten sich gegenseitig um Weideland, hin und wieder kam es aber auch zu Kämpfen um die nackte Existenz.

Die Nomaden überschritten oft die Nordgrenze und beschworen eine Tradition verheerender Überfälle auf den östlichen Iran herauf. Daher wurde gerade dort die Idee vom antagonistischen Gegensatz zwischen den seßhaften, iranischen und den nomadisierenden Volksgruppen geboren, die aus der Region kamen, die sie als Land der Turer bezeichneten. Gefangenenzüge nach Mittelasien markierten auf traurige Weise die Koexistenz von Ackerbauern und Nomaden. Zarathustra setzt sich an einer Stelle im Glaubensgesetzbuch mit dem Gott Ahura Mazda über die Frage auseinander, wo sich der unerfreulichste Flecken auf Erden befinde. Die Gottheit antwortet ihm: auf dem Gipfel des Arezuraberges, wo sich alle Teufel der Hölle ein Stelldichein geben, wo tote Menschen und tote Hunde begraben, wo die Leichen zu Haufen geschichtet werden, wo sich die Höhle des bösen Geistes befindet und wo Frauen und Kinder auf staubigem und verdorrtem Wege in die Gefangenschaft ziehen und flehentlich wehklagen; letzteres war wohl am schlimmsten. Nicht selten endete ein Nomadenüberfall mit dem Ausrauben des Landstriches und der Verschleppung Gefangener, die Invasoren ergriffen vom Land der Einheimischen Besitz und ließen sich darauf nieder. Sie unterwarfen die Bewohner und lebten als ihre Herren. Das hatte zur Folge, daß die Eroberer einige Fertigkeiten ihrer neuen Untertanen übernahmen, sich mit ihnen mischten und manch alte Gewohnheit ablegten. Sie konstituierten die Schicht bewaffneter Gefolgsleute des Herrschers und verschmolzen später vollends mit den Einheimischen. Das wurde gleichzeitig dadurch begünstigt, daß im Falle eines arischen Nomadenstammes die sprachliche Verwandtschaft die Assimilation beschleunigen half. So bildete sich mancherorts eine Gesellschaft, an deren Spitze ein Herrscher stand, in der unter ihm eine Kämpferschicht, mit einem späteren Terminus als Adel zu bezeichnen, sich entfaltete sowie um je eine Stufe tiefer Bauern, Hirten und zuletzt die niedersten Knechte, die Sklaven, folgten.

Die Stämme waren unterschiedlich groß. Zuweilen wurden mehrere Stämme gewaltsam vereinigt, die eine mächtigere Einheit schufen und dann mit Erfolg weiteren Angriffen verspäteter Nomaden trotzten. Den Eroberern erwuchs daraus kein Schaden, denn sie waren mitten unter arbeitsamen und schaffenden Menschen, sie lebten auf deren Kosten. Im Gegenteil, sie mußten Volk und Land beschützen, wollten sie ihre Vorteile nicht einbüßen. In solchen Gebieten entstanden Sicherheitszentren, Fürstenresidenzen. Keime künftiger Städte.

Nach alten Überlieferungen galt als einer der ältesten Staaten auf dem nördlichsten iranischen Territorium Chvairizem oder Uvarazmi, von den Griechen und Römern Chorasmia genannt, zwischen den Unterläufen von Syr- und Amudarja gelegen, dort, wo sich noch vor über siebzig Jahren der türkische, von Rußland unterworfene Staat Chiva erstreckte. Der chorasmische Staat war allerdings viel größer. Angeblich soll er bereits 980 Jahre vor Anbruch der Seleukidenära, d. h. vor 1290 v. u. Z., bestanden haben. Das dürfte zwar leicht übertrieben sein, dennoch deutet es auf seine Rolle in dieser Region hin. Sowjetische Archäologen legten hier einige Siedlungen frei und fanden beachtliche Überreste alter Zivilisation.

Ein anderer solcher Staat, vermutlich von Nomaden gegründet, lag höchstwahrscheinlich um das heutige Merw, das Zentrum der ehemaligen iranischen Provinz Margusch, Margiana, die gegenwärtig größtenteils zur Turkmenischen SSR gehört. Dort herrschten Fürsten mit dem Titel Kavi. Diesen Kleinstaat hatte möglicherweise der turanische Häuptling namens Frijana ins Leben gerufen; sein Stamm nennt sich an anderen Stellen des Awesta Frijaner. Vielleicht hieß der erste Kavi Frija, denn das Wort Frijana könnte durchaus Frijas Sohn bedeuten. Zu der Zeit, als Zarathustra wirkte, regierte Vischtaspa, Aurvataspas Sohn, vielleicht sein Enkel.

Das gesellschaftliche Gedankensystem bei Zarathustra

Zarathustras Name war vor etwa neunzig Jahren unter der europäischen Intelligenz in aller Munde, als F. W. Nietzsches Buch »Also sprach Zarathustra« regen Zuspruch fand. Nietzsche benutzte die alte Spiegelsche Umschrift, in der s für sch geschrieben wird. Eigentlich müßte es Zarathuschtra heißen (»uschtra« bedeutet altpersisch Kamel). Nietzsche konnte sich den Namen des altiranischen Denkers getrost ausleihen, denn im allgemeinen hatte damals kaum jemand eine Ahnung von ihm, höchstens so viel, was alte und jüngere Legenden besagten. Zarathustra war Überlieferungen zufolge, die sich in Büchern seiner Kirche erhalten haben, Sohn eines Landedelmannes namens Pouruschaspa, der dem Haetschataspidengeschlecht und dem Spitamidenstamm entsproß. Seine Mutter Dughda war Enkelin des Bauern Zoisch aus einem fremden Land. Legenden, die überall von Wundern überquellen, berichten auch hier, das Mädchen habe von Kindheit an unter der Obhut guter Götter gestanden, was die Teufel und Satan persönlich in Aufregung versetzte. Da sich an ihr jedoch der Schutzschein des heiligen Feuers offenbarte, handelte sie sich die Feindschaft böser Zauberer ein, die das übrige Volk dermaßen einschüchterten und unter der Ägide von Dämonen lähmten, daß der Vater seine Tochter in die Fremde schickte. Sie schweifte unter göttlichem Schutz umher, bis sie in jenes Land kam, wo Patiragtaraspas Familie lebte. Mit deren Sohn verlobte sie sich kurz darauf, und wie durch ein Wunder kam der Sohn Zarathustra zur Welt. Ein rein theologisches Märchen malt aus, wie Zarathustras Wesen die ganze Natur durchdrang und sich schließlich in einem heiligen Getränk niederschlug, das die beiden Brautleute austranken. Die Teufel stellten alles Erdenkliche an, um Zarathustras Geburt zu verhindern. Und ihre Anhänger und Helfershelfer rekrutierten sich eben aus Zauberern und Wahrsagern, *Karapans* genannt, die in dieser primitiven Gesellschaft höchste Achtung genossen und größten Einfluß ausübten, da ohne sie nichts ging. Sie prophezeiten, taten Wunder und heilten Krankheiten, in der Hauptsache aber saugten sie wie Blutegel das einfache Volk aus.

Der Glaube dieser Arier bestand aus einem Gemisch von purer Bigotterie und Aberglauben, schmiedete jedoch alle Glieder der Gesellschaft zusammen und machte ihnen staatliche Ordnung, Gerichtsbarkeit, Sitte, Produktion und Sozialwesen plausibel. Sie glaubten an zahlreiche gute und viele böse Gottheiten. Um ihre Gunst wurde mit Opfern von Haustieren geworben. Zu den Opfergelagen schlachtete man große Mengen Vieh, und die Teilnehmer schwelgten in Fleischgenuß und tranken ein besonderes heiliges, höchst berauschendes Getränk aus dem Saft bestimmter Pflanzen, den die Inder als *Soma* bezeichneten, die Iraner als *Hauma* oder *Haoma*, je nach regionaler Mundart. Alles wurde unter strikter Einhaltung vorgeschriebener Zeremonien zubereitet, die Stiele wurden gepreßt, der Saft geseiht, begleitet von verschiedensten frommen Sprüchen und Gebeten. Von den Opfertieren erhielten die Götter lediglich bestimmte Teile, das übrige verzehrten die Gäste, die mit diesem Mahl eine spezielle Opfergemeinschaft bildeten; charakterisiert wurde sie dadurch, daß Götter und Menschen gemeinsam speisten. Und solchermaßen riefen sich beide Seiten in Erinnerung, welche gegenseitigen Verpflichtungen ihnen der alte Glaube auferlegte.

Zarathustra hatte offenkundig schon als Kind die Kehrseite dieser Art von Gottesdienst kennengelernt, den die Karapans weidlich ausnutzten. Er trat gegen diesen Kult auf, weil er sah, wie die Bauern in sinnloser Weise Unmengen Vieh loswurden, das sie mit Milch, Butter, Käse und Fleisch hätte versorgen können. Er begriff, daß diese Hekatomben Verelendung verursachten, das Wachstum von Familienbesitz hemmten und in betrunkenen Menschen Gefühlsroheit und Grausamkeit gegenüber der Tierwelt stifteten. Da er den Wert des Viehs für die menschliche Ernährung und Arbeit zu schätzen wußte, agitierte er gegen die Opferorgien. Auf Pilgerreisen durch den Iran wandte er sich überall gegen Götzen, die mit Tieropfern verehrt wurden. Die Arier nannten ihre Götter *daivas*; Zarathustra deutete die daivas in Teufel um und erhob auf den göttlichen Thron einen einzigen guten Geist, Ahura Mazda, den Herrn der Weisheit, der mit Unterstützung seiner Gefolgsleute Guter Gedanke, Beste Ordnung, Fromme Ergebenheit, Vortreffliche Regierung, Gesundheit und Unsterblichkeit die Welt beherrscht und die Menschen zum Guten führt. Das Gute besteht in der Arbeit für Familie und Gesellschaft, für Ordnung und Lebensfreude. Götzen, also Teufel, tun alles mögliche, um die Menschen von nützlicher Arbeit abzubringen. Die beste und heiligste Tätigkeit ist die Landarbeit, die das Volk ernährt. Bereits die Inder hatten gesagt, daß vom Stall die ganze Gesellschaft lebt. Die daivas verabscheuen die Arbeit. Ein altes Lied im Glaubensgesetzbuch verspottet sie deshalb treffend:

Wenn das Getreide zum Dreschen kommt,
beginnen die Bösewichter aus Angst zu schwitzen.
Wenn die Mühle vorbereitet wird,
verlieren die Bösewichter die Fassung.
Wenn das Mehl geborgen wird,
heulen die Bösewichter vor Wut.
Wenn der Teig zum Backen bereitet wird,
lassen die Bösewichter beklommene Furze.

Wer denn keine Feldarbeit verrichtet, den

verfolgen letztlich Elend und Hunger. Essen muß der Mensch, da er sonst geschwächt wäre im Kampf mit dem Bösen. Zarathustra gelangte durch Beobachtung der Daseinswidrigkeiten seiner Stammesgenossen zu dem Schluß, daß mit der Gestaltung einer gut organisierten Gesellschaft die seßhaften Iraner von der Angst vor räuberischen Nomaden befreit sein könnten. Seine Lehre widerspiegelt ausgezeichnet die sozialen Bedürfnisse der seßhaften Schicht seiner Zeit. Ein vollkommener iranischer Staat sollte einer himmlischen Organisation ähneln. Der König hätte gerecht zu regieren sowie Recht, Arbeit und Aufbegehren gegen das Böse zu fördern, seine Ratgeber hätten die Untertanen zu schützen, seine Krieger mit aller Entschiedenheit das Lager der Bösewichter zu berennen. Zarathustra hegte die Vorstellung, dem Herrn der Weisheit stehe der Satan, Angra Mainju, gegenüber, der Geist der Verderbnis, dessen Diener ehemalige, zu Dämonen degradierte Götzen seien. Beide höchsten Geister seien sich am Schöpfungstag der Welt begegnet, hätten ihre Existenz schon von Ewigkeit her, jeder für sich, behauptet, da das Böse mit dem Guten nichts gemein habe, und bei diesem ersten Zusammentreffen den Hauptgrundsatz des Weltenlaufs proklamiert: »Als die beiden Geister zusammentrafen, regelten sie zuerst Leben und Tod und beschlossen, dem Verfechter der Lüge die schlechteste, dem Verfechter der Wahrheit die beste Existenz zuzuweisen.«

Dem guten, wahrheitsliebenden, fleißigen Menschen winkten zum Lohn himmlische Herrlichkeiten und Glück und Erfolg auf dieser Welt; den Bösen erwarteten Höllenfinsternis, Pein und Qual im Gestank des Dämonenreiches. Der Mensch habe die Pflicht, auf seiten des Guten zu stehen, Gottesstreiter zu sein und nach Kräften allem zu wehren, was gute zwischenmenschliche Beziehungen stört. Das menschliche Handeln bewege sich in drei Formen: dem Denken, dem Sprechen und der Tat, und in allen diesen Bereichen müsse der Mensch für Ahura Mazda Partei ergreifen.

Überlieferungen, die wir in originalen iranischen Quellen über Zarathustras Leben finden, berichten, daß er als unzufriedener zwanzigjähriger Jüngling aus seinem Dorf in die Fremde aufbrach. Er wanderte durchs Land, um bessere Herrscher und ein besseres Volk zu finden, und sah sich nach Gelegenheiten um, die Stellung des arbeitenden Menschen zu bessern. Nach zehn Wanderjahren erschien ihm angeblich Gott selbst, und er wurde in Ideen unterwiesen, auf die er dann seine dualistische Lehre gründete. Weitere zehn Jahre streifte er kreuz und quer durch den Iran und warb vergebens Anhänger für seine Religion. Die Macht der Wahrsager war größer, ihr Einfluß auf Fürsten und Krieger stärker.

Schließlich erreichte er den Sitz des Fürsten Vischtaspa und erläuterte ihm seine Vorstellungen. Aber die Wahrsager setzten durch, ihn als unreinen Zauberer in den Hungerturm zu werfen. Während seiner Haft erkrankte das beste fürstliche Roß. Zarathustra erbot sich, es zu heilen, falls der Fürst seinen Glauben annähme. Vischtaspa akzeptierte die Bedingung, und der Prophet kurierte das Pferd. Dennoch bedurfte es noch einiger Mühe; der mißtrauische Fürst bestand darauf, daß ihm die Götter höchstpersönlich auftrügen, sich der neuen Lehre anzuschließen. Und er wurde dann, wie es heißt, deren entschiedener und energischer Verfechter, ja, unternahm für sie gar schwere Feldzüge gegen die Heiden. Zarathustra lebte an seinem Hofe bis zum Tode, wurde im letzten Krieg von Ungläubigen vor dem Feueraltar mitsamt seiner Jüngerschar umgebracht.

Zarathustras Religion verbreitete sich im Iran nach und nach, ihre Geschichte liegt hingegen ziemlich im dunkeln. Mit Sicherheit kann gesagt werden, daß sie sich als Staatsreligion erst unter der Sassanidendynastie, im 3. Jahrhundert u. Z., etabliert hat. Aus der Literatur, die sich in Kreisen der Zarathustra-Priesterschaft herübergerettet hat, können wir uns von dem Glauben der Sassanidenära und späterer Zeiten ein Bild machen.

Interessanterweise bekannten sich die späteren Gläubigen zu einigen Gottheiten, die Zarathustra verdammt hatte, und erteilten ihnen die Rolle von Mazdas Engeln, da ihre Verehrung im einfachen Volk tief verwurzelt war. So wurde das Getränk Haoma wieder zu Kulthandlungen zugelassen und spielte beim Gottesdienst eine große Rolle, obwohl Zarathustra es abgelehnt hatte, weil es im Ritus seiner Zeit die Gier, Vieh zu schlachten, anstachelte. Hoher kultischer Rang galt dem Feuer als Symbol der Reinheit, die bei der Berührung des Menschen oder einer Sache mit einem Quell der Unreinheit, vornehmlich einer Leiche, schwand. Deshalb wurden peinlich genaue Reinigungszeremonielle eingeführt, insbesondere Waschungen mit Wasser oder dem Harn der Kuh, von dem Wundertätigkeiten erwartet wurden. Leichen durften weder verbrannt noch beerdigt werden, damit sie nicht die heiligen Elemente besudelten, sondern wurden in eingefriedete Räume verbannt, wo sie den Geiern zum Fraß ausgeliefert waren. Allein reine Gebeine wurden in die Erde gebracht. Die Zarathustraanhänger befolgten das Gebot, nützliche Tiere zu pflegen, schädliche Geschöpfe zu tilgen, allen voran Schlangen und Skorpione. Besondere Ehren genossen der Hahn, der den Menschen in der Nacht bewachte und frühmorgens zum Tagwerk weckte, und der Hund, den man sogar ans Sterbebett zu holen pflegte, damit er mit seinem Blick die Dämonen der Leichenverwesung verscheuchte. Schlechter Umgang mit Nutztieren wurde als ein großes Vergehen äußerst streng geahndet.

Leider ist nicht bekannt, wann Zarathustra gelebt hat. Angenommen wird, daß es in dem Zeitraum vom achten bis zum sechsten Jahrhundert v. u. Z., vielleicht schon früher war. Ebensowenig wissen wir, wo er geboren wurde, noch, wo er gestorben ist. Jüngere Legenden nennen mannigfache Orte seines öffentlichen Wirkens, doch fehlt es an Beweisen ihrer Behauptungen. Und so müssen wir uns mit der wahrscheinlich richtigen Anmerkung begnügen, daß er vor Anbruch der Achämenidengroßmacht, d. i. vor 550 v. u. Z., gelebt hat, und zwar allem Anschein nach im Ostiran.

Das Mederreich

Die Arier, die um das Jahr 1000 v. u. Z. den nordwestlichen Iran überfluteten, zerfielen in zahlreiche Stämme. Informationen über sie geben akkadische Texte aus dem 9. Jahrhundert v. u. Z. Zur Regierungszeit des Assyrerkönigs Salmanassar III. drangen die Assyrer in das Land Parsuasch am westlichen und südwestlichen Ufer des Urmiasees ein und zwangen die dortigen siebenundzwanzig Könige zur Tributzahlung. Nach dieser hohen Zahl zu urteilen, handelte es sich nicht um Könige, vielmehr um Kleinfürsten. Gleichzeitig überrannten Eindringlinge das Amadai- bzw. Madailand. Zu Recht vermuten wir hinter beiden Namen Perser und Meder. Diese Völker standen damals unter der Oberhoheit des Urartureiches auf dem Territorium des späteren Armeniens, das ein sehr gefährlicher Rivale Assyriens war.

Über das gesamte achte Jahrhundert hinweg machten sich beide Elemente, das arische und das akkadische, mit gegenseitigen Angriffen das Leben schwer. Die assyrischen Feldzüge, begleitet von Raub, Beute, Verschleppung von Mensch und Tier sowie von Mord an allen, die den Eindringlingen wertlos erschienen, führten den medischen Bauern und Hirten den vorrangigen Zweck ihres Zusammenlebens vor Augen, nämlich die Verteidigung, die Konzentration der Kräfte, die Vereinigung zum Schutz gegen den Feind. Es gab unzählige kleinere und größere Siedlungen, Oasen, Dörfer in Tälern und an Flüssen, unterschiedlichste Stämme mit sonderbar klingenden Bezeichnungen, arischen zumeist kaum ähnlich, eher auf die Namen ihrer Häuptlinge lautend. Und all diese Rayons und Gruppen schmachteten gleichermaßen und empfanden dasselbe Bedürfnis.

Erst unter der Regierung des Assyrerkönigs Tiglatpilesar III. tritt neben dem mächtigen Urartu der Staat Mana etwa am südwestlichen Ufer des Urmiasees in den Vordergrund. Die Assyrer versuchten die Herrscher der einzelnen Bezirke nach der Devise »Teile und herrsche« gegeneinander aufzuwiegeln, um den Zusammenschluß der Massen im Osten zu unterbinden. Das gelang ihnen freilich vor allem deshalb, weil sie über ein starkes, gut ausgerüstetes Heer verfügten und mit brutaler Rücksichtslosigkeit vorgingen. Bittere Zeiten bereitete den Ariern der assyrische König Sargon. Ihm erwuchs ein ernster Konkurrent im urartischen König Rusa, der Hand in Hand mit etlichen Königen aus der näheren Nachbarschaft und arischen Horden ein Komplott schmiedete; hervortat sich dabei der Zikirtai- oder Zikrutistamm, den wir mit Sagartia oder Asagarta identifizieren dürfen. Ihr Fürst Mitatti stellte sich die Aufgabe, den Assyrern ihre Verbündeten und Vasallen, den Staat Mana abspenstig zu machen. Iranzu, der König von Mana, mußte sich damit abfinden, daß Mitatti sich in der Stadt Parda niederließ und weitere Ortschaften in Mana besetzte, während sich andere Städte Rusa ergaben. Sargon eilte Iranzu zu Hilfe, schlug die Aufrührer nieder und ließ einen Teil der Bewohner nach Syrien deportieren. Drei Jahre danach brach die Rebellion erneut aus; sie erstickte der Magnat Bagadatti. Zu dieser Zeit bestieg Iranzus Sohn Aza den Thron von Mana, doch Aufständische nahmen ihn gefangen und erschlugen ihn auf dem Berg Vausch. Rusa erklärte dessen Bruder Ullusun zum König, der ihm dafür zweiundzwanzig Städte abtrat. Wieder intervenierte Sargon, ließ Bagadatti auf dem Berg Vausch bei lebendigem Leibe die Haut abziehen, gab sich aber dann damit zufrieden, mit Ullusun ein Abkommen zu schließen, das ihn als Oberherrscher über Mana bestätigte.

Geflügelter Stier mit menschlichem Kopf, Alabasterfigur, von Austen Henry Layard gefunden

Friede zog indessen nicht ein. Rusa wandte sich gegen Ullusun und gewann den Mannäerfürsten Daiukka für sich, der ihm auch einen Teil seines Landes überschrieb. Hier tauchte übrigens zum erstenmal der erste allgemein geläufige Name medischer Geschichte, Deiokes, auf, den Herodot für den ersten Mederkönig ausgibt. Sargon attackierte Mana aufs neue und nahm Daiukka mit seiner Familie gefangen. Er schickte ihn nach Syrien in Verbannung. Außerdem vernichtete Sargon Parda, verjagte Mitatti und brandschatzte die berühmte Ortschaft Musasir in Urartu, wo sich die Tempel der obersten heimischen Götzen erhoben.

Die erste Runde der arisch-assyrischen Auseinandersetzung ging demnach ungünstig für die Arier aus. Aus assyrischen Annalen ist nicht zu erfahren, was mit Daiukka geschah. Entweder starb er in syrischer Verbannung, oder er flüchtete und kam nach Medien zurück. Das sind bloße Mutmaßungen, wie gar nicht anders zu erwarten. Seltsam mutet an, was uns Herodot darüber erzählt. Danach vereinte Daiukka kraft seiner Autorität als weiser Richter alle Meder unter sich, ließ die Stadt Ekbatana erbauen und errichtete dort ein prachtvolles Schloß, das ein siebenfacher Ringwall mit verschiedenfarbigen Zinnen umgürtete; der erste hatte weiße, der zweite schwarze, der dritte purpurrote, der

Medischer Magnat, einen König begrüßend

vierte blaue, der fünfte hellrote, der sechste versilberte, der siebente vergoldete; dabei überragten die Zinnen einander jeweils um das Doppelte an Höhe. Er ordnete gesellschaftliches Wohlverhalten an, rief am Hofe die Etikette ins Leben, legte sich eine Garde Lanzenträger zu, unterhielt einen geheimen Nachrichtendienst und achtete sehr auf Gerechtigkeit. Herodot hält ihn für den ersten Mederkönig und verweist darauf, daß er 53 Jahre lang regiert habe.

Der Hergang der Gründung des Mederreiches zählt zu den unergründlichsten Kapiteln altiranischer Geschichte. Bislang steht nicht fest, was in den Quellen wirklich gesichert ist und wie die Quellen einander entsprechen. Vor allem sind wir uns keineswegs gewiß, ob es beim Namen Daiukka nicht eigentlich um einen Titel geht anstelle eines Personennamens. Er könnte eine assyrische Verballhornung der iranischen Bezeichnung für den Fürsten darstellen. Weiterhin ist unklar, ob Herodots Deiokes mit Daiukka übereinstimmt, den Sargon verhaften ließ. Darüber hinaus war Daiukka mitnichten ein Mederführer in dem Sinne, wie Herodot seinen Deiokes zeichnet, sondern irgendein mannäischer Fürst, den Rusa zu einem ihm hörigen König von Mana und Bundesgenossen gegen die Assyrer machen wollte. Assyrische Berichte sprechen ebenfalls von einem Gebiet, das Bit Daiukki, Daiukkas Heim, hieß und irgendwo in der Nähe von Mana lag. Das könnte ein Territorium betreffen, wo Fürsten mit dem Titel Daiukka residierten. Müßig wäre es, die durch und durch verwickelte Sachlage zu untersuchen und sämtliche Lösungsversuche aufzuzählen, mit denen Orientalisten zur Darstellung der Anfänge des Mederreiches aufgewartet haben.

Im 7. Jahrhundert v. u. Z. existierte in Medien ein Staatsgebilde, das sich der Kimmererhorden erwehren mußte; sie waren offensichtlich thrakisch-phrygischer Herkunft, fielen über den Kaukasus hinweg in Vorderasien ein und wurden nach mehreren Geplänkeln auf Kleinasien zu abgedrängt, zuletzt durch die Skythen, von denen Herodot behauptete, sie hätten die Kimmerer vor sich hergetrieben und an der Wucht ihrer Raubüberfälle diese bei weitem übertroffen. Die Assyrer bedienten sich dieser skythischen Haufen gegen ihre gefährlichen Nachbarn. Die Skythen waren es schließlich, die Palästina verheerten und achtundzwanzig Jahre lang die Meder in ihrer Selbständigkeit bedrohten, allerdings vergeblich.

Als in Medien Kyaxares ans Ruder kam, jener wahre Begründer der iranischen Großmacht, ließ er die skythischen Würdenträger auf einem Festessen erschlagen, verbündete sich mit dem babylonischen König Nabopolassar, der Babylon der assyrischen Oberherrschaft entrissen hatte, und beide liquidierten mit vereinter Kraft das assyrische Reich, vernichteten dessen Großstädte Ninive, Assur sowie Harran und löschten die grausamsten Tyrannen Vorderasiens für immer aus der Geschichte aus. Sie teilten Assyrien und ganz Vorderasien unter sich auf und vereinheitlichten seine ehemals buntgescheckte politische Karte. Kyaxares versuchte kurz vor seinem Tode auch Lydien zu unterwerfen, das hinter dem Fluß Halys lag und die Hälfte der Fläche Kleinasiens einnahm, vor allem aber mit seinem gewaltigen Reichtum glänzte. Unmittelbar vor der entscheidenden Schlacht am 28. Mai 585 v. u. Z. stellte sich eine Sonnenfinsternis ein, was in beiden Armeen Panik auslöste. Der Kampf schloß mit einem Vergleich und der Bewahrung lydischer Autonomie. Die zweite Runde der assyrisch-medischen Auseinandersetzung endete unter babylonischem Hinzutun mit dem Untergang Assyriens als selbständigen Staates.

Aber Medien erfreute sich seiner Macht und Herrlichkeit nicht lange. Unter der Regierung von Kyaxares' Sohn Astyages weilte am medischen Hofe auch der persische Vasall Kyros als Heerführer. Der griechische Historiker Deinon berichtet, Kyros sei nach seinem militärischen Abschied nach Persien gegangen. Zu jener Zeit gab Astyages ein Bankett und lud auch den ranghöchsten Barden Angares ein, auf daß er den Gästen etwas vorsinge und seinen Herrn verherrliche. Angares schloß seinen Vortrag mit diesem Vers: »Es ward ins Moor ein ungeheuer Raubtier gelassen, wilder als der wildeste Keiler, und es wird, sobald es sich der umliegenden Orte bemächtigt, unverzüglich gegen viele ins Feld ziehen!« Als der König fragte, wer mit dem Raubtier gemeint sei, antwortete der Barde, Wahrsager und Geheimagent in einer Person: »Der Perser Kyros!« Astyages fällte das Urteil, Kyros töten zu lassen, doch der entkam den ausgesandten Häschern. Selbst wenn die Schilderung nicht der Wirklichkeit entspräche, bewahrheitet hat sich die »Prophezeiung« des Barden.

Das stürmischste Jahrhundert vorder-asiatischer Geschichte

Es geht um die einhundert Jahre von 610 bis 510 v. u. Z., vom Untergang der assyrischen Großmacht bis zur Konsolidierung des ersten ansehnlichen arischen Imperiums in Vorderasien. Und diese Etappe der allgemeinen Geschichte verdient mit Fug und Recht ein solches Attribut. Assyrien, der einstige zügellose Tyrann unter den nahöstlichen Staaten, war von zwei Bundesgenossen, den Medern und den Babyloniern, zermalmt worden.

Als eine Schar griechischer Abenteurer, zu deren Anführern auch der hervorragende Geschichtsschreiber Xenophon gehörte, am Tigris entlang in die Berge hinauf marschierte (das war die echte Anabasis, ein Aufstieg), zog sie voller Bewunderung an den weiten Ruinenfeldern der Bauten einstiger assyrischer Könige und deren chaldäischer Nachfolger vorüber, und keiner von ihnen ahnte nur im entferntesten, was sich an diesen Orten in alten Zeiten zugetragen haben mochte. Die Geschichte ging in schnellem Tempo dahin: Ägypten wurde durch die Niederlage bei Karkemisch aus Asien verdrängt, die vorderorientalischen Staaten betraten den Weg der Verwirklichung politischer Aktionen gemäß dem Motto: »Keine Schlange wird zum Drachen, wenn sie nicht eine andere Schlange verschlingt.« Die Babylonier vernichteten das jüdische Reich und schleiften den Tempel von Jerusalem, um dem Herrgott seine Bleibe zu nehmen, von der aus er Israel begünstigen könnte. Binnen siebenundvierzig Jahren fiel Babylonien den Persern zur Beute. Schon vorher hatten das Meder- und das Lyderreich die Selbständigkeit verloren, und die griechischen Siedlungen in Kleinasien waren gezwungen worden, die persische Hegemonie anzuerkennen. Kurz darauf bemächtigte sich der große Kyros, den man mit einiger Kühnheit, aber durchaus nicht völlig ungerechtfertigt als den Gentleman unter den altorientalischen Königen bezeichnen könnte, Ostirans. Sein Sohn setzte dem altehrwürdigen Ägypten der Pharaonen ein Ende, obzwar die ägyptischen Geschichtsschreiber die Perserkönige unverdrossen als ihre XXVII. Dynastie charakterisierten, als sei alles in allem nichts passiert. Kyros' Neffe Dareios errichtete ein großes Reich, Jerusalem erblickte den neuen Tempel, ein Seegefecht wurde zwischen der etruskisch-karthagischen Koalition und griechischen Piraten bei Alalia auf Korsika ausgetragen, die Athener schickten ihre Tyrannen und die Römer ihre Könige in die Wüste ... Welches andere Jahrhundert zuvor wäre wohl reicher gewesen an Begebenheiten, die die damalige entdeckte Welt so grundlegend umgestalteten? Und nicht nur das, auch in der Zivilisationsgeschichte betraten namhafte Persönlichkeiten die Szene, wie die ersten griechischen Philosophen und im Osten Buddha.

Was Wunder, daß sich uns im alttestamentarischen, dem Propheten Daniel zugeschriebenen Buch das Bild eines stürmischen Jahrhunderts aufdrängt und den

Hintergrund schafft, auf den der Autor seine Meditation über der Welten Lauf und die Hinfälligkeit der Macht projiziert. Augenfällig handelt es sich dabei um die erste Geschichtsphilosophie. Auch wenn dieses bescheidene Werk in der Form, die uns überkommen ist, nicht aus der Zeit stammen mag, in die es seinem Inhalt nach gehören möchte, stoßen wir darin auf Inspirationen dieser Umbruchepoche, die den in Wahrheit später lebenden Autor tief geprägt haben. Einen Juden, aus seiner Heimat nach Babylon verschleppt, verschlägt es in großstädtisches Milieu, in ein Zentrum internationaler und imperialer Politik, alles stürmt auf ihn in übergroßen Dimensionen ein, er wird Zeuge überstürzten Wandels und denkt dabei über die Geschichte seiner Welt nach: verfolgt den erbarmungslosen Streit der Großmächte, die in Gestalt von Raubtieren vom finsteren Ozean aufsteigen, sich gegenseitig zu Tode würgen. Das erste Ungetüm ist ein Löwe mit Adlerschwingen, das zweite ein Bär mit drei Rippen im Maul, das dritte ein vierköpfiger Leopard mit vier Flügeln, das vierte ein Ungeheuer mit eisernen Hauern und zehn Hörnern. Bedenken wir, daß diese Monsterfiguren Merkmale aufweisen, die uns an vorderasiatischen Kunstdenkmalen entgegentreten. Sie symbolisieren kaum etwas anderes als Babylonien, Medien, Persien und Makedonien. Anderswo ist es der zweihörnige Widder, das Wappen des medisch-persischen Reiches; wo ihn das Einhorn vom Westen her berennt und niedertritt, steht er für den makedonischen Staat. Eine Großmacht dünkt Daniel als Statue, die einen Kopf aus Gold hat, Brust und Schultern aus Silber, Bauch und Hüften aus Kupfer, Knochen aus Eisen und Beine aus einer Mischung von Eisen und Lehm. Wenn ein Felsblock losbricht und auf sie stürzt, bleibt von ihr ein Häufchen Trümmer, das der Wind verweht. Es scheint, als solle dieses Standbild das neubabylonische Reich und dessen fünf Könige, allen voran Nebukadnezar, markieren. Wenn wir die einzelnen Traumgesichte des Propheten deuten, müssen wir gestehen, daß sie nicht trügen. Die Geschichte bescheinigt ihm, zwar eigenwillig, doch scharf beobachtet zu haben. Energische Herrscher, fähige Regenten haben schwächliche, überspannte, schwachsinnige Nachfolger, die binnen kurzem von starken Persönlichkeiten anderer Mächte, Begründern neuer Reiche abgelöst werden. Alles verändert sich, nichts währt ewig, einzig und allein der Gottheit ist Dauer beschieden, und sie wacht über ihre Bekenner, wie es der Glaube gebietet.

Die Perser erscheinen auf der Bühne

Es gibt in der Geschichte Völker, über die im ganzen über lange Zeitläufte nichts bekannt ist. Lediglich hier und da taucht ihr Name in Eintragungen mächtiger Nachbarn auf, die hier allmählich, da beschleunigt eine Großmacht errichten und sich anschicken, ihre kleineren und schwächeren Nachbarn zu schlucken und sich über sie hinweg immer weiter in fernere Länder, womöglich bis an den Rand des Kontinents auszubreiten. Nicht anders verhielt es sich mit jenem Volk, das seit Mitte des 6. Jahrhunderts v. u. Z. den ruhmreichen Weg des Aufbaus der imposantesten Großmacht des Altertums in Vorderasien und den benachbarten Regionen antreten sollte, den Persern. Um den Beginn des 7. Jahrhunderts trifft der Historiker sie noch im Lande Parsua südlich des Urmiasees an. Und die erste Nachricht in diesem Jahrhundert teilt mit, daß sie der Koalition zugehörten, die der elamische König Huban-Imena für den Kampf gegen den Assyrerkönig Sin-achi-irba gebildet hatte, jenen biblischen Sancherib, den grausamen, energischen und kriegslüsternen Sohn des berühmten Sargon, des Eroberers des israelischen Reichs. An diesem Bund beteiligten sich neben den Elamitern die Perser, das Volk Anschans, die Pasirer, das Volk des Ellipireiches, und andere. Die alliierten iranischen Truppen überfielen das assyrische Reich und stießen in der Schlacht bei Challule am Tigris, einem der blutigsten Gemetzel im damaligen Vorderasien, mit Sancherib aufeinander. Der Ausgang ist insofern bemerkenswert, als es keine

Bronzemaske Sargons I.

Verlierer gab. Damals war es nicht üblich, daß der König seine Schlappen aufschreiben ließ, da es sie einfach nicht gab. Das Datum der Schlacht kennen wir nicht genau. Sicher ist nur, daß sie nicht vor dem ersten Jahr der Regierung Huban-Imenas (die frühestens am 14. April 692 begann) und nach dem 25. April 689 stattgefunden haben kann, denn an diesem Tage wurde Huban-Imena vom Schlaganfall getroffen und verlor die Sprache. Danach schwinden die Informationen über die Perser. Vermutlich wichen sie dem Druck der Kimmerer, Skythen und anderer Völker, die vom Norden her in ihre Siedlungsgebiete vordrangen, langsam in südöstlicher Richtung über die Region zwischen dem Urmiasee und dem nordöstlichen Elam an die Grenzen des eigentlichen Persiens bzw. Fars' zurück. Unter der Herrschaft des letzten großen Assyrerkönigs Assurbanipal ging das elamische Reich zu Ende. In ihrem letzten Feldzug verwüsteten die Assyrer die altehrwürdige Stadt Susa (um das Jahr 639). Das wirkte auf die Nachbarn: Der Perserkönig Kyros entsandte seinen Sohn Arukku mit Geschenken und als Geisel an den assyrischen Hof und schwor den Untertanengehorsam. Bereits damals herrschte über die Perser das Geschlecht der Achämeniden oder Hachamanischija, so genannt nach dem ersten Herrscher Achämenes, wie er in griechischen Schriften heißt; altpersisch lautet der Name Hachamanisch. Doch weder über ihn noch über seinen Sohn Tschischpisch überliefert die Geschichtswissenschaft irgendwelche Daten. Tschischpischs Sohn Kurusch (griechisch Kyros) ist in assyrischen Denkmalen belegt. Tschischpisch regierte in einem Teil Ostelams und in Gebieten von Fars östlich davon sowie nördlich von Elam in jenem Land, das die Assyrer als Parsumasch bezeichneten. Kyros gilt als König von Parsumasch, doch auf der Rolle seines Enkels Kyros des Großen, die eine akkadische Inschrift enthält, trägt er ebenso wie sein Vater Tschischpisch den Titel eines Königs von Anschan oder Ansan. Vor diesem Namen steht auf der Siegelrolle ein Zeichen, das darauf verweist, daß der Name von einer Stadt stammt. Der Mangel an verläßlichen Quellen und die Möglichkeiten, die wir hinter Formulierungen erhaltener Texte vermuten, führen zur Annahme, daß Tschischpisch sein Reich zwischen seinen beiden Söhnen Kyros und Ariaramnes aufgeteilt hat. Erster war angeblich König von Anschan, zweiter König von Parsa, also dem eigentlichen Persien, bzw. von Persis, wie es die Griechen nannten, von Fars, wie das Land bei den Arabern hieß. Tatsache ist, daß die Perser einst im 7. Jahrhundert, etwa nach dem Untergang des Assyrerreiches, die medische Oberhoheit anzuerkennen gezwungen waren. Und wieder verstummt die Geschichte über sie. Wir wissen gerade, daß nach Kyros dessen Sohn Kambyses den Thron innehatte und daß um das Jahr 560 im Anschankönigtum Kambyses' Sohn Kyros ihn bestieg.

Kyros und das Geheimnis seiner Persönlichkeit

Höchst zutreffend sagte der große deutsche Aufklärungsphilosoph J. G. Herder: »Wenn es scheint, daß bei einem Herrscher die Geschichtsschreibung zu Dichtung wird, dann ist dem so beim Begründer des Perserreiches Kyros.« Das trifft auf den ersten König tatsächlich zu, den die Perser Kurusch, die Griechen Kyros, die Römer Cyrus, die Akkadier und Elamiter Kurasch, die Juden Koresch genannt haben. Mit Sicherheit war Kyros' Persönlichkeit bereits zu Dareios' I. Zeit von Sagen umwoben, die sich gegenseitig widersprachen. Als Herodot etwa achtzig Jahre nach Kyros' Tode die Geschichte der griechisch-persischen Kriege im Rahmen der allgemeinen Geschichte des östlichen Mittelmeers schrieb, hatte er schon so viel Stoff zur Auswahl, daß er eine ganze düstere Erzählung über Herkunft, Jugend, Thronbesteigung des Kyros füllte, die von echt orientalischen Motiven, insbesondere der Macht von Träumen und Orakeln, grausamen Anschlägen und teuflischen Racheakten, überfließen würde.

Angeblich war Kyros Sohn des ehrwürdigen Persers Kambyses und der Tochter des medischen Königs Astyages, eines mürrischen, gestrengen, mißtrauischen Tyrannen. Der Großvater wollte, von Träumen gewarnt, ihn gleich nach der Geburt töten lassen, doch der medische Magnat Harpagos bewahrte den Säugling davor und vertraute ihn einem Hirtenpaar an. Für seinen Ungehorsam rächte sich Astyages an Harpagos, indem er dem Ahnungslosen eine Portion gebratenen Fleisches vom Leib dessen eigenen Sohnes servierte. Harpagos zettelte gegen den Schah eine Verschwörung an, forderte Kyros auf, sich mit den Persern um die Machtergreifung in Medien zu bemühen, und das glückte ihm auch. Die Mehrheit der Meder verriet ihren König, Kyros bemächtigte sich Mediens und vereinigte es mit Persien. Im Grunde handelte es sich um einen bloßen Wechsel der Dynastie, beide Völker waren miteinander so nahe verwandt, daß sie sich im Westen kaum noch unterschieden.

Ktesias, Arzt am persichen Hofe um das Jahr 400 vor Beginn unserer Ära, Verfasser einer umfänglichen, außer wenigen Bruchstücken jedoch verschollenen Geschichte Vorderasiens, wartete mit einer anderen Version auf: Der letzte Mederkönig Aspadas (d. h. Astyages) wurde von Kyros bezwungen, der gar nicht sein Verwandter war. Seine Tochter hieß Amytis (bei Herodot war Kyros' Mutter Mandane), ihr Gemahl war der Magnat Spitamas, sie gebar Spitakas und Megabernes. Nach Spitamas' Tod vermählte sich Kyros mit Amytis.

Eine dritte torsohafte Legende des Historikers Deinon, der die persische Geschichte im 4. Jahrhundert darstellte, lautet: Kyros war Hofdiener, später königlicher Leibwächter. Eines Tages war ihm, als hätte er dreimal nach der Sonne gelangt. Traumdeuter erklärten ihm, er werde König werden und dreißig Jahre lang herrschen.

Eine weitere Sage überliefert Nikolaos von Damaskus, Schreiber und Berater des legendären jüdischen Königs Herodes des Großen: Kyros entstammte einer armen Familie vom Mardenstamm, seine Eltern waren der Räuber Atradates und die Ziegenhirtin Argoste. Zuerst diente er als Gehilfe des palasteigenen Straßenkehrers, dann arbeitete er sich zum Hilfskellner des königlichen Mundschenks Artembares empor, war geschickt und hübsch, so daß der König auf ihn aufmerksam wurde und ihn dem Mundschenk als Stellvertreter empfahl. Schließlich nahm ihn Artembares an Kindes Statt an und vererbte ihm auf dem Sterbebett Amt und Vermögen. So mauserte sich das elende Hirtlein zum reichen Höfling. Astyages gab seine Tochter dem Spitamas zur Frau und sicherte beiden die Nachfolge. Kyros lud seine Eltern aus Persien zu sich nach Medien ein, und bei dieser Gelegenheit enthüllte ihm seine Mutter den Traum, den sie vor seiner Geburt gehabt hatte. Aus ihr sei ein Strom entsprungen, der ganz Asien bis ans Meer überflutet habe. Ein babylonischer Prophet legte ihn so aus, daß Kyros ein mächtiger König würde. Kyros deckte dies mit striktem Stillschweigen und bewog zu guter Letzt Astyages, seinen, Kyros' Vater zum Gouverneur in Persien zu berufen. Da begab es sich, daß Astyages Kyros als seinen Unterhändler ins Land der Kadusier entsandte, westlich des Kaspischen Meeres, südlich des Flusses Araxes. Kyros hatte den Auftrag, ihren Häuptling Onafernes zu irgendeiner Schurkerei gegen seine Untertanen anzustiften. Dabei entschloß sich Kyros, die mütterliche Vision auszunutzen. An der Grenze des Kadusiergebietes begegnete er mit seiner Begleitung einem Mann, der in einem Korb Dung trug. Als es sich herausstellte, daß er ein Perser, also Kyros' Landsmann, war und Oibares hieß, was etwa Überbringer einer guten Botschaft bedeuten sollte, wobei Dung Reichtum verhieß, fühlte sich Kyros in seinen Plänen bestärkt und behielt Oibares bei sich. Dann handelte er mit dem Kadusierhäuptling ein Bündnis aus, das sich gegen Astyages richtete. Oibares entledigte sich des Babyloniers, damit er den Putsch nicht dem medischen König preisgebe, und beide kehrten nach Medien zurück. Kyros bat den König um Erlaubnis, nach Persien zu reisen, da sein Vater erkrankt sei. Der König beschied sein Gesuch zuerst ablehnend, dann genehmigte er ihm aber doch einen fünfmonatigen Persienaufenthalt. Als Kyros schon unterwegs war, plauderte die Babylonierwitwe alles dem König aus, was sie über Argostes Traum wußte, und suggerierte ihm den Verdacht, daß Kyros sich ins Heimatland aufgemacht habe, um den Traum seiner Mutter zu verwirklichen. Der König setzte ihm einen Reitertrupp auf die Fährte, den allerdings Entsatzeinheiten aus Persien zersprengten. Dann kam es zu einem großen Krieg, in dem die Perser wiederholt in arge Bedrängnis gerieten, bis es Kyros, Oibares und Atradates, der auf dem Schlachtfeld fiel, endlich gelang, die Meder zu besiegen und Astyages zu entthronen. Die übrigen iranischen Völker beugten sich in der Folge Kyros.

Die letzte Sage haben wir eingehender wiedergegeben, um sämtliche Zeichen der Volksüberlieferung vorzuführen. Die gesamte Erzählung trägt den Charakter unbekümmerter Phantasie, der Art etwa, wie wir sie aus Tausendundeiner Nacht kennen. Eine Menge Glück und Schicksal finden wir darin und erinnern uns dabei beispielsweise an die Geschichte um Ardaschir, den Sassaniden, oder an jene Romane und Epen, in denen auf der anderen Seite der damaligen Welt die Kelten Karl den Großen, König Artus oder Parzival in den Schleier der Fiktion gehüllt haben. Interessant ist, daß solche Sagen sich gerade um Begründer von Staaten häufen, wie Karl den Großen oder Ardaschir und andere. Nicht einmal das soziale Motiv fehlt: der Junge ist Hirte, lebt in freier Natur, das holde Los erhebt ihn in den höchsten Stand. Auf die Schaffung von Sagen dieses Typus hat auch der Umstand Einfluß, daß die Staatsgründer als erste Könige aus der Mitte ihres Gefolges hervorgehen und sich ein patriarchalisches Verhältnis zu ihren Gefolgsleuten bewahren. Diese wiederum bringen ihnen nachgerade kindliche Liebe entgegen und behalten sie in guter Erinnerung, da sie ihren selbständigen Staat gebildet bzw. sie von Fremdherrschaft befreit, ihr Volk in die Reihe derer gestellt haben, die in der politischen und kulturellen Geschichte eine Rolle zu spielen begannen. Die alten Perser verehrten Kyros als Vater, seinen Sohn Kambyses als Herrn, dessen Nachfolger Dareios nannten sie hingegen Krämer. Kyros bringt also seine persischen Kinder auf die Bühne, auf der sich die weitere alte vorderorientalische Geschichte im Zeichen persischer Hegemonie abspielen wird.

Die Geschichtschreibung stellt über Kyros knapp fest, daß er um das Jahr 560/559 v. u. Z. seinem Vater Kambyses auf dem Thron gefolgt sei. Im sechsten Regierungsjahr des babylonischen Königs Naboned zog gegen ihn der Mederkönig Ischtumegu (Astyages) ins Feld, wie eine babylonische Chronik zu berichten weiß. Sein Heer meuterte, nahm den König gefangen und lieferte ihn Kyros aus. Kyros konfiszierte das ganze Gold, Silber und sonstige Vermögen und schaffte es von Ekbatana nach Anschan (550/549 v. u. Z.). Im ersten Monat (Nisan) des 9. Jahres Naboneds überschritt Kyros bei Arbela den Tigris, und einen Monat darauf (Ijjar) fiel er in Lydien ein (547/546 v. u. Z.). Er eroberte das Land und ließ den dortigen König allem Anschein nach umbringen. Im 17. Jahr Naboneds besetzten die Perser am 14. Tag des 7. Monats (Tischri) die babylonische Stadt Sippar (nach unserem Kalender am 10. Oktober 539 v. u. Z.); am

29. Oktober betrat Kyros Babylon. Naboned wurde gefangengenommen und starb in der Gefangenschaft. Im sechsten Jahr Naboneds legte Kyros sich den Titel des Königs von Anschan zu, im neunten den des Königs von Parsa. Das beweist, daß er zwischen den Jahren 550 und 547 v. u. Z. beide Achämenidenländer vereinigt hat, von denen oben die Rede war. Doch in der Rolleninschrift, über die noch zu sprechen sein wird, trägt er den Titel des Königs von Anschan. Sein Ende allerdings gestatten uns nur akkadische Denkmale zeitlich zu bestimmen. Babylonische Vertrags- und Handelsdokumente waren nämlich nach Herrschaftsjahren datiert. Am 23. Tag des Monats Abu des 9. Jahres Kyros' hatte eine Babylonierin ihrem Verwandten ein Grundstück überschrieben; am 12. des Monats Elul, nach Regierungsantritt des Kambyses, verhandelte ein Babylonier um einen Esel zum Preis von fünfzig Silberlingen (sie am 12. August 530 v. u. Z. in Borsippa, er am 31. August in Babylon). Unter Herrschaftsbeginn verstand man bei den Akkadiern und Persern den Jahresrest bis zum Neujahrstag des nachfolgenden Jahres, von dem an der König das erste Jahr seiner Regierung zählte. Kyros' Nachfolger bestieg demnach im August 530 v. u. Z. den Thron. Weithin bekannt ist, wann Kambyses bereits König war, für Kyros' Tod indes fehlt das genaue Datum, es bewegt sich zwischen Juli und August.

Eine akkadische Rolleninschrift oder wie sich eine Annexion begründen läßt

Es geht um eine Inschrift in akkadischer Sprache auf einer Rolle, die ungefähr 23 cm lang ist und einem Fäßchen ähnelt. Sie ist teilweise beschädigt, so daß der Text nur fragmentarisch vorliegt. Eingangs erschließen sich uns diverse Vorwürfe und Einwände, die der Autor gegen König Naboned (Nabu-na' id) vorzubringen hatte: er beseitige Bildnisse alter Gottheiten, habe die Verherrlichung des Gottes Mar-

Kyros' Grab in Pasargadai

duk aufgehoben, baue Tempel in fremden Städten für fremden Kult, unterdrücke seine Untertanen und stoße sie ins Elend, so daß die Götter alldem nicht länger zusehen könnten. Welche Ziele Naboned eigentlich verfolgte, geht daraus nicht hervor. Den Historikern erscheint er als wunderlicher Exzentriker, der Babylon verließ, wo er im Jahre 556 v. u. Z. den jungen König Labaschi-Marduk nach zweimonatiger Amtszeit entthront hatte und sich für zehn Jahre in der Wüstenstadt Taima in Arabien, nördlich von Medina gelegen, niederließ. In Glaubensangelegenheiten gebärdete er sich offenkundig rücksichtslos gegenüber althergebrachten babylonischen Kulten und führte die Verehrung des Götzen Sin ein, eines Mondgottes, dessen Oberpriesterin seine Mutter war. Vielleicht war er gar kein Babylonier, sondern Assyrer. Sicherlich wollte er mit diesen Aktionen irgendwelche Gruppen für sich gewinnen, mit denen er in seinen politischen Plänen rechnete, nur machte er sich damit andererseits die babylonische Priesterschaft und den Kaufmannsstand zu Feinden. Diese beiden Schichten sorgten dafür, daß er sie nicht länger behelligte. Gott Marduk selbst, besagt die Inschrift, sah sich nach jemandem um, den er an seine Stelle setzen könnte. Und er entdeckte Kyros, den König von Anschan, schenkte ihm das kurdische und das medische Land und erkor ihn zum Herrscher über Mesopotamien. Mit Wohlgefallen blickte er auf Kyros' fromme Taten und auf sein gerechtigkeitsbeflissenes Herz. Er befahl ihm, nach Babylon aufzubrechen, und stand ihm als Freund und Kamerad zur Seite. Kampflos ließ er ihn in die Stadt einmarschieren und lieferte ihm Naboned aus, der ihm, Marduk, die Anbetung versagte. Alle Babylonier, alle Sumerer und Akkadier verneigten sich vor Kyros tief, küßten ihm die Füße, frohlockten über seine Herrschaft, ihr Antlitz entwölkte sich, und sie dankten Gott für diese ihnen erwiesene Gnade ...

Im weiteren Text spricht Kyros selbst. Er stellt sich in vollem Titel babylonischer Könige vor, nennt seine Vorfahren Kambyses, Kyros und Teispes (Tschischpisch), Könige von Anschan. Die Götter Bel und Nebo lieben ihn. Da er unter allgemeinem Jubel in Babylon einzog, hatte Marduk ihm die Herzen der Babylonier günstig gestimmt, segnete ihn und seinen Sohn und seine Armee. Kyros tat Gott zur Freude den Menschen Gutes, duldete keinerlei Unterdrückung und hielt somit den Niedergang auf. Die Könige benachbarter Reiche brachten ihm üppige Steuern dar und warfen sich ihm in Babylon zu Füßen. Die Statuen jener Götter, die in Babylon im Kerker geschmachtet hatten, ließ er an die ehemaligen Standorte bringen und ihre Huldiger versammeln und in ihre ursprünglichen Siedlungen heimkehren. Auch die Standbilder mesopotamischer Götter, die Naboned nach Babylon deportiert hatte, durften wieder in ihre früheren Städte zurück. Die Götter dankten Marduk dafür, daß Kyros und seine Söhne soviel für sie geleistet hatten.

Vorerst läßt aufhorchen, daß Kyros keine einzige iranische Gottheit erwähnt; wohl deshalb, weil der Text der Inschrift sich auf babylonische Verhältnisse und Menschen bezieht. Der Hauptgedanke besteht darin: Babylon ist ihm von den babylonischen Göttern, die selbst durch Naboned geknechtet waren, zugeeignet worden; folglich hat Kyros sie eigentlich erlöst, nicht nur ihre Priester und Gläubigen, vielmehr sie selbst! Dafür, daß er, wie er erklärt, die Menschen versammeln und in ihre ursprünglichen Gebiete heimkehren ließ, ist ein beredtes Beispiel im Alten Testament zu finden. Dort wird berichtet, Kyros habe sich während seines ersten Regierungsjahres (538/537 v. u. Z.) in einer Deklaration an die Juden gewandt, sie mögen sich nach Palästina begeben und dort nach dem Willen des himmlischen Herrgotts in Jerusalem einen neuen Tempel erbauen. Er gab ihnen sogar Gold- und Silbergefäße mit, die die Babylonier im Jahre 586 v. u. Z. erbeutet hatten. Und tatsächlich, als die Israeliten nach fast fünfzig Jahren aus babylonischer Gefangenschaft entlassen worden waren, wurde auch ihr Gott befreit, und sie errichteten ihm eine neue Heimstatt. Damaligem Glauben gemäß konnte er daher sein Volk und das Land, in dem er wohnte, schützen. Auch der Name des Gottes ist bemerkenswert: Gott des Himmels ist eine Bezeichnung, die nahezu ausnahmslos in jüngeren Büchern vorkommt. Es ist die Bezeichnung, mit deren Hilfe die Einordnung der Gottheit in das Glaubenssystem des Perserreiches plausibel gemacht oder aber begründet werden sollte, daß der Gott des Himmels der höchsten iranischen Gottheit, genannt Ahura Mazda, entspricht. Und dieser ist bei Herodot anscheinend mit dem Namen Zeus bedacht, und es ist durchaus denkbar, daß die Perser unter Bel, »Herr« den babylonischen Namen und die Funktion ihres höchsten Gottes gefaßt haben.

Der Stil der Inschrift ist recht geschickt. Naboned wird als Tyrann abgetan, der sein Land vernachlässigt, so daß Marduk höchstpersönlich eingreifen muß, um sein Volk zu retten. Es wird die Idee proklamiert, wonach der König von Gott zum Herrschen berufen wird, demzufolge von Gottes Gnaden ist und tunlichst Gott oder die Gottheiten zu ehren sowie deren Priester und Bekenner bestmöglich zu unterstützen hat. Sollte er sich nicht danach richten, büßt er das Recht zu herrschen ein. Sinnigerweise kann der babylonische Gott Volk und Land von ihrem König damit befreien, daß er die Macht einem fremden König überträgt, der moralisch besser ist. In diesem Fall müßte kaum von Befreiung, sondern eher von Sturz der Staatsgewalt die Rede sein. Um so verdächtiger erscheint uns, wenn alle jubeln und sich darüber freuen, daß die Perser ihr Land okkupiert haben. Die Zustände unter dem Regime des Sonderlings Naboned mögen allerdings dermaßen unerträglich gewesen sein, daß die erste Etappe der persischen Oberhoheit einem Leben im Paradies gleichgekommen sein mag. Profitiert haben davon die Priester und Kaufleute. Sie vermochten sich in dem neuen Großreich anders zu bewegen und genossen Schutz auch in Gebieten, mit denen der Kontakt vordem riskant gewesen war.

Trotz allem währte das Glück nicht allzu lange, und die Babylonier mußten auch die Kehrseite der Personalunion kennenlernen, die Kyros ins Leben gerufen hatte – allerdings erst nach dem Tode des Königs. Davon unterrichten Funde späterer Zeiten. In Babylonien brachen unmittelbar nach Kambyses' Tode zwei große Aufstände aus, einige weitere folgten. Unter Xerxes schließlich kam es zu Schändungen von Kultstätten, und Babylonien sank auf die Stufe einer bloßen Satrapie. Den wirklich arbeitenden und dienenden Massen pflegten politische Umstürze wenig Vorteile zu bringen.

Kyros als Befreier der Völker kommt auch im Buch des Propheten Jesajas (Kap. 44 und 45) vor:

»Also sprach der Herr zu seinem Gesalbten, Kyros, ... ich werde die Völker in seinem Angesicht schlagen und die Könige ihrer Hüftgürtel entblößen ... Ich werde dir voranschreiten und dir die Wege ebnen, die kupfernen Türen zertrümmern, die ehernen Sperren aufbrechen. Und ich werde dir verborgene Schätze und Kleinodien geben, damit du wissest, daß ich, der Herr, Gott Israels, dich bei deinem Namen rufe.«

Wie Marduk nicht länger der schlechten Amtsführung Naboneds zusehen konnte, so wenig konnte ein jüdischer Gott des Himmels dulden, daß sein auserwähltes Volk in Gefangenschaft von Götzenanbetern bliebe. Daher inspirierte und berief er Kyros, machte ihn zu seiner Waffe, zu seinem Arm, zu seinem Helfer und Statthalter auf Erden, auf daß er den göttlichen Entschluß zum Wohle des jüdischen Volkes vollziehe. Ein solcher Helfer ist ein *maschiach* (Messias) oder *christos*, ölgesalbt als Bevollmächtigter des Herrn, nicht etwa irgendein jüdischer König oder eschatologischer Erlöser, sondern der wahre Beauftragte, König von Gottes Gnaden. Völlig richtig deutete der jüdische Prophet Kyros' Einfall, die Idee von der Glaubenstoleranz dem Register politischer Mittel zuzuordnen. Der spätere jüdische Geschichtsschreiber Josephus Flavius ergänzt die Historie von der Erneuerung jüdischer Gemeinschaft in Palästina um einige Sagen, zum Beispiel über Dareios' Erlaubnis zum Tempelbau. Die Bibel stellt lediglich fest, daß Kyros den Bau gestattet, die Samariter hingegen und andere Judengegner sein Verbot erzwungen haben. Laut Flavius hat Kambyses den Bau untersagt.

Wie beschwerlich es ist, die Geschichte orientalischer Staaten zu schreiben

Geschichte zu schreiben bereitet da Schwierigkeiten, wo es keine genauen, verifizierten Daten gibt, insbesondere dort, wo es sie überhaupt nicht gegeben hat bzw. wo sie nicht der Öffentlichkeit zugänglich gemacht worden sind oder gar keine Geschichtsschreiber in unserem Wortsinn gewirkt haben. Der Perserkönig pflegte seinem Schreiber zu diktieren, wie er die Ereignisse zu frisieren hatte, oder befahl ihm, diese oder jene Staatsaktion festzuhalten, und unterzog die Schilderung dann einer peniblen Revision, um sie schließlich in der königlichen Bücherei zu deponieren und somit vor dem Zugriff von Untertanen und Ausländern zu bewahren.

Historiker, wie sie etwa die Griechen mit Thukydides, Polybios oder Plutarchos hatten und die Römer mit Livius, Tacitus oder Suetonius, kannte man im Iran der Zeit vor dem Islam nicht. Niemand unter den Untertanen des Königs der Könige hätte es gewagt, ein historisches Werk zu schreiben, geschweige denn herauszugeben oder zu vertreiben. Allein eine eigene Meinung über Charakter und Gehalt des Geschehens hätte den Kopf kosten können, wenn es sich herausstellte, daß sich diese nicht gefälligst mit der Ansicht des höchsten Herrn deckte. Im Osten lebten ausnahmslos Untertanen, während in den griechischen Stadtstaaten und in der römischen Republik freie Bürger die Mehrheit bildeten.

Dennoch brachten weise Griechen einiges über das persische Reich in Erfahrung, beispielsweise der berühmte Vater der Geschichtsschreibung Herodot, der mehrere persische Provinzen bereiste und in seinem umfänglichen Werk über die geschichtsträchtigen Konflikte zwischen dem Orient und dem Okzident eine bemerkenswerte Fülle an Berichten von oftmals höchst heiklen Angelegenheiten zusammentrug.

Ein einziges Exemplar der königlichen Annalen wurde in der Königsbibliothek aufbewahrt – als einzige Geschichtsquelle auf iranischem Boden. Ging es verloren, war die gesamte heimische historiographische Literatur verloren. Und das geschah auch wirklich, als Alexander der Große Persepolis eroberte und dort den Sturz der Achämenidenherrschaft feierte. Damals stachelte die berüchtigte Thais, eine der Hetären, die das Heer begleiteten, den angetrunkenen Triumphator an, mit der Brandschatzung Persepolis' die Griechen, denen die Perser zahlreiche Städte verwüstet hatten, zu Dank zu verpflichten. Und der König schleuderte tatsächlich als erster eine Fackel in den Palast aus Zederngebälk. Es ist anzunehmen, daß auch die Hofchronik bei dem Brand Feuer fing und verbrannte. Deswegen sind wir, was die Geschichte des Iran angeht, fast ausnahmslos auf Schriften fremder Autoren angewiesen.

Über Ereignisse in fernen Ländern erfuhren die Menschen hauptsächlich auf Basaren. Kaufleute, die zwischen den Provinzen Handel trieben, sammelten Informationen und erzählten von Geschehnissen ihren Bekannten und Kunden in Tempeln und auf Märkten. Hin und wieder ließen sie ihre Berichte aufzeichnen oder erwarben Aufzeichnungen und brachten sie mit in ihre Heimatländer, um die Landsleute zu unterhalten. Überliefert ist, daß zu Zeiten von Mohammeds Predigertätigkeit in Mekka ein Händler namens Nadr ibn al-Harith sich in Hira ein Buch persischer Sagen über Rostam und Esfandijar beschafft und sie zu Hause seinen Stammesgenossen vorgelesen hat.

Hofgeheimnisse wurden, zuweilen auch in absichtlich abgewandelter Form, durch die Indiskretion von Eunuchen enthüllt, die an den Türen von Gemächern, Haremsvorsälen und in den Paradiesen, d. h. den Gärten der Residenzen, lauschten. Sie boten sie auf raffinierte Weise, sei es für Geld, sei es gegen andere Annehmlichkeiten, ränkesüchtigen Magnaten und Satrapen feil, deren Stellung wankte, oder Königinnen, die gern in Hof- und Staatsaffären eingriffen. Die Eunuchen dachten sich so manches Histörchen aus, das auf das exklusive Milieu der Harems und hinter den Hofkulissen trefflich paßte.

So ergoß sich in buntschillernden Rinnsalen ein Konglomerat von Klatsch und Wahrheit, Indiskretion und Gerücht. Gerade das ist es, was von alter vorderorientalischer Geschichte auf uns gekommen ist, wenn wir die bei weitem geringere Zahl historischer, stereotyp stilisierter Berichte auf Ton- oder Steintafeln außer acht lassen, die immer nur Kriegserfolge, Gründungen und Bauten von Tempeln, Palästen und anderer Anlagen, doch niemals Niederlagen aufzählen. Erst aus Quellen späterer Zeiten, nachdem die Dynastien längst zu herrschen aufgehört hatten, oder aus Heeresberichten ihrer siegreichen Rivalen erfahren wir bisweilen vom eigentlichen Verlauf kriegerischer Auseinandersetzungen.

Worauf sollen wir uns also stützen, wollen wir die Geschichte jener stürmischen Jahre ergründen? Wenn wir lediglich auf die von den Königen errichteten Denkmale bauen, stapfen wir durch kurzgefaßte, relativ und meistenteils tatsachengerechte Dürre, den Bodensatz amtlicher redigierter Verzeichnisse. Was unternimmt der Schriftsteller, der den Genius der Menschen und der Orte von damals zu erhellen trachtet? Er greift auf Sagen, Treppenwitze, Flüsterpropaganda, Legenden, Verleumdungen und Lobgesänge geschwätziger Magnaten, böswilliger Eunuchen und redseliger Kaufleute zurück, die allesamt weitschweifig, aber nicht bar winziger Körnchen Wahrheit, da durchaus eigenwillig die Wirklichkeit spiegelnd, vom Interesse der Menschen fürs Zeitgeschehen künden.

Wenden wir uns diesen Quellen zu, die charakteristische Züge der Epochenpsyche und -symbolik zeichnen. Allzu viel ist ihnen nicht zu entnehmen, doch ist das Wenige kostbar und vor allem lehrreich.

War es Smerdis oder nicht?

König Kambyses nahm auf seinem Feldzug nach Ägypten seinen Bruder Smerdis mit, offenkundig um ihn unter Aufsicht zu behalten, da er sich nicht sicher war, ob der Prinz die brüderliche Abwesenheit von Persien nicht dazu ausnutzte, den Thron zu erobern. Als sich Smerdis jedoch vor den Persern in geschicktem Umgang mit dem schwer zu spannenden Bogen des äthiopischen Königs produzierte, worin ihm angeblich kein Perser das Wasser reichen konnte, fühlte sich der König beleidigt und entließ ihn nach Hause.

Eines Tages oder Nachts träumte Kambyses, wie ein Bote aus Persien zu ihm kam und ihm kundtat, daß sein Bruder und Kyros' jüngerer Sohn Smerdis auf dem Königsthron sitze und den Kopf gen Himmel recke. Träumen galt im Orient stets höchstes Augenmerk. Gemäß dem dazumal allgemein verbreiteten Glauben offenbarten die Gottheiten in Visionen ihren Willen und ihre Entschlüsse, warnten die Erdenbürger vor ungewissem oder tragischem Ausgang ihrer Unternehmungen, verhießen Wohlergehen und Lohn für Taten, die ihnen gefielen, sowie Buße für verdammenswerte Vergehen. Alle setzten auf Träume, und an den Königs- und Fürstenhöfen, in den Städten, ja auf dem flachen

Land gab es professionelle Traumdeuter, die von der Auslegung fremder Gesichte lebten.

Kambyses erkannte in seinem Traum einen göttlichen Fingerzeig und entschied sich, den Bruder zu töten, damit er ihm nicht den Thron streitig mache. Er entsandte seinen Vertrauten Prexaspes mit dem Auftrag nach Persien, den Prinzen hinterrücks zu liquidieren. Nicht im geringsten zweifelte er daran, daß der Höfling seinen Befehl ausführte. Schließlich gehörte diese Methode der Machtergreifung zu den probaten und häufig angewandten Mitteln, mit denen man im Osten Bürgerkrieg im Gefolge des Todes eines Königs vorbeugte und den Ehrgeiz mißliebiger Prinzen dämpfte. Da der König bei den Persern sich lange Zeit nicht in der Öffentlichkeit zeigte, hatten die Menschen von solcherart raffiniert angezetteltem Mord keine Ahnung: was danach geschehen ist, läßt sich nicht ermitteln. Für den Historiker hört hier jede Möglichkeit auf, die Information auf ihren Wahrheitsgehalt zu prüfen.

Über Smerdis' Ende bestehen zwei Versionen: Prexaspes lockte ihn auf eine Jagd und erschlug ihn dann oder ertränkte ihn im Roten Meer, wohin er ihn verschleppt hatte. An dieses Rätsel knüpfte Herodot eine ganze historische Novelle. Kambyses habe vor seinem Aufbruch nach Ägypten den Magier Patizeithes zu seinem Vermögensverwalter bestellt. Patizeithes nutzte des Königs Fernsein aus und setzte seinen eigenen Bruder, der durchs launige Spiel des Zufalls auch Smerdis hieß und dem gemeuchelten Kyrossohn sehr ähnelte, auf den Thron. Daraufhin schickte Patizeithes in sämtliche Provinzen des Reiches Herolde aus, um allen Völkern Smerdis' Thronantritt zu vermelden und sie zu Gehorsam gegen den neuen König aller Könige zu vergattern. Einer der Abgesandten wurde beauftragt, den Thronwechsel der persischen Armee in Ägypten und folglich Kambyses persönlich mitzuteilen. Er begegnete König und Armee bereits in Syrien, denn Kambyses befand sich mittler-

Treppenaufgang im Palast von Persepolis

weile auf dem Rückmarsch aus Ägypten. In der Stadt Ekbatana war es wohl, wo der Bote vor die versammelten Heerführer trat und den Beschluß des Magiers offenbarte. Dem König verschlugen diese Worte den Atem, denn er argwöhnte sofort, der Thronräuber könnte sein leiblicher Bruder sein, den Prexaspes, den König hinters Licht führend, vielleicht nicht umgebracht hatte. Er beorderte seinen Vertrauten zu sich und fragte ihn, ob er seinen Auftrag erfüllt und den Prinzen wirklich getötet habe. Prexaspes erklärte, der auf den Thron erhobene Smerdis sei kein Smerdis, es sei denn, daß er von den Toten auferstanden wäre; er habe den Prinzen erschlagen und mit eigenen Händen begraben. Er empfahl, den Herold zu holen und einem Verhör zu unterziehen. Als der Herold erschien, befragte Prexaspes ihn, ob ihm der Befehl, den Thronwechsel zu verkünden, Kyros' Sohn Smerdis selbst erteilt habe oder einer seiner Diener. Der Herold gestand, Smerdis seit Kambyses' Abmarsch nach Ägypten nicht gesehen und den Befehl in Smerdis' Namen von dem Magier entgegengenommen zu haben, dem Kambyses die Verwaltung seiner Habe anvertraut hatte.

Kambyses war überzeugt, daß Prexaspes seinen Auftrag ausgeführt hatte, und überlegte, wer gegen ihn geputscht haben könnte. Prexaspes suggerierte ihm den Verdacht, am ehesten käme sein Vermögensverwalter Patizeithes in Betracht, seinen Bruder Smerdis zum König gemacht zu haben. Kambyses überkam bittere Reue, sich seinem Bruder gegenüber so grausam verhalten zu haben, und er entschloß sich, mit seinen Truppen unverzüglich gegen den Usurpator auszurücken. Als er das Pferd bestieg, brach der Knauf der Schwertscheide ab, und das entblößte Schwert fuhr dem König in den Oberschenkel.

So mancher einfache Zufall im Leben erregt noch heutzutage das menschliche Gemüt und gibt Anlaß dazu, ihn den schicksalhaften, ja tragischen Zusammenhängen großer Tragweite zuzurechnen. Was Wunder, wenn dies in der Frühzeit gang und gäbe war, als sich der Mensch ungeachtet des Alters und des Standes, des Glaubens und der Rasse dem Wechselspiel von Aberglauben und Traum, Prophezeiung und Erscheinung auf Gedeih und Verderb ausgeliefert sah. Kambyses besann sich mit Schrecken, daß ihm das Mißgeschick eben an der Stelle widerfuhr, wo er vor Jahren in einem Tobsuchtsanfall den ägyptischen heiligen Stier Apis verletzt und zu Tode gebracht hatte. Als die Wunde nicht heilen wollte, beunruhigte er sich sehr und befürchtete zu sterben. Er erkundigte sich bei seinen Mannen, in welchem Ort sie gerade ihr Lager aufgeschlagen hätten. Da erinnerte er sich der einst von dem berühmten Orakel zu Buto in Unterägypten erhaltenen Prophezeiung, daß er in Ekbatana sterben werde. Ekbatana, die Metropole des alten Mederreiches und eine der Hauptsiedlungen seines Staates, kannte er. Als er erfuhr, daß er in einem anderen Ekbatana weilte, erschrak er daher. Ihm wurde nämlich bewußt, daß das Orakel mit Sicherheit eben jenes Ekbatana in Syrien gemeint hatte, das er nicht kannte. Es stimmt, Ekbatana bereitet den Forschern arges Kopfzerbrechen. Im alten Syrien existiert keine Stadt dieses Namens, und es handelt sich womöglich bereits bei frühester Überlieferung um ein Mißverständnis, das auf der Namensverwechslung mit ähnlich klingenden Bezeichnungen wie Bataneia, Batana oder Batane beruhte. Länder und Städte, die antike Geographen in Palästina, Jordanien oder am Euphrat bzw. an der syrisch-arabischen Grenze lokalisierten.

Es gibt zwar noch eine andere verlokkende Deutungsmöglichkeit. Alte Orakel bemühten sich, ihre Weissagungen möglichst vorsichtig und allgemein zu formulieren, mit verkapptem Doppelsinn, um bei Nichterfüllung der Vorhersage ihre Autorität in den Augen der breitesten Öffentlichkeit nicht einzubüßen. Solche Prophezeiungen haben sich im Schrifttum des Altertums in großer Zahl erhalten.

Als Kyros gegen den Lyderkönig Kroisos zu Felde zog, entsprach er im Grunde dessen eigener Initiative, denn Kroisos hatte die Pythia von Delphi befragt, ob er den Krieg vom Zaune brechen solle und ob er ihn auch gewinnen werde. Und Pythia hatte mit diesen denkwürdigen Worten geantwortet: »Kroisos wird, wenn er den Halys überschreitet, ein großes Reich vernichten.« Kroisos hielt sich daran und vernichtete ein Reich, allerdings sein eigenes und mitnichten das persische.

Der hochgestellte griechische Politiker Themistokles wiederum zog aus dem Rat der Pythia, die Athener sollten sich vor den Persern hinter Holzwällen verbarrikadieren, den Schluß, eine starke Flotte aus Holz bauen zu lassen, mit der er die Übermacht der Perser zur See aufriebe.

Wir dürfen folglich guten Gewissens auch dem Orakel von Buto Umsicht bei der Stilisierung zugestehen. Ekbatana, die Hauptstadt des Mederreiches, das heutige Hamadan, hieß bei den Iranern des Altertums Hangmatana, was ursprünglich Versammlungsstätte, Kriegslager bedeutete. Unbekannt ist, wo Kambyses auf dem Marsch von Ägypten nach Persien entlanggezogen ist. Mit hoher Wahrscheinlichkeit jedoch durchquerte er Südpalästina, überschritt den Jordan und machte in der altehrwürdigen Stadt Machanajim halt, die irgendwo an den Grenzen des Territoriums der jüdischen Stämme Gad und Manasses lag. Als die Perser sich bei Einheimischen nach dem Namen der Stadt erkundigten, lautete die von Dolmetschern

Goldenes Rhyton von Hamadan (5. Jh. v. u. Z.)

übersetzte Antwort: »Machanajim entspricht eurem Kriegslager.« Doch selbst wenn dieser eigentümliche Zufall ausblieb, konnten die ägyptischen Wahrsager getrost damit rechnen, daß der Perserkönig eines Tages inmitten seines bewaffneten Volkes den Tod fände. Und so geschah es denn auch.

Anderen Mutmaßungen zufolge starb Kambyses in der syrischen Stadt Hamat, was wenig wahrscheinlich anmutet, oder in Babylon, was der in seinen Angaben größtenteils unzuverlässige Ktesias behauptet. Seinen obersten Heerführern beichtete Kambyses seinen verbrecherischen Anschlag auf das Leben seines Bruders und enthüllte ihnen die Rebellion der Magier als Versuch der Meder, die persische Oberhoheit zu überwinden und die Perser wieder in Knechtschaft zu stoßen. Die königliche Wunde entzündete sich, und kaum einen Monat nach der Verletzung setzte Wundbrand dem königlichen Leben ein Ende.

Die persischen Offiziere wollten Kambyses' Beichte nicht glauben. Sie meinten, Smerdis sei am Leben, regiere nach Recht und Gesetz und der sterbende Tyrann wolle ihn in ihren Augen anschwärzen, um sie alle gegen ihn aufzuwiegeln. Prexaspes bestärkte sie darin. Er mußte sich nach dem Winde drehen und beteuerte, Kambyses' Befehl verweigert und Prinz Smerdis nicht umgebracht zu haben. Unter den veränderten Prämissen blieb ihm freilich nichts anderes übrig, weil das Eingeständnis des Mordes an Kyros' Sohn ihn sicherlich den Kopf gekostet hätte. Und so konnte der unechte Smerdis sich auf dem Thron bequem und unbekümmert rekeln.

Wann hat sich all dies zugetragen? Nach orientalischen Nachrichten brach der Magieraufstand am 11. März 522 v. u. Z. aus, im April wurde ein Magier in Babylon bereits zum König ausgerufen, denn die erste erhaltene nach dem zeitgenössischen Herrscher datierende Tontafel trägt das Datum 19. Tag des 1. Monats im Jahr laut heimischem Kalender, was nach unserem Kalender den 14. April fixiert. Die letzte bekannte nach Kambyses datierende Tontafel stammt vom 23. Tag des 1. Monats im

8. Regierungsjahr, das ist vom 18. April unseres Kalenders. Demnach hatte sich in der Stadt, wo die Tafel hergestellt worden ist, an diesem Tag Kambyses' Tod noch nicht herumgesprochen. Am 1. Juli wurde der Magier schon im ganzen Reich als Herrscher gefeiert.

Doch kehren wir zu Herodot zurück. Der falsche Smerdis war ein höchst durchtriebener Mann. Er gab sich seinen Untergebenen gegenüber leutselig und ließ kurz nach Thronantritt allen Völkern seines Reiches verkünden, daß sie drei Jahre lang von Steuern und Militärdienst befreit seien. Daher sollen später alle seinen Sturz aufrichtig bedauert haben, mit Ausnahme der Perser. Er residierte auf der Burg in Susa; weder verließ er sie jemals noch empfing er dort einen gebürtigen Perser zur Audienz. Vermutlich waren es diese Umstände und außerdem Kambyses' Bekenntnis auf dem Totenlager, die unter einigen vornehmen Persönlichkeiten des persischen Adels Verdacht weckten und nährten.

Zu den angesehensten Magnaten gehörte der ehrbare und reiche Otanes, und eben ihn plagte tiefer Argwohn gegen die Person des neuen Herrschers. Er ging in seinem Sendungsbewußtsein, das Geheimnis zu lüften, das den König umwitterte, völlig auf und griff zur List. Im dynastischen Leben Altpersiens war es Brauch, daß der neue König den Harem vom Vorgänger erbte. Der Harem gehörte ja zum Eigentum des Herrschers, und die Haremsfrauen, gewöhnlich Magnatengeschlechtern entstammend, unterhielten Kontakte zwischen dem Herrscher und ihren Familien. Unter Vermittlung einer seiner Töchter Einfluß auf den König zu haben erachtete ein Magnat als hohe Gunst und Ehre, sah darin zugleich politische, soziale und ökonomische Privilegien.

Smerdis übernahm also Kambyses' Harem, zu dem auch Otanes' Tochter Phaidyme gehörte. Otanes machte sich das zunutze und gab seiner Tochter den Wink, ihm mitzuteilen, wer mit ihr schlafe, Kyros' Sohn Smerdis oder jemand anders. Die Tochter bedauerte, ihren Herrn nicht zu kennen: Smerdis, Kyros' Sohn, habe sie nie gesehen und sie wisse nicht, wer ihr eigentlich beiwohne. Otanes beschied sich mit dieser Nachricht nicht und forderte Phaidyme auf, sich bei Atossa, Kambyses' und Smerdis' Schwester, nach den Personalien ihres geheimnisvollen Herrn zu erkundigen; sie habe Kambyses zur Frau genommen, also müsse sie ihren Bruder gewiß kennen. Diesmal ließ Phaidyme ihrem Vater eine zutiefst enttäuschende Auskunft zukommen: Weder Atossa noch irgendeine andere Haremsdame könne sich mit ihr treffen, weil der neue König unmittelbar nach seinem Antritt eine von der anderen streng isoliert habe. Die Frauen bekämen einander nicht zu Gesicht und hätten keinerlei Gelegenheit zu einem Plausch, seien vielmehr in verschiedenen Räumen untergebracht und ständen unter ständiger Bewachung. Diese Kunde beunruhigte Otanes noch mehr und verfestigte seinen Verdacht, daß es mit dem neuen Machthaber nicht geheuer zugehe. Er schickte zum drittenmal einen Boten los, um seine Tochter in einen neuen Plan einzuweihen: Phaidyme müsse als seine Tochter und als Frau vornehmer Herkunft in höherem Interesse eine gefährliche Mission auf sich nehmen, die ihr der Vater auferlege. Wenn ihr Herr nicht Smerdis, Kyros' Sohn, sei, was für ihn feststehe, könne ihm seine Handlungsweise nicht zum Guten gereichen und er sei zu gräßlicher Strafe verdammt dafür, daß er sich erdreistet habe, nach der Königskrone zu langen und den königlichen Harem schändlich zu besudeln. Phaidyme dürfe sich also der heiligen Pflicht nicht entziehen, unter allen Umständen herauszubekommen, wer nachts bei ihr liege. Sobald der König zu ihr komme und sie bemerke, daß er schlafe, solle sie nachsehen, ob er Ohren habe. Habe er welche, sei es Kyros' Sohn Smerdis; habe er keine, sei es der Magier Smerdis. Otanes erinnerte sich nämlich, daß Kambyses dem Magier vor Jahren für eine schwere Missetat hatte die Ohren abschneiden lassen, und vermutete im neuen König und dem solcherweise bestraften Magier eine und dieselbe Person. Hinzu kommt, daß in Persien wahrscheinlich bereits damals jemand mit einem körperlichen Gebrechen nicht König sein durfte. Dies vor allem nutzten spätere Potentaten weidlich aus und ließen ihre wirklichen oder vermeintlichen Rivalen auf irgendeine Weise verstümmeln, damit sie nicht den Thron besteigen könnten. Phaidyme übermittelte ihrem Vater ihren Entschluß: Ein solches Unterfangen könnte sie zwar teuer zu stehen kommen. Sollte der König keine Ohren haben und sie bei der Prüfung ertappen, erschlüge er sie bestimmt auf der Stelle. Trotzdem wollte sie Vaters Gebot gehorchen. Dann wartete sie auf eine passende Gelegenheit. Nach höfischer Sitte begaben sich die Frauen in bestimmter Reihenfolge zum König. Als Phaidyme an der Reihe war, wartete sie ab, bis der König einschlummerte, schob seine Haare beiseite und sah nach, ob er Ohren besitze. Der König besaß keine. Am nächsten Tag informierte sie den Vater darüber, und Otanes wußte über den Sachverhalt endgültig Bescheid. Er lud zwei seiner engsten Freunde, die ranghöchsten persischen Magnaten Gobryas und Aspathines, zu sich und setzte sie davon in Kenntnis, was er ausgekundschaftet hatte. Auch die beiden hatten längst Verdacht geschöpft, daß der neue Schah sich auf unlautere Weise des Thrones bemächtigt habe. Sie kamen mit Otanes überein, umgehend Maßnahmen zu ergreifen und für ihr Unterfangen weitere geachtete Perser zu gewinnen, denen sie volles Vertrauen schenken dürften. Sie bezogen Intaphernes, Megabyxos und Hydarnes in das Komplott ein.

Zu dieser Zeit kam Dareios, Sohn des Achämeniden Hystaspes, aus Persien nach Susa; sein Vater war später in Parthien Statthalter. Die Verschwörer nahmen ihn in ihrer Mitte auf und berieten sich mit ihm über die vorzubereitende Aktion. Dareios gestand ihnen, davon gewußt zu haben, daß der echte Smerdis längst tot war, und gekommen zu sein, um den Magier zu töten. Er forderte sie auf, sich zu sputen. Otanes schlug vor, alles eingehend und allseitig abzuwägen und für den Staatsstreich weitere Verbündete zu werben. Dareios hingegen erklärte kategorisch, es dürften in Anbetracht der großen Gefahr für die Verschwörer nicht noch mehr Leute mit dem Geheimnis bekannt werden, denn es könnte sich jemand von ihnen beeilen, sie dem Magier gegen Vergünstigungen auszuliefern, die ihm der Verrat des Anschlags einbrächte. Unverzüglich müsse zugeschlagen werden. Und wenn das nicht geschähe, wolle er am nächsten Tag höchstpersönlich zum Magier gehen und alles preisgeben. Otanes bat ihn zu erläutern, wie er sich das Attentat auf den Schah vorstelle, da dieser in seinem Palast von zahlreichen Wachposten sicher geschirmt werde. Dareios entgegnete: »Wozu viele Worte? Taten brauchen wir. Der Posten wird uns einlassen, weil wir vornehme Perser sind; er wird es aus Ehrfurcht und Angst gleichermaßen tun, und ich werde ihm sagen, daß ich im Auftrag meines Vaters aus Persien gekommen bin, um dem König etwas Dringliches zu bestellen. Wir dürfen zur Lüge greifen, wenn wir damit zum Ziel gelangen. Wer von den Wachleuten uns passieren läßt, wird belohnt, wer sich zur Wehr setzt, wird kurzerhand als Feind erledigt.« Gobryas gemahnte an die Worte des sterbenden Kambyses, mit denen er die Perser beschwor, sich von den Medern nicht unterjochen zu lassen, und an den königlichen Fluch über jene, die nicht zugunsten des persischen Volkes dem fremden Thronräuber in den Arm fielen. Er stimmte dafür, stehenden Fußes Dareios zu folgen.

Die beiden Magier indessen beratschlagten, wie sie Prexaspes auf ihre Seite ziehen könnten. Er war schließlich der einzige, der den Stand der Dinge kannte, und er hatte auch nach Kambyses' Tod feierlich versichert, daß Smerdis nicht erschlagen sei, sondern lebe. Damit besänftigte er das persische Heer und die Öffentlichkeit. Außerdem genoß er bei den Persern hohes Ansehen. Die Magier waren sich gewiß, ihn schon deshalb zu gewinnen, weil er unter Kambyses' Grausamkeit furchtbares Leid erfahren hatte. Der Tyrann hatte Prexaspes einmal gefragt, wie wohl die Perser über ihn, den König, dächten, was sie von ihm redeten. Prexaspes erwiderte, daß die Perser ihn priesen, ihm lediglich seinen übermäßigen Weingenuß nachtrügen. Der

König empörte sich darüber und schrie wutentbrannt: »Also meinen die Perser, ich sei ein Tölpel und wirr im Kopf, weil ich der Trunksucht verfallen sei. Demzufolge haben sie vorher gelogen.« Er spielte mit diesen Worten darauf an, daß er den persischen Rat einberufen und dessen Mitglieder befragt hatte, wie sie ihn im Vergleich zu seinem Vater Kyros einschätzten. Die Perser hatten geantwortet, er sei ein größerer Herrscher als sein Vater, da er in seines Vaters Reich Ägypten und Seegebiete eingegliedert habe. Anwesend war auch der einstige Lyderkönig Kroisos gewesen, der sich so geäußert hatte: »Du gleichst nicht deinem Vater, Sohn Kyros', weil du nicht einen solchen Sohn hast, wie ihn dein Vater hinterlassen hat.« Kambyses fühlte sich sehr geschmeichelt von einem solchen speichelleckerischen Kompliment; um so schlimmer erzürnte ihn nun Prexaspes' Mitteilung. Er sagte: »Urteile selbst, ob die Perser die Wahrheit sagen oder ob sie nicht vielleicht selber dumm sind, wenn sie so etwas sagen. Draußen auf dem Hof steht dein Sohn. Ich schieße einen Pfeil auf ihn ab. Trifft er ihn mitten ins Herz, wird es offenkundig, daß das Gerede der Perser nichts besagt. Treffe ich nicht, haben die Perser recht, und ich bin nicht ganz bei Sinnen.« Dann spannte er den Bogen und schoß auf den Jüngling ab, der sein Mundschenk war. Der Knabe stürzte zu Boden. Kambyses befahl, ihn zu sezieren, und es stellte sich heraus, daß der Pfeil im Herzen stak. Der Tyrann freute sich und rief aus: »Da siehst du, daß die Perser dumm sind und nicht ich. Hast du jemals einen solch treffsicheren Schützen erlebt, wie ich einer bin?« Der erschütterte Vater antwortete dem Irrsinnigen, vor Angst schlotternd: »Herr, ich denke, daß nicht einmal Gott so großartig schießen kann wie du.«

Die Magier beorderten also Prexaspes zu sich in der Zuversicht, daß er nach derartigen Erfahrungen nicht dem Achämenidengeschlecht wohlgesinnt sei, machten sich ihn zum Komplizen und ließen ihn schwören, niemand etwas über ihr konspiratives Vorhaben zu sagen. Dafür versprachen sie ihm einen stattlichen Lohn. Prexaspes ging darauf ein, und beide Putschisten rückten sogleich mit einem weiteren Ansinnen heraus. Sie erläuterten ihm, sie würden das persische Volk unterhalb des Burgwalls versammeln lassen, dann müsse Prexaspes den Turm besteigen und von da aus dem Volk verkünden, daß Smerdis nicht ermordet worden sei, vielmehr lebe und auf dem Thron sitze. Prexaspes stimmte auch jetzt begeistert zu. Die Magier riefen das Volk zusammen, führten Prexaspes auf den Turm und befahlen ihm, zu den Versammelten zu sprechen. Prexaspes holte geflissentlich weit aus, zählte alle persischen Herrscher der Reihe nach auf, mit Achämenes beginnend, würdigte die Verdienste, die sich Kyros um die Perser erworben hatte, und erklärte schließlich, daß er nicht länger verheimlichen wolle, was für ihn vorher gefährlich gewesen sei, was er aber nun um der Wahrheit willen ohne Umschweife offenlegen müsse. Er schilderte, wie er auf Kambyses' Befehl Smerdis ermordet habe und daß die Magier durch Betrug zur Macht gelangt seien. Dann drohte er den Persern Verdammnis an, wenn sie es unterlassen sollten, den Magiern das Ruder zu entreißen und Rache zu üben, und stürzte sich kopfüber von der Zinne in die Tiefe.

Die Verschwörer suchten währenddessen im Gebet Mut und Stärke, flehten die Götter an, ihrem Werk gutes Gelingen zu bescheren, und machten sich auf den Weg zum Königspalast. Auf halbem Wege erfuhren sie von Prexaspes' Rede und Todessprung, woraufhin sie ihren Gang unterbrachen, um über weitere Schritte zu beraten. Otanes vertrat die Ansicht, das ganze Vorhaben müsse angesichts des eingetretenen Wirrwarrs auf später vertagt werden. Dareios indessen bestand darauf, daß gerade jetzt der richtige Augenblick sei, den verschwörerischen Plan durch kühne Tat zu krönen. Als sie so miteinander stritten, bemerkten sie über sich zwei Geierpaare und dahinter sieben Habichte. Die Habichte holten die Geier ein und zerfetzten sie. Darin sahen die Verschwörer ein gutes Omen für ihren Vorsatz. Die Geier galten ihnen als Patizeithes und Lügensmerdis, die sieben Habichte waren sie, die sieben

Magnaten, selber, und es schien schon bestimmt, wer den Sieg davontrüge.

Alle pflichteten Dareios bei und setzten ihren Gang zum Palast fort. Die Posten ließen die persischen Fürsten ehrerbietig passieren, ohne nach dem Grund ihres hohen Besuches zu fragen. Im Vorhof trafen sie auf Eunuchen, die sie in den Gästesaal geleiteten. Die Eunuchen erkundigten sich indessen, weshalb sie gekommen seien, wessen sie begehrten, und schimpften gleichzeitig auf die Wachen, daß sie die Magnaten eingelassen hatten. Als die Verschwörer weitergehen wollten, verwehrten ihnen die Eunuchen den Zutritt zu den königlichen Gemächern. Doch die Edelleute verständigten sich mit knapper Geste, zückten die Degen und stachen die Eunuchen nieder. Endlich erreichten sie den Saal. Dort befanden sich eben beide Magier und beratschlagten, was nach Prexaspes' Bekenntnis zu tun sei. Kaum hatten sie die Schreie der Eunuchen und das unheilverheißende Kampfgetöse vernommen, sprangen sie hinaus und wurden gewahr, was sich ereignet hatte und was ihnen drohte. Sie waren zum Widerstand bereit. Einer griff nach dem Bogen, der andere nach dem Speer. Aber dem ersten war die Waffe zu nichts nütze, denn die Angreifer waren ihm schon zu nahe, so daß ihm keine Bewegungsfreiheit mehr blieb. Der zweite verteidigte sich verzweifelt mit seinem Speer, spießte Aspathines in den Schenkel und stach Intaphernes ein Auge aus. Der erste Magier versuchte sich im Nebenraum zu verstecken, es gelang ihm aber nicht mehr, die Tür hinter sich zu schließen, Gobryas und Dareios stürmten ihm nach und warfen sich über ihn. Gobryas hielt ihn umklammert, während Dareios wegen der Dunkelheit im Zimmer aktionsunfähig herumstand. Als Gobryas ihn fragte, weshalb er zögere, gab er zur Antwort, daß er nicht irrtümlicherweise ihn durchbohren möchte. Gobryas ermunterte ihn: »Stich zu, und wenn du uns beide aufspießt.« Dareios folgte der Aufforderung, und sein Degen hieb den Magier zu Boden.

Die Sieger trennten beiden die Köpfe vom Halse. Aspathines und Intaphernes blieben im Schloß, die anderen rannten mit den Magierhäuptern schreiend hinaus, riefen die Perser zuhauf und erschlugen jeden Magier, der ihnen über den Weg lief. Die Perser versammelten sich, lauschten dem Bericht der Verschwörer und machten, als sie die abgeschnittenen Köpfe sahen, mit ihren Schwertern ebenfalls Jagd auf Magier. Sobald sie einen erspähten, streckten sie ihn erbarmungslos nieder. Die Nacht allein verhinderte ein größeres Blutbad. Seit dieser Zeit feierten die Perser jährlich den Jahrestag des Massakers an den Magiern, und zu diesem Anlaß war es für jeden Magier höchst gefährlich, sich auf der Straße blicken zu lassen.

Sorgen mit der Thronbesetzung

Herodot erzählt im weiteren, was sich nach Smerdis' Tod zugetragen hat. Fünf Tage danach trafen die Verschwörer zusammen und berieten, wie sie den verwaisten Thron besetzen und das Reich verwalten sollten.

Als erster nahm anscheinend Otanes das Wort und trug die Idee vor, die höchste Gewalt in die Hände des persischen Volkes zu legen. Vor der Monarchie warnte er, indem er den königlichen Despotismus betonte, die Hoffart der Herrscher geißelte; dagegen lobte er das Volksregime, in ihm herrsche Gleichberechtigung, würden Ämter durch Los verliehen, Behörden legten Rechenschaft, und sämtliche Entscheidungen fielen zum Wohle des Ganzen.

Megabyxos verwies darauf, daß es nichts Unvernünftigeres und Unvermesseneres gäbe als die Menge, die übereilt und oftmals unklug entscheide, ihre Beschlüsse hernach lauthals proklamiere und zumeist zum Schaden der Gesellschaft durchsetze. Weiser wäre es, einen Ausschuß der besten Männer zu wählen und ihnen die Regierung anzuvertrauen. Unter ihnen fänden sich gewiß auch sie, die den Magiern ein Ende bereitet hatten.

Zuletzt sprach Dareios. Er erkannte Megabyxos' Gedanken an, empfahl sie aber nicht zur Verwirklichung. Es gebe schon drei Regierungssysteme, gegründet entweder auf die beste Gemeinde oder auf den besten Ausschuß oder schließlich auf den besten Alleinherrscher. Das dritte System sei das beste. Möge einer herrschen, der Beste. Dieser Umstand befähige ihn ausgezeichnet herauszufinden, was für das Gemeinwohl zu unternehmen sei. Herrsche ein Rat, unterliefen unvermeidlich Streitigkeiten und Feindseligkeiten zwischen einzelnen Mitgliedern, woraus wiederum Fehden und Morde resultierten. Daraus entstehe schließlich aufs neue die Monarchie, woraus erhelle, daß sie die beste sei. Und genauso verhalte es sich, wenn das Volk regiere. Schlauköpfe täten sich zusammen und mißbrauchten ihre Kumpaneien zu diversen Vorrechten. Einer von ihnen schwinge sich allmählich auf, steche die anderen aus, und die Massen verherrlichten ihn und erhöben ihn zum Alleinherrscher. Und das beweise ebenfalls, daß die Monarchie die beste sei. Wer habe den Persern die Freiheit beschert? Allein der Herrscher! Aus diesem Grunde sollten die Perser tunlichst an der erprobten und bewährten Sitte ihrer Ahnen festhalten.

Die vier Beratungsteilnehmer stimmten Dareios zu. Otanes sah ein, daß sein Vorschlag durchgefallen war. Daher erklärte er, wennschon nur einer von ihnen König sein solle, sei es durchs Los, durch Volkswahl oder auf andere Weise, verzichte er, Otanes, auf die Kandidatur, weil er weder König noch Untertan sein möchte. Er trete von seinem Anspruch auf den Thron unter der Bedingung zurück, daß weder er noch seine Nachkommen jemals den übrigen Anwärtern und deren Nachfolgern untergeben sein würden. Seine Bundesgenossen waren mit dieser Forderung einverstanden. Seither war Otanes' Geschlecht frei und leistete den Herrschern Dienste nur dann, wenn es ihm beliebte, ohne damit gegen persisches Gesetz zu verstoßen. Otanes' Mitverschworene sicherten ihm als jährliches Präsent ein medisches Gewand und Ehrengaben zu als Entgelt dafür, daß er den Schwindel des Magiers als erster aufgedeckt und sie vereint hatte.

Dann beschlossen sie, daß einer von ihnen zum König avancieren und die übrigen das Recht genießen sollten, den Königspalast jederzeit zu betreten, mit Ausnahme jener Stunden, die der König in seinem Harem verbringe. Der König aber werde seine Frauen ausschließlich aus den Familien der übrigen Verschwörer beziehen. Zum Herrscher werde erkoren, wessen Roß beim morgendlichen Ausritt hinter die Stadtmauern als erstes wieherte.

Dareios hatte einen sehr versierten und äußerst verschlagenen Stallmeister namens Oibares. Als er ihm von der Art der bevorstehenden Wahl erzählte und ihn bat, ihm irgendwie zur Machtübernahme zu verhelfen, versicherte ihm der Diener, dafür zu sorgen, daß sein Pferd als erstes wiehern werde. Er kenne etliche Tricks, das zu bewerkstelligen. Oibares führte nachts eine Stute vor die Stadt und gesellte ihr Dareios' Hengst bei. Ihn ließ er ein paarmal um sie kreisen und sie schließlich bespringen. Am nächsten Morgen bei Sonnenaufgang ritten sechs Magnaten vor die Stadt. Als sie die Stelle erreichten, wo in der Nacht die Stute angebunden gestanden hatte, witterte der Hengst den Ort seiner vorabendlichen Lust und wieherte erregt. Dareios' Genossen saßen ab und huldigten ihrem neuen Herrn. So also hoben ein Stallmeister und ein Pferd Dareios auf den Thron.

Hier schließt Herodots Geschichte. Sie ist wahrlich eine Perle der Belletristik. Wer aber vermag uns zu sagen, was an ihr tatsächlich historisch, was wirklich geschehen ist? Die Beratung der Verschwörer nach Smerdis' Tod ist ein Kabinettstück von Diskussionen, wie sie griechische Philosophen, Rhetoriker und Politiker zu dem Thema zu führen pflegten, welche Regierungsart die beste sei: Demokratie, Oligarchie oder Monarchie. Herodot legte diesen akademischen Disput völlig natürlich den persischen Würdenträgern in den Mund in der Annahme, daß sie in jener Situation über etwas Ähnliches debattiert haben müssen. Doch daß Otanes eine Volksmacht empfohlen haben sollte, scheint schon recht zweifelhaft. Allerdings ist dabei zu fragen, was er unter Volk verstanden haben mag. Möglicherweise dachte er, sofern die Beratung einen solchen Gegenstand überhaupt berührte und erwog, an das bewaffnete persische Volk, den Oberbegriff für alle Kämpfer, das persische nationale Aufgebot gewissermaßen, das antike heimische Schriftdokumente mit dem Wort Kara bezeichnen. Traditionell wird es von uns als Heer übersetzt, es kann sich aber vielleicht um eine kriegerische Klasse handeln, um einen niederen Adel, um Landedelleute oder Vladyka, die in bestimmtem Maße Mitspracherecht in politischen Belangen genossen. Ausreichen kann diese Annahme freilich nicht, wenn es darum geht, den Wahrheitsgehalt von Herodots Schilderung auszuloten.

Dareios stand ohnehin der vorrangige Regierungsanspruch zu, weil er einem Herrschergeschlecht, wenn auch einem jüngeren Zweig, entstammte. Und die Magnaten erkannten ihn augenscheinlich schon deswegen an, weil keiner von ihnen über dieses Vorrecht verfügte und bei Geltendmachung persönlicher Ambitionen so viel Macht hätte, sich gegen die übrigen zu behaupten und den Thron zu erobern. Dareios wurde vermutlich geachtet, weil es die unerquickliche, ja grausame Lage gebot. Das Reich begann nämlich auseinanderzubröckeln. Es drohte die Gefahr, daß es nicht nur in die ursprünglichen Staaten zerfiel, die ehemals von Kyros II. und Kambyses regiert worden waren und sehnsüchtig einer neuen Freiheit entgegensahen, sondern sogar in eine noch größere Anzahl Gebiete, von deren Selbständigkeit selbst älteste Überlieferungen nichts zu berichten wußten. Es ist kaum anzuzweifeln, daß Dareios genügend Stehvermögen und die Fähigkeit besaß, schnell zu handeln und hart durchzugreifen. All das beurteilten seine Verbündeten, aus denen sich der Hochadel des künftigen Reiches rekrutieren sollte, günstig. Außerdem jedoch handelte es sich, wie wir noch sehen werden, um Angelegenheiten, die mit der Erneuerung von Rechten und Reichtümern zusammenhingen, und so nimmt es nicht wunder, daß sie in Dareios eine sichere Stütze wähnten. Herodot berichtet übrigens darüber hinaus, daß während des Gewiehers Donner gegrollt und es aus heiterem Himmel geblitzt habe, was alle Augenzeugen als Gottesurteil und Bestätigung der vorangegangenen Absprachen durch den Höchsten auslegten. Vergessen wir nicht, daß in jenen Zeiten jedermann daran glaubte.

Was erzählt Dareios selbst, und was wissen wir von seiner Jugend?

Dareios sorgte dafür, daß sich das persische Volk für alle Zeiten merkte, welch großer Herrscher es in seiner Person regierte, welches Recht auf Macht ihm zustand, wieviel Kraft er aufzuwenden hatte, um den Thron zu erobern, der ihm und seinen Vorfahren gebührte, und wie er endlich unter des höchsten Gottes Ahura Mazda Beistand zum König der Könige wurde. Er tat es mit einer Inschrift in drei Sprachen, die damals als Kultursprachen der drei wichtigsten Teile seines Reiches galten, in altpersisch, elamisch und akkadisch. Die Inschrift prangte gemeißelt an einer Felswand bei Behistun. Über seinen Regierungsantritt und dessen Vorgeschichte gibt er folgendes kund: »Kambudshija [Kambyses] mit Namen, Sohn des Kyros aus unserem Geschlecht, war hier König. Dieses Kambudshijas Bruder namens Bardija [Smerdis] stammte von derselben Mutter und demselben Vater wie Kambudshija ab. Dann erschlug Kambudshija diesen Bardija. Als Kambudshija Bardija erschlug, war es dem Volk nicht bekannt, daß Bardija getötet wurde. Daraufhin zog Kambudshija nach Ägypten von dannen. Als Kambudshija dorthin gezogen war, wurde das Volk feindselig. Dann verbreitete sich im Land die Lüge, auch in Persien und in Medien und anderen Gebieten. König Darajavausch [Dareios] sagt: Dann war ein Mann, ein Magier namens Gaumata, der erhob sich von Pischijauvada her, dort gibt es einen Berg namens Arakadrisch, vierzehn Tage des Monats Vijachna waren vergangen, als er sich erhob. Er log es dem Volk so vor: ›Ich bin Bardija, Sohn des Kyros, Bruder des Kambudshija.‹

Dann fiel das ganze Volk von Kambudshija ab, lief zu ihm über, auch Persien

Felsen von Behistun

und Medien und andere Gebiete. Das Reich unterwarf er sich, neun Tage des Monats Garmapada vergingen, als er das Reich eroberte. Dann starb Kambudshija seines eigenen Todes. König Darajavausch sagt: Dieses Reich, das Gaumata Kambudshija geraubt hat, dieses Reich gehörte von jeher unserem Geschlecht. Dann raubte dieser Gaumata es Kambudshija. Und Persien und Medien und andere Landesteile eroberte er, machte sie zu seinem persönlichen Eigentum, er wurde König. König Darajavausch sagt: Es gab keinen Mann, weder einen Perser noch einen Meder noch jemand von unserem Geschlecht, der ihn, diesen Magier Gaumata, um die Macht gebracht hätte. Das Volk fürchtete ihn sehr, viele Menschen ließ er töten, die früher Bardija gekannt hatten. Deswegen ließ er die Leute töten, ›damit sie mich nicht erkennen sollen, nicht wissen sollen, daß ich nicht Bardija, Kyros' Sohn, bin‹. Niemand fand den Mut, etwas gegen diesen Magier Gaumata zu sagen, bis ich kam. Ich flehte dann Ahura Mazda an, Ahura Mazda brachte mir Hilfe. Zehn Tage des Monats Bagajadi vergingen, und da erschlug ich mit einigen wenigen Männern diesen Magier Gaumata und jene Männer, die ihm als höchste Würdenträger dienten. Sikajauvatisch ist der Name der Festung, Nisaja der Name eines Gebietes in Medien, dort habe ich ihn erledigt.

Ich habe ihn entmachtet. Von Ahura Mazdas Gnaden bin ich König geworden, Ahura Mazda brachte mir das Reich.«

Der offiziöse Bericht des Königs ist im Verhältnis zu Herodots Erzählung sehr kurz und bündig gehalten. Er entspricht ihr darin, daß er den Thronräuber mit dem unechten Bardija und Magier identifiziert, datiert hingegen Bardijas Tod schon vor den Aufbruch nach Ägypten und fügt hinzu, daß die Unzufriedenheit mit Kambudshijas [Kambyses'] Regime in verschiedenen Ländern bereits unmittelbar nach seinem Aufbruch ausgebrochen sei. Pischijauvada war wahrscheinlich das königliche Archiv in der Hauptstadt des eigentlichen Persiens, Pasargadai. Dareios legt auch den Auftritt des Magiers auf den 11. März, seine Anerkennung auf den 1. Juli nach Julianischem Kalender und in das Jahr 522 vor Beginn unserer Zeitrechnung. Der richtige Name des Magiers lautete Gaumata, also nicht Bardija-Smerdis; mithin hatte er den Namen mit dem Prinzen nicht gemeinsam, wie es bei Herodot heißt. Wir gingen auch fehl in der Annahme, Kambudshija sei erst nach dem 1. Juli gestorben. Dareios verwendet vor jeder Aussage seiner Schilderung gern die Partikel »dann« und verbindet mit ihrer Hilfe Sätze miteinander, auch wenn sich das Ereignis gleichzeitig oder früher begeben hat. Seinen Bericht beendet er mit der Feststellung, er habe unterm Beistand des höchsten himmlischen Herrn und einer kleinen Mannschaft ergebener Edelleute Gaumata am 29. September auf irgendeiner medischen Burg ums Leben gebracht, also nicht in Susa, wie Herodot behauptet. Diese Burg lag in einem Gebiet, das sich in ferner Zeit der Zucht rassiger iranischer

Pferde rühmen konnte. An anderer Stelle der großen Felsinschrift nennt Dareios seine Freunde: Utana, Sohn Thuchras, Gaubaruva, Sohn Mardunijas, Vindafarna, Sohn Vajasparas, Bagabuchscha, Sohn Datuvahjas, Vidarna, Sohn Bagabignas. Hier verblüfft die Übereinstimmung der Namen auf der Inschrift und bei Herodot. Dennoch war der letzte Verschwörer nicht Aspathines, sondern Ardumanisch, Sohn Vahaukas. Herodots Informator verwechselte zwei Honoratioren des Dareioshofes, Ardumanisch und Aspathines, miteinander. Der zweite existierte wirklich, war königlicher Kämmerer und trug dem König den Pfeilköcher und die Speere voran. In dieser Funktion ist er auf dem Relief neben Dareios' Grabmahl in Naksch-e Rostam verewigt und mit seinem persischen Namen Aspatschana genannt.

Darüber, wie er vor seinem Antritt gelebt hat, spricht Dareios in seinen Inschriften nicht. Nur seine Ahnen erwähnt er eingangs. Sein Vater war Vischtaspa (Hystaspes in griechischen Schriften). Vor ihm lebten Arschama, Arijaramna, Tschischpisch und Hachamanisch, von den Griechen Achämenes genannt. Dareios gehörte demzufolge zur sechsten Generation des Geschlechts. Eine andere Inschrift aus Susa verlautbart, daß Vischtaspa und Arschama, sein Großvater, bei seiner Thronbesteigung noch gelebt hatten. Von Herodot erfahren wir, daß Kyros während seines letzten Kriegszuges gegen die Massageten in Mittelasien der älteste Hystaspessohn Dareios in einer Traumvision erschienen sei und auf den Schultern weitgespannte Flügel getragen habe: der eine Flügel überschattete Asien, der andere Europa. Er rief daraufhin Hystaspes zu sich und erzählte ihm von seinem Traum. Dabei hielt er mit seiner Überzeugung, Dareios führe gegen ihn etwas im Schilde, keineswegs hinterm Berge. Immerhin stehe Kyros unter der Obhut der Götter, und die warnten ihn immerzu vor drohenden Gefahren. Der Traum könne nichts anderes bedeuten, als daß Dareios böse Absichten gegen ihn hege, auf seinen Thron spekuliere.

Dareios, damals etwa zwanzigjährig, nahm wegen seiner Jugend nicht am Feldzug gegen die Massageten teil, sondern blieb in Persien. Kyros schickte also Hystaspes nach Persien, damit er noch vor Kriegsende und vor seiner Rückkehr die Machinationen seines Sohnes ausspioniere. Doch die Götter hielten es verständlicherweise mit Dareios. Kyros fiel, und Dareios war gerettet.

Während Kambyses' Regierung war Hystaspes Statthalter in Persien, Dardos diente als Doryphoros (Lanzenträger) oder königlicher Ordensleibwächter in Ägypten. Dort widerfuhr ihm ein launisches Abenteuer, wovon Herodot berichtet. Auf dem Markt in der ägyptischen Hauptstadt Memphis begegnete Dareios eines Tages Syloson, dem Bruder des glücklosen Polykrates, Tyrann von Samos, der in Ägypten in der Verbannung schmachtete. Syloson trug einen kostbaren purpurfarbenen Mantel. Dareios fand Geschmack an dem Kleidungsstück und wollte es kaufen. Aber Syloson schenkte es ihm. Als er nach Smerdis' Tod erfuhr, wer in Persien den Thron bestiegen hatte, begab er sich auf den Weg nach Susa, brachte sich in einer Audienz dem König in Erinnerung und bat ihn, ihm auf Samos zur Machtübernahme zu verhelfen. Dareios zeigte sich für das einstige Geschenk erkenntlich, indem er Otanes mit Truppen entsandte, die Tyrannen in die Flucht schlug und Syloson auf den Thron setzte, selbstverständlich als seinen Vasallen. Der Hintergrund der ganzen Aktion wurde freilich mit anderen Motiven verbrämt.

Auf Samos kreuzten sich sämtliche Handelswege des östlichen Mittelmeeres. Sein Herrscher stand stets im Ruf immensen Reichtums. Daher bot es sich geradezu an, ein solch einträgliches Territorium dem persischen Großreich anzugliedern.

Dareios machte also unter Kambyses' Herrschaft keine große Karriere. Nach Kambyses' Tod kehrte er möglicherweise zum Vater nach Persien heim, denn Herodot überliefert, er, Dareios, sei von Persien nach Susa gekommen und habe sich den Verschwörern angeschlossen. Die königliche Inschrift spricht zwar von Vischtaspa, daß er bald nach Gaumatas Tod in Parthien geweilt habe, sicherlich als Regierungsbeauftragter; es ist anzunehmen, daß ihn sein königlicher Sohn und Herr nach seinem Thronantritt als Statthalter oder Heerführer dahin beordert hat. Wenden wir uns von Herodots Geschichten wieder der trockenen, nüchternen Sprache der Inschrift zu.

Dareios diktiert dem Schreiber den Bericht über weitere Maßnahmen, die er nach Gaumatas Tod eingeleitet hat, so: »Das Königreich, das unserem Geschlecht genommen war, das stellte ich wieder auf sein Fundament, ich stellte es auf seinen Platz. Wie es früher üblich war, erbaute ich die Tempel, die dieser Magier Gaumata zerstört hatte. Ich gab dem Volk Weiden und Herden und Gesinde mit den Weihern wieder, die ihnen dieser Magier Gaumata geraubt hatte. Ich stellte das Volk auf seinen Platz, auch Persien und Medien und andere Länder. Wie es früher gewesen war, so gab ich das Raubgut zurück. Ich tat es mit Ahura Mazdas Gnade. Ich scheute keine Anstrengung, um das Besitztum unseres Geschlechts auf seinen Platz zu stellen, wie es vordem gewesen war. So unternahm ich mit Ahura Mazdas Gnade Anstrengungen, auf daß dieser Magier Gaumata nicht das Besitztum unseres Geschlechts wegnehme. König Darajavausch spricht: Das ist es, was ich getan habe, als ich König geworden war.«

Diese Königsbilanz enthält wertvolle Informationen. In manchen Formulierungen und Wendungen ist sie zwar nicht eindeutig, aber das gehört zu den Makeln, die viele orientalische Nachrichten entstellen. Nachteilig wirkt das Fehlen sprachlicher Mittel, an denen die Satztrennung ablesbar wäre. Die Wörter sind zwar voneinander abgesetzt, doch hinsichtlich der Sätze wissen wir nicht, ob diese oder jene Wortgruppe zu diesem oder zum nachfolgenden Satz gehört.

Unumstritten klar teilt der König mit, daß er sich entschlossen hatte, sein Reich einer solchen Ordnung zuzuführen, wie sie vor der Amtszeit des Magiers bestanden hatte. Wir erfahren als eminent wichtiges Detail, daß Gaumata Kultstätten zerstören ließ. So erschließt sich der Sinn jenes alten Wortes, das in beiden anderen persischen Übersetzungen mit dem Begriff »Häuser der Götter« belegt wird. Geben wir uns darüber nicht der Illusion hin, es handele sich um etwas Ähnliches wie Kathedralen. Weder der babylonische noch der elamische Übersetzer fanden in ihren Kulturen dafür Analogien vor und griffen zu einer Redewendung, die ihnen der Sache am nächsten erschien. Die Spezialisten auf dem Gebiet altiranischer Geschichte gaben diesem Wort große Wichtigkeit und zogen aus Dareios' Bemerkung einst weitreichende Schlüsse. Eher zu stimmen scheint, daß das Wort *Ajadana*, Orte der Verehrung, gewisse Kultstätten in Gestalt kleiner Kapellen oder Häuschen wiedergibt, in denen die alten Perser die Geister ihrer verstorbenen Ahnen ehrten. Wie das Awesta lehrt, verherrlichten die Iraner die Seelen der Toten, die sie sich als weibliche Krieger vorstellten und die nach ihrem Glauben einmal im Jahr auf die Erde herabstiegen, um sich von ihren Nachfahren bewirten und anbeten zu lassen. Es waren eine Art himmlischer Amazonen, die Ahura Mazdas Armee stellten und ihre Gläubigen bei der Wassersuche unterstützten, ja untereinander Fehden ausfochten, um der jeweiligen Nachkommenschaft Wasserquellen zu sichern. Man nannte sie *Fravaschi*. Die Perser hatten eine andere Bezeichnung für sie, nämlich *Artavan*, wie es Xerxes' Inschrift H aus Persepolis und das alte Verzeichnis der Monatsnamen im kappadokischen Kalender beweisen. Nach den Fravaschi wurde der erste Monat des Jahres im Zarathustra-Kalender *fravartin* genannt. In Kleinasien hieß derselbe Monat *artana*. Die Totenseelen oder mancherorts armen Seelen schwebten am Festtag *fravartikan* vom Himmel herab, und die Menschen stellten ihnen, wie der renommierte chorasmische Gelehrte al-Biruni meint, Speisen auf die Gräber und Getränke auf die Dächer ihrer ehemaligen Wohnstätten. Es ist durchaus denkbar, daß die Ajadanas lediglich kleine Altäre waren, die neben den Gräbern standen. Warum aber hatte Gaumata sie geschändet? Den Grund dazu lieferte der Glaube, daß die Seelen der Ahnen ihren Nachfahren beistanden, dazu aber Standorte benötigten, an denen sie sich während ihres irdischen Besuchs aufhalten konnten. Der antike orientalische Glaube verlangt für übernatürliche Wesen, Gottheiten und Genien gleichsam Wohnsitze auf Erden, wo ihnen gehuldigt wurde. Erinnern wir uns der akkadischen Tempel oder des Salomo-Tempels in Jerusalem. Als Nebukadnezar diesen berühmten Tempel verwüsten ließ, tat er dies, damit der Gott der Juden nichts besitze, wo er verweilen und seine Anhänger bestärken und beschützen könnte. Er nahm damit im wahrsten Sinne des Wortes der Gottheit ihre Bleibe: Gott hatte keine Zuflucht und war dieser Anschauung zufolge machtlos. Ähnlich verfuhr auch Gaumata. Er ließ die Kultstätten vernichten, an denen die Geister der toten Mitglieder der jüngeren Linie des Achämenidengeschlechts vorübergehend (oder aber ständig) wohnten, und wollte sich damit gegen deren Nachkommen, vor allem gegen Dareios, den persischen Thron sichern. Die Artavans von Dareios' Vorfahren waren außerstande, Dareios zu behüten, ihm auf den Thron zu helfen, der ihm zustand. Gaumata glaubte daran, daß es Schutzgeister von Personen, Familien, Geschlechtern, Stämmen gab, und nutzte diesen Glauben zu seinem Vorteil. Unter anderen Voraussetzungen wäre die Möglichkeit gegeben gewesen, daß der wahre Smerdis, Kyros' Sohn, auf dem Thron gesessen hätte. Hätte auch er die Kultstätten der Genien des Arijaramna-Geschlechts zerstören lassen? Bestimmt, auch er wäre bemüht gewesen, die Macht in den Händen der älteren Linie des Achämenidengeschlechts, des Zweiges nach Kyros dem Großen, zu bewahren. Doch all das sind bloße Hypothesen, ohne die allerdings keine Erörterung historischer Begebenheit auskommt.

Die Inschrift von Behistun gibt Kunde von einzelnen Aufständen in den Provinzen nach Kambyses' Tod und von ihrer Erstickung durch Dareios und ihm hörige Truppen. Sehr sonderbar mag es anmuten, daß dies Herodot und den übrigen griechischen Quellen, soweit uns erhalten geblieben, fast völlig entgangen ist. Zu Zeiten von Gaumatas Beseitigung etablierte sich in Elam Açina als Gegenkönig, in Babylon ein Sohn Aniris', Nidintubel, der sich als Nebukadnezar, Naboneds Sohn, ausgab. Dareios schickte ein Heer nach Elam, der Aufrührer wurde gefangengenommen und in Persien hingerichtet. Gegen die Babylonier zog Dareios persönlich aus, setzte seine Truppen auf aufgeblasenen Ledersäcken an einer schiffbaren Stelle über den Tigris, requirierte für sie Kamele und Pferde, und fünf Tage darauf, nach der Schlappe bei Zazana unweit des Euphrat, floh Nidintubel mit ein paar Reitern nach Babylon. Die Perser besetzten die Stadt und töteten den selbstgekürten König.

Die letzte Schlacht fand der Inschrift zufolge am 18. Dezember 522 v. u. Z. statt. Die erste Tontafel mit Dareios' Namen trägt das Datum vom 22. Dezember. Drei weitere Tafeln geben den Januar an. Mögen diese vier Dokumente auch nicht vom Beginn der Herrschaft stammen, ist das erste absolut zweifelsfreie Datum der 4. Februar 521 v. u. Z. Unmittelbar darauf brachen in verschiedenen Gegenden Aufstände aus. Martija versuchte sich des Throns in Elam zu bemächtigen; als allerdings der König gegen ihn anmarschierte, bekamen die Elamiter Angst und erschlugen Martija. Schlimmer war es um die Rebellion in Medien bestellt. An ihre Spitze stellte sich Fravartisch, der sich Prinz Chschathrita aus der Dynastie des berühmten Mederkönigs Kyaxeres titulierte. Die Mehrheit des medischen Heeres verbündete sich mit ihm, und Dareios verblieb nur ein geringer Teil der Meder und Perser. Der König entsandte eine kleinere Einheit unter Hydarnes' Kommando gegen sie, dem jedoch nur ein kümmerlicher Erfolg bei Mari beschieden war, woraufhin er sich zurückzog und abwartete, daß der König zum Entsatz herbeieilte. Die zweite Truppeneinheit unter Führung des Armeniers Dadarschisch drang in Armenien ein, wo ebenfalls rebelliert wurde, und errang drei bescheidene Siege. Sie wurde auch gezwungen, in Armenien zu bleiben und des Königs zu harren. Dareios entbot den Perser Vaumisa zu Hilfe, der in Armenien zweimal gesiegt hatte, gegen die Meder aber kniff. Zuletzt machte sich Dareios an der Spitze eines Heeres von Babylon nach Medien auf. Zur entscheidenden Schlacht kam es bei Kunduru. Fravartisch unterlag und flüchtete mit dem Rest seiner Reiterei nach Raga, einer alten medischen Stadt nahe dem heutigen Teheran. Er wurde verfolgt und gefangengenommen. Die Strafe war hart; ihm wurden Nase, Ohren, Zunge abgeschnitten, er wurde geblendet und schließlich in Ekbatana an den Pranger gepfählt. Wundern wir uns über diese assyrische Grausamkeit nicht allzusehr. Immerhin waren sieben Schlachten nötig gewesen, ehe den Medern die Sehnsucht nach Selbständigkeit und Hegemonie im Iran ausgetrieben war; wen auch immer es danach gelüstete, die altmedische Großmacht zu erneuern, der mußte exemplarisch gestraft werden.

Unter den Sagartiern im Westteil Mediens erhob sich ebenso ein Fürst, der von sich behauptete, Kyaxares' Nachkomme zu sein. Ihm widerfuhr fast das gleiche Geschick. Mit den Medern hielten es auch die Bewohner zweier östlicher Gebiete, die Parther und Hyrkaner, die Fravartisch als König anerkannten. Ihnen trat Dareios' Vater Hystaspes entgegen; er liquidierte den Aufruhr mit zwei Siegen. Ein anderer Rebell, Frada, wurde vom Perser Dadarschisch, einem baktrischen Satrapen, bezwungen.

Aber auch das eigentliche Persien, Parsa, die Wiege des Achämenidengeschlechts, wollte um nichts seine Antipathie gegen Dareios ablegen. Ein gewisser Vahjazdata machte sich dort zum Sprecher seiner Widersacher. Er proklamierte gar, der wahre Smerdis, Kyros' Sohn, zu sein. Das Volk war nicht von Smerdis' Tod überzeugt, glaubte vielmehr, er habe sich vor Kambyses und Gaumata gerettet, und der gewandte Aufrührer nutzte diese Volksmeinung weidlich aus. Damals gab es allerhand Lügensmerdis, ähnlich wie es in der russischen Geschichte des 17. Jahrhunderts einige falsche Demetrius gab. Der getreue Perser Artavardija vernichtete die Aufständischen in der Schlacht bei Racha und schlug ihren Anführer in die Flucht. Doch Vahjazdata formierte eine neue Armee und versuchte sich erneut im Kriegsglück. In der Schlacht am Pargaberg erlitt der Lügensmerdis eine weitere Niederlage und geriet in Gefangenschaft; gemeinsam mit seinen obersten Heerführern endete er schließlich am Kreuz.

Solange er noch von Kampfeslust gestrotzt hatte, war er bemüht gewesen, einige umliegende Gebiete zum Abfall von Dareios zu bewegen. Er schickte eine Truppeneinheit nach Arachosia, dem heutigen südlichen Afghanistan, wo der Hilmand fließt, gegen den dortigen Satrapen Vivana. Vivana trug zwei Siege davon, nahm den Rädelsführer und dessen Mannen gefangen und ließ sie töten. Höhepunkt und zugleich Abschluß der Widrigkeiten, die Dareios zu überstehen hatte, war der Aufstand in Babylon zwischen dem 25. August und dem 27. November 521 v. u. Z. Ein Armenier Aracha, Halditas Sohn, unterlag der Versuchung, sich als Nebukadnezar, Naboneds Sohn, auszugeben. Also bestand in Babylonien im Grunde eine analoge Situation wie unter den Lügensmerdis in Persien. Der persische Magnat Vindafarna, Intafernes in Herodots Geschichte, warf die Erhebung mit einer siegreichen Schlacht nieder und kreuzigte in Babylon Aracha mitsamt seinen Leuten.

Hier klingt Dareios' Chronik von der Felswand in Behistun aus. Im weiteren zählt Dareios lediglich noch seine Gegner auf und stellt lakonisch fest, daß es neun waren, daß er sechs getreue Helfer hatte, daß neunzehn Schlachten geschlagen worden sind und daß das alles in allem ein Jahr beansprucht hat. Zu des Königs Füßen der erste und schlimmste ist Gaumata, ihm folgten Açina, Nidintubel, Martija, Fravartisch, Tschiçantachma, Frada, Vahjazdata und Aracha. Vor dem König stehen indessen neun Personen. Neunter ist der Skythenfürst Skuncha, der erst später bezwungen wurde, wie der fünften Spalte der Inschrift zu entnehmen ist. Sie stammt aus einer jüngeren Epoche und berichtet über zwei Kampfhandlungen. Der Putschversuch eines gewissen Atamaita in Elam wurde von Gobryas im Keim erstickt. Die Skythen mit Spitzkappen auf dem Kopf

Abrollung des Dareiossiegels

wurden aufgerieben, und zwar irgendwo am Aralsee in Mittelasien.

Es gab kein einziges Ereignis, bei dem Dareios nicht auf Gottes Gunst und Gnade verwiesen hätte. Sooft er siegte, geschah es mit Ahura Mazdas Unterstützung, gemäß dem Willen der höchsten Gottheit. Auf diese Weise sollte die magische Kraft religiöser Vorstellungen in der Politik befördert werden und der Glaube zur Stütze der Macht, zur Idee gerinnen, auf die sich die Königsgewalt und das Gesellschaftssystem als Ganzes überhaupt gründeten.

Zur dreisprachigen Inschrift kam bald die aramäische Übersetzung auf schlichterem Material, nicht mehr an Felsen, sondern im Staatsinteresse übers ganze Reich verbreitet, hinzu. Auf den Papyrusrollen der jüdischen Gemeinde an den nubisch-ägyptischen Grenzen blieb uns nur ein Fragment erhalten. Diese Übersetzung vermittelt einige wenige Informationen über die Kriegsverluste des Feindes. So wurden in der Schlacht bei Kunduru 108010 Mann gefangengenommen, und in der Schlacht bei Tigra fielen 5046 Soldaten, die Schlacht gegen den margianischen Rebellen Frada kostete den Gegner gar 55343 Gefallene und 6972 Gefangene.

Ktesias' Auslegung und Bearbeitung persischer Geschichte

Die packende Erzählweise Herodots wurde im nachfolgenden Jahrhundert von den Sensationsberichten des Ktesias abgelöst. Ktesias stammte aus der kleinasiatischen Stadt Knidos und wurde, möglicherweise als Gefangener, an den persischen Hof verschlagen, wo er in der Würde eines Hofarztes siebzehn Jahre zubrachte. Er begleitete sogar König Artaxerxes II. in den Krieg gegen dessen widerspenstigen Bruder Kyros und pflegte den in der Schlacht bei Kunaxa verwundeten Herrscher. Auch diente er als Gesandter und Diplomat. Nach Rückkehr ins Vaterland verfaßte er ein voluminöses Werk über assyrische, medische und persische Geschichte bis in seine Tage. Von dreiundzwanzig Büchern seiner Geschichte überstand die Zeiten lediglich eine geringe Anzahl Bruchstücke, Zitate in Schriften anderer antiker Historiker oder Enzyklopädisten. Ktesias rühmte sich, zur Schaffung seines Werkes amtliche Jahrbücher verwendet zu haben, die, auf Tierhäute geschrieben, in der Königsbibliothek deponiert waren. Am aufschlußreichsten an seinen Beteuerungen ist, daß er des öfteren mit Herodot polemisiert und ihm vorwirft, er schildere die Dinge verzerrt oder denke sie sich schlichtweg aus. Währenddessen hielten bereits Gelehrte und Autoren des Altertums Ktesias vor, ein Gemisch aus unwahren und frei ersonnenen Berichten zusammengebraut zu haben, und neuzeitliche Forscher schließlich wiesen Ktesias' unkritische historiographische Arbeitsweise schlüssig nach.

Daß er gern und häufig Herodot kritisierte, ist wahrscheinlich auf Herodots Herkunft aus Halikarnassos, einer karischen Stadt, zurückzuführen. Zwischen Halikarnassos und Knidos, das gleichfalls in Karien lag, herrschten äußerst gespannte Beziehungen; beide Städte und ihre Bewohner standen miteinander auf Kriegsfuß. Ktesias referierte bisweilen Ereignisse, die offenbar gar nicht stattgefunden hatten bzw. mit Bestimmtheit nicht immer so, wie er sie darstellte. Auf die königlichen Jahrbücher griff er wohl überhaupt nicht zurück, ja bekam sie nicht einmal zu Gesicht. Er wollte sich nur in der griechischen Öffentlichkeit hervortun mit seinen vermeintlichen Protektionen.

Über diese Jahrbücher finden wir im alttestamentarischen Buch Esther eine interessante Anmerkung. Dort wird mitgeteilt, daß der Perserkönig Achaschverosch (Xerxes) einmal beinahe das Opfer einer Verschwörung geworden sei, die zwei Verschnittene aus der Schar der Schwellenhüter, Bigtan und Teresch, angezettelt hatten. Sie wurde jedoch dem Juden Mordechaj ruchbar, und er benachrichtigte darüber seine Verwandte Esther, die Gemahlin des Königs war, und sie wiederum setzte den König in Kenntnis. Beide Eunuchen wurden gehängt, und der Tatbestand des Putschversuches wurde mitsamt den Namen der Verschwörer und des königlichen Retters im Angesicht des Königs ins Jahrbuch eingetragen. Später fand der König eines Nachts keinen Schlaf. Er ließ sich die Jahrbücher bringen und daraus vorlesen. Als ihm der Bericht von der Verschwörung vorgetragen wurde, fragte der König, wie Mordechaj entlohnt worden sei. Die Pagen antworteten, er habe nichts bekommen. Der König befahl daraufhin sofort seinem Wesir Haman, sich darüber zu äußern, welcher Preis ihm für einen Mann vorschwebe, der dem König einen unbezahlbaren Dienst erwiesen hat. Haman glaubte, er selber solle ausgezeichnet werden, doch der König hieß ihn die ansehnliche Summe, die Haman vorgeschlagen hatte, unverzüglich Mordechaj auszuzahlen. Die Ironie des Schicksals bestand darin, daß Haman Mordechaj, ja die Juden überhaupt haßte und zum König mit dem Ansinnen gekommen war, Mordechaj an den Galgen zu bringen und gegen die Juden ein Pogrom entfesseln zu dürfen.

Es nimmt sich höchst unwahrscheinlich aus, daß jemand aus Jahrbüchern hätte schöpfen können, die in einer für alle unzugänglichen Bibliothek und unter Verschluß gehalten wurden. Der König hätte sonst befürchten müssen, daß die Eintragungen bei politischen Aktionen mißbraucht, die Dynastie bloßgestellt würde, daß unerwünschte Gerüchte oder Verleumdungen hineingelangten, die schließlich den Staat gefährden könnten. Woher hätte also Ktesias seine Kenntnisse beziehen sollen, und weshalb konnte er letztlich vortäuschen, sie den königlichen Jahrbüchern entlockt zu haben? Bei den Lesungen aus der Chronik waren der Bibel zufolge die jungen Leute vom Hofe zugegen, wie etwa die Pagen, die Adepten des Eunuchenstandes u. a.; sie hörten mit. Und Ktesias konnte ähnliche Berichte wiederum allein aus dem Munde der Eunuchen erfahren. Er war mithin auf ihre Hilfe angewiesen, denn sie waren von allen Hofleuten am besten informiert. Sie allein hatten Zugang zu sämtlichen Räumen der Königsresidenz, nur sie konnten die vertraulichsten Mitteilungen, Pläne und Ziele höfischer Würdenträger, Mitglieder des Königsgeschlechts, Bediensteter und Hofdamen erlauschen. In ihrer Gegenwart spielte sich ohne Zweifel so mancher Auftritt und dramatische Handlung ab, durch ihre Hand wurde dieser oder jener dem König oder einer anderen hochgestellten Persönlichkeit des Hofes unliebsame und gefährliche Zeitgenosse beseitigt.

Führen wir uns also vor Augen, wie der Leibarzt in irgendeiner Eunuchenkammer bei Spiel und Erholung den dienstbaren Geistern Nachrichten über Geschehnisse jüngerer und älterer Zeiten entlockt, wie sie ihm für eine kleine Vergünstigung oder Gabe bereitwillig erzählen, was sie erlebten, was sie von ihren Vorgängern hörten, hinter Türen, Vorhängen, in Winkeln des Palastes und königlichen Parks erlauschten und erspähten, was sie auf Kriegszügen im Hauptzelt, bei Jagdrasten, auf Reisen von einem Standort zum anderen und bei sonstigen Gelegenheiten erfuhren. Hüten wir uns aber vor der Annahme, sie hätten ihm wahrheitsgetreue Geschichten in kritischer oder pragmatischer Sicht dargestellt oder wenigstens nur das wiedergegeben, was sie wirklich gesehen und vernommen hatten.

Kritische Geschichte hat es im Iran niemals gegeben noch geben können. Die Eunuchen bildeten eine geschlossene Gesellschaftsgruppe und waren von eigenartigem Standesdünkel und voll Selbstwertgefühl. Ohne sie ging am Hofe nichts, rein gar nichts. Sie bewachten den königlichen Harem und die Frauengemächer ranghoher Persönlichkeiten und setzten alles daran, daß diese Räumlichkeiten niemand betrat, der die Ehre ihrer Herren verletzen könnte.

Die altpersische herrschende Klasse vertrat die Anschauung, daß der Anspruch des Menschen auf entsprechende gesellschaftliche Stellung in seinem Blut begründet liege. Der König mußte von königlichem Geschlecht sein, mußte königliches Blut in sich haben. Seine Herkunft gewährte ihm die Legimitation, die Berechtigung zum Regieren. Das Blut war also sozusagen das materielle Zeichen seines Rechts. Die übernatürliche Prädestination war Gottesgnade, die den Herrscher begleitete, solange er auf dem Thron saß und nach göttlichen Geboten handelte; sie gab ihm Weihe, Segen, Kraft, Macht, Glück und Erfolg. Die Perser bezeichneten diese übernatürliche Gabe als *farnah*, was etwa Lichtschein, Glanz bedeutet.

Die Reinheit des Geschlechts, die Reinheit des Blutes konnte allein durch Aufsicht gewissenhafter, treu ergebener Eunuchen gesichert werden. Weil die Harems zugleich als politisches Instrument galten, zumal sich in ihnen Frauen aus den ersten Familien konzentrierten, die auf diese Weise an die herrschende Dynastie gebunden waren und durch Vermittlung der königlichen Gemahlinnen ihren Einfluß geltend machten, bedurfte man stets der Eunuchen. Babylon allein lieferte nach Herodots Auskunft fünfhundert Eunuchen jährlich. In Ktesias' Schilderungen erkennen wir deutlich, daß seine Informationen aus Eunuchenkreisen rührten. Von Anbeginn treten in der persischen Geschichte die Verschnittenen als Personen auf, denen delikate Obliegenheiten, wichtige Staatsgeschäfte und Vorhaben außerordentlicher Bedeutung anvertraut waren, wie Bestattungen der Könige, Begleitung der Herrscher, Kriegsaktionen, Provinzverwaltung u. a. m.

Das Buch Esther beschreibt, wie der königliche Harem komplettiert wurde. Speziell dazu bestimmte Beamte hatten in allen Gebieten schöne Mädchen auszuwählen und nach Susa in ein Frauenzentrum zu bringen, dem der oberste Eunuch, der Frauenwächter, vorstand. Dort wurden die Mädchen ein ganzes Jahr bewahrt und darauf vorbereitet, in festgelegter Reihenfolge dem König zugeführt zu werden, geschminkt, parfümiert, mit allem versehen, was sie sich wünschten, um dem König zu gefallen. Ein Karenzjahr war angeordnet, damit dem König keine Frau in anderen Umständen unterkam und in das Königshaus etwa ein unerwünschtes Element einbrachte. An dem Morgen, an dem sie ihrem Herrn vorgestellt wurden, kehrten die Mädchen in ein anderes Frauenzentrum zurück, wo der Konkubinenwächter das Zepter schwang. Sie wurden nicht mehr regelmäßig zum König geschickt, es sei denn, er fand an dieser oder jener Gefallen und ließ sie namentlich rufen. Sonst blieb ein Mädchen auf Dauer im Konkubinenhaus. Der Leser von Ktesias' Geschichten würde meinen, die Eunuchen seien die einzige Schicht gewesen, die das Hofleben und die Politik eigentlich geprägt habe. Während bei Herodot die Verschnittenen den sieben noblen Verschwörern den Zutritt zu den königlichen Gemächern verstellt hatten, sind die Eunuchen bei Ktesias gerade höchst gewichtige Bundesgenossen des Dareioskreises. Im ersten Fall gelten sie als vorbildliche ergebene Gefolgsleute des herrschenden Königs, im zweiten als vorbildliche ergebene Gefolgsleute der einzigen rechtmäßigen Dynastie und als unerschrockene Kämpfer gegen den Thronusurpator.

Den Haremsdamen waren die Eunuchen auch in anderer Hinsicht unentbehrlich. Wenn die Könige auf Kriegszügen waren, ließen sie ihre Konkubinen öfter zu Hause. Dann dienten die Eunuchen den vereinsamten Frauen zu willkommener Abwechslung und Unterhaltung; sie konnten mit den Damen ungeniert, und ohne Folgen ihrer Kontakte befürchten zu müssen, der Liebe frönen.

Aufschlußreiche Bemerkungen darüber machen die römischen Satiriker, ein christlicher Kirchenvater, der heilige Hieronymus, und der griechische Biograph des Apollonios aus Tyana, Philostratos. Apollonios verfocht die pythagoreische Philosophie, lebte asketisch, vermachte sein Vermögen den Armen und zog durch alle Welt, um die wahre Lehre zu predigen und Wunder zu tun. Das geschah im ersten Jahrhundert unserer Zeitrechnung. Er gelangte auch in die parthische Metropole

Ktesiphon und stattete dort dem König in dessen Palast einen Besuch ab. Während ihres Gesprächs erschallte vor dem Empfangssaal das Geschrei von Eunuchen und Frauen; es wurde eben einer der Verschnittenen mit einer königlichen Konkubine in flagranti ertappt. König Vardanes wollte ihn mit einhelliger Billigung seiner Höflinge töten lassen, doch als er den Philosophen gefragt hatte, welche Strafe der Eunuch verdient habe, erklärte Apollonios, der König solle ihn begnadigen. Für einen solchen Sünder sei das Leben schlimmere Buße als der Tod, da er seine glühende Liebe nie mehr werde stillen können. Und der König gab diesem raffinierten Ratschlag statt.

Einst begab es sich, so berichtet das Schähnäme, daß in den Harem ein unliebsames männliches Element geriet. Einer der größten Herrscher des Sassanidengeschlechts, Husrav, genannt Anoscharvan, ein Mann unvergänglichen Ruhmes, hatte einen Traum. Ihm war, als trinke er aus einem goldenen Kelch Wein. Da kam ein Schwein, stieß seinen Rüssel in den Kelch und soff gemeinsam mit dem König daraus. Der König war entsetzt, ließ seine Traumdeuter kommen und die Vision auslegen, doch sie sahen sich außerstande, eine Antwort zu geben. Der König sandte daraufhin in alle Landesteile Boten aus, um einen besseren Interpreten ausfindig zu machen. Einer von den Boten geriet in eine Lehranstalt und bat einen Lehrer um seine Erläuterung. Aber auch dieser Erzieher wußte keinen Rat. Da meldete sich ein grünschnäbliger Schüler zu Wort und erbot sich, den Traum zu erklären. Der Lehrer schalt ihn aus und warf ihm vor, er sei ein dreister, vorwitziger Naseweis. Der Grünschnabel jedoch bestand darauf, den Sinn des Traumes nur dem König persönlich zu offenbaren. Er bedingte sich eine Audienz am Hofe aus und setzte den verblüfften Gebieter unter vier Augen davon in Kenntnis, daß er bei einer seiner Frauen einen Nebenbuhler habe. Und der Knabe hatte auch gleich einen Rat zur Hand: Der König solle sämtlichen Frauen seines Harems und allen Dienern den Befehl erteilen, völlig entblößt vor ihm aufzumarschieren. Der König verfuhr danach. Beim Defilee stellte sich heraus, daß eine der Königsfrauen ihren Liebhaber als Eunuchen verkleidet in den Harem geschmuggelt hatte. Der König ließ beide hinrichten. Das fixe Kerlchen avancierte zum Wesir, und so nahm die Karriere des bekannten Ministers und Schriftstellers Vazurgmihrs ihren Anfang.

Schon zur Regierungszeit Kyros' des Großen hatten die Verschnittenen am Hofe hohe Ämter inne. Besonders begünstigt wurde vom Herrscher Petesakas. Der König beorderte ihn einmal ins barkanische Land, um von dort Astyages an seinen Hof zu holen, nach dem er und seine Gattin, Astyages' Tochter Amytis, sich sehnten. Petesakas aber wurde von einem anderen Höfling, Oibaras, überredet, Astyages in eine Wüstenei zu schaffen und dort verhungern und verdursten zu lassen. Und so geschah es. Als jedoch durch irgendwelche Traumgesichte das Verbrechen herauskam, bedrängte Amytis König Kyros unentwegt, Petesakas ihr zur Bestrafung zu überlassen. Der König tat ihr den Gefallen. Sie ließ dem Übeltäter bei lebendigem Leib die Haut abziehen und ihn ans Kreuz schlagen. Oibaras nahm sich aus Angst vor ähnlichem Schicksal das Leben. Petesakas' Nachfolge trat der Eunuch Bagapates an, der nach Ktesias' Behauptung zur Regierungszeit Kambyses' und Dareios' der erste Mann am Hofe war, ja angeblich nach Dareios' Tod sieben Jahre an dessen Grabstätte ausharrte. Kambyses hatte ihm nach seiner Thronbesteigung den Auftrag erteilt, den Leichnam seines Vaters in Persien zu begraben.

Außer ihm, Bagapates, erfreuten sich der Hyrkanier Artasyras, von den Eunuchen wiederum Izabates und Aspadates höchsten Vertrauens. Kambyses' Bruder Tanyoxarkes, unser alter Bekannter Smerdis bzw. Bardija, ließ eines Tages einen Magier Sphendadates, der irgend etwas verbrochen hatte, auspeitschen. Der Magier wandte sich an Kambyses und klagte den Prinzen heimlich an, sich mit Putschabsichten gegen den Bruder zu tragen. Er begründete seine Anzeige damit, daß Tanyoxarkes nicht kommen werde, wenn man ihn in die Residenz einlädt. Kambyses bestellte seinen Bruder tatsächlich zu sich, der indessen entschuldigte sich damit, eine unaufschiebbare Angelegenheit regeln zu müssen. Damit schien Sphendadates' Anschuldigung bestätigt. Amytis warnte Kambyses, die Einflüsterungen des Magiers zu befolgen. Kambyses aber verstellte sich vor seiner Mutter und täuschte ihr vor, ihrem Drängen nachzugeben. Nach der dritten Aufforderung erschien der Prinz am Hofe und wurde freundlich empfangen. Doch sein Schicksal war bereits besiegelt. Der Magier setzte Kambyses auseinander, wie er sich des Bruders insgeheim entledigen könnte, ohne daß die Mutter etwas davon erführe. Sphendadates hatte folgenden Plan: Der Magier ähnelte Tanyoxarkes. Er sollte der Verleumdung des königlichen Bruders angeklagt und zum Tode verurteilt werden. Mittlerweile wäre der Prinz in aller Stille zu verhaften und umzubringen. Sein Gewand könnte dann Sphendadates anziehen, und niemand würde den Personentausch bemerken. Und so geschah es. Tanyoxarkes wurde gezwungen, einen Becher Stierblut auszutrinken, und starb. Eigenartigerweise bemerkte es am Hofe niemand, daß der rechtmäßige Bruder des Königs durch den verschlagenen Magier ersetzt worden war. Nicht einmal Amytis hatte eine Ahnung, was sich zugetragen hatte. In das Vorkommnis waren außer dem König und dem Magier allein Artasyras, Izabates und Bagapates eingeweiht. Kambyses befahl den Vorsteher der Tanyoxarkes-Eunuchen Labyzos und dessen Helfer zu sich, zeigte auf den Magier und fragte sie: »Haltet ihr diesen Mann für Tanyoxarkes?« Labyzos wunderte sich über diese Frage und antwortete mit der Gegenfrage: »Für wen sonst sollten wir ihn halten?« Die Untat blieb durch die ungewöhnliche Ähnlichkeit des Magiers mit Tanyoxarkes unerkannt. Damit sie nicht zufällig doch offenbar würde, schickte er den Magier nach Baktrien, das von Zeit zu Zeit Provinz des Prinzen war. Fünf Jahre vergingen, bis Amytis über das Verbrechen vom Eunuchen des Magiers, Tibethes, erfuhr, den der Magier bei irgendeinem Anlaß geschlagen hatte. Sie flehte Kambyses an, ihr den Magier zur Bestrafung zu überlassen, aber vergebens. Die Bösewichter verfluchend, nahm sie Gift und starb.

Bagapates führte Kambyses' Armee gegen Ägypten. Der oberste Eunuch des Ägypterkönigs Kombapheus verhandelte mit Izabates, seinem Vetter, und dann mit Kambyses persönlich. Als sie übereinkamen, verriet er die Ägypter, übergab Kambyses die Brücken und andere strategisch wichtige Punkte. Nach dem Pharaonensturz wurde er dafür mit der Würde eines persischen Statthalters bedacht.

Das Ende der Kambysesherrschaft prägten schreckliche Erscheinungen. Aus den von Kambyses getöteten Opfertieren floß kein Blut. Seine Gemahlin Roxane gebar ihm ein Kind ohne Kopf. Die Magier deuteten ihm diese Absonderlichkeiten so, daß er keinen Thronerben hinterlassen werde. Als er auf dem Rückzug in Babylon zum Zeitvertreib mit dem Degen Holz schnitzte, stach er sich in den Oberschenkel und starb elf Tage darauf.

Achtzehn Jahre hatte er regiert. Noch vor seinem Tode vereinbarten Bagapates und Artasyras, Sphendadates auf den Thron zu setzen. Isabates nahm Kambyses' Leichnam mit, um ihn in Persien zu bestatten. Er traf dort zur Regierungszeit des Magiers ein und enthüllte dem Volk öffentlich das Geheimnis um dessen Betrug. Dann suchte er im Tempel Zuflucht, wurde aber herausgeholt und enthauptet. Inzwischen schlossen sich sieben hochgestellte Perser zusammen, versicherten einander gegenseitigen Vertrauens und nahmen in ihren Bund Artasyras, später auch Bagapates auf, der sämtliche Schlüssel zum Königspalast besaß. Bagapates ließ alle sieben ein, und sie überraschten den Magier bei trautem Rendezvous mit einer babylonischen Konkubine. Als Sphendadates die Eindringlinge gewahrte, sprang er vom Bett und griff nach einer Waffe. Doch Bagapates hatte vorher insgeheim alle Waffen aus dem Gemach entfernt. Der Magier packte einen goldenen Stuhl, brach die Beine ab und wehrte sich, allerdings ohne nachhaltigen Erfolg. Von den sieben Verschwörern durchbohrt, brach er leblos zusammen. Sieben Monate hatte er geherrscht. Mit »Unterstützung eines Pferdes« wurde Dareios König (vgl. S. 86).

Seine Nachfolger fielen außer Artaxerxes I. allesamt den Eunuchen zum Opfer. Dareios II. gelangte mit Hinzutun der Verschnittenen, die seinen Stiefbruder verrieten, auf den Thron.

Und so reiht sich bei Ktesias eines ans andere. Für jede Regierungszeit wird mindestens ein Eunuch angegeben, zumeist sind es mehrere; so erhellt aus den erhaltenen Fragmenten, daß sein Werk im Grunde der Geschichte des iranischen Eunuchentums gewidmet ist. Die Achämenidendynastie sank allmählich zu einer zweitrangigen Institution ab, die eigentliche Herrschaft lag in den Händen der Eunuchen»dynastie«. Gegen Ende der Dynastie, noch kurz vor dem Niedergang des Reiches, galt als sagenhafte Gestalt am Hofe der Eunuch Bagoas, der Artaxerxes III. und dessen Sohn Arses vergiftete und das Mitglied eines Nebenzweiges, Dareios III., auf den Thron lancierte, von dem er erhoffte, sich ihn leicht zurechtkneten zu können. Dareios indessen kam ihm auf die Schliche und ließ ihn töten.

Doch die Schilderung des Falles Smerdis ist noch nicht abgeschlossen. Zur Vollständigkeit muß die Nachricht hinzugefügt werden, die der römische Geschichtsschreiber Pompeius Trogus beigebracht hat, Autor voluminöser Bücher über allgemeine Geschichte, die nur vom Inhalt her bzw. aus einem Auszug bekannt sind, den Justinus etwa zwischen 160 und 300 u. Z. veröffentlicht hat. Zwar lebte Pompeius zur Regierungszeit Augustus', konnte aber durchaus auf Schriften zurückgreifen, die wir heute vermissen. Laut Justinus erkannte Kambyses im Traum seinen Bruder Mergis als König und empfahl daher Gometes, den Prinzen zu beseitigen. Doch ehe Gometes diesen Auftrag erfüllen konnte, starb Kambyses an jener Schenkelverletzung, die ihm sein Schwert zugefügt hatte, als es zufällig aus der Scheide gerutscht war. Sobald die Kunde von Kambyses' Tod den Magier erreicht hatte, beeilte er sich, den Befehl noch auszuführen, bevor sie sich im Reich verbreitete. Und weil Mergis' Tod nicht ans Tageslicht kam, erhob er seinen Bruder Oropastes, der jedermann an den gemeuchelten Mergis erinnerte, auf den Thron.

Die Magier gewannen das Volk für sich, indem sie ihm für drei Jahre die Steuern und den Kriegsdienst erließen. Schließlich aber schöpfte der eingeborene und wahrsagekundige Perser Ostanes (bei Herodot Otanes) Verdacht. Er trat mit seiner Tochter, die dem königlichen Harem angehörte, in Verbindung und bat sie auszuspionieren, ob der König Kyros' Sohn ist. Ansonsten erzählt Justinus alles ebenso wie Herodot. Die Tochter stellte also fest, daß ihr Gemahl keine Ohren hatte, und Ostanes erkannte in ihm den Magier, dem Kambyses einst hatte die Ohren abschneiden lassen. Unverzüglich beschloß er mit sechs anderen persischen Honoratioren den Anschlag. Die sieben Attentäter machten sich auf den Weg zum Königspalast, die Schwerter unterm Wams versteckt, schlugen jeden nieder, der sich zur Wehr setzte, und drangen in die Gemächer der Magier. Im Unterschied zu Herodots Schilderung erstachen die Magier mit ihren Schwertern hier zwei Verschwörer. Doch wurde auch dank Gobryas ein Magier in einem finsteren Nebenraum überwältigt.

Nunmehr haben wir uns mit dem ältesten offiziellen Bericht über den Umsturz, wie ihn Dareios stilisiert und in die Inschrift von Behistun hat einfügen lassen, sowie mit drei antiken Beschreibungen vertraut gemacht. Das sollte zur Aufhellung der sogannten historischen Wahrheit verhelfen. Bei näherer Betrachtung wird uns allerdings bewußt, daß die Angelegenheit weit komplizierter ist. Alle Nachrichten stimmen darin überein, daß Kambyses Smerdis' Leben nachstellte, daß gegen Ende seiner Herrschaft ein Magier sich zum König erklärte, aber von Dareios mit Unterstützung einiger Magnaten beseitigt wurde. Allerdings, wissen wir denn, ob Smerdis wirklich ermordet worden ist? Ob ihn der Gegner nicht gerettet und Smerdis nicht tatsächlich den Thron bestiegen hat? Dareios kam es zustatten, seinen Vorgänger als Lügensmerdis abzustempeln; darin sah er eine Begründung seines Rechts auf den Thron. Aber von der ganzen Sache hatten allem Anschein nach ausschließlich Dareios und Otanes Kenntnis. Dareios konnte es ohne weiteres bewerkstelligen, daß die Menge die Identifikation des Usurpators mit Hilfe des aus dem Harem gelangten Geheimnisses über den ohrenlosen König aufgriff. Doch wie anders gerät der Sachverhalt, wenn die Ohren der Leiche im nachhinein abgeschnitten worden sind! Vielleicht war Dareios gar selber davon überzeugt, daß auf dem Thron der falsche Smerdis saß, und paßte nach der ganzen Aktion die Erklärung der Begebenheit seinen Belangen und Bedürfnissen an? So wird es schließlich immer dann gehalten, wenn sich absolut keine Möglichkeit bietet, die Wirklichkeit aufzuklären. Darüber hinaus erweist die dunkle Geschichte, daß die mühsame Untersuchung vieler Quellen häufig äußerst spärlichen Bodensatz zutage fördert, der lediglich einen recht groben Überblick erlaubt, aber den wahren Kern nicht bloßlegt. Dareios stand das Thronrecht zu. Er bastelte einen offiziellen Bericht zurecht, ließ ihn kolportieren und leistete vor allem jeglicher Verbreitung mannigfacher Sagen Vorschub, die geeignet wären, diese Darstellungen zu verbrämen, zu mystifizieren und zu erhärten, um der Öffentlichkeit ein Bild zu präsentieren, das ihr gefiele und sie einlullte. Und diese Version machten sich späterhin Historiker zu eigen, zumal sie selbst sich außerstande sahen, unabhängig von ihr die historische Wahrheit aufzuspüren.

Das Leben im Persien der Achämeniden

Mittelpunkt des Reichslebens war der Hof, der König mit der vielschichtigen Bewohnerschaft seiner Residenz. Der König besaß allerdings mehrere Sitze, denn er hielt sich während der verschiedenen Jahreszeiten an verschiedenen Orten auf, je nachdem, wo ihm das Klima am besten behagte, im Sommer im Gebirge, im Winter in den Niederungen. Das königliche Dasein unterlag einer bestimmten Ordnung, der Kontakt zu anderen Leuten war durch Gesetze der Etikette geregelt, die bereits medische Könige nach mesopotamischem Muster eingeführt hatten. Über den Ablauf der königlichen Amtsgeschäfte wachten Kammerherren, für Glaubensfragen waren die Magier zuständig.

Zu den Hauptbeschäftigungen gehörten außer Kriegen und Audienzen Jagden und Gastmahle. Gejagt wurde entweder in freier Wildbahn oder in Gehegen, Parkanlagen. Der König duldete es nicht, daß jemand vor ihm zu Jagderfolg kam. An der königlichen Tafel hatte jeder Gast seinen streng einzuhaltenden Platz. Für die Gelage wurden erlesene Nahrungsmittel herangeschafft, Weizen aus dem äolischen Gebiet Kleinasiens, Wasser aus dem elamischen Fluß Choaspes, Wein aus Babylonien. Hoch angerechnet wurde dem König, daß er verschiedentlich Untertanen Speisen von seiner Tafel abfallen ließ. Neben Fleisch- und Mehlgerichten bevorzugten die Perser Süßigkeiten und Desserts, am liebsten mochten sie trinken. Oftmals wurde bei ergiebigem Zechen über wichtige Dinge beraten, Entschlüsse jedoch, die dabei gefaßt wurden, mußten am nächsten Tag peinliche Prüfungen bestehen. Zu den Mahlzeiten im Palast traten Sängerinnen auf, um mit ihrem Gesang zum angenehmen Milieu beizutragen.

Nach ungeschriebenem Gesetz galt der König als einziger freier Herr im Staat; alle übrigen waren ihm untertan. Er verfügte über dreierlei Gewalt: über die Frauen die eheliche, über die Kinder die väterliche, über die Untertanen die herrschaftliche. Staatsfeiertag war sein Geburtstag. Die Untertanen erwarteten vom König Gerechtigkeit, unter den sonstigen Tugenden vor allem Freigebigkeit; er seinerseits verlangte von ihnen Gehorsam und Ehrerbietung gegenüber seiner Person und seinem Geschlecht.

Die Iraner wohnten als Bauern in Hütten, als Nomaden in Zelten, als Stadtbürger und Adlige in Bollwerken, Festungen und Häusern, als Könige in Palästen. Die Perser durften mehrere Frauen haben, auch Geliebte; die Armen allerdings mußten sich mit einer einzigen bescheiden, da den Eltern Brautgeld zu zahlen war. Die Hauptfrau des Königs beanspruchte besondere Achtung, saß dem Gemahl zur Seite, trug die Herrscherschleife, und vor ihr fiel man auf die Knie. Für den Kauf von Schmuck hatte sie einen eigenen Fonds. Ihre Kinder genossen als legitime Sprößlinge volles Thronfolgerecht. Seit dem Schah Sogdianos allerdings saßen nach 424 v. u. Z. ausschließlich Bastarde und deren Nachkommen auf dem Thron; Xerxes II. war der letzte rechtmäßige Herrscher. Gegenüber den fremden Prinzessinnen kamen während der Herrschaft der Zarathustrakirche Befürchtungen auf, sie könnten ihre Kinder in ihrer Religion erziehen und damit Uneinigkeit im Thronrat stiften.

Daheim und auf Reisen standen die Königsfrauen unter Aufsicht und durften keinerlei Beziehungen zu Männern unterhalten. Manch eine unter ihnen hatte eine freiere Auffassung. So zeigte sich Stateira, die Gemahlin Artaxerxes' II., unbekümmert auf dem Wagen, und viele Königstöchter waren berüchtigt wegen ihrer ausschweifenden Lebensweise.

Ehen wurden zur Frühjahrstaggleiche geschlossen, und die Ehe diente gemäß der Sitte zur Zeugung von Nachkommenschaft. Heirat unter Verwandten war erlaubt, zeitweilig sogar gefördert. Die Quellen sprechen von ehelichen Banden zwischen einem Mann und dessen Schwester, wie bei Kambyses, Terituchmes und Roxane, zwischen einem Mann und dessen Tochter (Artaxerxes II.), ja sogar mit der Mutter, wie beim persischen Statthalter Sisimithres in Nautakas, dem heutigen Karschi (Karschi ist jetzt Bahnstation der Stadt Bek Budi). In den zwischengeschlechtlichen Beziehungen kam es erwiesenermaßen zu ziemlich pikanten »Besonderheiten«. Das Awestagesetzbuch berichtet darüber, wie junge Leute mit den Folgen ihrer Liebe zurechtzukommen hatten. Da riet der Jüngling dem Mädchen, ein altes Weib aufzusuchen, das ihr diverse Mittel zur Abtreibung ihrer Leibesfrucht besorgte, hauptsächlich pflanzliche, darunter auch *bang* bzw. Hanfextrakt. Darauf standen empfindliche Strafen. Viele Frauen büßten dem Buch Arda Viraz zufolge in der Hölle Missetaten verschiedener Art, etwa dafür, daß sie sich ihrer Kinder entledigt hatten, sie nicht stillten, die Ehegatten betrogen, ihnen schlechtes Essen bereiteten und hinter deren Rücken selber Fleisch aßen, Haare und Fingernägel ins Feuer warfen, Perücken trugen u. a. m. Für ein härtester Ahndung würdiges Laster wurde Päderastie erachtet, die die Perser

Dareios-Palast in Persepolis

laut Herodot angeblich von den Griechen übernommen hatten.

Kinder waren kostbarer Besitz und überhaupt ein ersehntes Gut. Nach Strabons Bericht zahlten die Könige Eltern, die viele Söhne zur Welt brachten, Prämien. Jüngere Funde aus Persepolis bezeugen eine besondere Fürsorge gegenüber Arbeiterinnen, die Kinder gebaren. Ihnen wurden mehr Lebensmittel zugeteilt, vor allem dann, wenn sie Jungen hatten. Dahinter verbarg sich zielbewußte Sorge um Arbeitskräfte. Als Schicksalsschlag wurden körperliche Gebrechen empfunden, die der Glaubenslehre entsprechend als Werk des bösen Geistes galten. Solche Kinder in der königlichen Familie waren nicht regierungsfähig und wurden von der Thronfolge ausgeschlossen. Bisweilen wurden gebrechliche Kinder in der Wildnis ausgesetzt und auf Gedeih und Verderb sich selbst überlassen. Was die Erziehung betrifft, lebten die Kinder bis zum fünften oder siebenten Lebensjahr unter den Frauen, später nahmen die Männer sie in ihre Obhut. Nachdruck wurde auf kriegerische Fertigkeiten, wie Bogenschießen und Reitkunst, gelegt. In den geistigen Bereichen mußte der Zögling sich alles aneignen, was zur Ausübung höherer Funktionen in der Staatsverwaltung vorteilhaft war. Die moralische Erziehung richtete sich auf die Festigung der Treue gegenüber dem Gebieter und der Dynastie. In dieser Ergebenheit wurzelte die Wahrheit als Prinzip des Staates und der Gesellschaftsstruktur. Wer dem König sein Recht auf den Thron streitig machte, log und wurde dafür mit dem Tode bestraft. Die Kinder von Vasallenregenten wurden häufig am Königshof gehalten. Ihre Stellung unterschied sich kaum von der Stellung einer Geisel. Die väterliche Autorität und Befugnis waren in Persien, wollen wir Aristoteles Glauben schenken, stark ausgeprägt, andererseits finden wir neben Gemetzeln an Söhnen und Brüdern nicht selten auch Elternmord belegt.

Kinder wurden auch in fremde Familien zur Ausbildung gegeben. Das hatte seine Ursache darin, daß dieser oder jener Widersacher des Königs nebst seiner ganzen Familie das Leben verwirkte, damit nicht etwa eines der Kinder im Erwachsenenalter in Versuchung geriet, am König oder dessen Nachfolger Rache zu nehmen. Die Pflicht zur Blutrache galt als eine der verbindlichsten Sittenpflichten. Und tatsächlich stoßen wir immer wieder auf Beweise dafür, daß sich bei solcherart Kollektivexekutionen Kinder in fremden Familien gerettet haben.

Die alten Perser konnten sich einer soliden Gesellschaftsmoral rühmen. Vereinbarungen wurden sowohl auf Ehrenwort, Handschlag als auch unter Eid geschlossen. Angelegentlich empfohlen wurde, keine Schulden zu machen, da der Schuldner im Falle, daß er die Schuld nicht abzutragen vermochte, zu Lüge und Vertragsbruch getrieben würde. Vertragsbruch wurde ebenso wie die Lüge für schweres Vergehen gehalten. Die griechische Literatur liefert uns Zeugnisse vom persischen Sinn für gebührliche Verhaltensweisen in der Öffentlichkeit, hebt Anstand, Schamgefühl, Umsicht in der Entscheidungsfindung insbesondere bei Urteilen, Beschlußfassungen ohne Übereifer, gemäßigten Umgang mit Sklaven hervor. Die Perser mieden Gelächter in Gegenwart anderer, verpönten ungehörige Reden, Großmannssucht, hielten es für ungezogen, auf den Fußboden zu spucken, beim Essen zu sprechen usw. Eine bedeutende Rolle spielten Glaubensgebote über angemessenes Verhalten und Handeln in der Öffentlichkeit, beispielsweise über die Reinigung, die Einhaltung der Trauer, die Bestattungsriten u. ä. Diese Vorschriften waren für jeden von Geburt an über Tod und Begräbnis bis zu den Seelenfeiern hin obligatorisch.

Wie sich Befehle und Informationen verbreiten

Dareios I. erbte von seinen Vorgängern auch das Straßennetz, das die Hauptzentren Vorderasiens miteinander verband. Davon waren besonders wichtig die Route von Ninive über Karkemisch nach Palästina und weiter nach Ägypten, die Strekken von Armenien nach Medien, von Ninive nach Babylon und von Medien über den Tigris nach Carrhae und weiter bis Sardes. Er ließ diese Fernwege nicht nur ausbessern, sondern baute gleichzeitig neue und zweigte von ihnen Anschlüsse in andere Gebiete ab bzw. verlängerte sie bis in entlegenste Provinzen seines Reiches.

Die bekannteste Straße, die Dareios I. entstehen ließ, war die Königsstraße. Sie führte von der Hauptstadt Susa nach Sardes und darüber hinaus bis Ephesos an der Küste des Ägäischen Meeres. Herodot hinterließ uns eine recht gründliche Beschreibung dieses Kommunikationssystems. Es soll 450 Parasangas, etwa 2700 km, lang gewesen sein, am Wege lagen 111 Herbergen für den Gespann- und Botenwechsel sowie zur Rast. An den Grenzen der einzelnen Provinzen standen Wacheinheiten, die für die Sicherheit der Reisenden sorgten. In Armenien gab es vier Fähren. Herodot zufolge schaffte man es von Susa nach Sardes zu Fuß in neunzig Tagen, weitere drei brauchte man bis Ephesos.

Der königliche Botendienst war vorbildlich organisiert. An jeder Station wartete sozusagen Gewehr bei Fuß ein Kurier, der die Nachricht sofort übernahm und bei Regen, Schnee, Hitze und nachts zur nächsten Station überbrachte, von wo aus der Transport in dieser Stafettenform bis an den Bestimmungsort weiterging. Das gewährleistete, daß eine Information von Susa in sechs Tagen Sardes erreichte. Griechische Autoren bestehen darauf, daß nichts und niemand die persischen Kuriere an Schnelligkeit übertroffen habe; sie seien geradezu Habichten gleich dahingeflogen. Diese Post beförderte königliche Anweisungen, vom Gebieter vorsorglich mit dem Prägering versiegelt, so daß sie nicht der Zensur unterstanden. Auch Privatkorrespondenz nahm diesen Weg, doch sie wurde von den speziell dazu bestellten Zensoren sorgsam gelesen. Die Staatsmacht hatte Angst vor konspirativen Unternehmungen und war darauf bedacht, daß die Post weder verdächtigen Sachen noch suspekten Personen zum Vehikel diente. Herodot teilte zwei Fälle des Schmuggels von Geheimakten von Susa nach Milet und von Susa nach Sparta mit. Der ehemalige miletische Tyrann Histiaios forderte seinen Schwiegersohn Aristagoras auf, gegen den König zu rebellieren. Da er keine schriftliche Botschaft schicken konnte, rasierte er seinem Sklaven den Kopf kahl, ritzte seinen Auftrag in die Haut und wartete, bis dem Armen die Haare nachgewachsen waren. Dem Boten gab er auf, sich von Aristagoras erneut den Kopf kahlrasieren und die Nachricht durchlesen zu lassen. Der Spartakönig Demaratos, der in Susa in Emigration saß, schrieb seinen Kassiber auf eine Schreibtafel, von der er vorher das Wachs abgeschabt hatte, und trug dann wieder Wachs auf. Gorgo, die durchtriebene Gemahlin des Königs Leonidas, erriet in Sparta, daß sie das Wachs entfernen und so die Mitteilung zur Kenntnis nehmen konnte.

Die Straßen wurden selbstverständlich auch zu militärischen und Handelszwekken benutzt. Von dem Hauptzentrum Ostirans, Baktra, aus verlief später die berühmte Seidenstraße, die den Okzident mit China verknüpfte und außer dem Warentausch auch die Ein- und Ausfuhr geistiger Werte begünstigte. Wege und Straßen halfen zu allen Zeiten, mannigfache Errungenschaften und Erfindungen, sei es nur des Geldes, zu verbreiten.

Die lydische Erfindung, Gold- und Silbermünzen zu prägen, trugen griechische und andere Kaufleute in die Welt. In Persien prägte Dareios I. Münzen. Es waren goldene Dareiken im Gewicht von $8^1/_3$ Gramm und silberne Siegel bzw. Schekel, die 5,6 g wogen. Oft wird auch behauptet, die Bezeichnung Dareikos leite sich nicht vom Namen des Königs her, vielmehr vom persischen *daranijam*, was Gold heißt. Das lydische Verhältnis zwischen der Gold- und Silberwährung von $1 : 13^1/_3$ wurde von Dareios für das persische Münzwesen übernommen. Auf der Münze ist der König mit dem Bogen in der Hand abgebildet. Deshalb nannten die Griechen dieses Geld *toxotai*, Bogenschützen. Als der König von Sparta, Agesilaos, zum Rückzug aus Asien nach Griechenland gezwungen war, sagte er, dreißigtausend Bogenschützen hätten ihn vertrieben. Die Perser hatten nämlich mit soviel Geld die europäischen Griechen motiviert, sich in persischem Interesse gegen Sparta zu erheben. Der Wechselkurs betrug 1 Goldstater gegen 20 Silbersiegel.

Das Münzrecht stand allein dem König der Könige zu. Es gab im Reich allerdings eine ganze Reihe Münzstätten, denen der König das Recht zum Prägen von Sondermünzen einräumte.

Die Zeitbestimmung

Die Achämenidenkönige übernahmen die Datierungsprinzipien von Mesopotamien. Das Jahr begann ungefähr mit der Frühjahrstaggleiche und hatte die Zeit der Mondwechsel zur Grundlage. Es handelte sich um den Abschnitt vom Ende des Neumonds, der etwa 29 und einen halben Tag dauerte. Daher hatte ein solches Jahr 354 Tage. Die Monate umfaßten abwechselnd dreißig und neunundzwanzig Tage. Damit das Mondjahr nicht von den Jahreszeiten abwich, die mit der vermeintlichen Sonnenbewegung zusammenhingen, wurde es durch Einschub von Schaltmonaten in bestimmten Jahren ausgeglichen, so daß sich ein Ausgleichszyklus ergab. Man kann sagen, daß neunzehn Sonnenjahre insgesammt 235 Lunationen bzw. Monate mit voller Tageszahl, das heißt 6939, gegebenenfalls 6940 Tage zählten. Schaltmonate waren entweder der sechste oder der zwölfte. So entstand ein lunisolares Jahr, das vom Umlauf beider Himmelskörper ausging.

Der altpersische Kalender stimmte ausgezeichnet mit dem babylonischen überein; er ist in den Daten ungezählter Tontafeln belegt, die in Keilschrift beschrieben sind und eminent wichtige Informationen wirtschaftlichen, rechtlichen, administrativen und politischen Charakters beinhalten. Die babylonischen Monate waren: *nisanu* (hebräisch *nisan*), *aiaru (ijar)*, *simanu (sivan)*, *duzu (tammuz)*, *abu (ab)*, *ululu (elul*, im babylonischen Kalender später auch *ululu II.* als Schaltmonat), *taschritu (tischri)*, *achsamna (marcheschvan*, *cheschvan)*, *kislimu (kislev)*, *tebetu (tebet)*, *schabatu (schebat)*, *addaru (adar*, im Schaltjahr auch *addaru II.)*. Die Perser ersetzten die babylonischen Namen mit einheimischen; einige davon sind uns in keinen persischen Dokumenten überliefert, doch können wir sie in elamischer Aussprache elamischen Denkmalen entnehmen. Die Elamiter hatten zwar einen mit dem babylonischen völlig identischen Kalender, gebrauchten aber eigene landessprachige Monatsnamen. Die persischen Monate lauteten so: *adukanischa* (elamisch *zikli*), *thuravahara (zarpakim)*, *thaigartschisch (hadar)*, *garmapada (hallime)*, *?* (elamisch ausgesprochen *turnabasisch*, *zillatam)*, *?* (elamisch ausgesprochen *karbaschijasch*, *belitit)*, *bagajadisch (manscharki)*, *?* (elamisch ausgesprochen *markaschanasch*, *lankelli)*, *açijadija (schibari)*, *anamaka (schermi)*, *?*

Dareios I. während einer Audienz eines persischen Magnaten. Hinter dem Thron Xerxes I.

(elamisch ausgesprochen *samimasch, kutmama), vijachna (aschschetupki).* In den Schaltjahren treten *karbaschijasch II.* oder *vijachna II.* auf.

Über Wochen ist nirgends etwas vermerkt. Während der Tag bei den Semiten abends mit dem Sonnenuntergang begann, brach er bei den Iranern mit dem Sonnenaufgang an und endete beim nächsten Sonnenuntergang.

Urkunden wurden nach Königsjahren datiert. Manchmal tragen Dokumente zweierlei Daten, die zweierlei Kalendern entsprechen. So verhält es sich vornehmlich bei behördlichen Dokumenten der Achämenidenära in Ägypten, zum Beispiel auf den elefantinischen Papyrusrollen. Papyrus Nr. 6 (laut A. Cowleys Ausgabe) setzt mit diesen Worten ein: »Am 18. Kislevs, das ist der 7. Tag Thotes', das 21. Jahr, Beginn der königlichen Herrschaft, als König Artahschassu den Thron bestieg ...« Demnach wurde die Papyrusrolle im 21. Jahr der Regierung Xerxes', jedoch bereits in der Zeit nach Xerxes' Tod beschrieben, als bis Jahresende sein Sohn Artaxerxes I. herrschte. Artaxerxes' erstes Jahr begann am ersten Tag des nachfolgenden Jahres. Die Frist zwischen Xerxes' Tod und dem neuen Jahr hieß Beginn der Herrschaft, also Artaxerxes' Thronantritt.

Das Gesellschaftsbild in der Kunst

Nichts vermag den Ort- und Zeitgeist sowie den Gesellschaftscharakter einer Epoche besser einzufangen als Werke der bildenden Kunst. Nichts schildert Entstehung, Ruhm, Niedergang und Sturz einer Gesellschaftsformation so vollkommen wie ein Gedicht, ein Gemälde, eine Statue, ein Gebäude als Zeugnisse ihrer Lebensweise und ihres Niveaus.

Die Meder und die Perser eigneten sich von ihren Anfängen an die akkadische Kultur und Zivilisation sowie deren Abarten in Elam und Urartu an. Später orientierten sie sich an lydischen und ägyptischen Vorbildern. Allerdings blieb im Iran wegen der zumeist stürmischen Zeitunbilden an Denkmalen der bildenden Kunst relativ wenig erhalten. Vorrangig geht es um Standbilder und Reliefs, die zur Äußerung der Grundgedanken einer Gesellschaftsordnung dienen. Jede Idee einer Gesellschaftskonstitution muß in Umfang, Stellung, Ausgestaltung, Gestik und Tat ihren Ausdruck finden. Die Reliefs haben in all ihren figuralen und ornamentalen Komponenten die Aufgabe, das Bekenntnis zu den hauptsächlichen positiven gesellschaftlichen Werten und deren magischen Kräften zu symbolisieren. In der Schatzkammer von Persepolis überdauerte ein Relief, das die Ankunft eines hohen höfischen Würdenträgers beim König darstellt. Der König, offenbar der große Dareios, sitzt, im Profil abgebildet, auf dem Thron und hält in der Rechten einen langen, schräg geneigten Stab, dessen Ende sich auf den Boden stützt; in seiner Linken ruht als Zeichen der königlichen Gewalt das Zepter in Gestalt einer stilisierten Lotosblume. Hinter dem Thron steht der Thronfolger Xerxes, eine Lotosblume in der Hand, vor zwei Höflingen, von denen der eine einen gefalteten Stoff hält, einen *baschlyk*, eine Kappe mit nach hinten fallendem Zipfel, aufhat und der andere mit Streitaxt und Degen gerüstet ist und auf dem Rücken ein *gorytos* trägt, einen Köcher, in dem der Bogen steckt. Im linken Hintergrund sind zwei Lanzenträger zu sehen. Über dieser Gruppe (außer den zwei Kriegern) erhebt sich ein Baldachin, *uraniskos* genannt, der sich weiter nach rechts fortsetzt. Vor dem König befinden sich zwei *thymiateria*, kleine Gefäße auf hohen Säulen, in denen Weihrauch schwelt oder die als winzige Feueraltäre dienen. Dahinter steht mit dem Gesicht zum König ein Hofbeamter, in der Linken einen Stab, die Rechte dicht vor dem Mund, den Rumpf ehrerbietig leicht vorgeneigt. Rechts hinter ihm erscheinen ein Lanzenträger und ein Höfling mit einem kleinen Kessel in der linken Hand.

Jeder Person und jeder Sache ist der Standort zugewiesen. Am höchsten sitzt der König auf dem Thron, ein wenig tiefer, aber noch auf Thronebene steht der Kronprinz, die übrigen rangieren schon tiefer.

Die Unterschiede in der Höhenposition der Gestalten fallen kaum ins Auge. Es waltet hier nicht der Gestaltungsgrundsatz, den wir oft auf ägyptischen Abbildungen beobachten, daß nämlich der König in der Regel sehr groß und die restlichen Personen, zumal Feinde, als Zwerge dargestellt werden. Im Gegensatz dazu herrscht in der persischen Kunst eine andere Auffassung. Am Relief, das über den Inschriften des Behistun-Felsens aufragt, zeigt sich uns Dareios im Verein mit seinen Bogen- und Lanzenträgern. Der König hat den Fuß auf einen gefallenen Feind gesetzt (gewiß ist es Gaumata), und vor ihm sehen wir je neun Hauptgegner, die in der Inschrift beim Namen genannt sind (der neunte, der Skythe Skuncha, wurde möglicherweise später hinzugefügt). Sie sind hintereinander angeordnet, mit einem Strick, der jedem einzelnen von ihnen den Hals umschlingt, zusammengebunden. Dareios erscheint hier nur um eine Winzigkeit größer von Statur als die übrigen Figuren, und zwar allein der Ordnung halber, da der König allzeit und überall andere überragt.

Über den übermannten Rivalen schwebt sozusagen der Gott Ahura Mazda. Im Altertum wird er stets über die menschlichen Gestalten erhöht, niemals in deren Mitte gestellt. Er gibt sich als würdevoller Mann in den besten Jahren, in Haar- und Barttracht sowie Kopfbedeckung den König nachahmend bzw. umgekehrt dem König zum Vorbild. Er hat ein Gewand mit weiten, an den Handgelenken sich verjüngenden Ärmeln an, das eine Schnur umspannt; von ihr wiederum fallen an der Seite schräg, vorn und hinten symmetrisch angebracht, unten gewundene Bänder. In Gürtelhöhe zieren es stilisierte Schwingen, unterhalb davon ein Vogelschwanz. In der Linken hält die Gottheit einen Reifen, die Rechte zum Segen vorbereitend. Seltsam mutet die Bildkomposition insofern an, als Ahura Mazda im Profil erscheint, die Taille hingegen einen relgelmäßigen Kreis bildet und die Flügel waagerecht zur Gürtellinie stehen.

Am besten erhalten ist dieses Bildnis heute im Dareiospalast von Persepolis zu besichtigen. Doch weder Gegenstand noch Gestaltungsweise sind persischen Ursprungs. Es ist eine Nachahmung, zudem eine recht sklavische Nachahmung assyrischer Bilder. Auf einem dieser assyrischen Werke ist der Gott Assur versinnbildlicht, von der Hüfte aufwärts als König, abwärts in gefiedertem Rock, hinter ihm ein Flügelrad, die Rechte aufgereckt, in der Linken einen Bogen. Wir können nicht umhin, das Alte Testament zu zitieren. Die Juden singen im 18. Psalm: »Und er erhob sich an den Schwingen des Windes.« Dem Propheten Ezechiel erschien in einer Vision Gott der Herr in strahlendem Glanz hoch oben am Himmel. Diese Analogien gehen wahrscheinlich auf Einflüsse der babylonischen Gefangenschaft zurück. In Vogelgestalt folgt die Gottheit allzeit und überallhin geschwind ihrem Anbeter, sieht seine Taten aus der Höhe, bemerkt, wenn ihm Beistand not tut.

Besondere Vorliebe hegten die persischen Künstler für die Abbildung verschiedenartigster Ungeheuer. An der Westwand der Haupthalle im Dareiospalast von Persepolis befindet sich eine Szene, die das Ringen des Königs mit einem Ungetüm darstellt. Die Bestie steht auf dem rechten Fuß, mit einer Vogelkralle versehen, mit dem zweiten Fuß reißt sie dem König das Schienbein, mit den beiden Vorderläufen attackiert sie den Oberarm des Königs. Dareios hält sie am Horn und setzt zum Todesstoß an; wir sehen in seiner rechten Hand ein Schwert, dessen Klinge im Bauch des Monsters steckt. Die Schwingen des Ungeheuers sind auf dem Rücken zusammengelegt, der Schwanz ähnelt dem eines Skorpions. Das Bild symbolisiert den Sieg des Königs über die Ausgeburt des Bösen, die Summe aller

Ahura Mazda, wie er auf königlichen Reliefs dargestellt ist

irdischen und überirdischen feindlichen Kräfte.

Geflügelte Bestien kommen sehr oft vor. In Susa ist ein Stier mit Schwingen belegt, der wie ein Einhorn aussieht. Seine Flügel sind über dem oberen Ende seiner Vorderbeine angesetzt. Erhalten ist ein geflügelter Steinbock, als Gefäßhenkel gearbeitet. Ein mythisches Sujet widerspiegelt das Relief des Duells zwischen Löwen und Stier. Der Löwe geht als Sieger hervor, angeblich den Sommer verkörpernd, der den Winter überwindet. Vorzug genießen Säulenkapitelle, die sich aus zwei in den hinteren Schnittpunkten verbundenen Stierprotomen zusammensetzen. Zu den figuralen Schöpfungen gehören Reihen von Gardisten, Thronträgern und Delegationen einzelner Satrapien, die Geschenke überbringen. Die farbige Glasur des Ziegelmosaiks bietet eine Vorstellung von der Farbe der Lanzenträgeruniformen. Ein Aufmarsch von Provinzialen, die ebenfalls Geschenke darreichen, ist am östlichen Treppenaufgang des *Apadana* von Persepolis zu bewundern. Es ist ganz schlicht in der Komposition und führt Bewohner des gesamten Reiches in Trachten vor. Wir sehen Kleider, Kopfbedeckungen, Schuhwerk, Waffen. Die einzelnen Abordnungen belaufen sich auf drei bis neun Männer, die Gruppen sind durch stilisierte Zypressen voneinander getrennt. Am meisten beeindruckt an diesem Relief, wie die Gruppenbilder durch Tiere belebt werden. Am häufigsten werden edelrassige Pferde geschenkt, kleiner im Wuchs, als wir sie aus unseren Tagen kennen; damals betrug die Höhe eines Pferdes maximal eineinhalb Meter. Die Araber bringen Dromedare mit, Baktrier, Parther, Arachoter und Arier zweihöckrige Kamele, ein medischer Stamm einen Stier mit lyraartigem Gehörn, die Babylonier und die Gandharer aus dem indischen Grenzgebiet einen Zebu-Auerochsen, die Kilikier Widder, die Inder ein Maultier, die Libyer einen Ziegenbock mit gewundenen Hörnern, unter Zoologen als Capra falconieri geläufig, die Äthiopier ein Giraffenjunges, und nicht, wie früher angenommen, ein Okapi, denn Okapis überstehen keine so weiten Transporte; die Elamiter schließlich führen einen Löwen mit zwei Jungen mit. Die Figuren sind akribisch, geradezu naturalistisch gestaltet.

Kampf des Königs mit dem Ungeheuer in Persepolis

Die Thronträger repräsentierten einzelne Völkerschaften. Es sind dreißig an der Zahl, und sie dokumentieren den Gedanken von Eintracht, Botmäßigkeit und Pflicht der Völker gegenüber ihrem höchsten Gebieter. Sie haben die Macht zu erhalten und die Einheit des Reiches zu festigen. Die Zusammenarbeit der Völker findet auch in der Dareios-Inschrift von Susa, worin der König den Bau seines Palastes bilanziert, ihren Ausdruck. Er schildert, womit sich die Künstler dieser oder jener Provinz befaßten, welche Bau- und ornamentale Materialien diese oder jene Satrapie beisteuerte, alles in allem ein beredtes Zeugnis des Interesses aller Völker für das imposante Reichszentrum. Unwillkürlich pries und würdigte Dareios hiermit das handwerkliche und künstlerische Vermögen seiner Untertanen. Wie die Künstler, so das Reich!

Recht angenehm wirkt die Thematik persischer Reliefs im Vergleich mit assyrischen Denkmalen insofern, als sie nicht lauter Sujets voller düsterer, rachsüchtiger Blutrünstigkeit einfängt, Sujets, die das menschliche Denken bis in spätere Generationen hinein terrorisierten, Sujets, worin es von gezüchtigten Gegnern, Gefangenen, Widerstandskämpfern, die aufs Rad gebunden, vom assyrischen Machthaber persönlich geblendet werden, gleichsam wimmelt. Die Perser bewiesen Geschmack, indem sie, in diesen Dingen durchaus nicht zimperlich, sie nicht an Wänden, Obelisken und Mauern ihrer Paläste zur Schau stellten. Schriftlich allerdings sind solche Szenen überliefert, so beispielsweise in der Inschrift von Behistun, wo der König seinem Geschichtsschreiber diktiert: »Der gefangengenommene Fravartisch wurde mir vorgeführt, und ich schnitt ihm Nase und Ohren und Zunge ab und stach

Indische Gabenbringer

Baktrische Abordnung

ihm ein Auge aus. Dann kreuzigte ich ihn in Ekbatana. Und die Männer, die seine getreuesten Anhänger waren, die erhängte ich in der Festung von Ekbatana.« Natürlich vollzog der König all das nicht eigenhändig. Hier handelt es sich, ähnlich wie im Lateinischen, um das sogenannte kausative Aktivum: ließ ihm abschneiden usw.

Dareios und sein Sohn Xerxes taten sich in Persepolis mit reger Bautätigkeit hervor. Bei den alten Persern hieß die Stadt Parsa. Gegründet hatte sie Dareios etwa im Jahre 520 v. u. Z. Der Umfang des gesamten Areals maß ungefähr 12,5 Hektar. Das Hauptgebäude war das Apadana, ein Säulensaal. Der Treppenaufgang zu ihm ist mit Reliefs des Aufmarsches der Gabenüberbringer geschmückt, die dem Herrscher zu Neujahr ihre Aufwartung machen, wie wir sie eben beschrieben haben. Die Innenausstattung, wahrscheinlich die des Palastes von Susa, schildert das Buch Esther so: »Und es hingen dort weiße, grüne und blaue Vorhänge, mit Purpur und Flachsschnüren an silberne Reifen geheftet und an den Marmorsäulen befestigt, die Liegen waren aus Gold und Silber, sie standen auf dem Fußboden aus rotem, weißem, gelbem und blauem Marmor.«

Eine andere Beschreibung des Kronsaales finden wir bei Philostratos in der Biographie Apollonios', die davon kündet, daß die Arsakiden gewissenhaft in den Fußstapfen ihrer persischen Vorfahren wandelten:

»Er kam wohl auch in den Kronsaal, dessen Decke nach dem Muster einer Tempelkuppel, dem Himmel ähnlich, erbaut und mit Saphirstein ausgelegt war. Dieses Gestein erscheint wirklich sattblau und ahmt die Farbe des Himmels nach. Die Götterbilder, die dort vorkommen, sind im oberen Teil angebracht und glänzen golden, als ob sie vom Firmament stammten. Und hier verkündet der König seine Urteile. Vom Gewölbe herab hängen vier goldene Wendehälse, die ihn an die Gottheit der Gerechtigkeit gemahnen und ihn davor warnen, sich über das Volk zu erheben.«

Aller Prunksucht zum Trotz wurde das Bewußtsein der Herkunft immer aufs neue betont, zumal bei Staatsfeierlichkeiten. So wurde der König in Pasargadai gekrönt und im Anahitatempel zu seiner Würde geweiht, indem er das einfache Gewand des Reichsgründers Kyros anlegen, ein paar getrocknete Feigen essen, eine Pistazie schlucken und einen Kelch saurer Milch austrinken mußte.

Außer den Inschriften ist an persischem Schrifttum nichts überliefert. Feststeht, daß es schöngeistige Literatur gegeben hat, denn Athenaios hob den Bericht Chares' aus Mytilene über die antike Erzählung von Zariadres und Odatis auf und gab dessen Inhalt wieder. Erzählt wird darin von der Liebe eines medischen Regenten zur Tochter des skythischen Königs und wie der waghalsige Liebhaber die Prinzessin aus der Residenz ihres Vaters entführt. Man kann annehmen, daß der Zariadres dieser Novelle mit dem Recken iranischer Sagen, Zarer, identisch ist, dem Bruder Hystaspes' oder Vischtaspas, allerdings des Patrons Zarathustras und nicht des Vaters Dareios'. Unserer Kenntnis entzieht sich, was Herodot mit dem Begriff Theogonie der Magier meint. Der Bezeichnung nach ging es um die Göttergeburt.

Darüber hinaus existieren Volksdichtungen, wie Lieder, Heldensagen und -mythen, Sprichwörter, Rätsel, Bauernregeln und ähnliches. Sie wurden mündlich weitergegeben und erst späterhin teilweise der Schrift anvertraut. Religiöse Texte wurden wegen ihres geheimen und wundertätigen Inhalts nicht aufgeschrieben. Sie gingen in mündlicher Tradition von Generation auf Generation über. Es handelte sich um Gebete, Anrufungen, Gotteshymnen, Beschwörungen und Litaneien. Die Magier kannten sie auswendig.

Dramatische Werke sind nicht vorhanden. Während im Westen die Griechen die glaubenserzieherische Grundlage des Dramas mit ästhetischer und philosophischer Orientierung verquickten und schon im 5. Jahrhundert v. u. Z. zur unsterblichen Tragödie, verkörpert durch Namen wie Aischylos und Sophokles, schließlich Euripides, gelangten, während sich die Theaterkunst im Osten bei den Indern allmählich zu entfalten begann, bei denen das Drama allerdings erst nach einigen Jahrhunderten und anscheinend auch unter griechischem Einfluß in den Werken Kalidasas seine klassische Form erreichte, gibt es von iranischem Theaterschaffen keine Spur. Offenbar fehlte es den Persern an Konvention zwischen Publikum und Mimen, an Vertrauen des Zuschauers in die Suggestivkraft sinnlicher Wahrnehmung und in die darauf beruhende dramatische Fabel und Aktion. Das hing mit der persischen Vorstellung zusammen, daß der Schauspieler mit seinem Spiel »Lügen« spinne.

Über Wissenschaften und Werke wissenschaftlicher Literatur ist ebenfalls nichts bekannt. Bestimmte medizinische Kenntnisse besaßen die Priester und Zauberer; Baumeister und Handwerker kannten sich in Geometrie und ausgezeichnet auf ihrem Fachgebiet aus; die Priester wußten über astronomische Erscheinungen soviel, wie sie zur Bestimmung der Bewegung von Himmelskörpern und zur Regulierung des Kalendariums brauchten. Dieses Wissen übernahmen sie von babylonischen Gelehrten und verbreiteten es auf persischem Territorium. In Persien wirkten zudem Handwerker aus verschiedenen, bei weitem fortgeschritteneren Regionen, wie Ägyten, Kleinasien, Mesopotamien, Syrien, und sie wiederum beförderten die diversen Gewerke in der Wiege der Dynastie mit ihren Fähigkeiten und Fertigkeiten. Das beweist die Inschrift Dareios' I. über den Bau des Königspalastes von Susa; darin sind sämtliche Nationalitäten aufgeführt, die sich an ihm beteiligten.

Die Konfrontation mit dem Westen

Für die Iraner lag der Westen hinter dem Tigris. Als die Achämeniden Vorderasien, ein Stück der Balkanhalbinsel, abgesehen von Gebieten Nordostafrikas, ihrem Reich anschlossen, verlegten sie die Grenzen beträchtlich in westliche Richtung und erweiterten den Osten in beängstigendem Maße. Als die Parther Babylonien und die Römer Syrien besetzten, wurde Babylonien für die Römer zum Osten, Syrien für die Parther zum Westen.

Die Schwierigkeiten bei der Bestimmung potenzierten sich noch bei der Beurteilung der Werte, die dieses oder jenes Gebiet hervorbrachte. Jede Himmelsrichtung auf der Erde behauptete ihr Primat und setzte alles daran, diese ihre These zu rechtfertigen. Heute wissen wir, daß jedes Land sein Scherflein zur Schaffung der Zivilisation beigesteuert hat, gleich ob wir die griechische Literatur nehmen, das römische Recht, den jüdischen Glauben mit seinen beiden Ableitungen, ob die phönizische Schrift, die ägyptische Wissenschaft, die indische Politik oder die chinesischen Erfindungen. Auch die Iraner haben beigetragen mit ihren Bemühungen, einen vollkommen organisierten Staat auf der Basis der Toleranz zu schaffen.

Wer ist Barbar?

Erwiesenermaßen existieren uralte Wörter, die längst die Grenzen von Sprachstämmen überschritten haben und internationales Eigentum geworden sind, wobei sie in verschiedenen Epochen und Umfeldern Abwandlungen und Verballhornungen mit mehr oder weniger abweichender Bedeutung hinterließen. So bezeichnet das französische Wort *marre*, das soviel wie Winzerhacke heißt und in mehreren alten und neuen Sprachen mit unterschiedlicher Semantik auftritt, die allerdings stets an Hacke, Spaten, Schaufel und ähnliche Gegenstände erinnert, nach Meinung des finnischen Forschers A. Salonen ein Gerät, mit dem die antiken Bewohner Mesopotamiens noch vor dem sumerischen Überfall den Boden gelockert haben und das gut achttausend Jahre alt ist. Es dürfte damit vielleicht das älteste Wort sein, das uns überhaupt überkommen ist.

Ein anderer Internationalismus ist das hinlänglich geläufige Wort *barbar*. Seine Historie und seine Verbreitung sind recht farbig. Genau gesagt, ist das Wort ursprünglich möglicherweise lautmalender Art; mit ihm wurde liederliches, unverständliches Sprechen, Schwatzhaftigkeit umschrieben, auch die Person, mit der man sich nicht verständigen kann, ungeachtet dessen, ob sie eine fremde Sprache spricht oder auf niederer geistiger Stufe steht. Und wer weiß, ob dieses Wort nicht auch in der biblischen Sage über Babylon und die Entstehung der Sprachen beim Bau des dortigen Turmes seine Rolle gespielt hat. Bei den Griechen bezeichnete es jemanden, der nuschelt, undeutlich oder einen gar zu ausgefallenen Dialekt spricht, ebenso den Ausländer, insbesondere den Perser bzw. Landsmann eines den Persern unterworfenen Landes, in späteren Zeiten endlich jeden Fremdling, Ignoranten, Wilden, Rohling. In seinem Gebrauch schlägt sich unverkennbar jene Überheblichkeit nieder, mit der die Griechen auf ihre Nachbarn herabzublicken pflegten. Hervorgerufen wurde sie freilich durch die spezifisch griechische Sicht auf die politische Entwicklung, die zum freien Bürger tendierte, sowie auf die Entfaltung von Kultur und Literatur, worin die Griechen nach den griechisch-persischen Kriegen in kurzer Frist die umliegenden Völker überflügelten.

Die Perser wiesen zwar auch nicht wenige Errungenschaften vor, mit denen sie in ihrer kulturellen Sphäre und ihren Eigenschaften den Griechen keineswegs nachstanden. Sie schätzten, wie bereits ausgeführt, persönliche Standhaftigkeit, hielten an ihrer Einstellung fest, daß man eine einmal eingegangene Verpflichtung unbedingt einlösen muß, und zwar auch dann, wenn die Vereinbarung mit einem Nichtiraner geschlossen war, empfingen Abgesandte zuvorkommend und verhandelten mit ihnen ehrlich, untersagten, in Anwesenheit anderer das Wasser abzuschlagen und zu speien, erachten es für unziemlich, vor dem König und Höhergestellten zu lachen. Schließlich galten bei ihnen Vorschriften über soziale Fürsorge gegenüber Arbeitenden, und werktätige Frauen genossen unter bestimmten Voraussetzungen Unterstützung, wenn auch aus wohlerwogenen Rücksichten auf die Sicherung des Arbeitsmarktes. Sie hoben Reinlichkeit, Wahrheit, Tugendhaftigkeit hervor, verschmähten Schuldenmachen, achteten die Natur und schändeten sie nicht. Wir dürfen nicht sagen, die Perser seien im Verhältnis zu den Griechen Barbaren in den Wortbedeutungen gewesen, die für diesen Begriff seit dem 5. Jahrhundert v. u. Z. aufgekommen sind.

Den Griechen selbst hafteten mancherlei schlechte Neigungen an, die wir letztlich in ihren eigenen Eintragungen antreffen. Eine köstliche Stelle bei Herodot markiert mehrfache Belehrungen, die dem hehren Erbauer des Imperiums, Kyros, von dem ausgepichten Lyderkönig Kroisos erteilt wurden: der große Held folge den Ratschlägen eines abgefeimten Politikers, Ökonomen; der tugendhafte, ungeschlachte Landedelmann werde in Machinationen und Tricks eingeweiht, mit denen ganze Völker und Gesellschaftsklassen betrogen werden. Widerwille gegen die Perser wurde bei den Griechen durch Kyros' und Dareios' Eingriffe in Bereiche heraufbeschworen, in denen die Griechen zu Hause waren, und später nach den siegreichen Schlachten vertieft, als es dem launenhaften Xerxes nicht gelang, die wichtigsten Stätten des griechischen Widerstandes zu behaupten.

Die Lanze des persischen Mannes gelangte weit ...

Die gewöhnlichste, gebräuchlichste Art der Konfrontation bildete der Krieg, wie es die allgemeine Geschichte lehrt. Möglicherweise war jeder König darauf versessen, während seiner Regierungszeit Ruhm auf dem Schlachtfeld zu erwerben, sich mit dem Palmenwedel aufzuputzen oder den Siegeskranz über die Schläfe zu setzen. Künden doch die zahlreichen Oden davon, mit denen die Hofdichter ihre sieggewohnten Machthaber verherrlichten. In seiner Inschrift A von Naksch-e Rostam ließ Dareios folgende Gedenkworte eintragen: »Als Ahura Mazda dieses Land in Unordnung sah, überantwortete er es mir. Er machte mich zum König. Ich bin der König. Mit Ahura Mazdas Gnade habe ich es auf seinen Platz gestellt. Was ich ihnen gesagt habe, das haben sie getan, wie es mein Wille war. Wenn du darüber nachsinnst, wie viele Gebiete es gab, die König Darajavausch besaß, sieh dir die Bilder der Gestalten an, die den Thron tragen. Dann weißt du, so wird dir klar, daß die Lanze des persischen Mannes weit gelangt ist, dann wirst du erkennen, daß der persische Mann weit entfernt von Persien Schlachten geschlagen hat.«

Diese Worte lügen nicht. Das persische Reich hatte um das Jahr 480 v. u. Z. eine

Ausdehnung, wie sie keiner seiner Vorgänger in Vorderasien jemals erlangt hatte. Zu ihm gehörten sämtliche Länder südlich des Aralsees und des Flußgebietes des Syr-Darja bis hin zum Persischen Golf; die Ostgrenze beschrieb etwa der Lauf des Indus; im Westen umfaßte es alles vom Indus bis ans Ägäische Meer zwischen dem Kaukasus und der Grenzlinie der Arabischen Halbinsel, in Afrika Ägypten, Kyrene und einen Teil Nubiens, in Europa einen Streifen der Balkanhalbinsel und etliche Inseln im Mittelmeer. In einer seiner Inschriften von Persepolis brüstet sich Dareios:

»Das ist das Reich, das ich besitze, von den Skythen, die hinter Sogdiana leben, bis nach Äthiopien, von Indien bis Sardes.« Und das alttestamentarische Buch Esther besagt nahezu dasselbe, lediglich knapper: von Indien bis zum Lande Kusch (was Äthiopien entspricht), einhundertsiebenundzwanzig Länder. Es läßt sich nicht leugnen, daß dieses Reich das Werk der Waffen und der Habgier des persischen Kriegers war, aber auch das Resultat der Umsicht und der Energie des persischen Herrschers. Beides war gefragt.

Die Streitmacht des Reiches verfügte in ihrem Elitekern, der königlichen Garde, über Tausende Reiter und Tausende Lanzenträger, vielleicht auch nur fünfhundert, nach dem Lanzenzierat *meloforoi* (d. h. Apfelträger) genannt. Unmittelbar hinter dieser Garde folgten zehntausend Unsterbliche, geborene Wächter, so bezeichnet, weil, sobald einer fiel, ein anderer sofort einsprang, so daß die Zahlenstärke dieser Truppe stets konstant blieb. Sie bewachten den Königspalast; wenn der König sich auf Reisen oder Feldzügen befand, war ihnen der Schutz seines Zeltes anvertraut. Außer diesen Streitkräften lagen Einheiten in den Provinzfestungen und in Satrapenresidenzen; im Kriegsfall standen Hilfstruppen aus den Satrapien und Vasallenfürstentümern zur Verfügung, wie Herodot ausführlich mitteilt.

In der Achämenidenära wurden Infanterie, Reiterei zu Pferd, Reiterei zu Kamel unterschieden. Die Hauptwaffengattungen bestanden aus Lanzenträgern, Bogenschützen, Wurfmaschinenmannschaften. Darüber hinaus kamen königliche Streitwagen zum Einsatz, wie wir sie am pompejischen Mosaik, das die Schlacht Alexanders des Großen gegen Dareios III. darstellt, sehen, sowie Sichelwagen. Beim Angriff sollten diese Wagen in den feindlichen Reihen hohe Verluste anrichten sowie für Infanterie und Kavallerie Breschen schlagen, den Weg nach vorn bahnen. Auf Kriegszügen bezog die Armee befestigte Lager und benutzte im Bedarfsfall Belagerungsgeräte.

Über die Zählweise bei der Feststellung der Truppenstärke macht Herodot eine aufschlußreiche Anmerkung: Xerxes ließ eine Einheit von zehntausend Soldaten durch einen Zaun einfrieden und dieses Gehege immer aufs neue mit Soldaten auffüllen. Solcher Einheiten gab es, wie es heißt, einhundertsiebzig. Die Armee gliederte sich in Gruppen zu zehn Mann und deren Multiplikationskorps; daher leiten sich die Offizierstitel *dathapatisch, thatapatisch, hasarapatisch* usw., als Zehnergruppen-, Hundertschafts-, Tausendschaftsführer. Feldwappen bildeten Adler mit ausgebreiteten Schwingen; über dem Königszelt prangte ein Sonnenbild. Den aufwendigen königlichen Troß des Feldzuges gegen Alexander den Großen beschreibt Curtius Rufus:

»An der Spitze wurde ein Feuer auf silbernem Altar getragen ... Ihm folgten Magier, sie sangen ein altes Volkslied. Hinter ihnen wiederum schritten 365 Jünglinge in Purpurmänteln, so viele, wie das Jahr Tage hat ... Dann kam Zeus' Kultwagen, gezogen von Schimmeln, dahinter ein Pferd von außergewöhnlicher Größe, das man Sonnenroß nannte. Die Wagenführer schwangen goldene Peitschen und hatten weiße Kleider an. Nach einer kürzeren Pause nahten zehn Wagen, reichlich mit Gold und Silber verziert, dann die Reiterei zwölf persischer Stämme in verschiedenen Trachten und unterschiedlich gerüstet, schließlich die sogenannten Unsterblichen, zehntausend Mann. Keine Einheit war prächtiger gekleidet. Sie trugen Goldketten, vergoldete Wämser und edelsteinbesetzte Mäntel. In einem weiteren Abstand kamen die Verwandten des Königs, fünfzehntausend Menschen. Diese Schar war gewissermaßen fast weiblich angezogen und zeichnete sich eher durch die Kostbarkeit der Kleidung als durch die Schönheit der Waffen aus.

Es folgte die Abteilung der Speerträger, die die Schleppe des Königsmantels trugen. Sie marschierten vor dem königlichen Wagen, auf dem der Herrscher, alles überragend, einherfuhr. Beide Wagenflanken waren mit Götterbildern geschmückt, die aus Gold und Silber gefertigt waren. Funkelnde Edelsteine zierten seinen Wagen, an dem zwei goldene Statuetten, rund eine Elle hoch, befestigt waren, Standbilder des Ninus und Bels, dazwischen ein Goldadler mit ausgebreiteten Schwingen, das heilige Symbol des Königs. Das Gewand des Königs stach mit seiner Herrlichkeit hervor. Das Unterkleid war purpurrot mit weißen Strahlen über der Brust. Dem goldbesäten Umhang verliehen zwei kämpfende Habichte zusätzlichen Reiz. Der König hatte einen goldenen Gürtel um, und daran hing das Schwert, dessen Scheide mit Edelsteinen ausgelegt war. Auf dem Haupt trug er die Kidaris, die ein blauweißes Band säumte. Hinter dem Wagen defilierten zehntausend Lanzenträger, ihre Lanzen hatten silberne Schäfte und vergoldete Spitzen. Zur Rechten und zur Linken flankierten das Gespann etwa zweihundert Männer, die Vornehmsten der Verwandtschaft.

Persischer Lanzenträger

Am Ende des Zuges zogen dreißigtausend Infanteristen und hinter ihnen vierhundert Königsrosse.

Im Abstand eines Stadiums fuhren die beiden Wagen der Königinmutter und der königlichen Gemahlin, begleitet von einer Frauensuite hoch zu Roß. Dann kamen fünfzehn Reisewagen, darauf die Königskinder, deren Ammen und Eunuchen, 365 Nebenfrauen des Königs; sechshundert Maultiere und dreihundert Kamele transportierten den Königsschatz, von Bogenschützen bewacht. Den Abschluß bildeten die Frauen der Verwandten und Freunde des Königs sowie ein Trupp Marketender und Troßknechte. Auf dem letzten Wagen fuhren Gruppen Leichtgeschürzter.«

Wohin mit dieser Karnevalsmaskerade Auge in Auge mit der makedonischen Armee, wo waren nur der arme Ritter, das Pferd und das Eisen hin, all die vielbeschworene Entsagung, Gesetzestreue! Und zum Lager konnte jeder Ort werden. Es handelte sich um Eroberer! Der erste große Aufeinanderprall erfolgte im Kräftemessen mit den kleinasiatischen Griechen. Diverse objektive und subjektive Ursachen führten zu Aufständen griechischer Siedlungen in Kleinasien gegen die persischen Herren. Nach einigen Jahren waren die Perser zur See erfolgreich und besetzten die vermögendste Stadt Milet. Sie schien ihnen nicht allzu viel Mühe bereitet zu haben, denn die verweichlichte, wenig widerstandsfähige und zudem uneinige Kaufmannschaft der Hafenemporien, Handelszentren, setzte sich kaum ernsthaft zur Wehr. Nichtsdestoweniger gingen die Perser mit äußerster Strenge gegen sie vor.

Milets gesamte Bevölkerung wurde nach Ampe an der Tigrismündung deportiert, Frauen und Kinder in Sklaverei verkauft. Damals trat auch die persische Flotte zum erstenmal in Aktion. Die Seeleute rekrutierten sich aus Phöniziern, Kilikiern, Kyprioten und Ägyptern, die Marineinfanterie bildeten Perser, Meder und Skythen. Lediglich zwei Gemeinden des griechischen Festlandes unterstützten den verzweifelten Kampf ihrer kleinasiatischen Stammesgenossen, namentlich Eretria auf der Insel Euböa und Athen. Dareios nutzte das zum Vorwand, die beiden Städte zur Verantwortung zu ziehen, und gliederte das europäische Griechenland seinem Imperium an. Es ist sehr wahrscheinlich, daß der griechische Widerstand aus den Erfahrungen schöpfte, die die Perser wie ihre griechischen Untertanen unlängst gleichermaßen gesammelt hatten.

Bereits im Jahre 513 v. u. Z. brach Dareios zu einem großen Feldzug gegen die Skythen auf, und zwar gegen diejenigen, die zwischen Donau und Don, in der heutigen Ukraine lebten. Er durchquerte Thrakien, überschritt die Donau mit Hilfe einer Brücke, die von den Griechen bewacht wurde, und drang bis in die südrussischen Steppen vor. Die Skythen jedoch wichen dem Kampf aus und zogen sich ins Landesinnere zurück. Es verlautet, daß der Skythenkönig Idanthyrsos auf Dareios' Aufforderung, sich in der Schlacht zu stellen, mit einem absonderlichen Präsent reagierte; er schickte ihm einen Vogel, eine Maus, einen Frosch und fünf Pfeile. Dareios wurde von seinem weisen Ratgeber die hintergründige Bedeutung dieser Dinge folgendermaßen gedolmetscht: Fliegen die Perser nicht wie Vögel davon, verkriechen sie sich nicht Mäusen gleich unter der Erde, tauchen sie nicht wie Frösche ins Wasser, werden sie von skythischen Pfeilen vernichtet. Feststeht, daß Dareios die Vergeblichkeit seines Unterfangens einsah und den Rückmarsch antrat. Das war der erste bekannte Fall in der osteuropäischen Geschichte, daß der Feind die Taktik der verbrannten Erde in Gebieten anwandte, die ihm zur Kriegsführung unter mehreren Gesichtspunkten ungünstig schienen.

Dareios I.

Dareios trug sich mit der Absicht, gegen die Griechen in Europa einzuschreiten. Vorab schickte er Abgesandte in die griechischen Gemeinden, die ihm zum Zeichen ihrer Botmäßigkeit Erde und Wasser zuschicken sollten. Von den Athenern wurden die Boten in den Abgrund gestürzt, um sich dort die gewünschte Menge Erde zusammenzuscharren, von den Spartanern in den Brunnen, um das benötigte Wasser zu schöpfen.

Der erste Feldzug schlug fehl. Die Fußtruppen wurden von den Thrakern überrollt, die Marine zerschellte am Vorgebirge Athos im Sturm. Der zweite zielte auf Eretria. Die Stadt wurde erobert, und ihre Einwohner mußten nach Elam auswandern. Doch die Truppen, die an der attischen Küste landeten, schifften sich aus und schlugen ihr Lager in einer sumpfigen Ebene auf, ungefähr zwei Marschstunden lang, eineinhalb Stunden breit, mit der Gemeinde Marathon im Hintergrund. Die persischen Militärs hatten den Umstand nicht genügend bedacht, daß das Terrain sich für ihre Einheiten nicht gerade eignete, sondern setzten ganz auf ihre zahlenmäßige Überlegenheit. Die Athener hingegen, anscheinend durch eintausend Mann der Nachbargemeinde Plataiai verstärkt, nutzten das Gelände aus. Der erfahrene athenische Heerführer Miltiades verteilte seine Kräfte umgekehrt. Der Kampf begann, die starken athenischen Flügel nahmen die Perser in die Zange, die Perser ergriffen in ihrer Angst, vom Ufer abgedrängt zu werden, die Flucht und erreichten mit Mühe und Not ihre Schiffe. Gewiß ähnelte die Schlacht bei Marathon eher einem Geplänkel und wurde von griechischen Patrioten bis zur Unkenntlichkeit übersteigert, immerhin handelte es sich um das erste Aufeinandertreffen von Griechen und Persern auf europäischem Boden, bei dem die Perser den kürzeren zogen – nicht weil sie etwa keine mutigen Krieger gehabt hatten, vielmehr weil sie in einen Hinterhalt gerieten, der ihnen zum Verhängnis zu werden drohte.

Herodot zufolge eröffneten die Griechen den Kampf mit einem hurtigen Angriff, eigentlich mit einem Lauf über acht Stadien. Der Historiker Justinus meint, sie hätten es deswegen getan, um auf den Gegner zu stoßen, bevor er dazu käme, seinerseits mit einer Salve flitzender Pfeile die Initiative an sich zu reißen. Da ein Stadium bei den Athenern 177,60 m betrug, erstreckte sich der Lauf auf 1420 m. In unseren Sportdisziplinen gibt es diese Distanz nicht, dafür jenen anderen Lauf, der mit den Geschehnissen jener Tage zusammenhängt. Es genügt zu wissen, daß das Marathoner Schlachtfeld 42 Kilometer von Athen entfernt lag.

Nach dieser Schlappe nahm die persische Flotte Kurs auf Asien. Dareios schwebte eine neuerliche Strafexpedition vor, zur Verwirklichung seiner Pläne kam er indessen nicht. Einmal beanspruchten der Aufbau und die Ausrüstung der Armee in Persien über Gebühr Zeit, zum anderen brachen in Ägypten, das nach Selbständigkeit strebte, Unruhen aus. Ehe die Truppen bereitstanden und Ägypten befriedet war, starb Dareios, höchstwahrscheinlich in der ersten Novemberhälfte des Jahres 486 v. u. Z.

Bereits vor Dareios' Tod setzte die Rauferei um seine Nachfolge ein. Sein ältester Sohn mit Gobryas' Tochter, Artabasanes, erhob Ansprüche auf den Thron, Xerxes, der älteste Sohn von Atossa, der Tochter Kyros' des Großen, machte ihn ihm streitig, indem er sein Recht damit begründete, daß er geboren wurde, als sein Vater bereits auf dem Thron saß, während Artabasanes dem Vater als Privatperson, vor der Machtübernahme, geschenkt wurde. Xerxes war jedoch durch beide Ahnen königlicher Sohn, sein Bruder hingegen nur der Sproß einer gebürtigen Perserin. Dareios akzeptierte Xerxes' Argumente und bestimmte ihn zum Kronprinzen. Möglicherweise unterlag er dabei Atossas Ränken, die ihren Sohn durchzusetzen trachtete, und Xerxes bestieg auch noch im November des Jahres 486 v. u.Z. den Thron.

Xerxes übernahm als väterliches Vermächtnis und Staatsauftrag zugleich die Aufgabe, Griechenland zu unterwerfen. Er versammelte eine mächtige Armee aus sämtlichen Provinzen seines Reiches, aus nicht weniger als sechsundvierzig Nationalitäten, ließ über die Dardanellen-Meerenge Brücken schlagen, über die er mit seinen Truppen übersetzen könnte, opferte den Meeresgottheiten Schwert und Kelch und zog mit diesem grotesken Geleit mannigfachster Ausrüstung und buntscheckiger Uniformen durch Thrakien, Makedonien, Thessalien bis zum Thermopylen-Paß, wo ihn eine kleine Schar Griechen unter dem Kommando des spartanischen Königs Leonidas erwartete. Es heißt, die Perser hätten nur mit Unterstützung eines Verräters das griechische Aufgebot umgehen können, um es zu schlagen. Auf ihrem Vormarsch okkupierten sie das evakuierte Athen, verbrannten, was immer sie fanden, doch die gewitzten griechischen Politiker überwanden sie in der Seeschlacht an der Insel Salamis in der Athener Bucht. Xerxes saß am Strand auf seinem Thron und beobachtete die Schlacht, in der er einen beträchtlichen Teil seiner soliden, aber plumpen, vorwiegend mit Phöniziern besetzten Schiffe einbüßte. Es war auch ein phönizischer Admiral, der die Niederlage mit dem Tode sühnte. Xerxes ließ einen Großteil seiner Armee in Griechenland zurück und eilte Hals über Kopf nach Sardes. Wiederholt wurde schon darauf verwiesen, daß die griechischen Geschichtsschreiber zu Übertreibungen neigen, unzweifelhaft aber erreichte Xerxes nicht, was er vorgehabt hatte. Und wenn seine Flotte dermaßen in Mitleidenschaft gezogen worden war, daß sie nicht mehr operieren konnte, und das ist verbürgt, dann hatte das für das Aufkommen und die Entfaltung griechischen Hochmuts, Enthusiasmus und Nationalbewußtseins immense Bedeutung in jeder Hinsicht. Der erste große Tragödienschreiber Aischylos gab in seinem Drama »Die Perser« all dem Gestalt: den Gefühlen, die den persischen Hof bedrückten, den Vorahnungen der Wesire, den Ängsten der Königinmutter Atossa, dem Gram des Geistes Dareios', den seine Witwe aus dem Grab hervor beschwor, um noch schlimmere Zeiten zu prophezeien, der Vermessenheit Xerxes' und der Niedergeschlagenheit des Volkes, vom Chor verkörpert.

Nicht genug der Schicksalsschläge. Ein Jahr darauf bezwangen die Griechen das persische Heer unter Mardonios, dem Schwager des Königs, bei Plataiai, und am selben Tage wurden die persische Flotte sowie Landtruppen am Kap von Mykale an der kleinasiatischen Küste aufgerieben, wie verlautet.

In den Folgejahren kontrollierten die Griechen Sestos in Thrakien, bald auch Eion an der Struma, dessen Führer Boges das Anerbieten einer ehrenhaften Kapitulation und Heimkehr nach Persien ausgeschlagen hatte, damit der König nicht denke, er habe sich aus Feigheit ergeben, und die Belagerung beendet, indem er an der Grenze seine Kinder, Frauen, Konkubinen und Sklaven dem Feuer überantwortete, sämtliche Wertsachen in die Struma warf und zu guter Letzt sich selber in die Flammen stürzte.

Xerxes raffte sich zu keiner größeren Aktion gegen die Griechen mehr auf. Richtig müßte es nach F. Spiegel heißen, die Perser verfügten zwar über Mittel, mit deren Hilfe sie den griechischen Widerstand zu brechen vermochten, verstanden sie aber nicht entsprechend einzusetzen. Wir müssen auch die Märchen vom persischen Armeebestand zurückweisen, die Xerxes nach Griechenland brachte: nach Ktesias sollen es 800 000, nach Justinus eine Million, nach Herodot gar 1 700 000 Mann gewesen sein. Armeen dieser Stärke hat es im Altertum nicht gegeben.

Xerxes selbst spann allem Gram zum Trotz, wenn er überhaupt so traurig gestimmt gewesen sein sollte, wie ihn Aischylos vorführt, bereits in Sardes ein Liebesabenteuer an, das später zu einem beispiellosen Horror entartete. Die Athener, die in ihrem Ringen bis auf kürzere Atempausen nicht nachließen, fügten den Persern noch im Jahre 467 v. u. Z. an der Mündung des kleinasiatischen Flusses Eurymedon eine weitere Niederlage zu, und die letzte Stadt in Europa, Doriskos in Thrakien, fiel trotz heldenhafter Gegenwehr unter dem Kommando Maskames'.

Die griechischen Siedlungen in Kleinasien und die Inseln im Ägäischen Meer fielen ab, und der Krieg näherte sich seinem Ende, mit ihm auch Xerxes' Leben. Der Höfling Artabanos konspirierte mit dem Eunuchen Mithradates, beide drangen in das königliche Schlafgemach und töteten den Gebieter. Das geschah ungefähr im August des Jahres 465 v. u. Z. Ihrem Bunde schloß sich als Dritter auch der Magnat Megabyxos an, dem der König seine Tochter Amytis, eine der sittenlosesten Frauen Asiens, aufgedrängt hatte. Als aber Artabanes sich anschickte, selbst den Thron zu besetzen, verriet Megabyxos das ganze Komplott seinem Schwager Artaxerxes, und Artabanos wurde Opfer seiner eigenen Herrschaftsgelüste.

Noch zu Artaxerxes' I. Regierungszeit wurde gekämpft. Die Athener gaben keine Ruhe und versenkten in der Nähe der kyprischen Stadt Salamis die persische Flotte. Friede wurde, wie es scheint, überhaupt niemals geschlossen, obwohl einigen Geschichtsschreibern zufolge der Athener Kallias mit dem König aushandelte, daß die griechischen Städte in Asien die Freiheit gewährt bekämen, Persien keine größeren Flotteneinheiten ins Ägäische Meer entsenden, die persischen Statthalter dort ganze drei Tage umherfahren dürften und die Athener ihrerseits sich aller Unternehmungen gegen Ägypten, das persische Reich und Kypros enthielten.

Nach Artaxerxes' Tod zeigten sich Verfallserscheinungen im Hofleben, die dem Reich nichts Gutes verhießen. Seinen legitimen Sohn Xerxes II. ermordeten Eunuchen in volltrunkenem Zustand, auf den Thron schwang sich ein außerehelicher Sproß, sein Bruder Sogdianos, gegen den sein weiterer Bruder Dareios, ebenfalls Bastard, intrigierte, indem er den Usurpator raffiniert zum Verzicht animierte und dann in glühender Asche ersticken ließ. Doch auch Dareios II. war alles andere als ein guter Regent, wie aus weiteren Ausführungen hervorgehen wird.

Allzu menschliche Züge in Lebensweise und Kultur

Der äußere Glanz des Achämenidenreiches – und von ihm können wir mit Fug und Recht sprechen, auch wenn es gelegentlich militärische Schlappen hinnehmen mußte – war von Urbeginn der Dynastie an von Erscheinungen überschattet, die den düsteren Charakter des Geschehens hinter den Kulissen verrieten. Die Hauptursache der häufigen Widrigkeiten ist im Wesen des Regimes zu suchen, dem patriarchalischen Despotismus, der in sämtlichen Gesellschaftssphären herrschte und die Menschen zu einer untertänigen, ja knechtischen Haltung gegenüber Höhergestellten zwang. Die Könige waren an ihren Höfen von Höflingen und Würdenträgern umgeben, die ihrem Hochmut und Eigendünkel zu schmeicheln trachteten, um materielle Vorteile und Auszeichnungen zu ergattern, standen aber zugleich unter dem Einfluß ihrer Gemahlinnen und Haremsfrauen, die ihnen oft auf raffinierte Weise den Staatsinteressen und dem öffentlichen Rechtssinn zuwiderlaufende Gedanken und Vorstellungen zu suggerieren wußten. So wurden die Könige in Intrigen und Machinationen verwickelt, und ihre Taten zeugten von ihrem Schwanken zwischen Launenhaftigkeit, Rachsucht, Güte und Großmut.

Die Perser eigneten sich sehr schnell mancherlei verhängnisvolle Seiten orientalischer Staatsordnungen an und legten nach und nach ihre ursprüngliche Schlichtheit und Aufrichtigkeit ab. Ihr Landadel verkam merklich und zusehends zu einer ränkesüchtigen Unterdrückerschicht, die danach trachtete, sich mit allen erdenklichen Mitteln die königliche Gunst zu sichern und am Hofe und in hohen Ämtern von königlichen Gnaden zu zehren. Wie einst gesunde Stammesinstinkte verfielen und zumeist von unerbittlichem Egoismus verdrängt wurden, beweisen zahlreiche historische Beispiele.

Der König war, wie wir bereits oben anhand der Begebenheit um Dareios' Thronbesteigung geschildert haben, der Erste unter Gleichen. Doch bald begann Dareios seinen höheren Rang auszuspielen. Intaphernes, einer jener sieben Verschwörer, bildete sich ein, der getroffenen Vereinbarung gemäß dem König unangemeldet Besuche abstatten zu dürfen. Als er eines Tages zu diesem Behufe am Tor des Königspalastes vorfuhr und Wache und Herold ihn mit dem Argument, der König weile soeben bei seiner Gemahlin, abwiesen, geriet der stolze Würdenträger über die vermutliche Lüge der Wächter dermaßen in Harnisch, daß er ihnen zur Strafe Nasen und Ohren abschnitt. Die solchermaßen Geschändeten beschwerten sich beim höchsten Gebieter über diese Anmaßung. Dareios nahm im ersten Moment an, seine sechs damaligen Mitverschwörer putschten nun gegen ihn und hätten Intaphernes' starkes Stück gemeinsam ausgeheckt. Deswegen zitierte er einen nach dem anderen zu sich und befragte jeden einzeln nach seinen Anschauungen allgemein und nach seiner Meinung zum Vorfall im besonderen. Als er schließlich feststellte, daß keiner von ihnen über Intaphernes' Willkür vorab Bescheid gewußt hatte, ließ er Intaphernes samt seiner ganzen Verwandtschaft einkerkern und verurteilte alle zum Tode. Er glaubte, es handelte sich um eine Rebellion der Sippe des Intaphernes gegen seine Majestät. Intaphernes' Frau indes wurde tagtäglich am Palasttor vorstellig und wehklagte und schrie, bis sie Dareios' Herz erweichte. Er ließ sie rufen und verkündete, daß er einen Verurteilten nach ihrer eigenen Wahl freilassen wolle. Sie bat ihn daraufhin, gegen ihren Bruder Gnade walten zu lassen. Dareios verblüffte es, daß sie nicht zuerst an ihren Mann oder ihren Sohn gedacht hatte, doch die Frau erläuterte ihm ihren Entschluß: »Mit Gottes Gnade kann ich wieder heiraten und einen Mann und Kinder haben. Da aber meine Eltern nicht mehr leben, könnte ich keinen neuen Bruder bekommen.« Dem König gefiel ihre Antwort, und er entließ nicht nur ihren Bruder aus der Haft, sondern gab auch ihren ältesten Sohn frei. Die übrigen der Familie mußten sterben.

Dareios auf dem Thron

Ein bezeichnendes Beispiel von Vertragsuntreue ist der Fall Megabyxos. Seinen Großvater haben wir schon erwähnt; er gehörte zu den sieben Attentätern. Megabyxos nahm an Xerxes' Feldzug gegen Griechenland als einer der Befehlshaber der Fußtruppen teil und warf später einen babylonischen Aufstand nieder. Während Artaxerxes' I. Regierungszeit diente er als syrischer Satrap und wurde ausgeschickt, eine gefährliche Meuterei in Ägypten zu unterdrücken. Die dortigen Unruhen waren wegen unerträglicher Zustände ausgebrochen und richteten sich offen gegen die persische Oberhoheit. Den Aufständischen eilte der Libyerfürst Inaros, Sohn Psamtikes', zu Hilfe, und er wurde als Pharao empfangen. Die Perser erlitten unter dem Kommando des Satrapen Achämenes, eines Sohnes von Xerxes und Amestris, bei Papremi im Nildelta eine Niederlage, und der Satrap fiel. Die Resttruppen zogen sich in eine Festung in der Nähe von Memphis zurück, die als Weiße Festung einen guten Ruf genoß. In dieses Abenteuer mischten sich auch die Athener ein, entsandten eine starke Flotte Inaros zur Unterstützung und zingelten die Weiße Festung ein. Die Belagerung dauerte ein ganzes Jahr und endete mit einem Fiasko. Mittlerweile stellte Artaxerxes eine neue große Armee auf und setzte sie unter dem Befehl von Megabyxos und Artabazes nach Ägypten in Marsch. Inaros unterlag, die Athener gaben die Belagerung der Festung auf und setzten sich auf die Insel Prosopitis auf dem Nil ab. Die Perser jedoch schnitten ihnen mit Unterstützung persischer, phönizischer und kilikischer Flotteneinheiten den Weg ab, leiteten das Wasser eines Nilarmes um und zwangen sie nach achtundzwanzig Monaten, ihre Flotte in Brand zu stecken und das Weite zu suchen. Ein kleiner griechischer Trupp rettete sich in die im Delta gelegene Stadt Byblos, mußte sich aber ergeben.

Megabyxos sicherte Inaros Schonung zu und nahm ihn mit nach Persien. Der König empörte sich zwar über die Kapitulationsbedingungen, doch Megabyxos erinnerte ihn an die Abmachung und zugleich daran, daß Inaros Achämenes' Leichnam zur ordentlichen Bestattung nach Persien überführen ließ; zu guter Letzt billigte der König den Waffenstillstand. Amestris aber, die ihren Sohn rächen wollte, drang unablässig in den König, den Gefangenen ihr zur Bestrafung auszuliefern. Nach fünf Jahren gab der König ihr nach, und die Königinmutter ließ Inaros kreuzigen und fünfzig Griechen enthaupten. Megabyxos, so behaupten manche Quellen, traf dieses wortbrüchige Vorgehen des Hofes zutiefst und enttäuschte ihn so sehr, daß er in Syrien einen Aufstand gegen den König inszenierte. Sinnfällig führte der Historiker J. V. Prášek einen anderen Grund für Megabyxos' Reaktion an: weil er nicht zum Verwalter des vermögenden Babylonien, wo schon früher seine Vorfahren als Satrapen gewirkt hätten, berufen, vielmehr nach dem um einiges ärmeren Syrien abgeschoben worden sei. Die Rebellion nahm bedrohliche Ausmaße an, sie wurde zu einem unheilschwangeren Vorbild für alle späteren ähnlich gearteten Aktionen. Ihr war Erfolg beschieden, indem der Magnat zwei königliche Heere bezwang und von den Athenern unterstützt wurde. Letztlich aber kamen wohl beiden Kontrahenten diplomatische Verhandlungen zustatten, an denen die beiden vornehmsten Damen des Hofes, Amestris und Amytis, des Königs Schwester und Megabyxos' Gemahlin, den Hauptanteil hatten. Die Schwäger söhnten sich aus, der König verbürgte sich für Megabyxos' Leben und nahm ihn wieder am Hofe auf. Bei allem konnte er den Rest seiner Antipathie, der in ihm gegen den arroganten Würdenträger zurückgeblieben war, nicht gänzlich überwinden, und er hoffte auf eine günstige Gelegenheit zur Rache. Und sie ließ nicht lange auf sich warten.

Eines Tages waren sie auf gemeinsamer Jagd, und der König geriet in gefährliche Nähe eines Löwen. Megabyxos erledigte die Bestie im Handumdrehen, um dem König das Leben zu retten, der König hingegen fühlte sich arg beleidigt, weil Megabyxos sich erkühnt hatte, dem Löwen den Todesstoß zu versetzen, ehe er selbst dazukam. Und er zögerte nicht lange, packte die Chance beim Schopfe und ließ Megabyxos zum Tode verurteilen. Erneut griffen die beiden Damen ein und ersuchten den König, Gnade vor Recht ergehen zu lassen. Der König änderte das Urteil in Verbannung ab und schickte Megabyxos in die Stadt Kyrtä am Roten Meer. Fünf Jahre langweilte sich der Exulant, bis er sich, den örtlichen Beamten Lepraansteckung vortäuschend, nach Persien aufmachte. Und dort fristete er, nunmehr unbehelligt, sein Dasein und starb sechsundsiebzigjährig. Vielleicht sollte ergänzend angeführt werden, daß Megabyxos Artaxerxes' Hauptverbündeter gegen die Verschwörer gewesen war, die dessen Vater Xerxes beseitigten, und daß seine Frau Amytis als pathologisch mannstoll gegolten hatte. Der Geschichtsschreiber Deinon hielt sie für das anmutigste und schamloseste Weib ganz Asiens.

Das weibliche Element spielte überlieferten Berichten zufolge eine unheilvolle Rolle im Reich. Die Könige unterlagen den Einflüsterungen ihrer Mütter, Gemahlinnen und Konkubinen, die oft im Verein mit Magnaten und Honoratioren gegen unliebsame Personen Ränke schmiedeten und sich zur Verwirklichung ihrer Pläne vorrangig der Eunuchen bedienten. Die Geschichte ist reich an gräßlichen Affären, die sich in schmutzigen Intrigen und zügelloser Grausamkeit gegenseitig übertreffen. Dem grilligen Xerxes, der sich von den Hieben der Griechen bei Salamis kaum einigermaßen erholt hatte, fiel auf seiner panikartigen Flucht nach Asien nichts Besseres ein, als sich in Sardes in die Frau seines Bruders Masistes zu verlieben. Seine Schwägerin wollte aber von seiner Zuneigung nichts wissen. Gegen seinen leiblichen Bruder schärfere Mittel anzuwenden widerstrebte Xerxes, und so überlegte er, wie er ans Ziel gelangen könnte. Er verheiratete seinen Sohn Dareios mit Masistes' Tochter Artaynte in der Hoffnung, auf diesem Wege die Mutter zu gewinnen. Doch unmittelbar darauf trat etwas anderes ein: Er verliebte sich in seine Schwiegertochter, kaum daß er den Palast in Susa betreten hatte, und strich die Mutter aus dem Gedächtnis. Da geschah es, daß seine Gemahlin Amestris eigenhändig aus selbstgewebtem Stoff ein prächtiges Gewand nähte und es ihrem Gatten schenkte. Xerxes besuchte in seiner neuen Robe bald darauf Artaynte und versprach ihr, da sie ihm mit ihrem Charme zu gefallen verstand, jeden Wunsch zu erfüllen. Die einfältige Prinzessin ließ sich sein Versprechen durch Schwur erhärten und erbat vom König sein neues Gewand zum Unterpfand. Xerxes erschrak heftig bei dem Gedanken an seine Frau und deren Jähzorn und bot Artaynte Gold, Silber, Städte, ja die Armee an, und das war ein gar üppiges Geschenk bei den Persern, doch vergebens; Artaynte nahm das Kleid an sich und hatte nichts Eiligeres zu tun, als sich darin in der Öffentlichkeit zu zeigen. Amestris durchschaute die Liebelei ihres Gemahls und nährte Rachegelüste aus Eifersucht. Sie wartete seinen Geburtstag ab und trat mit einer Bitte vor ihn, die nach altem Brauch, bei solch einem Anlaß vorgetragen, unbedingt erfüllt werden mußte. Sie verlangte von ihm Masistes' Frau, Artayntes Mutter. Sie glaubte nämlich, daß die Mutter die Tochter dazu bewogen hatte, sich das königliche Gewand auszubitten. Xerxes wußte sofort, welche Stunde geschlagen hatte und wonach Amestris der Sinn stand. Er entsprach ihrem Ansinnen, wie es sich ziemt, forderte aber seinen Bruder auf, die Stadt zu verlassen oder wenigstens sich von seiner Frau loszusagen und statt ihrer Xerxes' Schwester zu nehmen. Der völlig arglose Masistes, der keine Ahnung vom Hintergrund des königlichen Wunsches hatte, lehnte beides ab und erzürnte Majestät aufs schlimmste. Amestris befahl in der Zwischenzeit den Leibwächtern des Königs, Masistes' Frau einzusperren, ließ ihr Nase, Ohren, Lippen und Brüste abschneiden, die Zunge herausreißen und entließ sie nach Hause. Masistes geriet beim Anblick seiner Frau außer sich, brach wutentbrannt mit seinen Söhnen und einer Begleitmannschaft in seine Provinz Baktrien auf, um dort gegen seinen Bruder zum Sturm zu blasen. Xerxes jedoch setzte ihm Häscher auf die Spur, die ihn einholten und zusammen mit seiner Schar niedermetzelten.

Unter Artaxerxes II. erreichte das Regiment eines frevelhaften Weibes seinen Höhepunkt. Artaxerxes' Mutter Parysatis, die schon zu Regierungszeiten ihres Gemahls Dareios II. widerspenstige und unbequeme Persönlichkeiten zu meucheln pflegte, indem sie ihren Mann zu Vertragsbrüchen überredete, fügte Hydarnes' Geschlecht tragische, schicksalhafte Schläge zu. Ihre Tochter Amestris vermählte sich mit Terituchmes, Hydarnes' Sohn, einem Nachkommen eines der sieben Verschwörer gegen den Magier. Terituchmes hatte zwei schöne Schwestern; die eine, Stateira, war mit Artaxerxes II. verheiratet, die andere, Roxane, galt als Koryphäe im Bogenschießen und Speerwurf. Terituchmes verliebte sich in Roxane und suchte nach einem probaten Weg, sich Amestris' zu entledigen. Die ganze Sache wurde Dareios II. und Parysatis hinterbracht, und die beiden beschlossen, Terituchmes durch Mord zu beseitigen. Den Auftrag dazu bekam Terituchmes' Freund, der Höfling Udiastes. Er brachte Amestris in Sicherheit und fiel über Terituchmes her, der sich gegen die stattliche Meute wacker verteidigte und dabei sechsunddreißig Gegner tötete. Schließlich aber unterlag er und brach tot zusammen.

Nach Terituchmes' Tod wurde Udiastes zum Lohn mit der Verwaltung der Provinz, die vordem Terituchmes unterstanden hatte, betraut. Diese widerwärtige Handlungsweise mißbilligte aber Udiastes' Sohn Mithradates, der Terituchmes als Knappe gedient hatte. Er rettete Terituchmes' Sohn, erhob sich gegen seinen Vater und bemächtigte sich für Terituchmes' Sohn und legitimen Erben der Stadt Zari. Der König erstickte die Revolte.

Parysatis allerdings störte es weiterhin, daß Amestris unbeschadet davongekommen und Terituchmes unschädlich gemacht worden war, sie nahm am ganzen Geschlecht Rache und ließ Terituchmes' Mutter, seine zwei Brüder und zwei Schwestern lebendig begraben und Roxane zerstückeln. Stateira wurde durch Artaxerxes vor diesem Massaker bewahrt, indem er seine Mutter auf Knien anflehte, sich seiner Frau zu erbarmen. Parysatis tat ihm den Gefallen, aber Dareios II. schalt sie und prophezeite ihr, sie werde ihre Gutmütigkeit noch einmal bereuen. Nach Artaxerxes' Machtantritt verschaffte Stateira sich größeren Einfluß und nahm gegen Parysatis den Wettbewerb um die zarte Gewalt über den König auf. Sie rächte Terituchmes, ließ Udiastes die Zunge herausreißen und seine Provinz Mithradates übertragen.

Die Rankünen im Hofleben wurden noch durch die Zerstrittenheit der beiden Söhne des verstorbenen Königs und Parysatis', Artaxerxes' II. und Kyros', verschärft. Stateiras Bruder, der Satrap Tissaphernes, machte den König anläßlich der traditionellen Krönungsfeierlichkeiten im Tempel von Pasargadai darauf aufmerksam, daß sein, des Königs Bruder böse Absichten gegen ihn hege und ihn am liebsten beseitigte. Kyros wurde in Gewahrsam genommen und nur durch energischste Fürsprache seiner Mutter vor dem Tode gerettet. Der König aber, der Narr und Schwächling, ließ ihn in seinem früheren Amt und schickte ihn wieder in seine kleinasiatischen Gebiete.

Kyros war ein Mann der Tat, wagemutig, schlau, ein Bewunderer griechischer Bildung und griechischen Kriegswesens, vor allem spartanischer Staatsordnung, gleichermaßen, bei allem jedoch ehrgeizig und allzu forsch. Er beschloß, die Herrschaft über das Perserreich zu erringen, und zwar mit Unterstützung griechischer Söldner, die nach dem Peloponnesischen Krieg zwischen Sparta und Athen in Scharen beschäftigungslos herumlungerten. Er stellte einen ansehnlichen Betrag für ihre Anwerbung bereit und gewann auch einige erprobte Offiziere.

So sieht der Historiograph ihn vor Frühjahrsbeginn 401 v. u. Z. in Sardes als Herr über beachtliche Eingeborenentruppen und eine Armee von etwa 14 000 Griechen. Mit diesen Einheiten beabsichtigte er angeblich, die aufsässigen Stämme im kleinasiatischen Landesinneren zu befrieden. Und am 6. März rückte er ostwärts aus. Tissaphernes begab sich unmittelbar nach Abmarsch dieses Heeres von seiner Stadt Milet aus zum König, um ihn über die verdächtigen Bewegungen der kyrosschen Armee in Kenntnis zu setzen. Er verbarg dem König auch seine Bedenken über deren Stärke nicht. Eine so gut ausgerüstete Truppe könne Kyros doch nicht gegen die pisidischen Räuberbanden benötigen!

Kyros zog inzwischen unangefochten durch zahlreiche kleinasiatische Landstriche, bis er in Kilikien auf Widerstand stieß, der allerdings kaum der Rede wert war. Der einheimische König, der den Titel *Syennesis* trug, mußte sich lediglich der Ordnung halber zur Wehr setzen, damit es nicht hieße, er habe Kyros bei seinen Scharmützeln bereitwillig Vorschub geleistet. Was wäre wohl geworden, wenn Kyros verloren hätte? Dann hätte Artaxerxes glauben müssen, daß er nur erdrückender Übermacht und nach heroischem Kampf gewichen sei. Außerdem war des Syennesis' Gemahlin Epyaxa Kyros' Geliebte. Sie besuchte den Prinzen in Kajstrupedion in Phrygien, überbrachte ihm eine ansehnliche Summe Geld, so daß er der Armee für vier Monate den Sold auszahlen konnte. Wir dürfen voraussetzen, daß der Syennesis sich öffentlich, das heißt in seinen Taten, zu Artaxerxes bekannte, gleichzeitig aber seine Frau mit dem Geld zu Kyros delegierte, um sich mit beiden Seiten gutzustellen. Er selbst verkroch sich in die Berge, und sogar als Epyaxa ihn zu einem Abkommen mit Kyros überredete, schickte er insgeheim seinen Sohn mit der Nachricht zum König, Kyros rücke mit einem gewaltigen Heer gegen ihn, den König, an, und er selber, der Syennesis, sei gezwungen gewesen, ihm militärischen Beistand zu gewähren. Er weigere sich aber, darin fortzufahren, sobald die veränderte Lage es gestatte.

In Tarsos, der Hauptstadt Kilikiens, machte sich im griechischen Lager Ungewißheit breit. Die griechischen Soldaten wußten nicht recht, was Kyros mit ihnen eigentlich im Schilde führte. Der Prinz sicherte ihnen vorbeugend eine bedeutende Erhöhung des Soldes zu und erklärte, er wende sich einzig und allein gegen den syrischen Satrapen Abrokomas, um ihm seinen offensichtlich geplanten Einmarsch in Kleinasien zu vereiteln. Erst am Euphrat mußte Kyros Farbe bekennen. Er versprach den Griechen eine weitere große Soldaufbesserung, und sie entschlossen sich, mit ihm weiter gen Osten zu ziehen.

Die Armee durchfurtete den Euphrat und marschierte an dessen linkem Ufer entlang durch ziemlich ödes Land auf Babylon zu. Inzwischen trieb der König ein großes Heer auf, errichtete unweit Babylons sein Lager und erwartete dort seinen Bruder. Am 3. September 401 v. u. Z. trafen sie vor der Stadt, die man später Kunaxa nannte, aufeinander. Die königlichen Truppen gewannen auf dem Gefechtsfeld Oberhand, die Griechen verjagten auf der rechten Flanke die Perser, die vor ihnen schleunigst die Flucht ergriffen. Für die Perser nahm es sich wie ein kurioses Schauspiel aus, als die griechischen Reihen den Kriegshymnus auf Ares, den Kriegsgott, anstimmten und dann unter dem Ruf »Alala« auf den Feind losstürmten, mit ihren Speeren gegen die Schilde trommelnd. Sobald die Perser ihnen den Rücken kehrten, attackierte Kyros mit sechshundert Berittenen die Stelle, wo sich der König selbst postiert hatte. Auch dort nahmen die Perser Reißaus, und Kyros warf sich, als er ihn entdeckte, auf den Bruder.

Wie es weiterging, ist nicht zuverlässig bekannt. Plutarchos nahm in seine Novelle »Artoxerxes« sämtliche Nachrichten über das Duell auf und schloß sich Ktesias' Schilderung an. Kyros stieß also auf den König, schleuderte seine Lanze, die den zwei Finger starken königlichen Panzer durchschlug. Mit Unterstützung einiger seiner Mannen, die bei ihm geblieben waren, darunter auch der Arzt Ktesias, rettete sich der König auf einen nahe gelegenen Hügel. Das ungestüme Roß trug indes Kyros weit voran, und der Prinz ritt siegestrunken durch die persischen Haufen und schrie sie übermütig an: »Macht Platz, ihr Nichtsnutze!« Die Gegner erkannten ihn nicht sogleich und ließen ihn durch. Doch da fiel ihm plötzlich die Tiara vom Haupt, ein junger Perser namens Mithradates sprang herzu und durchbohrte ihm, ohne zu wissen, um wen es sich handelte, mit dem Speer die Schläfe. Kyros sank vom Pferd. Bald darauf fanden ihn Eunuchen und trugen ihn beiseite. Zufällig kamen ein paar Karier vorbei, einer von ihnen warf den Speer nach Kyros und verletzte ihn am Knie. Kyros stürzte, schlug mit der verwundeten Schläfe auf einen Stein und starb. Einer der Hofbeamten vergewisserte sich des Tatbestands, meldete dem König den Tod seines Bruders, und der König suchte die Stätte auf, wo der Leichnam lag. Nach althergebrachter Sitte wurden Kyros der Kopf und der rechte Arm abgeschlagen. Ktesias, der den König gerettet hatte, wurde ausgezeichnet, ebenso jene, die sich um Kyros' Ende verdient gemacht hatten.

So schloß das erste Kapitel des Ringens um den Thron. Die wichtigeren und für die Perser geradezu existenzgefährdenden Konsequenzen ergaben sich nach der Schlacht. Die Griechen waren immerhin von Tissaphernes getäuscht worden, ihre Heerführer gerieten durch Verrat in Gefangenschaft und wurden später hingerichtet. Doch das Heer erhielt neue Befehlshaber, und darunter befand sich auch der Athener Xenophon. Es brach am Tigrisufer entlang in nördlicher Richtung zum Gebirge auf, durchschritt unter riesigen Strapazen Kurdistan und Armenien und erreichte schließlich die Schwarzmeerküste. Auf seinem Zug durch die Bergregion mußte es Überfälle der Perser abwehren, die es verfolgten, und sich mit wilden Bergstämmen herumschlagen, in deren Dörfern es Proviant requirierte. Die Griechen verwüsteten zahlreiche Siedlungen und Höfe. Besonders verlustreich für sie verlief ihr Marsch hoch oben auf Gebirgskämmen und tief unten in schmalen Talgründen. Der blendende Schnee beeinträchtigte das Sehvermögen der Soldaten, und sie versuchten sich vor Erblindung zu hüten, indem sie sich ständig etwas Schwarzes vor Augen hielten. Diese denkwürdige Karawane währte ein ganzes Jahr und drei Monate und ging unter der Bezeichnung Anabasis in die Geschichte ein, weil Xenophon nach der Heimkehr ihren Verlauf in seiner »Anabasis«, Kyros' Expedition, erschöpfend schilderte. Das Wort Anabasis schließt auch den Rückmarsch von Kunaxa zum Meer ein, als die Griechen zum kurdisch-armenischen Hochland aufstiegen, während der Weg aus Kleinasien nach Babylon fast durchweg abwärts führte. Anabasis bedeutet nämlich »Hinaufmarsch«.

Noch schlimmer gestalteten sich die Kriegsfolgen für das Perserreich. Die Griechen hatten sich mit eigenen Augen überzeugen können, daß der persische Koloß ein Flickwerk aus verschiedenen Ländern und Völkerschaften darstellte, die in festerer oder loserer Abhängigkeit von der Zentralregierung zusammengehalten wurden, daß die Satrapen häufig nach eigenem Gutdünken handelten, die Könige Schwäche zeigten, Einflüssen ihrer Ratgeber und Frauen unterlagen, die Höflinge unentwegt gegeneinander intrigierten und das Volk sich im großen und ganzen gleichgültig verhielt.

Xenophon lernte Land und Leute kennen, prüfte in vielen Provinzen die Fruchtbarkeit des Bodens, erforschte die Naturreichtümer, machte sich mit den angehäuften Schätzen vertraut. Wozu sonst hätte ihn all das bewegen können als zu jenem Ausruf in einer Ansprache vor der Armee: »Daher scheint mir, daß es richtig und gerechtfertigt ist, unverzüglich nach Griechenland und zu unseren Familien heimzukehren und den Griechen zu zeigen, daß sie freiwillig in Armut leben, obwohl wir diejenigen, die jetzt zu Hause ohne Vermögen sind, hierherbringen und sie reich sehen könnten. Es leuchtet freilich ein, daß all diese guten Sachen den Siegern zufallen werden.«

Xenophon machte hier den Griechen den Gedanken der Okkupation und Kolonisation des persischen Reiches mit griechischem Element schmackhaft. Diese Idee kam zu der Zeit auf, als der brudermörderische Krieg zu Ende war. Wenn nur die armen Spartaner und die armen Athener sich zusammenschlössen, was könnten sie da in Persien alles auf die Beine stellen! Würden die Griechen im Lande alle Kräfte gewinnen und mobilisieren, fiele es ihnen leicht, ein Stück dieses morschen Staatsgebildes herauszubrechen und sich darauf mit ihren Familien niederzulassen. Doch dazu bedarf es des Sieges!

Die Politik hingegen schlug ganz andere Pfade ein. Nach der großartigen Anabasis fielen die Spartaner über die Perser in Kleinasien her, die Perser wiederum wandten ihre bewährte Bestechungsmethode in großem Stil in der griechischen Welt an und hetzten den einen gegen den anderen, wobei sie darauf bauten, daß gegen Eitelkeit und Raffsucht kein Kraut gewachsen ist, man beide vielmehr mit Geld wohl noch anheizen kann. Und so schloß das ausgemergelte Griechenland im Jahre 386 v. u. Z. unter Vermittlung des Königs der Könige selbst zwischen seinen einzelnen Kleinstaaten Frieden. Artaxerxes diktierte die Bedingungen und betraute Sparta mit der Aufgabe, sämtliche Vertragspartner zu überwachen, daß sie sich ja nicht erdreisteten, die Vereinbarungen zu unterlaufen, seine Majestät zu beleidigen, sich gegen Persien zu verbünden. Selbstsicher klingen die Worte des Königs, mit denen der Friedensvertrag schließt: »Diejenigen, die diesen Frieden etwa nicht annehmen, gegen sie werde ich gemeinsam mit denen kämpfen, die ihn annehmen, zu Lande und zu Wasser, mit Schiffen und mit Geld.«

Es mutet schon recht seltsam an, daß wir dieses Zitat auch in einem Werk Xenophons, »Hellenika« (Griechische Geschichte) betitelt, lesen, in einem Werk desselben Geschichtsschreibers, der zur Kolonisierung Persiens aufgefordert hatte, allerdings in der denkbar mißlichsten Lage seiner Landsleute, und der nun, fünfzehn Jahre später, diese unverfrorenen Worte jenes Königs, der in erster Linie mit Hilfe von Geld Kriege führte, nüchtern, kommentarlos notierte.

Unterdessen spielten sich am Hofe die allerabgeschmacktesten Szenen ab, wobei Parysatis Regie führte; diese teuflisch ausgepichte Greisin setzte es sich in den Kopf, an allen, die am Tod ihres vielgeliebten Sohnes Kyros die mindeste Schuld traf, blutige Rache zu nehmen. Der König hingegen ahndete die Fehltritte seiner Leute gelassen. Einer seiner Heerführer war zu Kyros übergelaufen, aber nach dessen Tod zum König zurückgekehrt. Der König legte ihm das nicht als Desertion oder feindliche Gesinnung zur Last, sondern entschuldigte es als Feigheit und Ängstlichkeit. Er ließ ihm ein nacktes Mädchen auf den Hals setzen und ihn so einen ganzen Tag auf dem Markt herumführen. Ein anderer, der auch seine Soldatenpflicht schnöde verletzt hatte, doch wiedergekommen war und sich mit dem Schwindel herauszuwinden versuchte, zwei Gegner überwältigt und getötet zu haben, wurde lediglich der Lüge bezichtigt: man stach ihm drei Nadeln in die Zunge. Mithradates wurde belohnt, weil »er die Schabracke des Pferdes von Kyros gefunden und dem König überbracht hatte«, der Karier, der Kyros das Knie verletzt hatte, erhielt als »der zweite Überbringer einer frohen Botschaft« Geschenke. Mithradates schwieg verärgert zu seiner Auszeichnung, der Karier, der reicher geworden war, kam sich wichtig vor und begann herumzuerzählen, der König habe sich mit seinem Präsent wahrscheinlich nicht übernommen, denn in Wirklichkeit habe er Kyros erschlagen und sei um diesen Ruhm betrogen. Das brachte den König auf, er hielt das Renommieren des Kariers für unangemessen, töricht und frech. Gewiß hörte er es nicht gern, daß irgendein dahergelaufener Strolch seinen Bruder überwunden hätte, ebensowenig mochte er dulden, daß die Sache ausposaunt würde, und er befahl, den Karier zu köpfen. Parysatis jedoch verlangte, den Gernegroß ihr zu überlassen, und meinte, seine Prahlerei erheische ein anderes Strafmaß. Nach zehntägiger Folterung ließ sie ihn blenden und seine Ohren mit flüssigem Metall füllen.

Auch Mithradates mußte büßen. Zu einem Gastmahl, an dem die Eunuchen des Königs und Parysatis' teilnahmen, erschien Mithradates in einem kostbaren Gewand, was natürlich aller Neugier nach dessen Herkunft weckte. Parysatis' Obereunuch Sparamises schmeichelte ihm, welch entzückende Kleidung er doch anhabe, die sicherlich ein königliches Geschenk sei, und welch herrlichen Säbel er trage und wie glücklich ihn doch der höchste Gebieter gemacht habe. Mithradates hatte schon allerhand getrunken und erwiderte auf die provokante Bewunderung des Eunuchen, das alles sei im Grunde gar nichts, für den Dienst, den er an jenem Tag dem König erwiesen habe, gebühre ihm eine weit höhere Belohnung. Der perfide Eunuch bemerkte, dafür, daß er eine Pferdeschabracke gefunden und dem König gegeben habe, sei er überaus üppig abgefunden worden. Sparamises wußte allzu gut, wie sich alles abgespielt hatte, wollte aber den angetrunkenen Narren dazu aufreizen, sich mit seiner Tat vor Zeugen großzutun. Und Mithradates renommierte: »Redet, was ihr wollt, von einer Schabracke und solchem Zeug. Ich sage euch ohne Umschweife: Es war dieser Arm, der ihn niedergestreckt hat. Ich habe ihm die Schläfe durchbohrt und ihn vom Pferd gestoßen, und an dieser Wunde ist er gestorben«. Die Gäste senkten betreten und furchtsam die Augen, denn sie ahnten wohl, was sich daraus zu entwickeln drohte. Der Eunuch erzählte den Vorfall sofort Parysatis, und sie eilte damit zum König. Der König geriet in Rage, denn dieses Gerede überführte ihn letztlich der Unwahrheit. So etwas brachte ihn um den Ruhm; nach seiner offiziellen Version hatte ja er mit Kyros gerungen, ihn tödlich verwundet. Verständlicherweise war er daran interessiert, daß alle seine Untertanen ebenso wie die Griechen dieser Darstellung Glauben schenkten. Er fühlte sich bis ins Innerste getroffen und ließ Mithradates in den Trog legen, eine äußerst grausame Strafe. Sobald der Verurteilte darin lag, wurde eine zweite Mulde darübergestülpt, lediglich Kopf, Arme und Beine ragten heraus. Dann wurde er zur Aufnahme von Speisen und Getränken gezwungen, und man wartete, daß ihn Würmer nach und nach auffraßen. Mithradates' Martyrium dauerte siebzehn Tage. Den königlichen Eunuchen Masabates, der Kyros' Arm und Kopf abgetrennt hatte, gewann Parysatis im Würfelspiel mit ihrem Sohn und ließ ihm bei lebendigem Leib die Haut abziehen. Kyros' gefangengenommene griechische Offiziere nahm Parysatis in Schutz, aber der König ließ sie fast alle töten, weil ihn seine Gemahlin

Stateira dazu antrieb. Das stiftete gegenseitigen Haß zwischen den beiden Königinnen.

Parysatis ging auch aus diesem Streit als Siegerin hervor. Sie ließ ihre Sklavin Ginge eine Klingenseite des Messers, mit dem sie beim Tafeln vorgelegtes Geflügel tranchierte, mit Gift bestreichen. Stateira bekam die vergiftete Hälfte, selber nahm sie die andere. Die Schwiegertochter starb unter fürchterlichen Qualen. Der König sorgte für Aufklärung dieses Vorfalls und schickte seine Mutter nach Babylon in Verbannung. Der Sklavin wurde als Giftmischerin laut Gesetz der Kopf mit Steinen zertrümmert.

Der Königsgroll gegen die Mutter hielt nicht lange vor. Der Sohn rief sie an den Hof zurück, weil sie einen klaren Verstand besaß, aufzutreten wußte und er ihren Rat brauchte. Sie empfahl ihm die Heirat mit der Tochter Atossa, und er willigte ein, sie redete ihm auch zu, alle griechischen Anschauungen und Gewohnheiten zu mißachten, denn »du allein bist für die Perser das Gesetz, da dich Gott selbst zum Richter bestellt hat, der über gut und böse entscheidet«.

Zum Lebensende hin erlitt Artaxerxes II. noch eine Reihe weiterer Mißgeschicke. Sein Sohn Dareios, den er gern als seinen Nachfolger sehen wollte, verlor sein Herz an die Griechin Aspasia, die einstige Geliebte Kyros', die im Lager bei Kunaxa gedarbt hatte und dem königlichen Harem zugeführt wurde. Der König unterdrückte seinen Gram und gab sie seinem Sohn zur Frau, nahm sie ihm aber später wieder weg und machte sie zur Priesterin im Tempel der Göttin Anahita in Ekbatana. Der Prinz empörte sich über das väterliche Gebaren, zettelte gegen seinen Erzeuger eine Verschwörung an und wollte ihn gemeinsam mit seinen Komplizen im Schlafgemach meucheln. Ein Eunuch verriet jedoch die Absicht dem König. Der ließ sich hinter dem Bett in der Wand eine kleine Pforte einbauen und sie mit einem Vorhang zuhängen. In der Nacht, die der Eunuch ihm als vorgesehene Tatzeit angegeben hatte, blieb der Schah im Bett und unterschied die Gesichter jedes einzelnen klar. Als es soweit war, sprang er auf, riß den Vorhang zurück, schwang sich in den Nachbarraum hinüber und rief um Hilfe. Die Eindringlinge stoben davon, nur einer, Tiribazos, dem der König einmal seine Tochter Atossa versprochen, sie ihm aber dann selber vor der Nase weggeschnappt hatte, rang mit den Wachposten, tötete einige von ihnen, wurde aber schließlich von einer Lanze niedergestreckt. Dareios und seine Kumpane wurden ins Gefängnis geworfen und von einem Gerichtsgremium zum Tode verurteilt. Nach ihrem Tode nutzte die günstige Gelegenheit der tatendurstige und rücksichtslose Sohn Ochos, nötigte seinen Bruder Ariaspes, Gift zu nehmen, und ließ einen anderen, Arsames, erschlagen. Als der Vater bald darauf vor Kummer starb, bestieg er als Artaxerxes III. den Thron.

Der neue Schah stellte eine Persönlichkeit dar, deren das iranische Reich in gewissem Sinne dringend bedurfte. Er nahm Ägypten in seinen Besitz, das sich nach Dareios'II. Tode losgerissen und unter einer Reihe der letzten Pharaonen seine Selbständigkeit erneuert hatte, erstickte Satrapenaufstände, die im 4. Jahrhundert überhandgenommen hatten, griff in politische Aspirationen ein, die sich der makedonischen Dynastie zu bemächtigen trachteten, und zwar unter Androhung eines Krieges, vor dem sich der wendige und hinterlistige Philipp II. zu kneifen gezwungen sah. Kurzum, eine Regeneration des Irans begann sich abzuzeichnen dank einem König, der keinerlei Skrupel kannte, weder in der Innen- noch in der Außenpolitik. Doch nicht einmal er wurde von den Folgen der fatalen Grundsätze einer Gesellschaft verschont, in der ein einziger der Herr, alle übrigen Sklaven waren. Im Jahre 338 v. u. Z. ließ ihn der Obereunuch Bagoas vergiften, allem Anschein nach unter Assistenz des königlichen Leibarztes, und nicht lange danach entledigte sich dieses Ungeheuer in Menschengestalt auf die gleiche Weise dessen Sohnes Arses. Auf den Thron lancierte der Schurke einen Verwandten des Königs, den dritten Dareios in der Folge, der seinerseits beizeiten Bagoas meuchelte, als er dahinterkam, daß dieser ihm dasselbe Los zugedacht hatte wie seinen früheren Gebietern.

In diesem Jahre 336 v. u. Z. wurde auch Philipp II. ermordet, der erst kurz zuvor die Hauptstaaten Mittelgriechenlands um ihre Freiheit betrogen hatte und schon wieder dabei war, sich gegen Persien zu wenden, um Xenophons Ratschlag aus der Anabasis, Persien anzuschließen und zu kolonisieren, zu entsprechen. Diese Aufgabe fiel Philipps Sohn, Alexander III., dem Großen, zu.

Irans finstere Geschichte, wie wir sie bisher beschrieben haben, illustriert anschaulich die gesellschaftlichen Systeme oder, wie wir zu sagen pflegen, den Geist der östlichen Hemisphäre. Gemeint ist der Sittenkomplex, wie er sich aus den Beziehungen der Menschen untereinander und ihrem Zugang zu Natur und Zivilisationsentwicklung ergab. Durch ihn formte sich so etwas wie ein Kollektivbewußtsein der ganzen Gesellschaft eines bestimmten Landstrichs, einer bestimmten Region, und dieses Bewußtsein zeichnete sich durch äußerst zähes Leben und unwiderstehliche Wirksamkeit auf sämtliche Gesellschaftsverhältnisse aus. Gleichzeitig zog in den mächtigen Staaten des Ostens ein Größenwahn ein, geprägt von Stolz auf die Zahlenstärke, die Masse bewaffneter Kräfte. Herodot schreibt in seinem Bericht über die Kämpfe an den Thermopylen: »Hier wurde aller Welt, zuvörderst dem König klar, daß es viel Leute gab, aber wenig Männer.« Gewiß, der griechische *aner* war schon dazumal das Produkt einer höheren und vernünftigeren Gesellschaftsverfassung als der persische *martija*, der rechtmäßige Sklave des Königs, es war. Einprägsam charakterisiert Plutarch in seinem »Artoxerxes« das Ergebnis der kyrosschen Anabasis: »Denn als die Griechen den Oberbefehlshaber Kyros und ihre eigenen Heerführer verloren hatten, kehrten sie sozusagen von der königlichen Residenz direkt glücklich in ihr Vaterland heim und bestätigten unzweideutig, daß die Macht der Perser und ihrer Könige sich in Mengen von Gold, in Prasserei und schönen Frauen erschöpft, daß sie ansonsten nichts als hohler Pomp und eitle Prahlsucht ist. Daraus also bezog Griechenland frischen Mut und begann sich den Barbaren zu widersetzen. Ja, die Lakedämonier hielten es für eine Schande, wenn sie nicht wenigstens jetzt die in Asien lebenden Griechen befreien und ihrer Knechtschaft und Plackerei ein Ende machen würden.«

Alexander der Große. Das Ende des Achämenidenreiches

Es gibt im Altertum keinen populäreren Helden als Alexander, Philipps Sohn. Seine Gestalt wurde tausendfach mit Sagen umwoben, in Europa ebenso wie im Orient. Über ihn geschriebene Biographien strotzen von Anekdoten, die seinen energischen Charakter, seine politische Umsicht und seine Regierungskunst trefflich zu zeichnen vermögen.

Als er nach dem Tode seines Vaters an der Nordgrenze Makedoniens Ordnung geschaffen und den Griechen ihre Ambitionen auf Erneuerung ihrer Selbständigkeit recht gründlich ausgetrieben hatte, indem er beispielsweise die Hauptstadt Böotiens, Theben, fast völlig zerstören ließ, wandte er sich gegen Persien. Es war im Frühjahr 334 v. u. Z., als er asiatischen Boden betrat, auf Trojas Ruinen seinem Ahnen Achilles opferte und die persische Armee am Ufer des Granikosflusses aufrieb. Die griechischen Städte öffneten ihm die Tore, mit Ausnahme Milets, das er daraufhin mit Gewalt eroberte. Nach Ankunft in der phrygischen Stadt Gordia löste er auf dem heiligen Wagen im Zeustempel auf seine besondere Weise jenen sagenhaften Knoten: er durchhieb ihn mit seinem Schwert. Entschlossenes und zu allem fähiges Wesen weiß immer Rat und hat überall Erfolg, siehe nur das Ei des Kolumbus.

Dareios III. stellte sich Alexander an den Grenzen zwischen Syrien und Kleinasien in den Weg, wurde aber am Issos überrannt. Die dramatischste Szene dieser Schlacht bewahrte uns ein pompejisches Mosaik: Dareios III. steht auf einem Streitwagen und streckt die Arme aus zum Zeichen seines Erschreckens über den Verlust eines hohen persischen Offiziers. Alexander stürmt hoch zu Roß an der Spitze der Reiterei und durchbohrt mit seiner langen makedonischen Lanze einen gegnerischen Heerführer, der kopfüber von seinem strauchelnden Pferd stürzt. Im selben Augenblick scheut das Gespann vor Dareios' Wagen, zerrt ihn herum, und so nimmt die Flucht des Königs, die das gesamte persische Heer mit sich reißt, ihren Anfang.

Die Beute im persischen Heerlager übertraf alle Erwartungen. Allein in Goldmünzen betrug sie 2600 oder 3000 Talente, was vor dem ersten Weltkrieg etwa 10,2 Millionen Reichsmark ausmachte. Die Perser warfen auf ihrer Flucht auch mancherlei Wertvolles ab, wie Gewänder und Gefäße, die die Makedonier kaum aufzulesen und mitzuschleppen vermochten. In die Gefangenschaft gerieten auch Dareios' Mutter, seine Gemahlin und Schwester in einer Person, zwei Töchter und ein kleiner Sohn. Seinen Harem und bei weitem noch größere Schätze ließ Dareios in Damaskus zurück. Alexander entbot eine Truppeneinheit dahin, um alles zu erfassen und mitzunehmen, was sich in der Stadt befand. Eine Quelle zählt unter den Gefangenen 300 Köche, 100 Getränkebereiter, 40 Friseure und Parfümeure, 46 Kranzbinder und 329 Tänzerinnen. Insgesamt belief sich die Zahl der Gefangengenommenen auf 30000 Mann und der eingetriebenen Saumtiere auf 700.

Alexander zog nach Syrien, dann nach Phönizien, wo ihm die berühmte Handelsstadt Tyros die Stirn bot. Sieben Monate lang belagerten die Makedonier die phönizische Metropole, erst dann gelang ihnen die Einnahme. Wer nicht im Kampf fiel, wurde entweder gekreuzigt oder in die Sklaverei verkauft.

In Jerusalem soll der jüdische Hohepriester Alexander willkommen geheißen und so Alexanders Zuneigung gegenüber den Juden gesichert haben. Ägypten begrüßte den Eroberer als Befreier. Alexander gründete im Nildelta eine neue Stadt, Alexandria, und besuchte die Oase Siva. Dieser Ausflug bescherte ihm seine Beförderung zum Sohn des Gottes Ammon, der eben dort seinen Tempel und seinen Hohenpriester hatte. Alexander war der erste König fremder Herkunft, den ägyptische Priester zum Gottessohn erhoben.

Aber bald darauf kehrte Alexander nach Asien zurück und zog über Syrien gegen die Perser in den Krieg. Dareios war es geglückt, eine zahlenstarke Armee aufzustellen, obwohl die Mobilisierung im Iran

Dareios III. auf einem pompejischen Mosaik

stets eine mühsame und langwierige Sache war, und auf dem Territorium Ostassyriens bei der Stadt Arbela Stellung zu beziehen. Kurz nach einer Mondfinsternis, die auf die Nacht zwischen dem 20. und 21. September 331 v. u. Z. fiel, eröffneten die Makedonier bei der Stadt Gaugamela unweit von Arbela die Schlacht. Arrianos schildert minutiös ihren Verlauf. Die Entscheidung fiel schließlich zu Alexanders Gunsten aus. Dareios machte sich in östlicher Richtung davon, während Alexander ruhmbedeckt nach Babylon marschierte. Die Stadt bejubelte ihn als Erlöser.

Später besetzte er Susa und schlug sich eine Bresche zu einer Expedition über das Hochland an der elamischen Grenze, wo die Uxier wohnten, ein Stamm von Hirten und Räubern, denen selbst Schahs für die Gebirgspassage zahlen mußten. Alexander ging mit ihnen scharf ins Gericht, tötete so manchen von ihnen und handelte auf diese Weise die Wucherforderungen auf die normale Gebühr herunter. Er drang in Persepolis und Pasargadai ein und erbeutete auch dort ungeheure Reichtümer. Den Palast von Persepolis eignete er sich an und steckte ihn, höchstwahrscheinlich in trunkenem Zustand, in Brand.

Sobald ihn Nachrichten darüber erreichten, daß Dareios schon wieder ein Heer zusammenzutrommeln im Begriff war und Hilfstruppen aus den nordiranischen Gebirgsgegenden zu ihm stießen, brach er sofort nach Medien auf, doch erwiesen sich die Warnungen als blinder Alarm. Im Gegenteil, Dareios wurde vom *chiliarchos* oder Kommandanten der Leibwache und Ersten Minister Nabarzanes sowie den Mitgliedern seiner Truppe, dem baktrischen Satrapen Bessos und dem Statthalter von Arachosia und Drangiana, Barzaentes, verhaftet und weiter nach Osten verschleppt. Alexander heftete sich mit seiner Armee an ihre Fersen, um Dareios in seine Hände zu bekommen, allerdings ohne Erfolg. Barzaentes und ein Hofbeamter namens Satibarzanes fügten dem König ein paar Wunden zu und trollten sich, als sie erfuhren, daß ihnen Alexander auf dem Fuß folgte.

So fand der letzte Achämenide im Monat *hekatombaion*, dem ersten im athenischen Jahr, zur Regierungszeit des Athener Archonten Aristophon, sein Ende. Diese sonderbare athenische Datierungsweise, die Alexanders Biograph Arrianos anführt, erlaubt uns festzustellen, daß Dareios im Juli des Jahres 330 v. u. Z. gestorben ist.

So wurde Alexander Herr über das Perserreich. Es verblieb lediglich noch, die östlichen Satrapien zu durchstreifen, neue Statthalter einzusetzen, darunter auch einige autochthone Perser, den Anführer des Putsches gegen Dareios, Bessos, zu bestrafen, der sich unterdessen zum König ausgerufen hatte und tatsächlich wenige Monate unter dem Namen Artaxerxes herrschte, bis er jenseits des Flusses Oxus (Amudarja) dingfest gemacht wurde, in Baktra der Nase und der Ohren verlustig ging und in Ekbatana am Kreuz hing. Seine Helfershelfer büßten bald darauf ebenso. Auf dem Zug durch den östlichen Iran legte Alexander allmählich persische Sitten und Bräuche an und begann sich wie ein persischer König aufzuführen. Er verlangte von den Untertanen, aber auch von den Griechen, rituelle Anbetung, *Proskynese* genannt; wer vor den Perserkönig trat, mußte sich zu Boden werfen und dem König eine Kußhand andeuten. Diese letztere Geste finden wir übrigens auf dem bekannten Relief von Persepolis festgehalten, das eine Audienz beim König darstellt. Doch zuverlässig ist diese Zeremonie nicht belegt. Auch die Strafe, mit der Bessos' Untat geahndet wurde, entsprach persischen Gewohnheiten.

Schließlich begab sich Alexander nach Indien, seine Armee zeigte jedoch keinen rechten Enthusiasmus, die Grenzen der alten Pandshabsatrapie zu überschreiten, und Alexander trat den Rückmarsch in westlicher Richtung an.

Der Indienfeldzug zählte trotzdem zu den bedeutendsten Taten des Eroberers. Alexander öffnete mit ihm in vollem Wortsinn Indien der westlichen Menschheit. Er und seine Nachfolger unterhielten über lange Zeiten zu indischen Regenten diplomatische Beziehungen, der Handel zwischen Indien und dem Westen erblühte, von Indien her verbreitete sich der Buddhismus nach Westen hin, griechische Abgesandte und Kaufleute schrieben über indische Verhältnisse.

Nach seiner Rückkehr vom Indienfeldzug fuhr der König in seiner Versöhnungspolitik gegenüber den Persern, insbesondere deren Adelsschicht, und überhaupt gegenüber allen orientalischen Untertanen fort. Bereits unterwegs mußte er während eines Zwischenaufenthalts im Karmanien Beamte zur Rechenschaft ziehen, die seine Abwesenheit mißbraucht und in der Annahme, er käme ohnehin von Indien nicht mehr zurück, Unterschlagungen begangen, die Bevölkerung ausgepreßt und Rebellionen auszulösen versucht hatten. Unter diesen Gaunern befanden sich sowohl Leute vom Westen als auch Perser, aber alle traf die gleiche harte Strafe. In der Persis berief der König Peukestes, einen Europäer, zum Satrapen. Er gelobte mit den Persern ein gutes Verhältnis, trug persische Kleidung und erlernte ebenso die persische Sprache.

Alexander ließ auch Kyros' Grabstätte in Pasargadai herrichten, die er beschädigt und geschändet vorfand. Das resolute Durchgreifen des Königs förderte in den Augen der orientalischen Untertanen sein Prestige. Sie zogen daraus die Gewißheit, wieder einen König zu haben, wie es sich gehörte.

In Susa richtete Alexander nach seiner Rückkehr im Jahre 324 v. u. Z. noch eine großartige Feierlichkeit, nämlich eine Kollektivhochzeit, aus. Er verheiratete ungefähr achtzig Generale mit persischen Prinzessinnen und Magnatentöchtern und stattete sie allesamt reichlich mit Mitgift aus. Selber war er mit gutem Beispiel vorangegangen und hatte im Jahre 327 v. u. Z. die Tochter eines baktrischen Magnaten, Roxane, gefreit. Ihr Vater Oxyartes hatte sich zwar zuerst Alexander unterworfen, fiel aber bald darauf treubrüchig ab. Seine Frau und seine Tochter brachte er in einer uneinnehmbaren Festung auf einem schroffen Felsen unter. Im Frühjahr 327 v. u. Z., als Alexander nach Indien zog, stand ihm die Festung im Wege, und er beschloß, sie zu schleifen. Gerade im Zusammenhang damit stoßen wir zum erstenmal in der Geschichte der Kriegskunst auf die Bedeutung des Bergsteigens. Den Felsen vermochten tatsächlich nur »Alpinisten« zu bezwingen. Die Festungsinsassen beantworteten die Aufforderung zur Kapitulation auf schnöde Weise, indem sie Alexander rieten, geflügelte Menschen aufzutreiben, um ihre Bastion zu nehmen. Der König ließ einen Trupp von dreihundert Bergsteigern aufstellen, versprach ihnen hohen Lohn, und sie versuchten sich im Erklimmen des Felsens. In den Firn oder in Felsvorsprünge trieben sie Eisenpfähle, wie sie ihnen zum Zeltbau dienten, und an Hanfseilen kletterten sie langsam empor. Als sie gegen Morgen den Felsen überwunden hatten, wobei dreißig von ihnen umkamen, signalisierten sie es mit Stoffstreifen dem König, der daraufhin die Belagerten nochmals ermahnte, sich zu ergeben, da sich geflügelte Menschen mittlerweile eingestellt hätten. Auf ein vereinbartes Zeichen zeigten sich die Bergsteiger auf einem Gipfel in unmittelbarer Nähe der Burg. Die Eingeschlossenen erschraken und ergaben sich in der Annahme, daß sich auf dem Gipfel ein stattliches Heer befinde. Unter den Gefangengenommenen waren auch die Frauen aus Oxyartes' Familie. Alexander verliebte sich in Roxane auf den ersten Blick, bedingte sie sich nach dem Vorbild seines Urahnen Achilles und dessen Briseis aus und vermählte sich mit ihr nach makedonischem Brauch: Brot wurde ihm dargereicht, er durchhieb es mit dem Schwert, beide Neuvermählten kosteten davon, und die Trauung war vollzogen. Brot galt als Symbol der Ehe. Oxyartes fügte sich dann Alexander und wurde Satrap. Auf der Kollektivhochzeit in Susa heiratete Alexander außerdem Stateira, eine zauberhafte Tochter Dareios' III. Ihm schwebte als Ideal vor, aus den besten Elementen beider Völker einen neuen Adel zu begründen. Spätere Geschichtsschreiber dichteten Alexander an, er sei von der Amazonenkönigin Thalestris besucht worden, anderswo wiederum ist zu lesen, die Königin des indischen Assakenerstammes, Kleophis, habe ihn in der Stadt Massagai beehrt; übereinstimmend behaupten sie, beide seien zu Alexander gepilgert, um ihm beizuschlafen, vollkommene Kinder zu schenken und eine ebenso vollkommene Dynastie aus der Taufe zu heben. So ausgeprägt war der Glaube sowohl in Alexanders Persönlichkeit als auch in die Macht des Blutes überhaupt.

In die Armee gliederte er auch Eingeborene ein. Allein die Persis lieferte ihm zwanzigtausend junge Krieger, die nach makedonischem Reglement in makedonischem Kriegswesen ausgebildet wurden. Veteranen entließ er ohne Rücksicht auf ihre Unzufriedenheit nach Europa und sann darüber, in Makedonien für weitere Aktionen Nachschub anzuwerben.

Vom Häuptling rauher Schmalviehhirten mauserte er sich solcherart in verhältnismäßig kurzer Zeit zum orientalischen Sultan und war bemüht, alles so zu regeln, daß die Perser in seiner Herrschaft um Gotteswillen keinen Verlust ihrer Eigenständigkeit erblickten, vielmehr sie lediglich als einen Wechsel der Dynastie empfänden. Daher verwundert es uns nicht, daß gerade die Perser seinen Tod betrauerten und daß Dareios' III. Mutter Sisygambris sich, über das Ableben eines solch edelmütigen Kavaliers untröstlich, zum Hungertod verurteilte. Sie konnte es Alexander nicht vergessen, wie menschlich er sie und ihre gefangengenommene Familie nach der Schlacht bei Issos behandelt hatte.

Anders war es um die Makedonier und Griechen bestellt. Sie konnten es nicht verwinden, daß er auch unter ihnen die barbarische Lebensweise einführte, und in der Armee brachen gegen ihn etliche Meutereien aus, für die die Besten seiner nächsten Umgebung mit dem Leben zahlten. So auch Alexanders getreuer Freund Philotas, der einem Justizirrtum zum Opfer fiel. Ebenso wurde dessen Vater, der alte und verdienstvolle General Alexanders, Parmenion, auf königliches Geheiß als angeblicher Verschwörer exekutiert. Einen anderen Putsch inszenierte eine Gruppe von Pagen, auf die tragischerweise der Gelehrte, freiheitsliebende Philosoph und Schriftsteller, Aristoteles' Neffe Kallisthenes hereinfiel.

Der König gewöhnte sich zu allem

Überfluß auch noch übermäßiges Trinken an und war in trunkenem Zustand nicht ganz zurechnungsfähig. So erschlug er seinen Offizier Kleitos den Schwarzen, der ihm in der Schlacht am Granikos das Leben gerettet hatte und dessen Schwester Amme des Königs gewesen war. Letzten Endes muß gar angenommen werden, daß Alexander sich mit seiner Trunksucht das Leben verkürzt hat, das nicht länger währte als 32 Jahre und acht Monate. Natürlich sollten weder die unheimlichen Strapazen der Feldzüge noch das ungesunde Klima der letzten Residenz Babylon außer acht gelassen werden.

In persischer Überlieferung tritt Alexander als positiver Held auf. Der persische Dichter Ferdousi, Autor des berühmten Schähnäme-Epos, des Buches der Könige, erzählt, der Perserkönig Dara der Erste bzw. Große habe sich mit der Tochter des byzantinischen oder nach persischer und arabischer Schreibweise Königs Filifus von Rum vermählt, sie aber nach der Hochzeit bald zu ihrem Vater zurückgeschickt, weil sie irgendwelche unangenehme Düfte verströmte. Doch sie gebar Daras Sohn Iskandar (der niemand anders ist als Alexander der Große). Ihn adoptierte Filifus, um die Schande von seiner Tochter abzuwenden. Nach Dara besetzte den persischen Thron sein Sohn aus erster Ehe, Dara der Zweite bzw. Kleinere. Als dann beide Brüder nach dem Tode ihrer Vorfahren herrschten, kam Dara der Einfall, daß Iskandar eigentlich Steuern zu entrichten hätte, wie es seine Ahnen taten. Iskandar reagierte mit dem sinnigen Hinweis, der goldene Eier legende Vogel sei tot, zog dann gegen ihn aus, okkupierte Ägypten, siegte am Euphrat über Dara, dem seine Armee den Rücken kehrte und der, als es ihm gelungen war, ein neues Heer aufzubieten, wieder bezwungen und auf der Flucht von zwei abgefallenen Magnaten tödlich verwundet wurde. Iskandar verfolgte die persische Armee und traf auf den sterbenden Dara. Der Sieger mußte Dara versprechen, seine Tochter Rouschanak zu ehelichen und seinem Sohn eine standesgemäße Erziehung angedeihen zu lassen. Iskandar erfüllte dieses Vermächtnis und bestrafte die Gegner. Daran knüpft die orientalische Volksdichtung zahlreiche weitere Erzählungen und phantastische Abenteuerberichte. So zog Iskandar auch nach Indien und überwältigte den König Fur, nach griechischen Schriften Poros. In der Schlacht gegen ihn benutzte er Panzer in Gestalt ölgeheizter eiserner Pferde und Reiter. Als die indischen Elefanten zum Sturm anrückten, versengten sie sich an ihnen ihre Rüssel und trabten davon. Jüngere Chronisten und bei weitem häufiger noch epische Dichter des Mittelalters sowohl im Osten als auch im Westen, die allerlei *Iskandarname*, Bücher über Alexander, und Alexandreiden verfaßten, schildern Alexanders Feldzüge in Gebiete aller Erdteile bis ans Ende der Welt, zum Sonnenaufgang hin ebenso wie zum Sonnenuntergang, ins Land der Glückseligkeit, zum Lebensborn usw. Manche identifizierten ihn mit Dhu-'l-Karnain, dem Zweihörnigen, der aus geschmolzenem Metall eine Mauer gegen die nördlichen Barbaren erbaut haben soll, wie der Koran zu berichten weiß.

Währenddessen fangen die Schriften der Zarathustra-Theologen die kirchlichen Traditionen ein, die eine feindliche Haltung gegenüber Alexander zeigen. Einer Darstellung zufolge war Alexander Sohn von Filifus' Tochter und dem bösen Geist. Oft wird er als Verdammter, als Satan, Dahak, Afrasjab, Mazdak und freidenkerischer Abalisch abgestempelt, und man bezichtigt ihn der Vernichtung heiliger Bücher. Das Buch über den Heiligen Arda Viraz, der auf dem Seherthron schlummert, während seine Seele unter göttlichem Geleit Himmel, Fegefeuer und Hölle durchwandert, um zu ermitteln, welcher Preis nach dem Tode den Rechtgläubigen und Seligen winke und welche Strafen den Ungläubigen, Ketzern und Lotterbuben drohten, dieses Buch setzt mit der Anklage ein, daß vor dreihundert Jahren der Glaube noch lupenrein gewesen sei, bis der vermaledeite Iskandar kam und die Magier mordete und den Schah meuchelte und die Hauptstadt und das Königreich vernichtete und alles verheerte und die auf Kuhhäuten mit goldener Tinte aufgeschriebene und im Schloß der Dokumente zu Stachr hinterlegte heilige Schrift davonschleppte und verbrannte, Wesire, Richter, Glaubenslehrer, Magier und Weise ausrottete, Magnaten und Fürsten entzweite und schließlich selber dahinschied und zur Hölle fuhr. Seit dieser Zeit herrschten Zerstrittenheit in den Anschauungen, alle möglichen Irrlehren, die Behörden verfügten über keine Autorität mehr, und Chaos sei über die Menschheit hereingebrochen für Jahrhunderte.

Wir ziehen weltliche Überlieferung religiöser vor, weil sie auf griechischem wie auf persischem Boden gleichermaßen bezeugt ist. Alexander wollte ein Reich von Makedonien bis Indien errichten, das der makedonisch-persische Kriegsadel mit dem makedonischen König an der Spitze regieren sollte. Der Makedonier selbst galt in den Augen der überheblichen Griechen und im Vergleich zu ihnen als halber Barbar, obwohl er Schüler des renommierten Philosophen Aristoteles war. Doch war er, um es so zu sagen, kein griechischer Rassist und erkannte die Werte der persischen Barbaren.

Mitten in der Verwirklichung seiner Vorhaben ereilte ihn der Tod. Er starb nach fiebriger Krankheit, die zehn bis zwölf Tage gedauert haben mag, am 28. oder 30. Tag des makedonischen Monats *daisia* zur Regierungszeit des Athener Archonten Hegesias, nach unserer Umrechnung etwa am 11. oder 13. Juni 323, und zwar in Babylon.

Allerhand Geier über Alexanders Erbe

Dem sterbenden Alexander standen seine Generale zur Seite, während die Soldaten ihn beschimpften. Auf die Frage, wem er das Reich überantworte, sagte er: »Dem Fähigsten«. Nach seinem Tode entspann sich sehr bald der Hader darüber, wer denn der Fähigste sei. Jeder seiner Heerführer fühlte sich zum Herrschen prädestiniert. Der Ordnung halber wurden Alexanders schwachsinniger Stiefbruder Phillipp Arrhidaios und kurze Zeit später sein Sohn Alexander, den Roxane etwa drei Monate nach dem Tode ihres Gemahls gebar, zum König erklärt. Der Admiral Nearchos schlug den neunjährigen Herakles, Sohn Alexanders und Barsines, vor. Barsine war die Witwe Memnons, des Oberbefehlshabers über die griechischen Söldner Dareios' III. Sie war nach der Schlacht bei Issos in Gefangenschaft geraten und Alexanders Geliebte geworden. Aber zu dieser Zeit weilte sie mit ihrem Sohn im kleinasiatischen Pergamon, und die Generale lehnten eine solche Kandidatur mit dem Hinweis ab, Europa würde an einem König-Bastard Anstoß nehmen.

Zum Reichsverweser wurde der Heerführer Perdikkas erwählt, und die übrigen Offiziere teilten die Verwaltung der Provinzen untereinander auf.

Als wichtigster unter ihnen dünkte sich Antipatros, den der König als Verwalter Makedoniens, Griechenlands und der angrenzenden Länder in Europa zurückgelassen hatte. Zwischen diesem Greis und Alexanders Mutter Olympias bestand ein äußerst gespanntes Verhältnis, das noch aus der Zeit vor Alexanders Aufbruch nach dem Orient herrührte. Olympias hatte es sich in den Kopf gesetzt, daß ihr Sohn sie zur Verwalterin des europäischen Teiles seines Reiches beriefe, er aber, obwohl ihr sehr zugeneigt, sah es nicht gern, daß sie sich in die Politik mischte. Sie brachte daraufhin die meiste Zeit am epirotischen Hof zu, wo ihre Verwandten die Macht hatten. Alexander wurde von ihr mit Briefen überhäuft, in denen sie gegen Antipatros hetzte, bis Alexander nicht mehr umhin konnte, Antipatros zum Rapport zu sich nach Asien zu beordern. Alexanders Tod jedoch bewahrte Antipatros davor, und er blieb in Amt und Würden. Bald darauf kam es zwischen Antipatros und einigen seiner Freunde einerseits und Perdikkas andererseits zu offenem Bruch. Antipatros behielt die Oberhand, und Perdikkas wurde von eigenen Soldaten beseitigt. So wurde Antipatros Reichsverweser und schob Philipp, dessen Frau Eurydike, Alexander und dessen Mutter Roxane nach Makedonien ab, starb aber bald.

Antipatros hatte zum obersten Regenten den alten Heerführer Polysperchon ernannt, obwohl es seinen eigenen gewalttätigen Sohn Kassandros nach dieser Würde gelüstete. Diesen Unruhestifter hatte der Vater gegen Ende der Regierungszeit Alexanders nach Babylon geschickt, damit er die väterlichen Maßnahmen verteidigte, über die der Greis Rede und Antwort zu stehen hatte. Schon damals beleidigte er den König, indem er die Proskynese verhöhnte, die den Makedoniern ebenso wie den Griechen verhaßt war. Beispielsweise hatte der Athener Konon eine Audienz bei Artaxerxes II. abgelehnt, um sich den Kniefall zu ersparen. Der thebische Recke Pelopidas verlor vor dem König absichtlich seinen Ring und bückte sich nach ihm, um die vorgeschriebene fußfällige Verehrung zu umgehen.

Kassandros verbündete sich mit einigen Feldherren, fiel in Griechenland ein und setzte Polysperchon kurzerhand ab. Die griechischen Staaten traten ihm schließlich zur Seite. In die Politik mischten sich zwei Frauen: Eurydike und Olympias. Die erste, Philipps Gemahlin, eine sehr rührige und hochmütige Frau, mußte an Stelle ihres schwachsinnigen Mannes handeln. Ihr kam Kassandros gelegen, und sie verhalf ihm zum Regentenamt. Polysperchon raffte sich bald wieder auf und wurde durch Truppen wilder epirotischer Molosser unterstützt, die Olympias aus Makedonien herangeführt hatte. Sie sann auf Rache an beiden Gatten, weil sie den debilen Philipp und seine hoffärtige Frau haßte. Philipp geriet zusammen mit seiner Gemahlin in Gefangenschaft, wurde hingerichtet, und Eurydike erhielt von Olympias drei Geschenke zur Wahl: ein Schwert, einen Strick und einen Becher Gift. Eurydike wählte das zweite und erhängte sich. Außer den beiden kamen etwa hundert Makedonier auf ebenso schändliche Weise um. Kassandros aber kehrte aus Griechenland zurück. übernahm Polysperchons' Armee, schloß Olympias in einer Festung ein, nötigte sie, sich zu ergeben, und ließ sie steinigen.

Olympias war eine rachsüchtige, launenhafte Furie gewesen, die man in alten Schriften als dämonisches Wesen darstellte. Schon in ihrer Jugend ließ sie sich in samothrakische Mysterien einweihen. Über sie ging das Gerücht, sie hätte sich vom Zauber des letzten ägyptischen Pharaonen Nektanebos II. verführen lassen, der angeblich nach seiner Vertreibung aus Ägypten durch mehrere Länder vagabundierte, magische Künste vollführte, mit Hilfe der *lekanomanteia* oder dem Lesen aus der Pfanne weissagte und endlich Alexander den Großen zeugte. Zusammen mit ihr nahm Kassandros auch Roxane, Alexander IV. und die Schwester des mächtigen Königs Thessalonike in Gewahrsam. Die ersten beiden setzte er hinter Schloß und Riegel, letztere nahm er zur Frau. In den Jahren 310 bis 309 v. u. Z. beseitigte Kassandros durch Mord Alexander, den Sohn des mächtigen Königs, dessen Mutter und schließlich auch Herakles und dessen Mutter Barsine, die zu töten er Polysperchon bestach. Solch ein elendes Los war nun schließlich der Familie Alexanders des Großen beschieden.

Aber auch Roxane war keine warmherzige Herrscherin. Zu ihrem Werk gehörte kurz nach dem Tode ihres Gemahls die Beseitigung der zweiten Frau Alexanders, Stateira, und deren Schwester Drypetis, die Alexanders Busenfreund Hephaistion geheiratet hatte, der einige Monate vor Alexander diese Welt verließ.

Als die Söhne Alexanders des Großen starben, war es bereits um Alexanders Reich geschehen. Das Schlangengezücht wurde von einer noch gerisseneren Meute abgelöst, aus deren Schoß Drachen krochen. Ptolemaios riß Ägypten an sich, Seleukos nahezu ganz Asien, Lysimachos Thrakien, Kassandros Makedonien und Griechenland. Sie entledigten sich auch des letzten ernsthaften Thronprätendenten Antigonos Kyklops' bzw. des Einäugigen, der sich als erster der Generale den Königstitel zulegte, womit er die politische Richtung und Situation des Reiches in seinem Verwesungsstadium anschaulich demonstrierte. Allerdings begnügte er sich mit Kleinasien. Mit der siegreichen Schlacht bei Ipsos im Jahre 301 v. u. Z. setzten sie Antigonos' Leben und Ambitionen sowie der makedonisch-persischen Großmacht ein Ende.

Die Seleukiden

Seleukos wollte es lange Zeit nicht gelingen, in die erste Garnitur der Diadochen aufzusteigen, wie die Geschichtsschreibung die Feldherren zu bezeichnen pflegte, die nach Alexanders Tod das Reich und sein Vermögen unter sich aufteilten. Als dreißigjähriger junger Mann tat er sich auf dem Indienfeldzug hervor, erst bei der zweiten Reichsteilung im Jahre 321 v. u. Z. bekam er Babylon zugesprochen, mußte es aber, von Antigonos arg bedrängt, aufgeben und fliehen. Mit Ptolemaios' Hilfe eroberte er es zurück. Aber bis 306 v. u. Z. mußte er sich gedulden, ehe er die Königswürde erwerben konnte; allerdings zählte er selbst seine Herrscherjahre von Oktober 312 v. u. Z., von seiner zweiten Besetzung Babylons an. Damals begann die berühmte Seleukidenära, die sich dank den Juden und orientalischen Christen bis ins hohe Mittelalter in Verzeichnissen, Verträgen und Chroniken erhalten hat. Ihre Epoche, ihr erster Tag als historischer Wendepunkt, fiel auf den ersten Tag des Monats *taschrit*, nach babylonischem Kalender auf den 7. Oktober 312 v. u. Z. Die Babylonier jedoch, bei denen das Jahr im Frühjahr mit dem Monat *nisanu* begann, datierten sie erst auf den 3. April 311 v. u. Z. Als die Römer später einen großen Teil Vorderasiens okkupierten und die einheimischen Kalender dem julianischen Jahr anglichen, wurde die Epoche dieser Ära auf den 1. Oktober 312 v. u. Z. festgelegt. Im Herbst begann ja das Jahr der Makedonier.

Seleukos orientierte sich in seinen ersten Regierungsjahren nach Osten, wo die makedonische Macht durch den indischen König Tschandragupta bedroht wurde. Dieser Inder galt als Abenteurer rätselhafter Herkunft. Nach Alexanders Tod beschwor er in der Pandshabsatrapie einen Aufstand gegen die Makedonier herauf, besetzte das Land, entthronte den einheimischen König in Nordindien, erklärte sich selbst zum Monarchen und gründete eine neue Dynastie des Maurjastammes. Er wandte sich gegen den östlichen Iran, aber Seleukos schloß mit ihm bald Frieden, wobei er ihm weite Landstriche des heutigen Belutschistans und Afghanistans abtrat. Das Abkommen beinhaltete die Versicherung ewiger Freundschaft und verwandtschaftlicher Bande. Seleukos erhielt von Tschandragupta fünfhundert für Kampfaktionen abgerichtete Elefanten, und eben die verhalfen ihm zum Erfolg in der Schlacht bei Ipsos.

Etwas später wurde an den indischen Hof in der Hauptstadt des Tschandraguptareiches, Palibothra, im Sanskrit Pataliputra, dem heutigen bengalischen Patna, der Gesandte Megasthenes beordert; ihm verdanken wir höchst aufschlußreiche Berichte über das damalige Indien und das dortige gesellschaftliche Leben. Leider sind von seinen Schriften nur Fragmente vorhanden. Seleukos residierte in Babylon, legte aber eine neue Stadt am Tigris namens Seleukia an, wohin er vornehmlich Einwohner von Babylon schickte, das seitdem an Bedeutung verlor. Das Reich gliederte er in zweiundsiebzig Satrapien auf, wobei er dazwischen ein paar kleinere Staaten beließ, die dann der Zentralgewalt nicht selten Kopfzerbrechen bereiteten. Er erklärte sich zum Gottessohn, wie es damals unter Herrschern üblich war. Über Alexander wurde die Mär verbreitet, sein leiblicher Vater sei Zeus selbst gewesen, über Seleukos lediglich, Apollo habe ihn gezeugt.

Als Politiker vertrat er den Grundsatz, orientalische Elemente tunlichst nicht mit westlichen zu vermengen, vielmehr eine griechisch-makedonische Führungsschicht zu schaffen, was er mit Städtegründungen und Bodenzuweisungen für griechische Einwanderer zu fördern trachtete. Dadurch wurden auch griechisches Bildungsgut und griechische Lebensweise über das gesamte Reich verbreitet, deren Einfluß bis ins Mittelalter nachwirkte. Der Hof war rein griechisch, der König selbst ein Liebhaber griechischer Literatur, der beispielsweise Hesiods Gedichte ständig bei sich trug. Er wurde als erhabenster Nachfolger Alexanders geschätzt, und sein Reich erstreckte sich von Indien bis zum Mittelmeer und Bosporus. Seinen Sitz verlegte er von Seleukia nach Antiochia, das er ebenfalls gegründet und nach seinem Vater so genannt hatte. So verschob er den Mittelpunkt seines Imperiums gar zu weit nach Westen. Auf seinem Marsch nach Makedonien fand er im Jahre 281 v. u. Z. durch Mörderhand den Tod.

Seine Nachfolger sind eher durch Kuriositäten und tragische Details ihrer Schicksale interessant. Sohn Antiochos I. entflammte in Liebe zur schönen Stiefmutter Stratonike, einer Enkelin Antigonos' des Einäugigen, und es wäre mit ihm schlimm ausgegangen, wenn sie ihr Vater auf Anraten des bekannten Arztes Erasistratos nicht abgetreten hätte. Er fiel im Krieg. Antiochos II., dem die Mileter aus Dankbarkeit für die Vertreibung ihres Tyrannen den Beinamen Theos, Gott, verliehen, verstieß seine Frau Laodike samt ihren Kindern und vermählte sich mit der ägyptischen Prinzessin Berenike. Als er reumütig zu Laodike zurückkehrte, zeigte sie sich unversöhnlich, vergiftete ihn und ließ Berenike mit ihrem Sprößling in Antiochia meucheln. Nebenbei gesagt: In den griechischen Reichen Ägyptens und Vorderasiens hatte die ganze Zeit ihrer Existenz hindurch das dämonische weibliche Element, dessen letzte große Vertreterin Kleopatra war, das Sagen.

Unter beiden Antiochen gediehen freundschaftliche und wirtschaftliche, ja auch kulturelle Beziehungen zu Indien. Nicht nur daß Schiffe indische Waren in den Persischen Golf brachten, auch Diplomaten reisten hin und her, buddhistische Missionare agierten in vorderasiatischem Raum, zumal während des Regimes des Tschandraguptaenkels Açoka, der in seinen Inschriften sogar alle Herrscher aufzählte, mit denen er diplomatische Kontakte pflegte. Ja, indische Weise besuchten westliche Gefilde und genossen ungewöhnlich hohes Ansehen. Plutarchos schildert, welche Komplikationen Alexander in Indien von seiten der Brahmanen bereitet wurden. Sie wiegelten die einheimischen Könige gegen ihn auf, führten mit ihm ungehörige Streitgespräche und versuchten ihn zu belehren. Einer von ihnen, der besonders schlaue und gewiefte Politiker Sphines Kalanos ging mit Alexander nach Persien und verbrannte sich, als er sein Ende nahen sah, an der Grenze selbst, um ehrenhaft aus dem Leben zu scheiden. Tschandraguptas Sohn Bindusara Amitraghata, »jener, der die Feinde tilgt«, stand mit Antiochos I. in Verbindung und – so lautet es in einer Erzählung, die der populäre antike Schriftsteller Athenaios aufgehoben hat – schrieb dem syrischen König einen Brief, in dem er bat, ihm süßen Wein, getrocknete Feigen und einen Sophisten mit guter Praxis zu schicken. Der König gab zur Antwort, die beiden ersten Bitten werde er erfüllen, die dritte aber nicht, da es den Griechen verboten sei, Sophisten zu verkaufen. Die Sache klingt seltsam: Sophisten waren Philosophen, Redner, Advokaten und Politiker in einem. Sie ragten durch allseitige Bildung hervor und behaupteten, jede Frage beantworten zu können. Mit ihren Reden betörten sie das begeisterte Publikum und unterrichteten Rhetoriker darin, wie sie bei den Zuhörern die unterschiedlichsten Empfindungen wecken sollten. Es waren Theoretiker und Praktiker der Demagogie, und sie vernebelten die Hirne breitester Massen. Einige ihrer Rätselaufgaben und Wortspiele geistern bis heute noch in so manchem Gebildetenlexikon, und wir nennen sie Sophismen.

Beachtung verdient, daß der indische König einen fremden Ratgeber brauchte, der ihm erläutern sollte, wie er mit der Menge umgehen müsse; bestimmt litt er zu Hause keinen Mangel an solchen klugen Köpfen, geschweige denn an Spitzeln, die über Inhalt und Form der öffentlichen Meinung wachten. Der Geheimdienst stand in Indien auf hoher Stufe, stellte allerdings nichts anderes dar als die Entfaltung von Praktiken, die indische Könige Persien abgelauscht hatten. Niemand weiß, wie es in Indien damals wirklich ausgesehen hat. Was den späteren europäischen Handel mit dem Orient anbelangt, ist bekannt, daß jährlich 55 bis 100 Millionen Sesterzien den Besitzer ostwärts wechselten. Die Europäer wirtschafteten mit ihrer späteren Kolonisation einiges für sich heraus, dennoch zahlte letztlich auf beiden Seiten das arbeitende Volk.

Die Parther

Wie bereits früher zum wiederholten Mal in diesen Regionen, trat plötzlich ein mittelasiatischer Stamm auf den Plan und begann seine historische Rolle auf iranischem Boden zu spielen.

Der skythische Stamm der Parner (Parni) oder Aparner, der von Tierzucht und Raub lebte, fiel unter seinem berüchtigten Häuptling Arsakes in die parthische Satrapie ein, eroberte sie in wenigen Jahren und errichtete ein Reich, das nach dem zuerst erbeuteten Land benannt wurde. Er okkupierte jenes Gebiet, über das damals der Seleukidensatrap Andragoras herrschte, der bei der parnischen Invasion den Tod fand.

Die eingeborenen Parther, zur Hälfte Nomaden, zur Hälfte Ackerbauern, schlugen sich auf die Seite der neuen Herren. Nach Arsakes' baldigem Tod trat an seine Stelle sein Bruder Tiridates, der eigentliche erste König des neuen Reiches. Er richtete sich eine Metropole, eine Residenz ein und belud sich sogleich mit gewichtigen Sorgen. Vor allem wollte er durch weitere Eroberungszüge sein Territorium vergrößern und nach legitimen Ahnen königlichen Geblüts Ausschau halten. So vereinnahmte er Hyrkanien und damit einen beachtlichen Streifen der kaspischen Küste. Seine Vorfahren ermittelte er unter den Achämeniden und verkündete, der Urvater seines Geschlechts sei der große König Artaxerxes II.,Sieger von Kunaxa, gewesen, der vor seinem Thronantritt Arsikas oder Arsakes geheißen habe. Diese seine Sorge war zutiefst gerechtfertigt, denn jeder iranische Regent mußte mit der vorangegangenen Dynastie verwandtschaftlich verbunden sein; von legitimen Königen ging schließlich das Blutrecht zur Herrschaft ebenso wie die göttliche Gnade *farnah* auf ihn über.

Fürst von Elymais, vielleicht Gründer der Dynastie Kamnaskires' I., in parthischer Tracht. Entdeckt in Schami bei Malamir

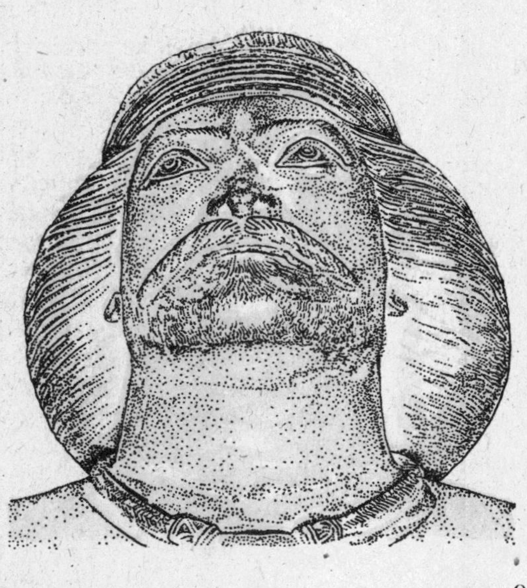

Allmählich entwickelte sich auch eine speziell parthische Jahreszählung. Tiridates wurde im fünfundsechzigsten Jahr der Seleukidenära König, nach makedonischer Rechnung am 20. September 248 v. u. Z., nach dem babylonischen Kalender war es am 15. April 247 v. u. Z.

Parthiens Residenz war Hekatompylos, die Stadt der hundert Tore. Tiridates erbaute sich in reizender bewaldeter Gebirgslandschaft, reich an Jagdgründen, einen Zweitsitz namens Dara, der allen Ansprüchen genügte und durch seine Lage geradezu uneinnehmbar schien. Die allgemeinen Bedingungen begünstigten den Reichsaufbau. Die Seleukidenmonarchen waren im Westen durch die Waffengänge gegen Ägypten und in Kleinasien durch die Geplänkel mit den Galliern gebunden. Außerdem stritten sich die beiden Brüder Seleukos II. und Antiochos der Habicht um den Thron. Doch ein Unglück kommt selten allein. Zu der Zeit, als Arsakes und Tiridates sich je einen großen Teil des Reiches angeeignet hatten, trachteten auch griechische Offiziere, Grundbesitzer und Siedler im benachbarten Baktrien danach, taten ihnen gleich und schufen sich ihr eigenes Königtum, unabhängig von der Seleukidenherrschaft.

Die Parther gerieten demnach zwischen zwei Mühlsteine, doch mit der Zeit erwies es sich, daß keiner von beiden allzuviel mahlte. Historische Werke aus jener Epoche sind ziemlich rar und die Geschichte zahlreicher Staaten nur als Randerscheinungen vermerkt, zumal die einschlägigen Schriften unter völlig anderen Gesichtspunkten konzipiert sind. Über Seleukos II. wurde geschrieben, er sei vom Pferd gefallen und habe sich dabei tödlich verletzt oder sei in parthischer Gefangenschaft umgekommen. Feststeht, daß die Seleukiden erneut den östlichen Iran zu gewinnen versuchten. Antiochos III., der Große, hatte sich unmittelbar nach Machtübernahme im Jahre 223/222 v. u. Z. im Westen herumzuschlagen, wo zwei Brüder, der medische Satrap Molon und der persische Alexander, gegen ihn putschten. Sie bezwangen die seleukidischen Feldherren, und der König selbst mußte das Kommando übernehmen. Das Ende des Aufstandes wird farbig und dramatisch vom größten antiken griechischen Historiker Polybios geschildert. Molon wurde ihm zufolge besiegt und nahm sich das Leben; seinen Leichnam ließ der König in Media ans Kreuz schlagen. Sein Bruder, der Heerführer Neolaos, schlüpfte bei Alexander unter, bewog ihn zum Suizid, erschlug die ganze Molonfamilie und tötete sich zuletzt selbst.

Antiochos brach im Jahre 209 v. u. Z. gegen Osten auf. Die Parther wichen vor ihm zurück, seine Kriegserfolge brachten ihm aber keinen diplomatischen Sieg ein. Der König erkannte Parthiens Selbständigkeit an. Dann setzte er seinen Feldzug gegen die baktrischen Griechen fort, belagerte die Metropole, vereinbarte zu guter Letzt lieber einen Waffenstillstand, gestand dem baktrischen Regenten Euthydemos die Königswürde zu und gab seine Tochter dessen Sohn zur Frau.

Das heutige Kabul wurde damals von ei-

Mittelasien im 4.–2. Jh. v. u. Z.

heutige Staatsgrenze — heutige Staatsgrenze im Wasserlauf
Eroberungszüge Alexanders des Großen in Mittelasien (329–327 v. u. Z.)
Nordgrenze des Reiches Alexanders
Gräko-Baktrisches Reich
Partherreich (ab etwa 250 v. u. Z.)

nem indischen König regiert. Er schenkte Antiochos immense Schätze, und darin erschöpfte sich auch das positive Ergebnis dieses sonderbar berühmten Feldzuges.

Mit dem Seleukidenreich ging es ziemlich steil bergab. Antiochos III. entriß zwar den Ägyptern Palästina, erlitt aber durch die Römer eine Schlappe, die damals zum erstenmal in die asiatische Geschichte eingriffen. Die Baktrier drängten ostwärts nach Indien, ihr Reich erschütterten Umstürze und zerstückelten zahlreiche Kleinstaaten, wie es die massenhaft erhaltenen verschiedenen Münzen beweisen. Und so waren die Parther von allen die erfolgreichsten. Die Arsakidenregenten beherrschten nach und nach Medien und Babylonien und heimsten zusätzlich noch den größten Teil des baktrischen Besitztums ein. Den Griechen blieben lediglich Kabul und die östlichen Gebiete am Indus. Der Seleukide Antiochos VII. versuchte im Jahre 129 v. u. Z. Babylonien zurückzugewinnen, verlor aber nach anfänglichen Siegen und fiel. Das war das letzte Aufbäumen der einst ruhmreichen makedonischen Dynastie, das Regiment des Westens über den Iran zu restaurieren. Was die Arsakiden ums Jahr 250 v. u. Z. zustande gebracht hatten, wiederholte sich im Grunde rund einhundert Jahre später noch einmal. Von Mittelasien und dem chinesischen Turkestan her begannen die vielfältigsten Stämme unerfindlicher Abstammung auszuschwärmen, einer überfiel den anderen, dieser räumte jenem den Weg und stürzte sich auf den nächsten, und so wurde der nordöstliche Iran zur Ausgangsbasis wilder Horden für ihr Vordringen ins Innere des Irans und der benachbarten indischen Länder.

Diese Bewegung kam anscheinend durch den hunnischen Druck auf ein anderes, bei den Chinesen unter dem Namen Jüe-tschi bekanntes Volk ins Rollen; so zumindest steht es in chinesischen Annalen geschrieben. Hier stoßen wir auf einen Abschnitt asiatischer Geschichte, der trotz allen Bemühungen und geistreichen Auslegungen gestandener Orientalisten in vieler Hinsicht bis auf den heutigen Tag verschleiert bleibt.

Die Jüe-tschi herrschten in Gansu, einem Gebiet im nordwestlichen China. An ihrem Hofe hielten sie den Prinzen Mo-te aus dem Hiung-nu-, möglicherweise auch Hunnenland als Geisel. Im Jahre 208 v. u. Z. entwischte der Prinz, schlug sich in seine Heimat durch, setzte seinen Vater ab, tötete ihn und vereinigte verschiedene Stämme zu einem mächtigen Reich. Die Jüe-tschi zwang er im Jahre 176 v. u. Z. zur Anerkennung der hunnischen Oberhoheit. Sein Sohn schlug die Jüe-tschi ungefähr neun Jahre später erneut und vertrieb sie von ihrem angestammten Boden. Ein Teil von ihnen flüchtete nach Tibet, die Mehrzahl jedoch siedelte nach dem Westen über und verdrängte aus dem heutigen Kasachstan die dortige Bevölkerung, die Saken, die daraufhin in der Mehrheit südwärts auf den Iran zu abzogen. Sie ließen sich in einem Gebiet nieder, das sie Sakastan, das heutige Sistan, tauften. Andere Saken verschlugen die Zeitläufte bis nach Indien, wo sie ein kleines Königtum errichteten. Später, etwa im 2. Jahrhundert u. Z., entstand in Mittelasien, im östlichen Iran und nordwestlichen Indien ein ausgedehntes Reich der Kuschanen, die einen Stamm der Jüe-tschi, vermutlich der Tocharer, darstellen. Sie sind für die Kultur- und Kunstgeschichte jener Länder von weittragender Bedeutung. Diese Völkerwanderung bezahlten zwei parthische Könige mit dem Leben.

Für Europa hatte die parthische Geschichte bis in jene Zeit Gewicht, als die Arsakiden den ersten direkten Kontakt mit den Römern knüpften. Das war im Jahre 92 v. u. Z. Damals rangen die Römer mit dem pontischen König Mithridates VI., einem der erbittertsten Feinde Roms, der mit der Erneuerung des Achämenidenreiches liebäugelte. Er entstammte dem Geschlecht Otanes', eines der Verschwörer gegen Lügensmerdis, und vor der Achämenidenära besaßen seine Vorfahren Satrapien in Mittelasien. Ein Zweig überlebte in Pontos, wo es dem Satrapen Ariobarsanes im Jahre 363 geglückt war, einen halbautonomen Staat zu gründen. Es war ein teilweise recht gebirgiges und rauhes Gebiet an der Meeresküste, jedoch bot es in üppiger Fülle Getreide und Oliven, im Binnenland wiederum reiche Baumbestände und Mineralienvorkommen, vor allem Eisenerz, und nicht zuletzt eine zahlreiche Tierwelt. Die Nachkommen des Satrapen überstanden im großen und ganzen, ohne nennenswerten Schaden zu nehmen, die stürmischen Jahre der Alexanderexpeditionen und des Diadochengezänks bis ins 1. Jahrhundert v. u. Z. hinein. An der Küste gab es eine Reihe griechischer Siedlungen mit lebhaftem Handel und Wandel. In der Nähe von Pontos lag Armenien, allerdings damals viel größer als die heutige armenische Republik, vom höchst unternehmungslustigen und selbstbewußten Tigranes regiert, der schließlich siebzehn Jahre lang die Reste des Seleukidenreiches besetzt und in gebotener Distanz zu Parthien hielt, das nach Norden und zum Schwarzen Meer vorzuprellen beabsichtigte. Mithridates gab Tigranes seine Tochter zur Frau und baute auf dessen Beistand in der geplanten Auseinandersetzung um Kappadokien, ein ausgedehntes Königreich in der Osthälfte Kleinasiens.

Mithridates war eine bemerkenswerte Erscheinung. Als Junge mußte er vom Hofe in den Wald fliehen, um sich vor seiner heimtückischen Mutter und treulosen Verwandten in Sicherheit zu bringen. Nach sieben Jahren, er war erst zwanzig, kehrte er heim, erledigte seine Gegner und bemächtigte sich der Regierung. Seelisch und körperlich gewandt, abgehärtet, verfügte er über ein überdurchschnittliches Gedächtnis, beherrschte zweiundzwanzig Sprachen seiner Völkerschaften und Stämme, widmete sich der Naturkunde und verfaßte Schriften über Heilmittel. Mit seinem zielsicheren Urteil verbanden sich Heuchelei, Brutalität, Argwohn, List, Aberglaube und Wollust, lauter orientalische Tyrannen kennzeichnende Eigenschaften. Er bot eine starke Armee und Kriegsflotte auf, unterwarf alle Stämme zwischen Pontos und der Krim an der östlichen Schwarzmeerküste.

Zuerst annektierte er Kappadokien, von dort verjagte er den König Ariobarsanes, den allerdings die Römer in ihre Obhut nahmen und, nachdem ihre Truppen unter dem Oberbefehl des damaligen kilikischen Proprätors L. Cornelius Sulla Mithridates aus Kappadokien verscheucht hatten, wieder auf den Thron setzten. Sulla drängte Tigranes nach Armenien ab und gelangte auf seinem Vormarsch bis zum Oberlauf des Euphrats. Dorthin entsandte der damalige Partherkönig Mithridates II. einen Boten zu ihm, um ihm diplomatische Beziehungen zu offerieren und gleichzeitig zu eruieren, was die Römer mit Tigranes im Sinn hatten. Sulla setzte sich ostentativ zwischen Ariobarsanes und den Abgesandten, was ihm in Rom hohe Popularität und tiefen Respekt einbrachte. Der parthische König fühlte sich verletzt und ließ den Diplomaten nach der Heimkehr hinrichten. Das Verhältnis zu den Römern blieb jedoch weiterhin korrekt.

Der pontische Mithridates fügte in den Folgejahren den Römern noch manche Unbill zu, unter anderem mit drei Kriegen, deren Ausgang jedoch den Römern letztlich zustatten kam. Unter dem berühmten Lucullus, später unter Pompeius zwangen die Römer ihn zu Flucht und Selbstmord, nahmen das pontische Königreich in ihren Besitz und degradierten Armenien zu einem Vasallenstaat. Pompeius unterwarf auch die Albaner, Bewohner des heutigen sowjetischen Aserbaidshans, und die Iberer, Bewohner des heutigen Georgiens. Er eroberte Damaskus und versetzte dem dahinsiechenden Seleukidenreich den Todesstoß, nahm auch Jerusalem ein und ordnete die Verhältnisse an der parthischen Grenze. Den Parthern erkannte er immerhin Adiabene, den östlichen Teil des einstigen Assyriens, zu, als aber König Fraates III. gegen Tigranes den Krieg vom Zaune brach, verwandte er sich für ihn als römischen Vasallen, vergrößerte Armenien sogar noch um ein paar hinter der parthischen Grenze gelegene Landstriche. Später entriß Fraates dem armenischen König Artavasdes Kurdistan. So wurde Armenien zum Zankapfel zwischen Parthien und Rom.

Im Jahre 58/57 v. u. Z. wurde Fraates nach altem, unschönem Brauch durch seine Söhne Mithridates und Orodes entthront und ermordet. Vorher vereinbarten beide die Regierungsteilung so, daß der erste Medien behielt, der zweite König der Könige wurde. Bald darauf erregte der armenische Artavasdes Mithridates' Unwillen, was zwangsläufig zum Krieg mit den Römern führen mußte. Der römische Statthalter in Syrien, Gabinius, war schon unterwegs gegen die Parther, doch da brach im Arsakidenreich der Streit um den Thron aus. Mithridates rief sich zum König aus, wurde aber wegen seiner Grausamkeit von einer Schar Edelleute mit dem Wesir und Oberbefehlshaber Surenes an der Spitze abgesetzt und davongejagt. Orodes blieb auf dem Thron. Sein ausgestochener Rivale bildete sich ein, die Römer würden ihm zum Thron verhelfen. Er machte sich daher zu Gabinius' Lager auf und verhandelte. Gabinius zeigte sich bereit, das Abenteuer zu riskieren, erhielt aber zu diesem Zeitpunkt aus Rom die Order, nicht nach Parthien, sondern nach Ägypten zu marschieren und dort den König wieder auf den Thron zu heben, den seine Untertanen entmachtet hatten. Die ganze Sache gewann noch dadurch an Brisanz, daß der Ägypterkönig Ptolemaios zu ihm kam und ihm für die Intervention 10000 Talente aufdrängte, angeblich auf Pompeius' Wink hin. Die einflußreichen Römer Antonius und Rabirius redeten auf Gabinius ein, lieber nach Ägypten zu ziehen, und zwar aus zweierlei Grund: Antonius erhoffte aus dem ägyptischen Feldzug Lorbeer zum Prestigeaufbau, Rabirius hatte Ptolemaios eine große Geldsumme geliehen und war sich gewiß, sie, ohne den Schuldner auf den ägyptischen Thron zu manipulieren, niemals wiederzusehen. Deshalb kehrte Gabinius über den Euphrat zurück und begab sich nach Ägypten. Vorher suggerierte er noch Mithridates, auf eigene Faust gegen Orodes ins Feld zu ziehen. Mithridates und sein Vertrauter Orsanes wurden daraufhin insgeheim aus dem Lager gelassen, und man setzte über sie das Gerücht in Umlauf, sie seien geflohen. Und Mithridates überfiel Orodes tatsächlich. Babylonien entschied sich für ihn. Doch Surenes eroberte Seleukia am Tigris zurück, in dem er als erster auf den Schutzwällen stand, und belagerte Babylon, bis Mithridates ausgehungert aufgab und auf brüderliches Geheiß im Jahre 55 v. u. Z. exekutiert wurde.

Gabinius war ein ausgemachter Dieb, der nach seiner Rückkehr nach Rom für seine zahlreichen Schachergeschäfte der Erpressung und sonstiger Vergehen angeklagt, aber freigelassen wurde. Ein viel schlimmerer Erpresser war sein Nachfolger Crassus, der übel beleumdete Millionär sowie Cäsars und Pompeius' Kumpan im Triumvirat; er kam im Frühjahr 54 v. u. Z. als Statthalter nach Syrien und machte sich daran, zu stehlen, was nicht niet- und nagelfest war. Er raubte das Jerusalemer Heiligtum aus und schaffte daraus 2000 Talente in bar und Gold im Werte von 8000 Talenten beiseite. Weiterhin leerte er in Hierapolis in Syrien den Astartetempel von allen Schätzen, deren Abtransport einige Tage brauchte. Aber all das war ihm nicht genug, und er zog im Sommer gegen die Parther aus.

Glücksfang

Crassus marschierte in Mesopotamien ein, begnügte sich jedoch mit Erkundungsaktionen im Grenzgebiet. Nach Überschreiten des Euphrats schlug er bei Ichnai am Balikos eine kleinere Einheit der parthischen Reiterei unter dem Satrapen Sillakes und eroberte einige Städte, darunter Nikephoria und Zenodotia, deren Einwohner er wegen des geleisteten Widerstandes als Sklaven verkaufte. Zu Beginn der Kampfhandlungen kamen zu ihm nach Nikephorion parthische Unterhändler und boten einen Vergleich an. Crassus reagierte hochnäsig und sagte, er werde ihnen in Seleukia Bescheid geben. Uagises, der Leiter der Abordnung, erwiderte, eher würden ihm an den Händen Borsten wachsen, als daß Crassus Seleukia zu sehen bekäme. Der armenische König Artavasdes stieß mit 6000 Berittenen zu Crassus und feilschte mit ihm um die Beistandsklauseln. Er verlangte von Crassus, seine Offensive von Armenien aus zu starten, damit sein Territorium vor dem parthischen Überfall und Plünderungszug verschont bliebe. Obwohl die kalte Jahreszeit für Gefechtsentfaltungen in Babylon günstig war, zog Crassus seine Armee ins syrische Winterquartier ab und ermöglichte es dadurch den Parthern, sich besser für den Krieg zu rüsten.

Im Frühjahr 53 v. u. Z. begann Crassus seine mesopotamische Invasion. Er hoffte, die griechischen Städte in Mesopotamien würden sich aus althergebrachter Antipathie gegen Barbaren auf die römische Seite stellen und ihm als Befreier huldigen. Das erwies sich als fatale Fehlspekulation. Bei Zeugma überquerte er den Euphrat und zog nach dem Rat, den ihm der osroenische König, sein Verbündeter Abgar Ariamnes, offenbar in geheimer Vereinbarung mit den Parthern gab, statt am Euphrat entlang, quer durch Mesopotamien auf den Tigris zu. Dem römischen Heer machte das schwer zu schaffen, weil das Land sandig, wasserlos war und die Soldaten durch die Eilmärsche bald ermatteten. Abgar gab vor, die Parther hätten das Gebiet geräumt und Orodes sei im Begriff, sich nach Hyrkanien oder zu den Skythen abzusetzen, obwohl die Nachrichten über die parthischen Aufrüstungsanstrengungen nicht abrissen. Um das Terrain zu sondieren und damit die Parther wirklich vor ihm auswichen, übernahm Abgar das Kommando über die Vorhut. Inzwischen rückte Orodes mit einem Teil der parthischen bewaffneten Kräfte in Armenien gegen Artavasdes vor. Artavasdes benachrichtigte Crassus davon und forderte römischen Entsatz. Crassus verdächtigte Artavasdes des Verrats und drohte ihm an, mit ihm abzurechnen, sobald er die Parther geschlagen habe. Daraufhin einigte sich Artavasdes mit Orodes und schloß mit ihm Frieden. Damit schwand die Chance auf armenische Unterstützung dahin, die nach Artavasdes' ursprünglichem Anerbieten 10000 schwerbewaffnete Reiter und 30000 Infanteristen betragen sollte.

Möglicherweise hatte Artavasdes schon vorher mit den Parthern ein Geheimabkommen getroffen, Crassus' Pläne zu durchkreuzen, um den Römern nicht helfen zu müssen. Die Römer schleppten sich weiter durch die Wüste, ohne genügend rasten zu können, bis sie auf die zahlenmäßig starke und vortrefflich ausgestattete parthische Armee prallten. Deren Oberkommando hatte Surenes inne, Repräsentant eines Magnatengeschlechts und ranghöchster Würdenträger nach dem König, ein junger, etwa dreißigjähriger und tollkühner, zugleich verschlagener Krieger, der kurz zuvor Orodes nach Seleukia begleitet und einen Aufruhr gegen ihn niedergeworfen hatte. Er war ein unwahrscheinlich reicher, prunksüchtiger Magnat, der auf Kriegszügen seinen ganzen Harem und einen riesigen Troß mitführte, sich prachtvoll nach medischer Mode kleidete, eine kostbare Rüstung trug, wie eine Dirne geschminkt und frisiert einherging. Die anderen Parther trugen ihre traditionellen Volkstrachten und flochten ihre Zöpfe nach skythischem Brauch im Scheitel zu einem Schopf zusammen.

Einige Tage vor der Schlacht hörte Abgar auf, seine Spähtruppinformationen an die Römer zu übermitteln, ebenso an die Parther, und wechselte mit seinem Trupp endgültig zur parthischen Armee über. Surenes hatte in seinem Heer schwere Kavallerie, deren Reiter wie Pferde schuppengepanzerte Harnische trugen. Helme und Schilde waren aus margischem Stahl geschmiedet. Ihnen zur Seite ritten Bogenschützen, die sogar im Sattel, zum verfolgenden Gegner nach hinten gewandt, meisterlich zu treffen verstanden. Surenes wählte eine Kampfmethode, die den Römern fremd war. Er griff blitzschnell an und sprengte im Nu davon. Dagegen zeigten sich die schwerfälligen römischen Fußtruppen völlig machtlos. Crassus glaubte, der Beschuß hörte auf, sobald dem Feind die Pfeile ausgingen, doch die Bogenschützen hatten auf ihren Kamelen griffbereite Reserven. In dieser Situation deutete alles darauf, daß die Parther das römische Heer sprengen und einkesseln würden. Also entschied sich Crassus für den Kampf. Er schickte seinen Sohn Publius, der vordem unter Cäsar in Gallien gedient hatte, einen beherzten Heerführer, mit einer Einheit von 1000 gallischen Reitern, 500 anderen Berittenen, 500 Bogenschützen und 4000 Fußsoldaten gegen die Parther. Das war die ganze römische Flanke. Die Parther gingen zur Gegenattacke über, und die Römer nahmen ihre Verfolgung auf. Bald verschwanden sie aus dem Gesichtskreis des Hauptkontingents. Auf einmal machten die Parther kehrt und stürzten sich mit voller Wucht auf den Feind. Publius wehrte sich verzweifelt, und seine Gallier vollführten wahre Wunder: Sie krochen unter die parthischen Pferde und Kamele und schlitzten sie von unten auf. Doch schließlich mußten die Römer sich auf einen Sandhügel zurückziehen und wurden abgeschnitten. Zwei Griechen aus Carrhae, Hieromymos und Nikomachos, redeten Publius zu, sich nach dem nahen Ichnai zu retten, Publius blieb aber bei seinen Truppen. Als ihm ein Pfeil den Arm verletzt hatte, ließ er sich von seinem Waffenträger durchbohren, um nicht in Gefangenschaft zu geraten oder von parthischen Waffen zu Tode getroffen zu werden.

Die Parther erstürmten den Hügel und nahmen die übriggebliebenen 500 Mann gefangen. Das Hauptkorps unter dem Befehl des Vaters folgte Publius' Resttruppen, allerdings vergeblich, weil sie sich in ein Nichts aufgelöst hatten. Da wurde ihm, auf eine Lanzenspitze gespießt, Publius' Haupt gebracht. Die Boten, die Publius zum Vater um Hilfe geschickt hatte, waren entweder nicht durchgekommen oder hatten sich verspätet. Das Gefecht lebte wieder auf und dauerte bis in den Abend hinein. Die Parther verschwanden von der Bildfläche, weil sie einen nächtlichen Angriff befürchteten. Als die Truppen Publius' Haupt erblickten, erschraken sie, und Crassus, selber zutiefst erschüttert, mußte sie beruhigen. Ohne Rücksicht auf den Vater, der, mit einem Mantel zugedeckt, auf der Erde lag, apathisch, stumm, geistesabwesend, beschlossen seine Unterführer Octavius und der Quästor Cassius, die Armee nach Carrhae zu bringen, wo eine römische Besatzung lag. Viertausend Verwundete mußten im Lager zurückgelassen werden; die Armee konnte sich mit ihnen nicht belasten. Als erster brach mit 300 Reitern Egnatius auf und traf schon um Mitternacht in Carrhae ein. Dort informierte er schnell den Kommandanten Coponius darüber, was sich abgespielt hatte, und eilte weiter nach Zeugma. Der Rückzug ging ziemlich ungeordnet vonstatten. In der Nacht entfernten sich vier Kohorten unter Vargontinus, wurden von den Parthern gestellt und bis auf ein Dutzend Mann dezimiert, die nach Carrhae ziehen durften. Ebenso metzelten die Parther alle nieder, die verwundet im Lager geblieben waren. Das Hauptkorps floh nach Carrhae, sein Befehlshaber ritt Crassus entgegen und brachte ihn in die Stadt.

Die einzige Chance, einigermaßen heil davonzukommen, bestand darin, in Carrhae zu bleiben, denn Surenes' schwere Reiterei eignete sich nicht zur Belagerung einer Festung. Außerdem wurde Surenes hinterbracht, daß nur ein Teil der Armee nach Carrhae gekommen sei, während Crassus mit dem größeren Aufgebot weiter nach Syrien marschierte. Er war sich nicht ganz schlüssig, ob er verweilen oder die Verfolgung aufnehmen sollte. Ganz sicher war er sich nicht, ob es stimmte, daß Crassus nicht in Carrhae saß. Im Grunde wußte er gar nichts. Also griff er zur List, um der Wahrheit auf den Grund zu kommen. Er ließ Crassus und Cassius auffordern, auf den Stadtwällen zu erscheinen, da er mit ihnen verhandeln wolle. Als wirklich beide sich zeigten und die Araber, die sie kannten, ihm ihre Identität bestätigten, gab Surenes den Gedanken an die wenig einbringende Verfolgung auf und blieb vor Carrhae.

Völlig unklar ist, warum Crassus sich entschloß, Carrhae zu verlassen. Vielleicht litt die Truppe an Lebensmittelmangel, oder er hatte ganz schlicht Angst vor den Parthern. Kundschafter, die die Parther auf dem laufenden hielten, informierten sie darüber, daß die Römer die Festung räumen und den Rückzug fortsetzen wollten; es war sozusagen ein offenes Geheimnis. Und tatsächlich zogen die Römer eines Nachts unter dem Befehl Andromachos' aus Carrhae ab; er stand natürlich in parthischen Diensten und hatte den Auftrag, die Römer vom Weg abzubringen. Cassius traute der ganzen Sache nicht und kehrte nach Carrhae zurück, von wo aus er unter dem Geleitschutz eines zuverlässigen

Offiziers und von 500 Reitern unbehelligt Syrien erreichte. Im Morgengrauen kam Crassus an einem Hügel vorbei. Darauf erhob sich ein Tempel des Mondgottes Sin, der in der Umgebung von Carrhae von jeher verehrt wurde. Zufällig lag da oben auch eine römische Einheit von 5000 Mann Stärke unter Octavius' Kommando. Er aber besetzte den Nachbarhügel und wurde von den Parthern prompt überfallen. Der Kampf wäre unvermeidlich verheerend für ihn ausgegangen, doch Octavius kam ihm zu Hilfe.

Weder Surenes noch seine Armee verspürte große Neigung zum Gefecht, andererseits mußte er Crassus in die Hände bekommen. Er bediente sich erneut einer List. Diesmal lud er Crassus ein, ihn in seinem Lager zu besuchen, damit sie die Waffenstillstandsbedingungen aushandeln und die Grenzen festlegen könnten. Crassus witterte eine Falle, er kannte die parthische Hinterhältigkeit und wußte, daß dies sein Ende wäre. Die Armee hingegen wurde von römischen Gefangenen, die die Parther entlassen hatten, ermuntert und drang in den Befehlshaber, auf das Angebot einzugehen. Er begab sich also doch in das parthische Lager und wurde von Surenes ehrerbietig empfangen. Der Friedensvertrag sollte aufgesetzt werden, Surenes schenkte Crassus ein herrlich herausgeputztes Roß, ließ Crassus von seinen Dienern in den Sattel heben und ihn begleiten. Mit einem Peitschenhieb brachten sie das Pferd in schnellen Trab, Octavius und der Tribun Petronius merkten, daß es sich um einen Anschlag auf den Heerführer handelte, und versuchten, das Pferd anzuhalten. In dem daraufhin entstandenen Handgemenge erschlug Octavius einen Pferdeknecht, wurde aber selber hinterrücks getötet, und Petronius floh. Crassus wurde in dem Wirrwarr entweder von einem seiner eigenen Leute erstochen, damit er nicht lebendig in parthische Hände fiele, oder auch von einem Parther getötet. Man schlug ihm den Kopf und einen Arm ab. Die Restarmee zerbröckelte. Einige Römer flüchteten, nur wenige überlebten, denn mit den Parthern verbündete Araber fingen sie ein und meuchelten sie. Die meisten ergaben sich und wurden nach Margiana abgeführt.

Die Angaben über römische Verluste weichen in den verschiedenen Quellen voneinander ab. Nach Plutarchos' Crassusbiographie hatten die Römer zu Beginn des Feldzuges über 35000 schwerbewaffnete, 4000 leichtbewaffnete Fußsoldaten, 4000 Reiter verfügt, davon fiel etwa die Hälfte, und 10000 Mann wurden gefangengenommen. Besonders trauerten die Römer den Kriegssymbolen einzelner Truppenteile, den an Stangen befestigten Adlern mit weitgespannten Schwingen, nach.

Surenes entsandte nach diesem Ereignis unverzüglich Boten zu Orodes, der sich zu jener Zeit am armenischen Hofe aufhielt, dort mit Artavasdes Frieden schloß und die Hochzeit seines Sohnes Pakoros mit Artavasdes' Schwester ausrichtete. Im Rahmen der Hochzeitsfeierlichkeiten fand auch eine Theatervorstellung statt, bei der eine Wandertruppe griechischer Schauspieler Euripides' Tragödie »Bakchai« aufführte. Beide Majestäten waren, wie es heißt, der griechischen Sprache mächtig: Orodes kannte sich einigermaßen in griechischer Literatur und Musik aus, Artavasdes schrieb gar Erzählungen, Reden und Tragödien in griechisch. Der Schauspieler Jason aus Tralles rezitierte gerade, als der Magnat Sillakes Crassus' Kopf in den Saal schleuderte. Die Parther hoben ihn auf, Sillakes wurde vom König aufgefordert, Platz zu nehmen. Jason legte das Gewand des gerade von ihm verkörperten Pentheus ab (den die eigene Mutter Agaue in ihrer bakchischen Raserei zur Strafe in Stücke riß), übergab es einem Choristen, streckte das Haupt des Römers in die Höhe und trug diese Verse vor:

»Wir bringen von den Bergen
den frischgeschnittenen Schößling
  in den Palast,
einen glücklichen Fund...«

Die Anwesenden tobten begeistert. Und als der Wechselgesang zwischen Chor und Bühne folgte:

Chor: »Wer hat ihn gebracht?«
Agaue: »Mein ist der Preis!«

sprang der Parther Pomaxathres auf und rief erhobenen Hauptes aus, die Verse bezögen sich verdientermaßen auf ihn. Daraufhin überhäufte ihn Orodes mit Gaben, und Jason erhielt als Honorar ein Talent.

Surenes bereitete sich bei seiner Rückkehr nach Seleukia einen sarkastischen Triumph. Der römische Gefangene Caius Paccianus, Crassus zum Verwechseln ähnlich, wurde in barbarische Frauenkleider gesteckt, aufs Pferd gesetzt, und so ritt er hinter Liktoren und Trompetern auf Kamelen einher; an den *fasces*, den Rutenbündeln der Liktoren, hingen Geldbeutel, an den Äxten abgeschlagene Römerköpfe. Ihnen folgten Dirnen und Musikantinnen aus Seleukia, was Crassus' ausschweifenden Lebenswandel verspotten sollte. Paccianus rief man »Crassus« und »Imperator« nach. Dem Rat von Seleukia legte Surenes eine aus dem Beutegut stammende lateinische Übersetzung des griechischen Büchleins »Milesiaka«, miletische Plaudereien, vor, das der Begründer des griechischen Romans, Aristeides aus Milet, verfaßt hatte und dessen Inhalt zum größten Teil aus Pornographie bestand; die Übersetzung war aus der Feder L. Cornelius Sisennas, eines Militärs und Historikers. Surenes wußte dieses erbeutete corpus delicti geschickt gegen die Römer auszuspielen und zeigte mit erhobenem Finger darauf, was Crassus nicht einmal auf Kriegszügen missen wollte.

Dieses Debakel, das sich im Jahre 53 v. u. Z. abspielte (am 9. Juni fiel Publius), war das Ergebnis des ersten kriegerischen Aufeinanderpralles von Römern und Parthern. Damals sahen sich die Römer zum erstenmal einer unbekannten und ausgefallenen Art von Kriegsführung und Begleitumständen gegenüber, die ihnen Furcht einflößten. Die Parther zeigten sich in Reiterschlachten bei weitem wendiger als sie. Vor dem Angriff ließen sie riesige Kesselpauken erdröhnen und stifteten damit Nervosität und Panik in den gegnerischen Reihen. Der Überfall der gepanzerten Reiterei mutete apokalyptisch an. Die Berittenen hatten an die Pferdepanzerung geschmiedete Lanzen und brauchten sie nur zu lenken. Die Wucht, mit der sie zuschlugen, hing allein von der Schnelligkeit der Pferde ab. So konnten auch zwei feindliche Soldaten, wenn sie eng aneinander standen, auf einmal durchbohrt werden. Auch die parthischen Bogen und Pfeile waren vollkommener als jene, die die Römer besaßen.

Noch ein Umstand bewirkte die römische Niederlage. Die Truppen hingen dazumal mannigfachem Aberglauben an und deuteten verschiedene äußerliche Erscheinungen und Kleinigkeiten als Zeichen, die das Schicksal zur Warnung bereithalte. So wurde schon Crassus' Straucheln im Tempel von Hierapolis als schlimmer Fingerzeig Gottes aufgefaßt. Die Schlappe bei Carrhae legten die Juden als Buße für die Tempelplünderung aus. Aber die iranische Armee war nicht minder abergläubisch. Ammianus Marcellius berichtet, daß bei den Sassanidentruppen auf Märschen durch feindliche Provinzen niemand eine Frucht vom Baum oder eine Weintraube vom Weinstock zu pflücken wagte, weil das Obst verzaubert sein könnte. Solcherlei Vorstellungen brachten Unruhe in die Reihen, untergruben die Kampfmoral, destabilisierten das seelische Gleichgewicht und lähmten den Mut.

Rache für Crassus

Syrien war nach der Schlacht bei Carrhae direkter parthischer Bedrohung ausgesetzt. Doch die Parther nutzten ihren Vorteil nicht. Vom römischen Heer hatten sich ungefähr zehntausend Mann gerettet, der befähigte Cassius übernahm die Provinzverwaltung und organisierte binnen kurzer Frist die Abwehrkräfte so, daß schwächere parthische Einheiten, die im Jahre 52 v. u. Z. den Euphrat zu passieren versuchten, aufgerieben wurden. Zum zweiten wurde Surenes in Parthien überraschender Lohn. Sein ruhmreicher Sieg hatte den König irritiert. Niemals war es im Orient ratsam, einen Höhergestellten oder gar den Herrscher selbst in irgendeiner Weise zu übertreffen, Ehrungen und Popularität zu erlangen, die zur Befriedigung höherer Ambitionen verleiten könnten, wie beispielsweise zur Entthronung des Königs und eigener Machtergreifung. Orodes also zitterte und ließ Surenes töten. Im Jahre 51 v. u. Z. fielen die Parther unter Führung des Heerführers Osakes, dem das Jüngelchen Pakoros zugeteilt war, in Syrien ein. Cassius zog sich in das Schutz bietende Antiochia zurück. Da die Parther sich in der Belagerung einer Stadt wenig auskannten, trotzte er ihren Sturmangriffen mit Leichtigkeit, ja setzte sogar einem Trupp unter Osakes dermaßen zu, daß die Feinde nach baldigem Tod ihres schwerverwundeten Kommandeurs ihr Unterfangen aufgaben und sich ins Winterlager auf syrischem Boden begaben. Bereits vor der Schlacht bei Antigoneia hatte der argwöhnische Orodes Pakoros mit einem Teil der Armee zurückbeordert, womit er lediglich Osakes' Schlappe und Tod herbeiführte. Als aber Bibulus sich Syriens annahm und die Herrschaft über die Parther Orondapates an sich riß, mit dem zusammen Pakoros wieder zur Armee stieß, gelang es den Römern mit Hilfe einer fein eingefädelten Intrige, die parthische Gefahr abzuwenden. Während die Parther Antiochia umzingelten, nutzte Bibulus die Befürchtungen aus, die Orondapates und andere parthische Führer nach Surenes' Ermordung vor dem heuchlerischen Orodes nährten, und erklärte Pakoros zum König. Pakoros brach die Belagerung Antiochias ab und kehrte mit seinem Heer heim. So gewannen die Römer zehn friedvolle Jahre.

Pakoros söhnte sich offensichtlich mit seinem Vater aus, denn wir begegnen ihm an der Spitze jener Armee, die während des römischen Bürgerkrieges im Jahre 45 v. u. Z. Pompeius' Parteigänger Caecillius Bassus, der Syrien an sich gerafft hatte, zur Hilfe eilte und dann Cassius unterstützte, der sich nach Cäsars Ermordung in eigener Initiative zum Statthalter von Syrien aufschwang. Cassius schließlich schickte zu Orodes einen Boten mit der Bitte um eine größere Truppeneinheit für die ins Haus stehende Auseinandersetzung mit Octavius und Antonius. Weshalb die Parther mit Cäsars Gegnern gingen, ist klar; Cäsar hatte öffentlich einen Feldzug gegen sie gelobt, um Crassus' Niederlage zu rächen. Ehe er dazu kam, war er indes schon beseitigt. Im Jahre 42 v. u. Z., als die Entscheidung heranreifte, wer Herr im Römerreich würde, entsandten Cassius und Brutus als ihren Botschafter Quintus Labienus, Sohn eines bekannten Offiziers in Cäsars Armee während des gallischen Krieges, zu Orodes, um mit ihm einen Bund gegen das Triumvirat zu zimmern. Orodes zögerte es hinaus, bis Octavianus und Antonius bei Philippi ihre Widersacher besiegt und den Bürgerkrieg zu ihrem Vorteil entschieden hatten. Labienus blieb in Parthien und stachelte Orodes zu einer Unternehmung gegen Syrien auf, das von Antonius ausgebeutet wurde und dessen Bevölkerung die Römer abgrundtief haßte. Orodes erhörte Labienus und setzte Anfang 40 v. u. Z. eine starke Armee unter Pakoros' Befehl und Labienus' Assistenz gegen Syrien in Marsch. Die Parther drangen in Phönizien ein, und die römischen Besatzungstruppen schlossen sich ihnen an, da Labienus zu Cassius' Regentschaft einer ihrer Kommandeure gewesen war. Der syrische Statthalter Saxa wurde aus Apameia vertrieben und überließ den Parthern Antiochia. Auf der Flucht vor den Siegern wurde er ertappt und getötet.

Labienus zog dann nach Kleinasien, Pakoros hingegen nach Syrien und nach dem Süden. Sein Unterführer Barzapharnes besetzte Palästina, nötigte dessen weltlichen Herrscher Herodes zur Flucht und kerkerte den Hohenpriester Hyrkanos ein. An beider Stelle wurde Antigonos, ein Prinz alten makkabäischen Geschlechts, als König und Hoherpriester eingesetzt. Herodes, ein höchst bewanderter und gewandter Mann, verstand es, Sympathien des Triumvirats zu erwerben, und wurde in Rom schon gegen Ende des Jahres 40 v. u. Z. zum König der Juden ernannt. Nach Asien wurde P. Ventidius Bassus geschickt, der zuvor im taurischen Vorgebirge Labienus eine schwere Niederlage zugefügt und ihn damit aus dem Sattel gehoben hatte. Labienus, dieser glücklose Kämpfer für die korrumpierte römische Republik, die er mit Hilfe gleisnerischer Bundesgenossen zu erhalten trachtete, kehrte nicht mehr nach Parthien zurück, da er wohl das Los aller erfolglosen Persönlichkeiten befürchtete. Er verschwand nach Kilikien, wurde dort eingefangen und ermordet. Ventidius rückte in Syrien ein und vernichtete unter Anwendung einer Kriegslist die parthische Armee, deren Befehlshaber Pharnapates fiel. Pakoros räumte daraufhin Syrien und zog sich über den Euphrat zurück.

Ein Jahr später machte sich Pakoros aufs neue gegen die Römer auf. Ventidius hatte einen Bekannten, den syrischen Würdenträger Channaios. Channaios genoß Ventidius' volles Vertrauen; dabei war er in Wirklichkeit von den Parthern bestochen und informierte sie über die Römer. Als Ventidius ihn durchschaute, griff er zur List. Hier und da gab er Channaios Belangloses zur Kenntnis, um ihn in seinem Glauben in seine Mitteilsamkeit zu wiegen. Und Channaios übermittelte alle Informationen geflissentlich den Parthern. Als feststand, daß Pakoros Syrien überfallen würde, zeigte Ventidius sich besorgt, die Parther könnten den Euphrat weiter südlich von der gewöhnlichen Furt in dem Hügelland bei Zeugma, wo sie sich mit ihrer Reiterei nicht richtig zu entfalten vermöchten, überschreiten, also in der Ebene, die ihrer Taktik entgegenkam. Channaios hinterbrachte das Pakoros, der sich dann dafür entschied, den Grenzfluß nicht bei Zeugma, sondern weiter nach Süden, in günstigerem Terrain, zu überqueren. Ventidius traf inzwischen alle notwendigen Vorbereitungen zum Angriff. Pakoros setzte mit seiner Armee an Stellen, wo der Fluß breiter war und der Brückenbau wesentlich mehr Zeit beanspruchte, über. Dadurch machten die Römer mehr als einen Monat gut. Als die Parther das nördliche Syrien erreichten, verhielten sich die Römer still, als hätten sie Angst. Ventidius bezog auf einem Hügel Stellung und verschanzte sich. Pakoros preschte mit seinen Reitertruppen auf ihn los, die Römer ließen sie auf eine Entfernung von fünfhundert Schritt heran. Dann schwärmten sie auf ein vereinbartes Zeichen hin aus und griffen ihrerseits an. Die Parther gerieten ins Hintertreffen, da ihre Bögen auf kurze Distanz keine Wirkung zeigten und im Gefecht schwerer, mit Schwertern und Speeren ausgestatteter Fußtruppen die gepanzerten Reiter sich plump und unbeweglich ausnahmen. Sie ergriffen die Flucht, rissen weitere Reihen mit sich, und Panik brach aus. Die Speere der römischen Legionäre und die Kugeln der Wurfmaschinen verrichteten ganze Arbeit. Allem aufopfernden Widerstand parthischer Elitetruppen zum Trotz neigte sich das Kriegsglück auf die römische Seite, und die Schlacht selbst wurde durch Pakoros' Tod endgültig entschieden. Eine kleine Gruppe parthischer Soldaten versuchte wenigstens seine Leiche fortzuschaffen, doch sie wurde niedergemetzelt, und die Reste der zersplitterten Armee suchten in Richtung Zeugma zu entkommen. Die Römer blieben ihnen auf den Fersen und rieben sie fast völlig auf, bevor sie den Fluß überqueren konnten. Ein kleiner Teil rettete sich auf das Gebiet der Kommagene, das nördlich von Zeugma lag. Ventidius ließ dem gefallenen Prinzen den Kopf abschlagen, wie es einst Crassus ergangen war, und ihn in allen syrischen Städten zum Zeichen des Sieges und allen antirömischen Kräften zur Abschreckung vorzeigen.

Diese denkwürdige Schlacht bei Gindaros fand am 9. Juni 38 v. u. Z. statt, auf den Tag genau fünfzehn Jahre nach Crassus' Mißerfolg, besser Publius' Tod. Nach dem jungen Römer war nun ein junger Parther ins Jenseits geschickt worden. Die parthischen Verluste wurden von manchen Geschichtsschreibern auf 20000 Mann geschätzt. Es handelte sich demnach um die größte Niederlage, die die Parther in ihrer Geschichte jemals einstecken mußten.

Auf dem Territorium jenseits vom Euphrat wollte Ventidius die Parther nicht mehr verfolgen, um sich nicht auf Geplänkel in Gegenden einzulassen, die den Römern wenig lagen. Er zog gegen den kommagenischen König Antiochos, Orodes' Schwiegervater, um die Auslieferung der parthischen Flüchtlinge zu erwirken und eine bestimmte Reparationssumme einzutreiben. Doch kam zur selben Zeit der Triumvir Antonius nach Syrien und verdarb ihm aus Neid sein Geschäft in Kommagene. Der Senat erkannte jedoch Ventidius' Erfolg an und feierte ihn am 27. November 38 v. u. Z. als ersten Triumph über die Parther. (Lediglich als interessanter Zufall sei vermerkt, daß Ventidius im Siegeszug nach der Niederwerfung der picenischen Verschwörer am 25. Dezember 89 v. u. Z., also vor einundfünfzig Jahren, als Kind von seiner Mutter auf Händen getragen worden war.)

Mißstimmungen machten sich dagegen verständlicherweise im parthischen Reich breit. Orodes war schon vorher berichtet worden, daß Pakoros ganz Syrien eingenommen und gesiegt hätte. Als sich allerdings die ganze Wahrheit über die unerhörte Katastrophe bestätigte, verdüsterten dunkle Wolken abgrundtiefen Grams seinen Geist. Tagelang hüllte er sich in Schweigen, verweigerte jede Nahrungsaufnahme, und als er sein Schweigen brach, rief er nach Pakoros und verfiel der Wahnvorstellung, wirklich mit dem leibhaftigen Pakoros zu sprechen. Zuweilen beweinte er wieder seinen hoffnungsvollen Sproß als verlorenen Sohn.

Aber auch der schlimmste Kummer vergeht, und der König mußte daran denken, seinen Nachfolger zu bestimmen. Insgesamt hatte er immerhin dreißig Söhne, und jede der Mütter drang in ihn, ihr Kind auszuersehen. Er entschied sich für Phraates, den ältesten und schlechtesten, als seinen Mitregenten und Thronfolger. Phraates zögerte auch nicht lange und begann zu herrschen, indem er alle seine Brüder, die Söhne der kommagenischen Prinzessin waren, hinrichten ließ, offenbar deshalb, weil sie beiderseits königlicher Abkunft waren, während Phraates' Mutter aus keinem Königsgeschlecht stammte. Als der Vater ihn deshalb rügte, ließ er im Jahre 37 v. u. Z. auch ihn töten, indem er zuerst ein Gift erprobte, und als es nicht wirkte, die Würgeschlinge wählte.

Parthien in Roms Schatten

Phraates IV. fuhr nach dem Tod des Vaters in seiner Tätigkeit fort. Um des Thrones sicher zu sein, ließ er auch die übrigen Prinzen hinrichten. Ein Vatermörder ging, ein anderer kam, beide waren zudem noch Brudermörder. Es muß gesagt sein, daß seine Brüder sich wahrscheinlich nicht anders verhalten hätten, wenn ihnen die Möglichkeit gegeben gewesen wäre, des Throns habhaft zu werden. Auf diese Weise, das ist nicht zu leugnen, war eventuellen Bürgerkriegen, wenn auch mit übermäßig radikalen Mitteln, vorgebeugt.

Zum eigenen Schaden wütete Phraates allerdings auch gegen die parthischen Magnaten. Die entzogen sich ihm des öfteren auf römischen Boden und forderten die dortigen römischen Gouverneure und mit deren Vermittlung die römische Regierung zur Intervention zugunsten der verschiedenen Prätendenten auf. Phraates und so manchem König nach ihm drohte vom römischen Imperium Gefahr, die sie bisweilen zu gemäßigterer Politik bewog.

Der Triumvir Antonius unternahm zwar mit einer riesigen Armee eine Expedition nach Armenien und in das persische Aserbaidshan, aber die Parther schlugen ihn dermaßen aufs Haupt, daß nur kümmerliche Überbleibsel seiner Truppen auf römisches Gebiet zurückkehrten. Erst als nach Beilegung der Bürgerkriege und den Schlappen des Intrigantenpaares Antonius und Kleopatra der Herr über das ganze Römerreich, der Erste Bürger Octavianus Augustus, in den Orient einzog, um dort Ordnung zu schaffen, kam es zu Friedensverhandlungen. Phraates gab den Römern die erbeuteten Adler und etliche Gefangene von Crassus' und anderer Heerführer Kriegszügen wieder und versprach, Frieden zu wahren. Er schickte sogar seine vier Söhne Rhodaspes, Seraspadanes, Vonones und Phraates zur Erziehung und Ausbildung an den kaiserlichen Hof. Der Grund dieses absonderlichen Schrittes waren Phraates' Mutmaßungen über seinen fünften Sohn Phraatakes, dessen Name dem persischen Frahat in Verkleinerungsform entspricht. Diesen Knaben hatte nämlich eine italienische Sklavin, die anmutige Musa, zur Welt gebracht, die Augustus Phraates geschenkt hatte. Der ältliche König vernarrte sich in sie, machte sie zu seiner Konkubine und nach Phraatakes' Geburt gar zu seiner Frau. Musa erlangte nach und nach zunehmenden Einfluß auf ihren Gemahl und bemühte sich, ihn dazu zu bewegen, Phraatakes zu seinem Nachfolger zu küren. Sie bedrängte ihn so lange, bis er einwilligte; um ihn ganz in der Hand zu haben, veranlaßte sie ihn außerdem, seine Söhne und zwei ihrer Frauen sowie vier Enkel nach Rom zu schicken. So verfrachtete sie mit Unterstützung des syrischen Statthalters Titius um das Jahr 9 v. u. Z. die gesamte Königsfamilie nach Rom. Irgendwie wollte der König nicht schnell genug sterben, so daß sich das gewiefte Söhnchen und seine rührige Mutter hilfesuchend an das Schicksal wandten und den König vergifteten.

Wieder war ein Vater- und Brudermörder aus der iranischen Geschichte getilgt. Der neue Herrscher Phraatakes machte den Römern sogleich in Armenien das Leben schwer. Außerdem verlangte er vom Kaiser, ihm seine Brüder aus Rom zurückzuschicken, selbstredend, damit sie zu Hause stürben. Augustus lehnte ab und legte ihm mit Nachdruck nahe, den Königstitel abzustreifen und aus Armenien zu verschwinden. Phraatakes erwiderte dreist, er sei König der Könige, und redete Augustus einfach mit Cäsar an. Als jedoch Gaius Cäsar, Augustus' Adoptivsohn, in Asien eintraf, um im römischen Osten nach dem Rechten zu sehen, bekam Phraatakes Angst vor einem eventuellen Krieg. Wohl spürend, wie selbst in seinem eigenen Land der Boden unter seinen Füßen gehörig schwankte, baute er durch eine persönliche Begegnung mit Gaius Cäsar auf einem Euphrateiland dem schier unumgänglichen Zerwürfnis mit Rom vor. Die Römer sollten seine Brüder in Rom behalten und nicht nach Iran lassen, dafür entsage er jedweder Einmischung in armenische Angelegenheiten. Sie besiegelten ihre Freundschaft mit einem Gelage und trennten sich.

Gaius wurde bald darauf bei seinem Eingriff in innerarmenische Kämpfe verwundet und starb im Jahre 4 u. Z. Phraatakes hörte im selben Jahr auf, als König zu regieren. Im Grunde hatte er sich ohnehin mit seiner Mutter darein geteilt, die in die Innenpolitik eingriff, infolge ihrer niederen Herkunft in höheren Kreisen aber verachtet war. Erhalten sind Münzen, die auf einer Seite Phraatakes und auf der anderen Seite seine Mutter darstellen, letztere mit diesem phantasievollen Titel: *urania thea Musa basilissa*, himmlische Göttin Musa, Königin. Sie war, nach ihrem Bildnis zu urteilen, eine wirklich schöne Frau. Aber all diese numismatische Propaganda geriet weder ihr noch ihrem Sohn zum Guten. Ende des Jahres 4 bzw. Anfang des Jahres 5 u. Z. wurde Phraatakes des Landes verwiesen und endete kaum anders als eines gewaltsamen Todes. Über Musas weiteres Geschick ist nichts bekannt.

Seit dieser Zeit gestaltete sich die parthische Geschichte recht monoton. Der König wird abgesetzt oder ermordet bzw. beides, jemand läuft zu den Römern über und bittet um Intervention, daheim kommt es immerzu zu Rebellionen und Attentaten, von Zeit zu Zeit ereignet sich ein Überfall von Barbaren oder eine kriegerische Konfrontation mit den Römern, um Armenien wird unentwegt gerungen.

Nur selten stoßen wir hier und da auf abwechslungsreichere Berichte, auf nicht nur alltägliche Begebenheiten. Anfang der vierziger Jahre ist es die Visite Apollonios' aus Tyana, des berühmten Gelehrten, den die heidnische Partei um das Jahr 215 auf durchaus vernünftige Weise zur mit Jesus Christus rivalisierenden Erlösergottheit machen wollte, am parthischen Hofe in Babylonien. Philostratos schildert ein paar aufschlußreiche Vorfälle, selbst anekdotischen Chrarakters, wie die Begegnung mit dem Zöllner in Zeugma, steuert eine Beschreibung des Thronsaales bei, rekonstruiert die Geschichte jenes Eunuchen, den man in flagranti mit einer königlichen Konkubine erwischte, und liefert ähnliche kurzweilige Episoden. Zu einer Sensation großen Stils aber wurde Tiridates' Besuch in Rom.

Der armenische König zur Investitur eingetroffen

König Valgasch I. (Vologases) setzte kurz nach seiner Machtübernahme im Jahre 51 in Armenien seinen Bruder Tiridates auf den Thron. Vorher hatte in Armenien der iberische, d. h. georgische Prinz Mithridates die Macht an sich gerissen, wobei er von seinem Bruder Pharasmanes, König in Iberien, und den Römern unterstützt worden war. Pharasmanes hatte aber den ehrgeizigen Sohn Radamistus. Der Vater fachte aus Angst um sich selbst dessen Ehrgeiz gegen den Oheim noch mehr an und flüsterte ihm ein, er sollte sich doch Armenien holen. Radamistus hielt sich daran, besetzte das Land, und Mithridates rettete sich in eine Festung mit römischer Besatzung. Doch der Kommandant Cae-

Westiran und seine Nachbarländer

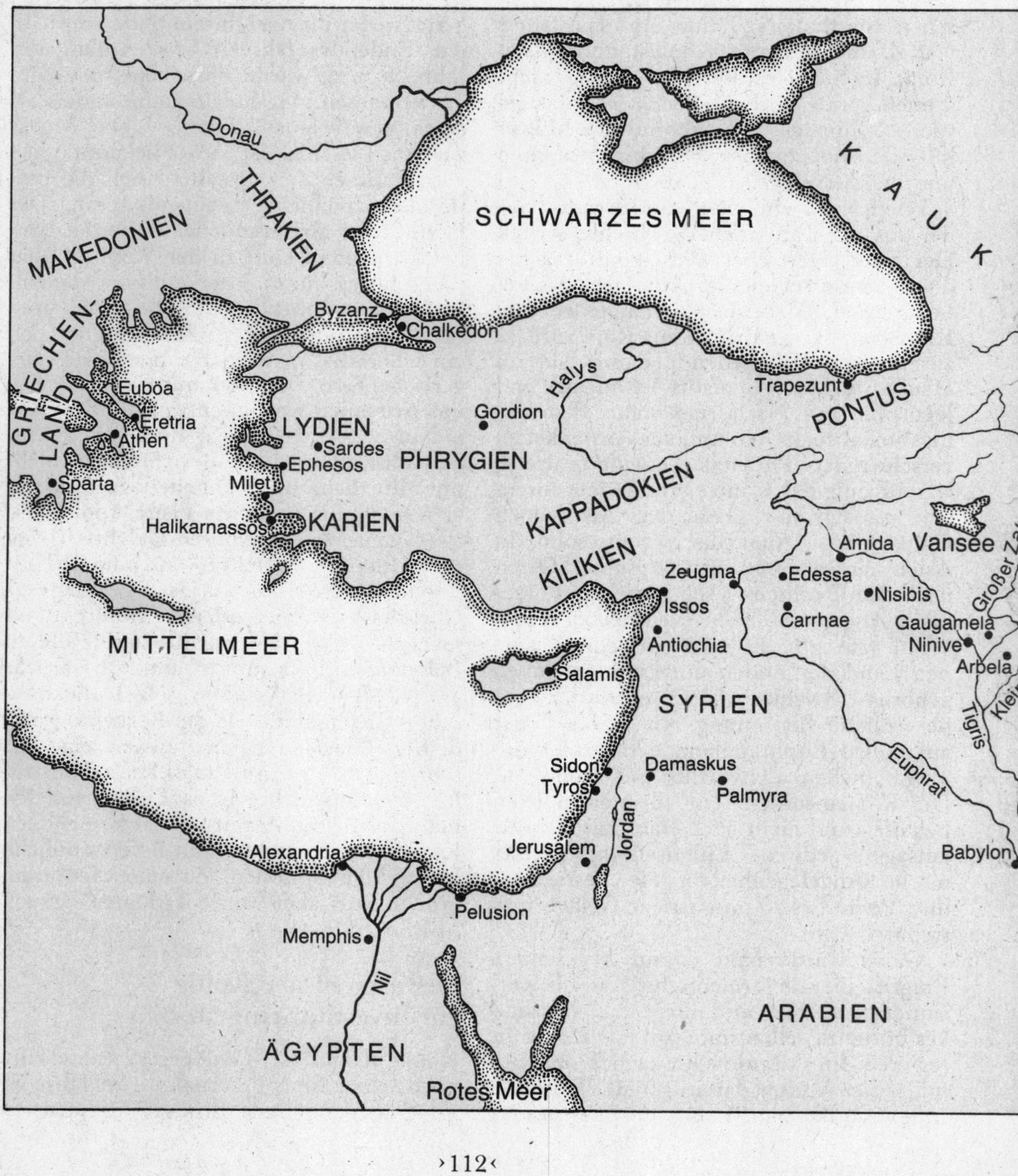

lius Pollio erwies sich als Schurke. Er ließ sich kaufen und lieferte den Asylanten mit seiner Familie Radamistus aus, der alle erschlagen ließ. Ein anderer Heerführer, der Armenien befrieden sollte, konnte ebenfalls einer Bestechung nicht widerstehen und erklärte Radamistus zum König. Das kam Valgasch zustatten, und er brachte,

weil die Armenier den iberischen Tyrannen haßten, seinen Bruder in Armenien unter. So ging es eine Zeitlang gut, bis Tiridates seinen Platz einnahm. Valgasch lag mit seinem Sohn Vardanes im Streit, der sich als König ausgab und sogar eigene Münzen prägte, was nicht schlüssig belegt ist, da manche sie auch Valgasch zuschreiben. Doch der Aufrührer wurde schließlich überwältigt und hingerichtet, und für Valgasch stand der Weg offen, die armenischen Geschäfte wirksamer und nachhaltiger zu betreiben. Die Parther griffen schließlich kriegerisch in Armenien ein, durchaus nicht erfolglos; aber nach zähen Verhandlungen und mancherlei Scharmützeln einigten sich Valgasch und der römische Feldherr Corbulo darauf, Tiridates in Armenien als parthischer Sekundogenitur, einem Staatsgebilde, in dem die zweite Linie des Arsakidengeschlechts herrschte, regieren zu lassen, allerdings unter der Bedingung, daß er römischer Vasall bliebe und die Insignien der Königswürde aus der Hand des römischen Kaisers entgegennähme.

Tiridates begab sich ins römische Heerlager und legte vor einem Bildnis des Kaisers Nero das Königsdiadem mit den Worten nieder, er brenne darauf, es aus kaiserlicher Hand wiederzuempfangen. Dann setzte er Corbulo davon in Kenntnis, daß er zum Kaiser persönlich kommen werde, sobald er sich vom Bruder verabschiedete. In Medien machte er seine Abschiedsvisite beim Bruder Pakoros, dem dortigen König, in Ekbatana bei Valgasch, der sich bei Corbulo noch ausbedungen hatte, daß Tiridates nicht etwa als Untertan angesehen werden dürfte, sondern in Italien mit ihm wie mit einem Konsul umgegangen werden müßte, er also sein Schwert nicht abzulegen brauchte. Diese Prämissen wurden natürlich akzeptiert, und Tiridates trat im Jahre 66 tatsächlich seine Reise nach Italien an. Fast die ganze Strecke legte er zu Pferde zurück, begleitet von seinen, Valgaschs, Pakoros' und Monobazos', des adiabischen Königs, Kindern sowie von seiner Gemahlin und dreitausend parthischen Rittern. Vom Euphrat aus, wo er römisches Territorium betrat, schlug ihm das

Herz des Volkes entgegen. Die Römer gaben ihm Geleit, die Städte, zu seiner Ehre geschmückt, hießen ihn willkommen, überall wurde er kostenlos bewirtet, wofür die Römer täglich etwa 800000 Sesterzien berappen mußten, und das über neun lange Monate, alle Wünsche wurden ihm von den Augen abgelesen, über den Hellespont setzten ihn Schiffe über, an der italischen Grenze bestieg er einen Wagen, den ihm Nero entgegengeschickt hatte, und durchfuhr im Triumph ganz Italien bis nach Neapel, wo sich Nero eben aufhielt. Seine Gemahlin fuhr neben ihm, Haupt und Gesicht mit einem goldenen Helm bedeckt, damit sie nicht von Neugierigen begafft würde.

In Neapel empfing ihn Nero in Audienz. Man forderte ihn auf, sein Schwert abzugeben, was gegen die Vereinbarung verstieß. Sie kamen überein, das Schwert zwar in der Scheide zu belassen, aber mit Nägeln zu befestigen. Tiridates kniete nieder, kreuzte die Arme über der Brust und rief Nero als seinen Herrn und Gebieter an. Der Kaiser fand Gefallen an ihm und gestaltete ihm seinen Ausflug nach Italien so angenehm wie möglich. Er befahl speziell für ihn Ringerwettkämpfe in Puteoli bei Neapel, und Tiridates seinerseits erledigte in der Arena zwei Stiere eigenhändig mit seinem Speer.

Die imposanteste Parade fand in Rom statt, wo Tiridates das Diadem überreicht werden sollte. Die ganze Stadt war auf den Beinen, überall scharenweise Schaulustige, selbst auf den Dächern, alle Häuser illuminiert und geschmückt, in den Straßen, vor allem auf dem Forum dichtes Gedränge. Die Menschen waren weiß gekleidet, die Soldaten in prächtigen Uniformen, allerorts Lorbeerkränze, Fahnen. Die ganze Nacht hindurch wurden letzte Vorbereitungen zum großen Spektakel getroffen. Morgens kam Nero im Festgewand aufs Forum, von Senatoren begleitet und von der Garde umgeben, nahm auf einem prunkvollen erhöhten Thronsessel Platz. Dann nahte Tiridates mit seiner Suite, durchschritt das Kriegerspalier, und alle Versammelten verneigten sich vor dem Kaiser. Das Volk brach in solchen Jubel aus, daß es Tiridates die Sprache verschlug und er sich gebärdete, als ginge es ihm an den Kragen. Seine Erstarrung brauchte Minuten, bis sie sich löste. Als Rufer zum Silentium aufforderten, riß er sich zusammen und hub an: »Ich, Nachkomme aus dem Geschlecht der Arsakiden, Bruder zweier Könige, Vologases' und Pakoros', erkenne dich, Nero, als meinen Herrn an und werfe mich als Diener zu deinen Füßen. Ich bin gekommen, um vor dir als meiner Schutzgottheit wie vor meinem Gott Mithra die Knie zu beugen. Den Faden meines Lebens und meines Glücks nehme ich auf, wie ihn deine Hand spinnt, denn du bist die Gottheit, von der mein Los und mein Geschick abhängt.« Darauf der Kaiser: »Ich hoffe, du wirst es nicht bereuen, hergekommen zu sein, um der Vorteile der persönlichen Bekanntschaft mit mir teilhaftig zu werden. Was dir dein Vater vorenthielt, was dir deine Brüder zwar gaben, aber nicht zu sichern vermochten, das gewähre ich dir: Ich ernenne dich zum König der Armenier, um dich und deine Brüder zu überzeugen, daß es in meiner Macht liegt, Kronen zu nehmen und Kronen zu vergeben.« Nach diesen Worten forderte er Tiridates auf, die Stufen zum Thron zu besteigen, zu ihm heraufzukommen, Tiridates verneigte sich zu seinen Füßen, und Nero setzte ihm das Diadem auf. Die Menge brach von neuem in Ovationen aus.

Es folgte eine erlesene Theatervorstellung, die der Senat bestellt hatte. Die Bühne war ganz mit Goldplatten ausgelegt, die Schauspieler mit Goldflitter behangen, kurzum, es war ein goldener Tag. Die sengenden Sonnenstrahlen hielt ein purpurgewobenes Dach ab, worein ein Gemälde Neros als Wettkämpfer zwischen den Sternen eingewirkt war. Nach der Vorstellung gab es ein üppiges Gastmahl. Dann trat der Kaiser selbst als Harfenspieler auf, und zwar in einem grünen Wettkämpferdreß und einer helmartigen Kopfbedeckung. Tiridates empfand es als eines Herrschers unschicklich und lobte sich Corbulo, dem nur der eine Makel anhaftete, daß er sich von einem Menschen wie Nero diktieren ließ. Er hielt mit seinem

Urteil nicht einmal vor Nero zurück, doch der Kaiser quittierte Tiridates' Worte: »Du hast in Corbulo einen sehr gutmütigen Diener« als Kompliment.

Tiridates nahm von Nero Geschenke im Wert von fünfzig Millionen Dinar entgegen und erhielt die Genehmigung, die Hauptstadt Armeniens Artaxata wiederaufzubauen, die kurz zuvor im Krieg abgebrannt war. Er warb zu diesem Zweck in Italien Arbeiter an und taufte die neue Stadt zu Ehren des Kaisers Neronias.

Nach allem kehrte Tiridates über Dyrrhachium, das heutige albanische Dratsch, und Kleinasien in sein Königreich heim.

Dieser ganze geschilderte Pomp sollte wohl in erster Linie zur Abwechslung für das Volk dienen und ihm das Bewußtsein von Roms unbestrittener Überlegenheit in der internationalen Politik, von der Hegemonie des Römischen Reiches, von der Macht und Weisheit Neros, von römischer friedfertiger Regelung brennender Fragen, von römischem Reichtum, römischer Großzügigkeit, Kultur, Zivilisationsstufe und Generosität einimpfen oder festigen.

Im selben Jahr jedoch brachen der unheilvolle Jüdische Krieg und ein Aufstand gegen Nero aus, der sich am 9. Juni 68, also genau einhundertzwanzig Jahre nach der Schlacht bei Carrhae und einhundertfünf Jahre nach der Schlacht bei Gindaros, auf der Flucht vor seinen Widersachern von seinem Diener erdolchen ließ.

Es fällt schwer zu entscheiden, wem diese ganze römische Maskerade genützt haben mag. Armenien war amtlich anerkannter römischer Vasallenstaat, und sein König mußte seine Investitur vom Kaiser selbst erhalten. Aber schon Tiridates' Nachfolger Exedares setzte sich ohne derlei Prozeduren mit den Römern auf den Thron. Praktisch war Armenien ein parthischer Staat, da es Arsakiden regierten. Das Kapital, das Nero für die Aktion aufgewendet hatte, stellte nach Ansicht mancher Forscher insofern eine durchaus lohnende Investition dar, als es Rom fünfzig Jahre Frieden mit den Parthern einbrachte. Auch die Erinnerung an Nero hielt sich in Parthien lange, denn irgendwann später tauchte im Osten ein gewisser Terentius Maximus auf, der Nero in Aussehen und Stimme ähnelte und sich für ihn ausgab. Er lief zu den Parthern über, die ihn aber letztlich auslieferten. Dieser Nero redivivus, wiederauferstandene Nero, konnte sich seine Umtriebe allerdings nur in Parthien leisten, wo Neros Name dem Historiker Suetonius zufolge einen guten Ruf genoß.

Zweimal in Ktesiphon

Der Friede zwischen Parthien und Rom gereicht dem Historiker im Grunde zum Nachteil, da von dieser Zeit an Nachrichtenquellen über parthische Könige und Vehältnisse allmählich versiegen. Die Römer kümmerten sich um iranische Fragen fast überhaupt nicht, es sei denn, sie hingen mit Kriegen, Umstürzen und Botschaften zusammen. Und in einheimischen Überlieferungen überkam parthische Geschichte außer auf einigen Inschriften und zahlreichen Münzen ebensowenig. Eine Chronik ist nicht vorhanden.

Es gab viele Könige, die auf ihren Münzen dieselben Daten prägten. Daraus läßt sich schließen, daß das Reich zerstückelt war. Nur einer konnte Großkönig oder König der Könige sein, wie der amtliche Titel lautete.

Traianus überwand die Daker und wandte sich zehn Jahre später gegen die Parther. Zu jener Zeit herrschte über die Parther Osroes, iranisch natürlich Husrav, wahrscheinlich ein Bruder Pakoros'. Aus unerfindlichen Gründen verjagte er seinen Neffen Exedares aus Armenien und überließ den Thron dessen Bruder Parthamasiris. Traianus sah darin zu Recht einen Bruch des neronischen Friedens und entschied sich für Krieg. Im Herbst 113 traf eine parthische Delegation in Athen mit ihm zusammen und forderte die Bestätigung Parthamasiris' als König von Armenien. Traianus wies dieses Ansinnen brüsk zurück und brach im Frühjahr nächsten Jahres nach Armenien auf. Parthamasiris wurde von seinem Onkel im Stich gelassen, leistete bei Traianus Abbitte, nahm das Diadem vom Haupt und legte es dem

Kaiser zu Füßen. Der solcherart abgesetzte Herrscher machte sich nach Verlassen des kaiserlichen Quartiers der Auslösung eines Krawalls schuldig und büßte mit dem Leben.

Im selben Jahr noch okkupierte der Kaiser weite Teile Mesopotamiens. Im Jahre 116 setzten die Römer ihren mesopotamischen Feldzug fort und drangen im Sommer in Ktesiphon ein. Der goldene Thron der Arsakidendynastie fiel ihnen zur Beute, die Schahtochter wurde eingekerkert, den flüchtigen Osroes verfolgten die Römer bis nach Elam. Der Kaiser fuhr auf dem Tigris bis zur Mündung beider Ströme und in den Persischen Golf hinunter und wurde nach seiner Rückkehr nach Ktesiphon entsetzt gewahr, daß sich in allen Himmelsrichtungen seine Feinde erhoben hatten, die Parther, die Araber, die Juden, die Aramäer und die Armenier. Sie fielen in römische Gebiete ein, römische Besatzungstruppen wurden angegriffen und in die Flucht geschlagen. Zudem flakkerten auf Kypros, in Judäa, Kyrene, Nordägypten Unruhen auf. Traianus beseitigte die meisten Krisenherde zwar, ließ Edessa, Nisibis und Seleukia am Tigris zerstören, setzte Parthamaspates auf den parthischen Thron, mußte aber krankheitshalber den Orient verlassen und starb unterwegs nach Hause in Kilikien.

Sein Nachfolger Hadrianus verzichtete auf Traianus' Eroberungen, seinen Anspruch auf die Oberhoheit über Armenien indessen gab er nicht auf, berief dennoch in die Statthalterfunktion einen König aus einheimischem Geschlecht. Osroes wurde zum König der Könige proklamiert, Parthamaspates mit der Regentschaft über eine den Römern hörige Völkerschaft entschädigt. Auf seiner Orientinspektion begegnete Hadrianus auch Osroes, und beide schlossen wieder Frieden.

Dem Schah wurde seine gefangengenommene Tochter wiedergegeben und gleichfalls die Rückgabe des goldenen Throns versprochen. Als unter Valgasch (Vologases) II. parthische Abgesandte dem neuen Kaiser Antoninus zu seinem Amtsantritt gratulieren kamen, wiederholten sie das Gesuch um den Thron, doch der Kaiser lehnte ab. Immerhin bestand der Thron aus purem Gold, die Prinzessin nicht. Antoninus soll Valgasch III. brieflich eindringlich ans Herz gelegt haben, die Finger von Armenien zu lassen. Der König aber mochte seine Kriegsvorbereitungen nicht abbrechen, und nach der Machtübernahme durch Antoninus' Nachfolger Marcus Aurelius und Verus begann es. Noch im Jahre 161 überfielen die Parther den von den Römern auf den Thron gesetzten armenischen König Sohaemus. Zu Hilfe kam ihm der kappadokische Statthalter Severianus Maximus, ein Mann gallischer Abstammung, ein Leichtfuß und außerordentlich abergläubisch. Er kroch allen möglichen Orakeln auf den Leim. Er entschloß sich zum Wagnis gegen die Parther, weil er einer Weissagung glaubte. Die Parther schlossen ihn mit seinem Heer im Lager bei Elegeia ein, und von seinen Truppen blieb nach einer dreitägigen Schlacht nichts übrig. Auch der syrische Gouverneur Attidius Cornelianus trug eine schwere Schlappe davon, und die Grenzgebiete wurden verwüstet.

Erst als Verus nach Asien kam, wendete sich das Blatt, und die Parther wurden hart zur Kasse gebeten; sie beglichen ihre Schulden mit Zins und Zinseszins. Verus' erfahrene Militärs besetzten Armenien, schlugen die Parther bei Europos und Sura am Euphrat und standen vor den Toren der Königsresidenz.

Ktesiphon wurde besetzt, der Königspalast gebrandschatzt. Bei der Eroberung Seleukias kamen, wie verlautet, 400000 Einwohner ums Leben. Über die Klauseln des Friedensabkommens ist nichts Näheres bekannt, auf alle Fälle fiel ein Teil Mesopotamiens an Rom.

Die tragischste Folge des siegreichen Feldzuges war eine erbarmungslos grassierende Pestepidemie, die römische Soldaten durch die Öffnung einer Tempelgrabkammer in Seleukia verschuldet haben sollen, worin die chaldäischen Zauberer den Pestgeist unter Verschluß hielten, ähnlich wie Salomon die bösen Geister in eine Flasche zu sperren pflegte. Die Pest wurde auch in die übrigen Gebiete des römischen Reiches geschleppt und forderte der Bevölkerung vieler Provinzen hohe Verluste an Menschenleben ab. Einigen Autoren zufolge war das die Strafe Gottes für die Vernichtung Seleukias. Zweimal in Ktesiphon – aber die Römer!

Das Ende des Partherreiches

Nach diesen Kämpfen gaben die Parther eine Zeitlang Ruhe. Später jedoch nutzten sie im Verein mit anderen Staaten den Hader um die Thronfolge aus, den einige Feldherren nach dem gewaltsamen Tod Commodus', eines Sohnes Marcus Aurelius', und Pertinax', dessen greisen Nachfolgers, entfesselten, einer wie der andere darauf versessen, als neuer Kaiser hervorzugehen. Pescennius Niger, den die Parther und Barsemios, König des uneinnehmbaren Hatra in Mesopotamien, unterstützten, unterlag seinem Rivalen Septimius Severus bei Issos unweit Alexanders einstigem Schlachtfeld und kam auf der Flucht um.

Irgendwelche Umstände, die dem parthischen Eingriff offenbar Vorschub leisteten, forderten Kaiser Septimius Severus zum Sturm auf Mesopotamien heraus. Gemäß dem probaten Grundsatz, wonach aller guten Dinge drei sind, nahm er im Jahre 198 Ktesiphon ein, verschleppte 10000 Frauen und Kinder und verheerte das Land. Erst da entschloß sich Valgasch IV., Frieden zu machen. Die Parther waren dermaßen ausgeblutet, daß sie nicht einmal dann an Revanche dachten, als Severus wie vordem Traianus die Festung Hatra zu nehmen versuchte, wenn auch vergebens. Mit dem Partherreich ging es langsam, aber sicher bergab.

Nach Valgasch IV. folgte zwar sein Sohn Valgasch V. auf dem Thron, aber dessen Bruder Artabanos setzte ihm mit seinen Ansprüchen von Anfang an allzusehr zu. Mögen auch Einzelheiten darüber im Dunkel der Geschichte liegen, soviel wissen wir darüber, daß der unternehmerische Artabanos im Jahre 212/213 seinem Bruder bei irgendeiner Gelegenheit schroff in die Parade fuhr und daß es daraufhin zu einem Kompromiß zwischen beiden kam, worauf das Reich geteilt wurde.

Mit unverhüllter Genugtuung beobachtete dies der Kaiser Caracalla, Severus' Sohn. Er holte sich schleunigst Edessa und versuchte Armenien zu unterjochen, nachdem er vorher die dortigen Herrschergeschlechter in Gewahrsam genommen hatte, doch die Rechnung ging nicht auf. Deshalb hielt er vorsichtshalber um die Hand einer Tochter Artabanos' an. Der verzweifelte Schah wußte weder aus noch ein. Seine Einwilligung könnte man ihm als Anerkennung römischer Reichsoberhoheit über das Partherreich ankreiden, außerdem erlangte die römische Dynastie durch die Heirat unter bestimmten Voraussetzungen das Herrschaftsrecht. Die Arsakiden wurden von ihren Untertanen zwar als weit vornehmeres Geschlecht erachtet, als es die römischen Kaiser aus Severus' Geschlecht waren, und Caracallas Antrag wurde in breitesten parthischen Kreisen für vermessen gehalten und erregte Ärgernis. Nach Aussage des Geschichtsschreibers Dio Cassius antwortete Artabanos, der Unterschied in Sprache, Sitte und Brauch sei doch recht hinderlich, und er bezweifle, daß ein solcher Ehebund gute und glückliche Früchte trüge. Im übrigen gäbe es in beiden Reichen doch genügend Familien, mit denen der Herrscher eheliche Bande knüpfen könnte, ohne dem Glanz seines Geblüts Abbruch zu tun. Der Geschichtsschreiber Herodianus wiederum könnte so verstanden werden, als habe Caracalla seine Braut mit Waffengewalt an sich zu reißen versucht. Artabanos habe die Vermählung seiner Tochter gutgeheißen, und Caracalla habe daraufhin seinen persönlichen Besuch beim angehenden Schwiegervater, dem Schah, avisiert. Er zog mit seiner Armee im Partherreich ein und wurde überall begeistert als Schwiegersohn des Schahs gepriesen und begrüßt. Angeblich hoffte man, diese Verbindung würde beide Staaten dauerhaften Frieden bescheren. So erreichte der Kaiser ohne Zwischenfälle die Hauptstadt. Artabanos fuhr ihm mit großem Gefolge entgegen, und Tausende bildeten Spalier. Als Caracalla sich der festlichen Schahkavalkade näherte und sich der unbewaffneten Menge gegenübersah, gab er seinen Truppen unversehens Schießbefehl, und die Soldaten stürzten los und richteten ein Blutbad an, dem Artabanos allein dank seinen Untertanen entkam.

Schwerlich finden wir in westlichen Quellen über iranische Geschichte dergleichen Erfindungen. Die historische Wahrheit besagt, daß Caracalla im Jahre 216 von Antiochia aus über Edessa nach dem Iran aufbrach, Arbela eroberte, dort das Gräberfeld parthischer und adiabenischer Könige um und umkehrte, dann in Edessa überwinterte und im Frühjahr 217 nach Carrhae zog, um dort den Feierlichkeiten zu Ehren des Mondgottes beizuwohnen.

Damals entschied sich sein Schicksal. Wahrsager hatten einst in Ägypten und Afrika prophezeit, daß eines Tages der Befehlshaber seiner Garde, Macrinus, Kaiser werden würde. Macrinus bangte um sein Leben; als ihm ein vertrauter römischer Beamter die Kunde brachte, daß der Polizeipräsident in Rom durch Vermittlung der kaiserlichen Kanzlei in Antiochia dem Kaiser einen Bericht über diese Prophezeiung geschickt habe, sorgte Macrinus dafür, daß dieser Bericht den Adressaten nicht erreichte. Er trat einer Verschwörerclique aus mehreren höheren Offizieren bei und ließ den Kaiser, als er auf halbem Wege zwischen Edessa und Carrhae vom Pferd absaß, um die Blase zu erleichtern, von einem Gardesoldaten erstechen. Macrinus wurde sofort zum Kaiser ausgerufen. Da aber die parthischen Truppen nicht mehr fern waren, trug er ihnen ein Waffenstillstandsabkommen an. Die Bedingungen waren für die Römer nicht annehmbar, denn sie sollten Mesopotamien räumen und für alle angerichteten Schäden aufkommen. Bei Nisibis kam es zum Gefecht, es dauerte drei Tage und endete eher mit einer römischen Niederlage als unentschieden. Doch Artabanos zeigte sich verhandlungsbereit, da er inzwischen erfahren hatte, daß Caracalla nicht mehr lebte. In Armenien hob Macrinus den Arsakiden Tiridates auf den Thron. Als Tiridates starb, folgte auf Artabanos' Betreiben dessen Sohn Arsakes. So gewannen die Parther wohl Armenien zurück, mußten aber Mesopotamien den Römern belassen.

Die sassanidische Renaissance

Fünfeinhalb Jahrhunderte standen die Perser im Hintergrund der Geschichtsbühne Vorderasiens, als wollten sie nach anstrengendem, kräftezehrendem Auftritt der aufwärtsstrebenden Achämeniden verschnaufen. Aus Funden und Berichten über diese Zeit ihres Agierens im Abseits ist nur soviel bekannt, daß sie dem Reich der Seleukidendynastie zugehört haben, die ihnen Satrapen vorsetzte. Später unterwarfen sich die Perser den Arsakiden. Fars, wie das eigentliche Persien heute heißt, zerfiel nach Alexanders Tod in zahlreiche kleine Fürstentümer, Domänen oder geistliche Distrikte, in denen sich die Tempel befanden. Zentren dieser winzigen Staatsgebilde waren die Städte althergebrachten Typs, einstige Kastelle griechischen Ursprungs.

Über die Periode zwischen Alexander und dem Ende der Arsakidenherrschaft erfahren wir aus altpersischer Überlieferung, womit wir Nachrichten über Fars und das Arsakidenreich in mittelpersischer und neupersischer Literatur meinen, relativ spärlich. Soweit spätere arabische, neupersische und andere Geschichtsschreiber auf sie zu sprechen kommen, schildern sie sie mit großem Eifer, indem sie Wissenslükken mit allen erdenklichen Phantastereien, Namen nicht nachweisbarer Könige und Helden sowie Ereignissen füllen, von denen griechische, römische, armenische, jüdische oder syrische Geschichtsschreibung nichts wußte.

In persischer Erinnerung setzte sich wohl die gespenstische Vision vom Zerfall des Reiches nach Alexander am nachhaltigsten fest, jenes sonderbare Abbild eines primitiven Lehnsystems, genauer gesagt dessen frühen Keimes. Und dieser Zerfall erreichte sein größtes Ausmaß eben in der Arsakidenära. Jüngere Erzähler und Dichter künden davon, daß der Iran sich in neunzig Kleinstaaten zersplitterte, nach der Geschichte über Ardeschir gar in zweihundertvierzig; sie geben deren Regenten den Titel *katak-chvautajan*, was wörtlich übersetzt soviel wie Landwirte, Einzelbauern, Katenherren, Hausväter oder Kulaken bedeutet. Gewiß handelt es sich hier um die ironische Bezeichnung dieser Duodezfürsten, Magnaten, Landedelleute, Gutsbesitzer, Vladyka, Kastellane, die von der Festung, vom Dorf, Marktflecken, von der Burg, der Stadt oder vom Tempel aus ihre nähere Umgebung kontrollierten, ihre Güter, Bauern, Knechte, Sklaven, einen bewaffneten Haufen, ein paar Schreiber und wenige Handwerker besaßen, hier und da vielleicht auch eigene Händler beschäftigten. Arabische Chronisten nennen diese Miniaturkönige *muluk attawa'if*, Stammeskönige.

Aus Alexanders Zeiten, wahrscheinlich aus dem 2. Jahrhundert vor unserer Zeitrechnung, sind Münzen verschiedener Regenten erhalten, die den Titel *frataraka* führten. Das entspricht ungefähr unserem Würdenträger, Verwalter, Gouverneur. Dieser Begriff ist uns bereits aus der Achämenidenzeit geläufig, und zwar aus der Korrespondenz einer jüdischen Siedlung auf der Nilinsel Jeb oder Elefantine im südlichen Ägypten. In den aramäisch verfaßten Briefen finden wir die Titel damaliger persischer Würdenträger in Ägypten; es geht um das 5. Jahrhundert v. u. Z. Die Juden hatten sich dort schon im 7. Jahrhundert niedergelassen und widmeten sich sowohl dem Handwerk und Handel als auch dem Militärwesen. Sie erbauten sich auch einen Tempel. Als es später zu Differenzen zwischen Ägyptern und Juden kam, nutzten im Jahre 410 v. u. Z. die Priester des ägyptischen Götzen Chnub, in menschlicher Gestalt mit Widderkopf angebetet, die Abwesenheit des persischen Satrapen Arschama (Arsames) aus und bestachen den persischen Würdenträger Vidarnag, einen Frataraka, gewissermaßen Stellvertreter des Bezirkssatrapen, den Judentempel niederzubrennen. So geschah es, doch die Juden beschwerten sich höheren Orts, und Vidarnag wurde bestraft.

Auch die Frataraka in Fars bekleideten in einer Gegend, etwa um Stachr, das Amt von Satrapenstellvertretern, halbselbständigen Regenten. Auf manchen ihrer Münzen erkennen wir Fürsten vor Feuerkapellen, über denen zumeist der höchste Gott in seiner geflügelten Gestalt schwebt. In späteren Zeitläuften ahmen die Münzen parthische Prägungen nach, und die darauf abgebildeten Regenten tragen Königswürden. Ihre Namen sind altpersisch, wie Bagadata, Vahuburz, Artachschathra, Autophradates, Darajav. Auf den Münzen erscheint auch die Bezeichnung Frataraka der Götter. Das könnte seine Bewandtnis damit haben, daß die Frataraka zugleich irgendwelche priesterliche Funktionen ausübten. Noch später begegnen uns alte Namen wie Kavat, Manutschithr, Tirdat, Vahumithr, und die Münzen begleiten uns bis ins 2. Jahrhundert unserer Zeitrechnung hinein. In griechischen Schriften ist über Fars nur wenig vermerkt.

Zu Zeiten, als die Seleukidenkönige nach größeren Geldbeträgen lechzten und dieses Bedürfnis mit Überfällen auf Heiligtümer und Raub von Tempelschätzen zu befriedigen suchten, flammten in Elam und Fars wiederholt Rebellionen gegen die Griechen auf. Antiochos III. fand bei einer Tempelschändung in der Elymais den Tod. In Persien brach ein Aufstand aus, als der griechische Heerführer Seiles an der Spitze von 3000 Makedoniern und Thrakern 3000 Perser in den Hinterhalt gelockt und niedergemetzelt hatte. Doch etwas später wiederholte sich diese Begebenheit, nur umgekehrt; 3000 Kolonisten wurden von Frataraka Vahuburz getötet. Unter Antiochos IV., dem die Tempel und deren Schätze ebenfalls in die Augen stachen, schlug der Befehlshaber Numenios die Perser zu Wasser und zu Lande, aber Persepolis zu erobern gelang den Griechen nicht.

In diesen Jahren, etwa zwischen 138 und 129 v. u. Z., als die Seleukiden Niederlagen erlitten, mit denen die Arsakiden das Geschick des syrischen Reiches endgültig entschieden, ordneten sich auch die persischen Fürsten den Parthern unter. Auf den Münzen tauchten Häupter parthischer Könige auf und finden wir Belehrungen in persischer Religion. Sie weisen den Feuerkult nach. Ältere Münzen zeigen einen kleinen Tempel, wie ihn der berühmte Ka'ba-je Zardoscht in Naksch-e Rostam darstellt, jüngere wiederum lediglich Gefäße, in denen das Feuer transportiert wurde. Es gibt indessen auch Quellen, die von großen Tempeln künden. In Stachr war es das Heiligtum der Göttin Anahita, der awestischen Ardvisura. Sie ist als eine Art Dreieinigkeit von Hera, Diana und Venus zu begreifen, als Personifizierung der Lebenskraft, wasserabhängiger Fruchtbarkeit, als ein höheres Wesen, das um Wasser als Hauptvoraussetzung allen Lebens ringt. Wir wissen, daß Berossos (babylonischer Priester und Chronist aus dem 3. Jahrhundert v. u. Z.) zufolge Artaxerxes II. der Göttin Anahita in allen wichtigeren Städten seines Reiches Tempel errichten ließ. In Pasargadai stand einer, in dem die persischen Könige ihre Krönungsweihen erhielten; auch er war Anahita gestiftet. Inschriften desselben Monarchen nennen drei Gottheiten, Ahura Mazda, Anahita und Mithra, den Gott der Verträge, des gesellschaftlichen Systems, der lichten Wahrheit kosmischer Ordnung, mithin die Gottheit des Ritterstandes.

Anahita hatte auf dem Gebiet Vorderasiens viele weibliche Ebenbilder und wurde auch in Armenien verherrlicht, wo sie in Erazamoin und Erezos den später durch König Trdat und während Armeniens Christianisierung durch den heiligen Gregor Lusavoritsch vernichteten Tempel hatte. Dort wurde sie mit Diana identifiziert. Wie aus der Glaubenssituation in der Zeit ums Jahr 200 u. Z. hervorgeht, durchdrang den südwestlichen Iran die Zarathustralehre in ihrer jüngeren Form, womit die Fundamente künftiger Kirchenpolitik persischer Staaten gelegt waren.

Die Beschäftigung farsischer Magnaten war stets die gleiche; Jagd, Schmaus, Kampf gegen Nachbarn. Sie verfügten über große Höfe, Weingärten, Plantagen und trieben Steuern, Naturalabgaben, Zölle ein, ließen sich auf Festlichkeiten bewundern, entrichteten den Arsakidenkönigen Tribute und nahmen mit ihren Hilfstruppen an Kriegszügen teil.

Um das Jahr 200 galt in Stachr als hochgeachtete Persönlichkeit ein Mann namens Sasan, der dem Anahitatempel vorstand. So zumindest behauptet es der arabische Historiker at-Tabari. Zum Glück überdauerte eine außerordentlich wertvolle Inschrift, die König Schahpuhr I. an einer Mauer des Zarathustratempels, heute Ka'ba-je Zardoscht genannt, gegenüber den Königsgräbern in Naksch-e Rostam unweit von Persepolis in parthisch, persisch und griechisch abfassen ließ. Darauf sind die Männer aus Sasans Geschlecht namentlich aufgeführt, und aus dieser Liste ist zu ersehen, daß Sasan ein *chvatav*

Feuerturm in Naksch-e Rostam

oder *kyrios*, ein Herr war, ein weltlicher Herrscher, einer jener Kleinfürsten, von denen bereits die Rede war. Höchstwahrscheinlich hatte er das Amt eines weltlichen Patrons und Verwalters des Tempels samt dessen Vermögens inne, ähnlich wie es Patrone und Vögte kirchlicher Besitztümer im feudalen Europa gab. Allen Gesetzen über die Ausschmückung der Lebensläufe von Reichsgründern sämtlicher Dynastien gemäß wurde auch ihm mancherlei angedichtet, was ihn im Angesicht seiner Landsleute zu einem großen Recken erhöhen sollte. Einmal machte er ganz allein einer achtzigköpfigen Bande von Kraftmeiern Beine. Er vermählte sich mit einer jungen Dame aus dem Geschlecht Bazrangi, das in Stachr herrschte, eher wirtschaftete. Sie hatten einen Sohn Papak, den die Vorsehung zu höherer Karriere bestimmte, wovon der Umstand zeugte, daß er schon bei Geburt spannenlanges Haar hatte.

Papak wurde zu nicht belegter Zeit Herrscher über den Umkreis der Stadt Chir in Fars und bekam einen Sohn, dem er den Namen Ardaschir gab. Wir verzeichnen also diese Reihenfolge der handelnden Personen: Großvater Sasan, dessen Frau Denak, deren Sohn Papak, dessen Frau Rotak, deren Sohn Ardaschir, Sasans Enkel. Nach arabischen Berichten hieß Sasans Frau übrigens Rambahischt; wir geben aber Schahpuhrs Inschrift den Vorzug. Andere Daten über dieses Geschlecht weichen von dem eigentlichen Inhalt der Inschrift, die Ardaschirs Sohn, iranischer König der Könige, in Auftrag gegeben hatte, sehr stark ab. So macht die mittelpersische Erzählung »Karnamak-i Artachscher-i Papakan«, Buch der Taten Artachschers, des Sohnes Papaks, uns glauben, Papak sei Beauftragter der Arsakiden, Gouverneur in Pars gewesen, Ardavan, sein Lehnsherr, habe über Spahan und Pars regiert und seinen Sitz in Stachr gehabt. In Papaks Dienste sei Sasan getreten, der in seiner Jugend als Hirte mit kurdischen Räuberbanden umhergestreunt sei. In Wahrheit jedoch war er Sproß jener Könige, die vor der Invasion Alexanders des Großen im Iran geherrscht hatten. Irgendwelche Traumgesichte müssen Papak darauf aufmerksam gemacht haben, daß er sich seines Hirtendaseins besinnen und seinem Ursprung nachgehen sollte. Ihm schien nämlich, die Sonne scheine aus Sasans Haupt hervor über die ganze Welt, dann wieder meinte er, Sasan habe sich auf einen reichgeschmückten weißen Elefanten geschwungen, und die ganze Menschheit preise und segne ihn. Schließlich verstieg er sich in die Wahnvorstellung, die drei heiligen Feuer, das geistliche *farnbag*, das kriegerische *guschnasp*, das bäuerliche *burzen mihr*, würfen ihren Schein aus Sasans Heimstatt bis in die fernsten Erdwinkel. Sasan verriet Papak seine Herkunft, nachdem er sich von ihm feierlich versichern ließ, daß dieses Eingeständnis für ihn keine nachteiligen Auswirkungen haben werde. Papak erkannte, daß diesem Manne uneingeschränktes Regierungsrecht über den Iran zustand und er Gottes Segen, *farr*, in sich trug. Er beförderte ihn also und gab ihm seine Tochter zur Frau, die später Ardaschir gebar. Seinen Enkel aber nahm er an Kindes Statt an.

Widersacher von Thron und Religion, allen voran persische Christen, verbreiteten über Ardaschir später eine weitere Legende. Papak sei ein Schuster gewesen, der sich nebenbei mit Sternguckerei befaßt habe. Hin und wieder habe ein Soldat namens Sasan zu ihm hereingeschaut. Papak habe aus verschiedenen Zeichen und Umständen herausbekommen, daß Sasans Sohn eines Tages zu einem großen Herrn aufsteigen würde. Er hätte weder eine Schwester noch eine Tochter gehabt und deswegen, schlau, wie er war, seine Frau Sasan überlassen und deren Sohn als eigenen adoptiert. Als Ardaschir dann Gebieter über den Iran wurde, seien sich beide um die Vaterschaft in die Haare geraten. Der Streit sei so beigelegt worden, daß Ardaschir als Papaks Sohn gelten durfte, obwohl er aus Sasans Geschlecht stammte. Über die historische Stichhaltigkeit dieser Mär bedarf es keiner Worte. Überliefert ist, daß Ardaschir in dem Dorf Tirudeh bei Chir im Gebiet von Stachr geboren wurde. Als er sieben Jahre alt war, stellte ihn Papak dem Regenten Gozihr in Stachr vor und bat ihn, den Knaben seinem Eunuchen, der den Bezirk Darabgerd verwaltete, anzuempfehlen, damit er ihn an Sohnes Statt annehme, erziehe und ihm später eine Stellung verschaffe. Der König erfüllte die Bitte. Ardaschir wurde nach dem Tod seines Patrons in der Tat Kastellan von Darabgerd und ging in seinem Amt klug und umsichtig zu Werke.

Eines Tages offenbarten ihm Sterndeuter und Wahrsager, er werde über die ganze Erde herrschen, da er in einer besonders günstigen Konstellation geboren sei. Diese Prophezeiung bestätigte ihm vollauf seinen Traum, in dem ihm ein Engel erschien und eine göttliche Botschaft bestellte: Gott werde ihm das Regiment über alle Länder anvertrauen, sobald er, Ardaschir, dazu bereit sein würde. Diesem himmlischen Wink mußte entsprochen werden. Ardaschir zog gegen seinen Nachbarfürsten, besiegte, erschlug ihn und eignete sich sein Land an. So verfuhr er zwei weitere Male und forderte, auf diese Weise durch Expansion erstarkt, seinen Vater auf, seinen Herrn zu stürzen. Papak überfiel Gozihr, brachte ihn um und besetzte in Stachr den Thron. Dann bat er seinen höchsten Gebieter, den Partherkönig Ardavan V., um Zustimmung, seinem Sohn Schahpuhr Gozihrs Krone aufzusetzen. Ardavan witterte hinter den Machenschaften beider Fürsten ein schmutziges Geschäft und bezichtigte in einem Brief voller Vorwürfe Papak und Ardaschir der Meuterei und der Untergrabung des Ansehens hervorragender Persönlichkeiten des Landes. Papak, an den sich das Schreiben richtete, gab nichts darauf, er starb bald.

Schahpuhr bestieg den Thron in Stachr und erkannte mit politischem Scharfblick sofort seinen ärgsten und wichtigsten Rivalen in seinem eigenen Bruder Ardaschir. Er beorderte ihn daher zu sich. Ardaschir jedoch war zu allem willens, nur nicht dazu. Zu dick hatte er es hinter den Ohren, um nicht zu ahnen, was dahintersteckte. Also zögerte er den Gang zum Bruder hinaus und verärgerte ihn damit. Schahpuhr wollte ihn mit militärischen Mitteln in die Knie zwingen. Das Glück stand auf Ardaschirs Seite. Als Schahpuhr von Stachr aufgebrochen war, machte er auf seinem Zug in irgendeinem Palast halt, der in der Überlieferung Eingeborener als Sitz der uralten weisen Königin Humaj galt. Es war ein verfallender Achämenidenbau, der aus Tücke des Geschicks gerade über Schahpuhr vollends einstürzte und ihn unter sich begrub. Ardaschirs Weg zum Thron in Stachr war frei.

Offen gestanden, so ganz frei war der Weg nicht. Ardaschir hatte mehrere Brüder, und einige waren älter als er. Er zog also in Stachr ein, übernahm die Macht, berief seinen Ersten Minister, als zweithöchsten Würdenträger im Staate ernannte er den großen *mobad* oder Hohenpriester und setzte noch weitere Beamte und Höflinge ein. Die Brüder begrüßten ihn herzlich, hießen seine Inthronisation gut, doch bald begannen sie darüber nachzudenken und mit Vertrauten aus ihrem engeren Bekanntenkreis zu beratschlagen, ob denn Ardaschirs Thronantritt für alle Zeit unabänderlich zu sein habe. Ardaschir operierte natürlich mit dem alten Argument, daß es nur einen König geben könne und daher keine Prätendenten geben dürfe, denn das hätte meistens Bürgerkrieg zur Folge. Er hatte das erprobte Mittel zur Hand, Andersdenkende als überflüssige und unerwünschte Personen zu beseitigen, und hier traf es in erster Linie seine Brüder. Damit bewahrte er seinem Zwergstaat den Frieden.

Im allgemeinen wußte er mit Rebellionen fertigzuwerden. Eine würgte er in Darabgerd ab, indem er die Anführer massakrierte. Auch fuhr er fort, die Zahl der unterworfenen Gebiete zu mehren. Er besetzte Kerman, nahm den dortigen König gefangen und beförderte seinen eigenen Sohn zum Statthalter.

Diese wiedergegebene Erzählung hielt aber nicht davon ab, der Geschichte des Staatsaufbaus märchenhafte Züge zu verleihen. Ardaschir wandte sich gegen ein Territorium, das am Gestade des Persischen Golfs lag, und verleibte es nach hartem Ringen seinem jungen Königtum ein. Das Zentrum dieses Landstrichs bildete eine äußerst sichere Burg, in der ein Drache gehütet und wie ein Gott verehrt wurde. Weltlicher Herr war ein König, Vater etlicher Söhne und Anführer einer Räuber- und Gaunerbande, die den unermeßlichen Schatz bewachte. Es versteht sich wohl, daß Ardaschir auch dieses übernatürliche Ungetüm bezwang, wie es sich in einem Märchen gehört, wo das Gute über das Böse siegt. Ardaschir hatte sich lange Zeit abgemüht, die Burg mit Kriegsgewalt zu nehmen, doch stets ohne Erfolg. Da bediente er sich eines Tricks: Er verkleidete sich als Kaufmann, wurde in die Burg eingelassen, erwarb sich mit seiner Freigebigkeit Gunst und Vertrauen unter den Insassen und erbot sich zu guter Letzt, dem Drachen zu dienen. Sie gingen darauf ein und erlaubten ihm auch, den Drachen zu füttern. Ardaschir wartete ab, bis die Bestie den Rachen aufsperrte, und goß ihr flüssiges Metall in den Schlund. Der Drache brüllte auf, barst und krepierte. In dem entstandenen Durcheinander ließ Ardaschir seinen Truppen, die um die Burg herum getarnt lauerten, die Tore öffnen, die Drachenwächter wurden erschlagen, die Burg eingenommen. Diese Geschichte verarbeitet ein Sujet, das wir in den apokryphen Kapiteln der Schrift des Propheten Daniel im Alten Testament finden, der den Drachen der babylonischen Gottheit auf die gleiche Weise gesättigt hat. Es zeigt anschaulich, wie sich die Volksdichtung des Begründers des neuen Perserreiches angenommen hat.

Wenden wir uns der eigentlichen Geschichte zu, soweit wir sie aus einer solchen Bezeichnung würdigen Quellen zu schöpfen vermögen. Ardaschir liquidierte die umliegenden Zwergkönige so lange, bis Ardavan die Wut packte und er ihm einen groben Brief schrieb, in dem er ihm seine Unverfrorenheit vorhielt. Wer ihm, diesem Kurden, diesem Abschaum kurdischer Diebeshöhlen, wohl gestattet habe, sich die Krone aufzusetzen, ein Land nach dem anderen zu unterjochen, Städte zu bauen. Ardaschir antwortete gelassen, ebenfalls schriftlich, daß er nach göttlichen Geboten handle, und ließ sich in seinem Tun nicht beirren, bis Ardavan einsah, daß er endlich militärisch einschreiten mußte, wenn es nicht noch schlimmer kommen sollte. Die Armeen prallten in der Ebene von Ohrmazdakan zusammen; es mag zu einigen Gefechten gekommen sein, die entscheidende Schlacht fand am Mittwoch, dem 28. April 224 u. Z. bzw. dem 28. Nisanu 535 nach syrisch-julianischem Kalender der Seleukiden, statt. Ardavan wurde angeblich von Ardaschir persönlich getötet, der dann vom Pferd sprang, dem Leblosen gegen den Kopf trat und sich zum König der Könige ausrufen ließ. Mit diesem Tage endete faktisch die parthische Macht im Iran, wenn auch das parthische Hauptquartier Ktesiphon, wo Ardaschir schließlich feierlich gekrönt wurde, etwas später fiel.

Das war das erste Kapitel von Ardaschirs Karriere. Das zweite war der Aufbau einer neuen Großmacht. Ardaschir gewann den parthischen Adel für sich, der ohnehin bereits vorher zaghaft Unwillen gegen das Arsakidengeschlecht gezeigt hatte. Er bemühte sich, den Parthern bewußt zu machen, daß es ihm nicht um die Ausrottung ihres Volkstums, ihrer Sprache, nicht einmal um den Verlust ihrer Staatlichkeit ginge, daß seine Machtübernahme vielmehr ganz dem traditionellen Dynastienwechsel entspreche, wie er in der iranischen Geschichte schon wiederholt erfolgt sei. Manchen Berichten zufolge heiratete er sogar eine parthische Prinzessin. Seine Inschriften sind in mittelpersischer Sprache, die in Pars dominierte, in parthisch und griechisch abgefaßt.

Er organisierte die Verwaltung nach dem Muster der zarathustrischen Glaubensgemeinschaft, setzte den höchsten Magier ein, beauftragte gemäß den Zarathustrabüchern den Glaubensgelehrten Tusar, die verstreuten Teile der heiligen Schriften zu sammeln und zu einem kanonischen Awestatext zusammenzufügen. Wie alte Nachrichten besagen, hatte bereits ein parthischer König Valgasch – wir wissen nicht, der wievielte – damit angefangen. Jedenfalls steht außer Zweifel, daß Tusars Arbeit wesentlich zur Ausformung einer mazdaistischen Staatskirche beigetragen hat. Ardaschir schätzte das politische Gewicht der Kirche hoch ein, die mit ihrem starken Einfluß den Untertanen Ge-

Tak-e Bostan, König auf Pferd und Träger mit Sonnenschirm

horsam, Sittlichkeit, Einsatzbereitschaft für Staat, Glauben und Dynastie beibrachte. Denkwürdig sind seine Worte, die arabische Autoren anführen:

»Religion und Königtum sind zwei Schwestern. Sie können eine ohne die andere nicht existieren. Die Religion ist Fundament der Staatsgewalt, und die Staatsgewalt wiederum ist ihre Beschützerin. Und alles, was dieses Fundaments entbehrt, stürzt, und was des Schutzes entbehrt, vergeht.«

Das waren Worte, die er seinem Sohn und Nachfolger Schahpuhr ins Stammbuch schrieb. Er legte in allen Städten, die er besetzte, Feuertempel an, ebenso in denen, die er gründete. Und er gründete Städte, damit Handwerk und Handel gediehen und das Land geschützt würde. Erhalten ist das Fragment einer seiner Reden, in dem es heißt:

»Und seid ihr zufrieden, so bleibt treu und vertraut mir, und ich werde euer Glück hegen und euch unparteiische Gerechtigkeit widerfahren lassen. Und ich werde von euch Steuern nehmen in Höhe eines Zehntels eures Einkommens, und aus diesem Erlös werde ich eine Armee ausrüsten, auf daß sie die Untertanen beschütze. Und von hundert Geldern sechs Gelder aus allen Ölsorten, und zwar in völliger Gerechtigkeit. Ich werde weder kaufen noch verkaufen, wie es Händler tun, sondern Gott danken dafür, daß er mir diese Herrschaft anvertraut hat.«

Die Inschrift, die etwa vierzig Jahre später sein Nachfolger nach seinen Siegen über die Römer anbringen ließ und die das wichtigste historische Denkmal aus den Zeiten der Sassanidendynastie auf iranischem Boden darstellt, enthält die Personenverzeichnisse der einzelnen Königshöfe, beginnend mit dem von Papak. Papaks Hof zählte acht Personen, an erster Stelle steht ein Personenname, an zweiter ist entweder eine Familie oder eine Würde verzeichnet. Die einzelnen Wörter sind sonst nirgendwo belegt, so daß ihr Sinn verborgen oder unklar bleibt. Als Titel ist gewiß *niwedabad* oder, wie man in Pars sagte, *adnik*, Höfling zu lesen, der zur Tafel rief, wie aus der griechischen Übersetzung hervorzugehen scheint. Ardaschirs Hof ist schon reicher, umfaßt 31 Personen. Es gibt an ihm außer dem König Königinnen, den Ersten Stellvertreter des Königs, den höchsten Kanzler, genannt *hazarpat*, das heißt Tausender, die Hauptvertreter der Magnatengeschlechter, ferner Titel, die uns an europäische Höfe des Mittelalters erinnern, wie oberster Heerführer, Kanzleivorsteher, Oberökonom, Zeughausverwalter, Richter, Stallmeister, Jägermeister, Intendant und am Schluß oberster Mundschenk oder Kellermeister, die der Funktion des böhmischen Königs am Hofe römischer Kaiser ähnelten, nämlich dem *archipincerna* des Heiligen Römischen Reiches. Ein paar Bezeichnungen sind noch nicht entschlüsselt.

Die zweite Seite der Herrschaft Ardaschirs machen seine Kriege aus. Einiges errang er, einiges fiel ihm kampflos in den Schoß, lediglich im Westen tat er sich schwer. Die alte Politik der Landnahme im

Westen vom Euphrat, Persiens Versuche, zum Mittelmeer und Pontus vorzustoßen, die Erneuerung des alten Achämenidenreiches, die so kennzeichnend ist für iranische Geschichte bis zum Arabereinfall, all das verfochten auch die Sassaniden seit Herrschaftsbeginn des Begründers ihrer Dynastie.

Während die den Arsakiden verwandten Familien, wie die Surener und Aspahbader, sich mit Ardaschir arrangierten, wollten die Arsakiden, die in Armenien herrschten, davon partout nichts hören. Zu Ardaschirs Zeit regierte dort Chosrov, der in der entscheidenden Etappe der Kämpfe zwischen Ardaschir und Ardavan entweder Neutralität wahrte oder mit wenig Erfolg die Arsakiden gegen die Perser unterstützte. Auf jeden Fall verstrickte sich Ardaschir in Auseinandersetzungen mit den Armeniern, und die vage Lage im armenisch-persischen Grenzstreifen paßte kaum in seine Pläne, konzentriert gegen Rom vorzugehen. In diesem Kapitel der armenisch-persischen Beziehungen sind wir allein auf altarmenisches Schrifttum angewiesen, das zudem recht unsicher informiert, vor allem was die Daten der Ereignisse betrifft. Uns interessiert vornehmlich die bekannte Legende über die armenischen Anfänge des Christentums, die Agathangelos zugeschrieben wird und die die armenische Geschichte seit Ardaschirs Umsturz bis zum Tode des heiligen Gregor schildert. Wie jede andere Legende auch, enthält sie ihrem Zweck entsprechend Schilderungen von Martyrien und Wundern, daneben oder dazwischen jedoch auch Körnchen historischer Wahrheit.

Als die Parther sich nach Ardavans Tod nicht mit Chosrov einigen wollten, der in Armenien als parthischer Sekundogenitur regierte, sich vielmehr an den neuen Herrn klammerten, verwüstete Chosrov persisches Gebiet und setzte persischen Truppen hart zu. Ardaschir berief die Versammlung der Magnaten und Offiziere ein und bat sie um Rat, wie er die Gefahr von Armenien abwenden sollte. Der parthische Magnat Anak, was zu deutsch bös bedeutet, trug sich an, die persischen Mißerfolge zu rächen. Als sein Angebot angenommen worden war, zog er mit seiner ganzen Familie nach Armenien und gab sich dort als Emigrant aus, der vor dem neuen Tyrannen fliehen mußte. Chosrov gewährte ihm Asylrecht, gab ihm eine gute Stellung und ging mit ihm überhaupt sehr freundlich um. Als sich Anak der königlichen Gunst ganz sicher war, ermordete er gemeinsam mit seinem Bruder den König auf einem Spaziergang. Dann machten sie sich davon, aber armenische Satrapen verfolgten sie. Ein Trupp besetzte das eine Ende der Brücke bei der Hauptstadt Artaschat, die über den Araxes führte. Es war Frühjahr, der Araxes führte Hochwasser, und Schnee und Eis erschwerten den Weg. Ein zweiter Trupp überquerte bei Vagharschapat den Mecamor und besetzte das andere Ende der Artaschater Brücke. Als die Flüchtlinge aus einem nahen engen Gebirgspaß heraustraten, wurden sie ergriffen und von der Dapherer Brücke in den Araxes hinabgestoßen. Anaks ganze Familie kam mit Ausnahme zweier Kinder ums Leben.

Ardaschir nutzte Anaks Missetat zum Vorwand für eine Invasion in Armenien, von wo aus Chosrovs Sohn und Nachfolger Trdat nach Rom entkommen war. Die Legende spricht davon, daß die persische Okkupation bis in die Zeit von Kaiser Diocletianus hinein gedauert habe. Aber nicht alles darf ihr geglaubt werden. So erzählt sie auch, daß der parthische Klan der Karener zu Chosrov gehalten habe und dafür von Ardaschir bis auf einen Jungen ausgerottet worden sei, der später das armenische Geschlecht der Kamsariden begründete. Schahpuhrs Inschrift in Naksch-e Rostam erwähnt hingegen unter Ardaschirs Höflingen Peroz, der wohl den Klan als Häuptling angeführt haben wird.

Ardaschir konnte nicht umhin, die traditionelle Feindschaft mit Rom wieder zu entfachen. Schon im Jahre 227 etwa überfiel er Mesopotamien und berannte die Wüstenfestung Hatra, die Residenz des arabischen Königtums, ergebnislos. Nach den ersten Angriffen gegen Mesopotamien und Syrien wurden Informationen zufolge, die die Römer erhielten, die persischen Motive und Forderungen bekannt. Der Historiker Herodianos faßte sie zusammen:

»Von Kyros, der als erster die Macht von den Medern auf die Perser übertrug, bis zu Dareios, dem letzten Perserkönig, dessen Reich Alexander der Makedonier eroberte, stand alles, einschließlich Ioniens und Kariens, unter persischen Satrapen. Er (Ardaschir) hat also die Pflicht, den Persern von neuem das ganze Reichsterritorium, wie sie es früher besaßen, zu errichten.«

Diese Angelegenheit hat einen höchst aufschlußreichen Hintergrund. Wir ersehen aus ihr, daß die Perser damals die persische Geschichte aus westlichen Quellen kannten. In persischer Volksüberlieferung gibt es ja keinerlei Nachrichten über die Geschichte der Achämeniden, und die Perser übernahmen niemals fremde historische Daten in ihre Werke. Doch scheinen sie sich ihrer in politischen Aktionen bedient zu haben. Der römische Kaiser Alexander Severus verhandelte mit Ardaschir über Frieden, und der Schah schickte nach Antiochia vierhundert prächtig gekleidete persische Unterhändler, die die persischen Ansprüche vortrugen:

»Der große König Artaxerxes gebietet, daß die Römer und ihre Machthaber ganz Syrien und Asien, die Europa gegenüberliegen, herausgeben und die persische Herrschaft bis Ionien und Karien sowie über alle Völker zwischen dem Ägäischen Meer und dem Pontus anerkennen. Diese Gebiete sind nämlich von alters her persisches Eigentum.«

Das begab sich im Jahre 231. Alexander ließ die persischen Abgesandten einfangen und verbannte sie nach Phrygien. Ein Jahr darauf zog er gegen die Perser in den Krieg. Er teilte seine Armee in drei Korps. Das eine rückte über Armenien auf Medien zu vor, das im Süden zum Unterlauf des Euphrats und das in der Mitte nach Mesopotamien. Selbst befehligte er das mittlere. Allerdings stand seine Kriegskunst offenbar auf schwachen Füßen, und sein langsamer Marsch ermöglichte es Ardaschir, größere Truppenkontingente vor ihm abzuziehen, an die Südfront zu verlegen und Alexanders dortige Truppen vollends aufzureiben. Das Nordkorps errang ein paar kleinere Siege, als aber Alexander und viele seiner Männer von Krankheiten geplagt wurden, zogen sich die Römer bald zurück.

Diesem Ausgang des ersten römisch-persischen Krieges widerspricht der Bericht, den Alexanders Biograph Aelius Lampridius uns in seinem Sammelwerk »Historiae augustae« übermittelt, daß namentlich Alexander es war, der die persischen Truppen vernichtete und ihren König vertrieb und daß damals die Perser zum erstenmal römische Sklaven wurden. Die persischen Könige ertrugen anscheinend nichts schwerer, als wenn ihre Untertanen in Sklaverei gerieten. Alexander verkaufte daher die Gefangenen wieder ihrem Gebieter zurück und erstattete denen, die sie gekauft hatten, die Kosten. Gotteslästerische Propaganda nahm sich Alexander in seiner Ansprache heraus, die er zur Feier anläßlich des Kriegsendes am 25. September 233 im Senat hielt: »Wir haben die Perser geschlagen, Väter Beisitzer, das bedarf keiner großen Worte. Nur müßt ihr wissen, wie ihre Waffen, wie ihre Ausrüstung waren. An der Spitze siebenhundert Elefanten mit Türmen, darauf Schützen mit Reservepfeilen. Von ihnen haben wir dreihundert gefangengenommen, zweihundert liegen gefallen dort, achtzehn haben wir mitgebracht. Wir hätten tausend Sichelwagen bringen können und zweihundert getötete Tiere ... Hundertzwanzigtausend Reiter in Panzern haben wir verjagt, die sie Clibanarii nennen, zehntausend von ihnen haben wir im Kampf zur Strecke gebracht, mit ihren Waffen unsere Leute ausgestattet. Viele Perser haben wir eingefangen und verkauft. Das Land zwischen den Strömen, Mesopotamien also, von dieser dreckigen Bestie besudelt, haben wir besetzt. Artaxerxes, diesen sowohl an Gewalt als auch an Ruf übermächtigen König, haben wir in die Flucht gejagt, so daß ihn die persische Erde fliehend gesehen hat ... Die Soldaten kehren reich heim, niemand kennt Kummer im Sieg ...« Und dem römischen Volk rief er zu:

»Bürger, wir haben die Perser besiegt, wir haben die Soldaten reich heimgebracht, wir versprechen euch Lebensmittel zum Geschenk, morgen wird es persische Spiele im Zirkus geben.«

Auch Ardaschir hatte am Krieg nicht profitiert. Beide Seiten erkannten, daß ein Krieg zwischen ihnen niemals eine leichte Sache würde, so leicht etwa wie Ardaschirs Fehden gegen seine Nachbarn in Pars. Über die Friedensverhandlungen zwischen den beiden Konkurrenten ist nichts Näheres bekannt.

So begann eine neue Epoche persischer Geschichte, eine Ära wiederhergestellter Souveränität des Iran unter persischer Dynastie, einer neuen Großmacht und einer neuen Kultur, die Sassanidenzeit.

Wir wissen nicht genau, wie Ardaschir seine Regierung beendet hat. Anzunehmen ist, daß er den Thron seinem Sohn übertragen hat und nach ein paar Jahren Privatlebens gestorben ist. Allerdings müssen wir stets daran denken, daß die Texte in der Schilderung der Geschehnisse und deren Datierung voneinander abweichen, häufig Personennamen und Titel verwechseln, zuweilen phantastische Vorfälle einflechten, Sentenzen und Morallehren anfügen – wie eben in Märchen üblich. Es ist nun einmal typisch für die orientalische Geschichtsliteratur, daß ein historisches Werk als *opus oratorium maxime*, vor allem literarische Schöpfung, aufgefaßt wird. Und dessen eingedenk, müssen wir im weiteren die Berichte über persische Könige entsprechend einstufen.

Ardaschirs Sohn und Nachfolger Schahpuhr I. war in der Erzählung über Ardaschir Sohn einer Arsakidenprinzessin, die auf Betreiben ihrer Brüder ihren Gemahl zu vergiften und damit den Fall des Arsakidenreiches zu rächen versuchte. Als sie ihrem Mann die Speise darreichte, zuckte eine Flamme vom Himmel herab in Gestalt eines Adlers, der ihr mit seinen Schwingen die Schüssel aus der Hand schlug. Ein Hund und eine Katze fraßen vom Verschütteten und verendeten. Der König rief den Großmagier zu sich und trug ihm auf, seine Frau zu töten. Als sie aber dem Hohenpriester reumütig beichtete und gleichzeitig eröffnete, guter Hoffnung zu sein, versteckte sie der Weise vor dem König und erhielt sie am Leben. Später bekam Ardaschir Sehnsucht nach Kindern, und der Geistliche nutzte die Gelegenheit und verriet ihm, daß er glücklicher Vater eines Sohnes sei. Ardaschir jauchzte vor Freude, nahm den Sohn an und gewann ihn lieb. Die Angelegenheit nahm also ein gutes Ende.

Im Osten tobte der Krieg mit den Römern weiter, und als Hauptziel strebten die Perser die Einnahme des syrischen Antiochia an. Im Frühjahr 242 öffnete Kaiser Gordianus III. in Rom den Janustempel, der in Friedenszeiten verschlossen stand, und erklärte damit gewissermaßen den Krieg. Der Perser wurden nach Mesopotamien abgedrängt und vom kaiserlichen Schwiegervater, dem Kommandeur der Leibwache Timesitheus, geschlagen. Sie verloren auch Nisibis, ein weitbekanntes Dorado vorderasiatischen Handels. Aber wie es in Rom und anderswo so oft zu sein pflegte, Timesitheus vertrat ein Offizier arabischen Blutes namens Philippus den Weg, erledigte ihn und wiegelte als sein Nachfolger bald die Armee gegen den Kaiser auf. Die Truppen, durch Nachschubschwierigkeiten aufgebracht, fingen auf dem Marsch nach Ktesiphon an zu meutern und töteten den Kaiser im Februar 244.

Hier greift die obenerwähnte Inschrift an jenem Turm der Kapelle von Ka'ba-je Zardoscht in die Historie ein. Manche Forscher bezeichnen sie wegen ihres Anliegens und ihrer Ähnlichkeit mit dem ancyrischen Momument Kaiser Augustus' als *Res gestae divi Saporis*, die Taten des göttlichen Schahpuhrs. Nachdem er die Länder aufgezählt hatte, die er regierte, schilderte der König den Krieg so:

»Und als wir zuerst zu herrschen begonnen hatten, stellte Kaiser Gordianus aus dem ganzen römischen Reich und dem Land der Goten und der Germanen eine Armee zusammen und kam nach Mesopotamien gegen das persische Reich und uns gezogen. Und in Mesopotamien, im Grenzgebiet bei Mischik, wurde eine große Frontalschlacht geschlagen; Kaiser Gordianus wurde getötet, die römische Armee vernichtet. Und die Römer machten Philippus zum Kaiser, und Philippus kam zu uns, um zu verhandeln, und gab uns 500 000 Dinar Lösegeld für ihr Leben und verpflichtete sich zu Reparationszahlungen an uns. Und wir benannten deshalb Mischik in Peroz-Schahpuhr um.«

Die Inschrift erweckte den Eindruck, als sei Gordianus in der Schlacht gegen die Perser gefallen. Da aber einhundertzwanzig Jahre danach von den Römern auf ihrem Kriegszug ein Monument enthüllt wurde, das die Armee ihrem Herrn bei Zaitha erbaut hatte, dürfen wir annehmen, daß die römische Darstellung eher stimmt. Die Inschrift trägt keine Interpunktionszeichen, und wir müssen hinter den beiden Wörtern »Schlacht geschlagen« einen Punkt setzen. Dann stellt sich Übereinstimmung zwischen beiden Versionen ein. Die Römer hatten den Frieden nicht anerkannt, und im Orient zog keine Ruhe ein.

Schahpuhr teilt des weiteren mit, der Kaiser habe erneut gelogen und Armenien Unrecht zugefügt. Die Perser machten sich gegen ihn auf, schlugen seine Armee bei Barbalissos und eroberten, verbrannten, verwüsteten und plünderten zahlreiche Städte in Syrien und Kappadokien. Doch das war nichts gegen einen dritten Zusammenstoß, der für den damaligen Kaiser Valerianus tragisch ausging. Schahpuhr erzählt: »Und auf unserem dritten Feldzug, als wir Carrhae und Edessa überfielen, ... griff uns Kaiser Valerianus an ... mit einer Armee von 70000 ... und ein schweres Gefecht brach über uns herein, und wir überwanden Kaiser Valerianus mit eigenen Händen und die übrigen und den Gardekommandeur und die Senatoren und die Offiziere, die das Heer befehligten, sie alle nahmen wir gefangen und brachten sie nach Persien und verbrannten und verheerten das syrische und kilikische und kappadokische Land und führten die Menschen in Gefangenschaft ...«

Und wieder zählt die Inschrift eine lange Liste von Städten auf, die von den Persern besetzt worden waren. Es war ein ruhmreicher Sieg, und die Römer hüteten sich in allen ihren Büchern, ihn zu leugnen oder zu verharmlosen. Die Gefangenen wurden an verschiedenen Orten untergebracht und vornehmlich zur Arbeit herangezogen. Zu ihrem Werk gehörte unter anderem die Talsperre bei Schustar in Elam, die nach dem hohen Gefangenen Band-e Kaisar, Kaiserliche Talsperre, benannt wurde. Wahrscheinlich trug die Besiedlung iranischer Gebiete mit Gefangenen aus dem römischen Vorderasien zur Verbreitung des Christentums im persischen Reich bei.

Schahpuhrs Kriegserfolge brachten Persien keinen nennenswerten territorialen Zuwachs ein. Bald nach dem glänzenden Sieg vom Jahre 260 trat auf römischem Boden in der syrischen Handelsgroßstadt Tadmor oder Palmyra ein einflußreicher Patrizier, der Araber Odainathos, hervor und stattete mit Unterstützung der Stadtbürger und römischer Offiziere eine Armee aus, mit der er den Persern auf ihren Raubzügen die Stirn bot. Angeblich wollte er sich mit Schahpuhr einigen, doch seine entsprechende Botschaft wurde mitsamt den Geschenken abgewiesen. Er reagierte darauf mit der Verwüstung persischer Landstriche. Bald beherrschte er den Römern abgenommene persische Regionen, erbeutete beachtliches Vermögen, brachte sogar einen Teil des königlichen Harems auf. Nach und nach drang er bis zur Metropole vor und schickte gefangengenommene persische Würdenträger nach Rom. Kaiser Gallienus verlieh ihm die Kaiserwürde. Einige Jahre später jedoch ermordete ihn zusammen mit seinem Sohn ein Verwandter, offenkundig auf Anraten seiner Frau Zenobia, die für ihre Kinder Macht erstrebte und ihren Stiefsohn verachtete.

Das mächtige Reich in Vorderasien geriet in die Gewalt einer durchtriebenen, klugen und mannhaften Frau. Palmyra wurde mit etlichen Palästen und anderen Prunkbauten anziehend gemacht, lockte allen Transit- und Karawanenhandel an und häufte Reichtümer. Als Rom sich von den schweren Stürmen und dem einsetzenden Verfall des Reiches unter der Herrschaft des regsamen Aurelianus wieder zu erheben anschickte, tat Palmyra gut daran, auf der Hut zu sein. Zenobia mochte die Oberhoheit des römischen Kaisers in keiner Weise behagen. Ehe sie sich's jedoch versah, wurde sie bezwungen, gefangengenommen und nach Italien abgeführt, wo sie bis ans Lebensende als vermögende Frau privatisierte. Noch vor Einnahme des palmyrischen Staates starb Schahpuhr I.

Die Blüte der Bildung. Alte Denkmale. Neue Ideenrichtungen

Ardaschir I. und Schahpuhr I. gefielen sich in monumentalen Äußerungen ihrer Macht und ihrer Erfolge. Erhalten blieben einige Inschriften, auf denen stets neben dem Namen des Königs die Namen seiner Ahnen, sein Titel und seine beiden auf sein Wesen und den Glauben bezogenen Beinamen aufgeführt werden. So tut die knappe Inschrift Ardaschirs in Naksch-e Rostam kund:

»Dies ist das Bildnis des Mazdaverehrers, des göttlichen Ardaschirs, des Königs der Könige der Iraner, göttlichen Geschlechts, Sohnes des göttlichen Königs Papak.«

Demnach hatten die Sassaniden sich nach Vorbild Alexanders des Großen und seiner Nachfolger die Gotteswürde zugelegt, im Unterschied zu den Achämeniden, die sich nicht als Götter bezeichneten. Der König bekennt sich als Mazdaverehrer, das heißt als Gott Ahura Mazda anbetend, infolgedessen als Anhänger des Zarathustraglaubens. Papak führt nur den Titel eines Gottes und Königs, Ardaschir ist König der Könige der Iraner.

Schahpuhrs Inschrift hilft uns zugleich die veränderten Verhältnisse ergründen:

»Dies ist das Bildnis des Mazdaverehrers, des göttlichen Schahpuhrs, Königs der Könige der Iraner und Nichtiraner, göttlichen Geschlechts, Sohnes des Mazdaverehrers, des göttlichen Ardaschirs, Königs der Könige der Iraner, göttlichen Geschlechts, Enkels des göttlichen Königs Papak.«

Papak gilt hier noch nicht als Mazdaverehrer, ist aber schon als König Gott. Häufig folgt dem Königstitel der Zusatz: dessen Ursprung, Geschlecht von den Göttern kommt, was der iranischen Stilisierung des griechischen »aus dem Geschlecht der Götter« entspricht. Das zweite Denkmal, das dem König Ruhm, ja nahezu Unsterblichkeit attestiert, ist ein in den Felsen gehauenes Relief, das eine besonders herausragende Begebenheit aus seinem Leben festhält oder seinen größten Triumph symbolisiert. In Naksch-e Rostam gibt es eine Darstellung des Zeremoniells, in dem Ahura Mazda Ardaschir die Königswürde verleiht. Jedes Detail des Bildes spricht für sich, belehrt den einstigen und heutigen Beschauer über grundlegende Züge der königlichen Investitur. Ardaschir sitzt links in festlichem Gewand hoch zu Roß, das Kriegsglück und -geschick, Heil und Zugehörigkeit zur Kriegerschicht versinnbildlicht. Das Pferd trägt seinen Herrn zum Sturmangriff, beschützt ihn vor dem Feind. Auf dem Haupt des Königs prangt eine besondere Krone, oben mit einem runden, leichtgefalteten Aufsatz, am unteren Rand mit einem Band versehen, das im Nacken hinabwallt. Jeder Sassanidenkönig besaß seine eigene Krone. Das Band war das Wahrzeichen der gottgegebenen Majestät, des sogenannten *farr*. Hinter ihm steht ein Höfling, der in der erhobenen Hand einen Wedel hält, eines der Symbole königlicher Gewalt. Rechts sitzt Gott Ahura Mazda auf dem Pferd, das Zepter in der Linken, und überreicht Ardaschir einen Siegeskranz, an dem wieder ein Band des Farrs hängt. Der Siegeskranz stellt die Herrschaft über die Welt dar. Der König nimmt ihn mit der rechten Hand entgegen, während die Linke die Geste höchster Ehrerbietung gegen Gott als seinen Gebieter vollführt. Der König des Himmels segnet den König der Erde. Unter den beiden Pferden liegen zwei Gestalten, selbstredend des Königs Widersacher, die im Kampf gefallen sind. Schwerlich dürfte es sich um jemand anders als Ardavan und seinen Nebenbuhler Ahriman handeln. Die Lage unter den Pferdehufen deutet schlichtweg auf Sturz und Untergang der Dynastie hin.

Ardaschirs Triumphrelief ist demnach eine Art bildkünstlerisches Lehrbuch königlicher Ideologie. Eine plastisch gestaltete Chronik wiederum begegnet uns in dem Felsrelief Schahpuhrs I. in Ka'ba-je Zardoscht. Rechter Hand sitzt Schahpuhr, feierlich gekleidet. Auf dem Haupt trägt er eine Krone, die außer dem runden Aufsatz ein stufenartiges Zinnenwerk ziert, die also jener Ahura Mazdas am anderen Relief ähnelt. Eine solche Krone brachte mit Bestimmtheit die Ordnung in der Welt und der Gesellschaft zum Ausdruck. Sie wurde also vom Schöpfer der Ordnung getragen, und auch dessen Stellvertreter und Hüter der Ordnung setzte sie sich auf. Links kniet, die Stirn zum Pferdekopf gewandt, auf dem linken Knie ein Mann in der Uniform eines römischen Offiziers. Hinter dem Knienden steht eine Gestalt, die der König mit der Rechten an der Hand hält. Ein dritter liegt unter dem Pferd. Hier offenbart sich uns die gesamte Geschichte der Kriege Schahpuhrs gegen Rom: Der Dritte ist der tote Gordianus, tot wie die beiden Feinde unter den Hufen des Rosses von Ahura und Ardaschir. Der Kniende ist Philippus, in der Inschrift heißt es: »... er kam zu uns, um zu verhandeln, und verpflichtete sich ..." Der Stehende schließlich ist Valerianus, die Hand erhoben, an der ihn Schahpuhr packt, denn in der Inschrift heißt es: »... und wir überwanden Kaiser Valerianus mit eigenen Händen ...« Es ist in Stein geronnene Geschichte, Illustration zum Text der Inschrift.

Ahura Mazda bei der Übergabe der Machtsymbole an Ardaschir II.

Das Relief beschreibt, ja verherrlicht die Heldentaten des Königs. So hat Kunst nach königlichem Geschmack auszusehen. Es geht um Kunst, die von der Gesellschaft in Auftrag gegeben wird, dem Staat und dessen Ideen dient, Achtung vor dem König in die Untertanenseelen pflanzt und in jedem Betrachter Bewunderung auslöst.

Ein weiteres Relief des gleichen Inhalts, das sich im farsischen Bischapur befindet, unterscheidet sich einzig und allein durch die Anordnung der Personen. Rechts kniet Philippus, hinter ihm stehen die huldigenden persischen Würdenträger, links sitzt der König im Sattel. Unter dem Pferd liegt Gordianus, über dem Pferdekopf schwebt ein Engelchen, gewiß als Verkörperung des Sieges, gleichsam die griechische Nike nachahmend.

Außer diesen und anderen Reliefs sind weitere Werke der bildenden Kunst überkommen, wie Privatsiegel in Edel- und Halbedelstein, Silbergefäße, verzierte Gemälde, bemaltes Keramikgeschirr, Amulette mit Inschriften und Bildern, Stuck- und Bildschmuck an Bauten, Bilder und Inschriften auf Münzen. Ardaschir und Schahpuhr prägten Münzen mit Inschriften im Mittelpersisch der Sassanidenzeit, mit dem Königsporträt, einer umlaufenden, die Titel angebenden Legende, wie göttlicher Artachschatr König, geschrieben *bagi Artachschatr malka;* auf dem Revers, der Rückseite der Münze, wiederum stand *nura zi Artachschatr*, Ardaschirs Feuer. Ein paar Worte zur Schreib- und Lesart damaliger iranischer Hauptsprachen sind an dieser Stelle wohl angebracht. Wenn in der Übergangsperiode zwischen Alexander und Ardaschir persisch oder parthisch geschrieben werden mußte, befaßten sich damit Schreiber oder *dipirs*, die sich in älteren Zeiten ausnahmslos der aramäischen, semitischen Schrift und Sprache, ähnlich der hebräischen und syrischen, bedienten. Nach und nach gesellten sich den Schreiberzünften auch Iraner hinzu, die Aramäisch und dessen Schreibweise in Schreibschulen erlernt hatten. Sie sprachen die geschriebenen Wörter aber, sofern die Dokumente für Iraner bestimmt waren, persisch oder parthisch aus. So wandelte sich die

Schriftform allmählich, und die Wörter wurden häufig phonetisch wiedergegeben. Schließlich bürgerte es sich ein, daß manche Wörter nur phonetisch, andere nur semitisch, wieder andere sowohl so als auch anders geschrieben wurden. Die Schreiber verhielten sich sehr konservativ und bewahrten zahlreiche alte orthographische Formen, damit das Schreiben um so komplizierter, nicht so leicht breiten Kreisen zugänglich würde und der persische Schreiberstand nicht um seine Monopolstellung käme. So enthält unsere Münzaufschrift das Wörtchen *malka*, das König bedeutet, beim Lesen aber wie das iranische Wort *schah* ausgesprochen wurde. Ähnlich wurde in der zweiten Legende das Wort *nura*, aramäisch Feuer, *atur* gelesen. Diese Methode kannte man schon im alten Babylon, wo sumerische Schriftzeichen auch in semitischen Sprachen benutzt wurden, und sie wurde auch von den Zarathustrajüngern in Indien und im Iran angewandt, solange sie in mittelpersischer Sprache schrieben. Daher stimmt die einstige Ansicht nicht, beim Mittelpersischen handele es sich um eine Mischsprache; es ist vielmehr reines Iranisch, lediglich daß es so eigenartig geschrieben wurde.

Schahpuhr gründete eine Reihe Städte, denen später in persischer Geschichte und Kultur eine beachtliche Rolle zukam. Die berühmtesten unter ihnen waren Gundeschahpuhr in Elam, Vehschahpuhr, das heutige Bischavar, in Pars, Nevschahpuhr, das heutige Nischapuhr, im Osten. Ihre Namen besagen: Schahpuhrs Stadt ist besser als das syrische Antiochia, Schahpuhr ist der Größte, Schapuhr ist tüchtig. Den Städtenamen wurde somit sozusagen die Hochachtung vor dem Mut, der Weisheit und dem Schönheitsempfinden ihrer Väter aufgeprägt oder eingeschmolzen. Dieser Brauch der Namensgebung erfreute sich unter den Städten auch in späteren Zeiten großer Beliebtheit.

Das zarathustrische Glaubenssystem erfuhr zu Schahpuhrs Zeiten durch das Wirken eines Geistlichen, der sich den Namen Kartir zulegte, einen zusätzlichen Impuls. Er verfaßte vier Inschriften in mittelpersischer Sprache der Sassanidendynastie und brüstete sich darin mit seiner Karriere und Tätigkeit für die Sache der sich entfaltenden mazdaistischen Staatsreligion. Wir erfahren, daß er schon unter Ardaschirs Regierung Magier war, unter Schahpuhr sein Werk während der oben erwähnten Kriege nicht nur im Iran betrieb, sondern auf Syrien, Kilikien und Kappadokien ausdehnte, indem er Feuertempel anlegte, Magier gewann und anleitete, Stiftungen besorgte, gute Sitten unter den Rechtgläubigen einführte, Heiraten unter Verwandten vermittelte, Magier, die den Gottesdienst nachlässig verrichteten, zur Verantwortung zog und Ketzer verfolgte. Unter Schahpuhr wurde ihm die Würde eines *herbad*, Professors der Theologie, verliehen. Und sein Aufstieg riß auch unter Schahpuhrs Nachfolgern Hormizd I., Bahram I. und Bahram II. nicht ab. Seine Ehrennamen waren *Hormizds kartir*, *magupat*, Oberpriester, und *kartir Vahrans*, »dessen Seele erlöst ist«. Vor allem Bahram II. schätzte ihn sehr und erhöhte ihn zum Hohenpriester und Richter des ganzen Reiches sowie zum höchsten Zeremonienmeister der Glaubenszentren, wie des Feuertempels in Stachr, der Feuer Anahita-Ardaschir und Herrin Anahita. Geradezu fanatischen Eifer entwickelte Kartir im Kampf gegen andere Religionen und Kirchen im persischen Reich. In seinen Inschriften zählt er zu den Lehren des erzbösen Geistes Ahriman im besonderen und der bösen Geister im allgemeinen die Religion der Juden, der Samanäer, gemeint die Buddhisten, die sich selbst mit dem indischen Wort *cramanas* bezeichneten, der Brahmanen-Hindus, der *nazaraja*, gemeint offenbar die Leute der Täufersekten, der *kristijanas*, gemeint entweder die Orthodoxen oder die Anhänger des Gnostikers Markion, der *maktakas*, einer völlig unbekannten Konfession, und der *zandiks*, gemeint die Manichäer. Sie alle wurden auf vielerlei Weise drangsaliert und schikaniert, ihre Kirchen zerstört.

Diese Behauptungen bedürfen einiger Korrekturen. Schahpuhr war zwar Mazdaverehrer, zeichnete sich aber durch beachtliches Maß an Toleranz gegenüber anderen Glaubensrichtungen aus. Er wußte die kulturellen Errungenschaften anderer Völker wohl zu schätzen, und allein das *Denkart*, eine voluminöse Glaubensenzyklopädie aus dem 9. und 10. Jahrhundert u. Z., nicht vollständig erhalten, sagt ihm nach, daß er in indischen, römischen, griechischen und anderen Literaturen nach medizinischen, astronomischen Schriften, nach Arbeiten über Erscheinungen wie Bewegung, Zeit, Raum, Wesen, Schöpfung, Entstehung, Verderb, Wandel, Wachstum und sonstigen Wissenschaften und Künsten forschen und sie in die heiligen Texte des Mazdaglaubens eingehen ließ. Gewiß waren unter Ardaschirs neuem Regime mitunter Juden verfolgt worden, unter Schahpuhr jedoch besserte sich ihre Lage merklich, denn ihr großer Lehrer und Gelehrter Samuel hielt sie allüberall an, Gesetze streng zu beachten und mit Andersgläubigen freundschaftlich zu verkehren. Samuel selbst war wiederholt am Hofe zu Gast, und der Talmud berichtet so manche Einzelheit über die Begegnungen dieser beiden Männer.

Das Christentum griff langsam Raum im Perserreich, zumal in Gebieten, die semitische Bevölkerung bewohnte. Persische Siedlungen waren sehr stark auf syrische angewiesen. Syrisch galt als heilige Sprache, syrische Literatur als Quell persischen religiösen Schrifttums. Unter Baptisten sind Anhänger einer besonderen Richtung zu verstehen, die eine moralische Wiedergeburt im Inneren des Menschen durch sein völliges Eintauchen in fließendes Wasser empfahl, damit er der sündigen Welt abschwöre und das Wasser alle seine Schuld davonschwemme. Von ihnen tat sich später in Babylonien und Elam die mandäische Sekte hervor.

Doch an verschiedensten Glaubensrichtungen und Sekten gab es in ganz Vorderasien und ebenso im persischen Reich eine Menge. Darunter befanden sich Gnostiker, Künder diverser eschatologischer Lehren, wie Elchasaiten, Götzendiener, arabische, ägyptische, aramäische, kleinasiatische, armenische, kaukasische und skythische Heiden, Griechen, neupythagoräische Philosophen, wie der eher berühmte als bekannte Apollonios aus dem kleinasiatischen Tyana, neoplatonische Denker, wie einer der ersten und zugleich der größte, Plotinos, der am Feldzug Gordianus' III. gegen Schahpuhr teilnahm, und andere mehr.

Im Iran waren die Werke des griechisch-ägyptischen Mathematikers und Geographen Ptolemaios bekannt, am Hofe von Edessa verkehrte der syrische Gnostiker Bardesanes. Rege gepflegt wurden die Astrologie, die Schicksalsdeuterei, in Persien aus Zeichen und Malen am Körper des Neugeborenen, aus Geflügelleber und anderen tierischen Eingeweiden, Traumdeuterei und ganz gewöhnlicher Aberglaube in mannigfacher Form.

Eine bemerkenswerte Denkrichtung, zumal religiösen Charakters, stellte der Manichäismus dar. Diese Lehre wurde nach ihrem Begründer Mani oder Manichaios benannt. Lange Zeit bezog die europäische Wissenschaft ihre Kenntnisse über diese interessante und wichtige Lehre ausschließlich aus Schriften ihrer christlichen Gegner, die alles unternahmen, um dieses zutiefst harmlose Gedankengut zu verteufeln. Seit dem 17. Jahrhundert begannen europäische Forscher sich auch mit syrischen, arabischen und persischen Quellen vertraut zu machen, und auf der Grundlage dieser im ganzen verhältnismäßig raren und teilweise recht verworrenen Informationen gab Isaac de Beausobre um die Jahre 1734–1739 ein umfangreiches Werk über Manis Leben und Lehre heraus. Es besticht durch seine beachtliche Objektivität und kritische Sicht. Erst in unserem Jahrhundert erlebte die Manichäologie dank zwei aufsehenerregenden Entdeckungen authentischer manichäischer Zeugnisse ungewöhnlichen Aufschwung. Seit dem Jahre 1902 wurden Fragmente der reichen manichäischen Literatur aus dem Sand Chinesisch Turkestans, im Turfangebiet, ausgegraben. Es handelt sich um Bruchstücke, die in zwei Sprachen des mittleren und westlichen Irans, dem Mittelpersisch und Parthisch, in Soghdisch, Chinesisch, Türkisch, Uigurisch geschrieben sind, um Übersetzungen und Nachahmungen originaler manichäischer Texte. Entstanden waren diese Schriften in den mittelasiatischen Zentren der manichäischen Bewegung. Damals lernte die Wissenschaft den Inhalt dieser Lehre zum erstenmal wirklich kennen, ohne Verdrehungen, Verfälschungen. Die zweite Entdekkung bestand im Fund zusammenhängender Texte und Bruchstücke des Werkes in koptischer als einer jüngeren ägyptischen Sprache auf ägyptischem Boden im Jahre 1930. Gegenwärtig ist der überwiegende Teil dieser Funde veröffentlicht und erlaubt uns, einige Probleme mit ziemlicher Sicherheit zu klären, die Ursprung, Entfaltung und Wirkung der Lehre und das Leben ihres Schöpfers betreffen.

Nach christlicher Überlieferung war Mani sklavischer Herkunft, wurde von einer reichen Witwe erzogen, folgte als Schüler irgendwelchen globetrotterischen Zauberleuten und wurde schließlich Christ. Dann aber fiel er ab und entwikkelte eine Lehre, die das Volk betrog, bis ihm ein schlimmes Ende beschieden war.

Die ursprünglichen Quellen berichten etwas anderes. Mani entstammte einer iranischen Familie, möglicherweise höheren sozialen Standes. Die Eltern siedelten nach Babylonien über, wo er im Jahre 216 geboren wurde. Sein Vater gab sich mit religiösen Spekulationen ab und trat einer baptistischen Sekte (Täufersekte) bei, der er auch die Erziehung des Sohnes anvertraute. Mani jedoch erschien bereits in seinem zwölften Lebensjahr ein himmlischer Geist und legte ihm mit Nachdruck nahe, sich von dieser Sippschaft zu distanzieren. Dem griechischen Manuskript zufolge, das vor einiger Zeit in Köln am Rhein aufgearbeitet worden ist, gehörten Manis Lehrer der Elchasaitensekte an. Nach weiteren zwölf Jahren wurde er in einer zweiten Erscheinung von demselben Wesen ermuntert, seine eigene Lehre aufzustellen und mit ihr an die Öffentlichkeit zu treten. Mani gehorchte und eröffnete seine Tätigkeit mit einer Reise nach Indien. Nach seiner Heimkehr gelangte er als Schützling des ostiranischen Vizekönigs an den Hof dessen Bruders, des Königs der Könige Schahpuhr I., und blieb mit ihm lange Jahre in engem Kontakt.

Mani bemühte sich, den König zu seinem Glauben zu bekehren, erreichte jedoch lediglich, daß der Monarch sich zu ihm und seiner Gemeinde recht konziliant verhielt. Er begleitete den König auch auf Feldzügen. Mit der Zeit allerdings kühlte das Verhältnis zwischen beiden spürbar ab, und Mani unternahm anscheinend ausgedehnte und bedeutende Exkursionen in benachbarte Länder, beispielsweise nach Mittelasien, Tibet, Kaschmir, Palästina.

Auch der Nachfolger Hormizd I. hegte Zuneigung zu ihm. Doch mittlerweile baute im Iran und am Hofe die zarathustrische Geistlichkeit ihre Positionen aus, die in Mani einen Ketzer und Volksverführer erblickte, was man ihrer Wettbewerbssituation und ihrer Eifersucht gleichermaßen zugute halten muß. Wir hatten schon mit dem Hofkaplan Kartir flüchtige Bekanntschaft geschlossen, der von den Magiern der einflußreichste war. Dieser beflissene Prälat war es auch, dem es letztlich gelang, König Bahram I., Hormizds Nachfolger, dazu zu bewegen, mit aller Staatsautorität gegen den Manichäismus einzuschreiten und die neue Denkrichtung ernster Diskriminierung auszusetzen. Der sechzigjährige Weise wurde an den Hof zitiert, geriet mit dem König in Streit und wurde gleich während der Audienz kurzerhand eingesperrt. In schwere Ketten geschmiedet, schmachtete er seine restlichen sechsundzwanzig Lebenstage im Verlies. Sein Tod wird auf den März 276 datiert. Christliche Polemiker erfanden über sein Ende eine gruslige Legende: Er wurde bei lebendigem Leib gehäutet, seine Haut mit Stroh ausgestopft und über das Stadttor gehängt. Das widerspricht zwar manichäischen Angaben, aber wer weiß, vielleicht rächte sich der König mit diesem scheußlichen Akt wenigstens am Leichnam.

Mani wuchs auf und wirkte zu einer Zeit, in der es von den unterschiedlichsten heiligen Lehren wimmelte. Über den Sieg der zarathustrischen war bereits die Rede. Aber es kamen neben ihr andere auf: die christliche, die jüdische, die Gnosis, der Baptismus vom Westen, der Buddhismus und andere indische Philosophien vom Osten her. Alle diese Denkweisen trafen in Manis babylonischer Heimat auf bodenständige abergläubische, in erster Linie astrologische Doktrinen. Das konnte an

Manis Auffassungen nicht spurlos vorübergehen, färbte vielmehr auf sie ab. Er selbst neigte zu Spekulationen und hatte eine besondere Begabung für eigenwillige Hirngespinste über die Welt und machte gleichzeitig als bildender Künstler, vor allem als Maler, von sich reden. Er studierte alle damaligen Wissenschaften und trug eine Menge Erkenntnisse zusammen, die er in sein System zu pressen gedachte. Er versuchte einen derartigen Gedankenapparat zu konstruieren, daß er den Menschen in seiner Sehnsucht nach Erlösung befriedigte und ihm außerdem einen vollkommenen Einblick in das gesamte Weltgeschehen ermöglichte. Damit verknüpfte er religiöses Interesse mit einer Art wissenschaftlich-rationalistischem Intellektualismus. Seine Schüler behaupteten nach seinem Vorbild imstande zu sein, alle Dinge auf der Welt zu enthüllen und darzulegen. Auf diese Weise hofften sie Teile der damaligen Intelligenz zu gewinnen, soweit sie auf Erkenntnis aus war. Es versteht sich, daß Manis Denkschema die vielfältigen Keime, Bestandteile, Wirkungsweisen seiner Vorbilder zu keiner idealen Einheit und einigermaßen zufriedenstellend miteinander zu verquicken vermochte. Mani war eben nicht nur Denker, sondern auch Dichter und überließ sich nicht zuletzt natürlichen Gefühlen und Launen. Oft inspirierte ihn, wie wir verläßlichen Quellen entnehmen, irgendeine Naturerscheinung, und schon begann er über ihre Bedeutung für den Menschen und über ihren Stellenwert in seiner Lehre zu predigen. Daher bildet der Manichäismus in seiner verbalen Form nichts anderes als ein Sammelsurium lyrischer Wahrnehmungen, Stimmungsäußerungen und stellenweise trockener Aufzählungen von Kategorien und Erscheinungen.

In ihrem Wesen ist Manis Lehre dualistisch. Damit bekennt sie sich zum Zarathustrismus als ihrem Hauptmuster. Mani verfolgte zweifellos noch ein weiteres Ziel. Er wollte in seiner Lehre mit diesem iranischen Dualismus die beiden damaligen Hauptreligionen Vorderasiens, das Christentum und den Buddhismus, vereinen. Deswegen trat er als Prophet auf, der laut Evangelium Jesus verpflichtet war und zur Verwirklichung der endgültigen Erneuerung als Parakletos auf dem Plan erscheinen sollte, und andererseits sich mit einer Erscheinung identifizierte, die Buddha verpflichtet war, mit Maitreya, dem Buddha, der die Vollkommenheit des Buddhismus zu einer von Buddha zu bestimmenden Zeit wiederherzustellen hatte. Mani schwebte vor, aus allen drei Religionen eine einzige zu formen, die sowohl deren Kulmination bildete als auch die Einheit, in der alle drei Glaubenslehren zu ihrer höchsten Entfaltung gelangen könnten.

Diese Intention hatte ihren politischen Hintergrund und ihre einschlägigen Auswirkungen. Mani warb ebendeswegen König Schahpuhr I. für seinen Glauben, um eine Staatskirche des neuen iranischen Reiches zu schaffen, die mit ihrer Struktur und ihrem Gehalt die iranischen politischen Ansprüche an die Nachbarländer und an deren christliche und buddhistische Bevölkerung gleichermaßen beförderte. Die neue Glaubenslehre sollte nach seiner Ansicht Christen, Buddhisten und Zarathustraanhänger in ihren Bann schlagen, weil sie ihnen ihre eigenen Glaubensbekenntnisse in höchstmöglicher und erdenklich bester Gestalt bot. Mani erkannte auch ausdrücklich als seine Vorläufer Jesus, Zarathustra und Buddha an. Damit formulierte er sozusagen eine These, mit deren Hilfe er das Verhältnis der einzelnen Lehren untereinander und seinen, natürlich höchsten Rang in der Geschichte der Religionen bestimmte. Dies wurde aber ebenso von den führenden Kreisen der einzelnen Religionen wie vom König selbst verworfen, der verständlicherweise einen Kampf mit der einheimischen, zunehmend erstarkenden Tradition und ihren Trägern zu riskieren scheute. Ebensowenig konnte er als Staatskirche eine Gesellschaft hinnehmen, die Ideale der Enthaltsamkeit und Entsagung auf ihre Fahnen geschrieben hatte.

Die Grundlage der manichäischen Lehre bildete die dualistische Anschauung vom Walten zweier Prinzipien, dem guten Gott und der bösen Materie. Gott ist Güte, Licht und Wahrheit, die Materie ist das Böse, die Finsternis und die Lüge. Beide Prinzipien sind seit Ewigkeit gegeben und voneinander völlig unabhängig. Drei Viertel des Weltraumes gehören zum Reich des Lichts, ein Viertel zum Reich der Finsternis. Während im Gottesreich rund um Gott, der zwischen seinen zwölf Söhnen thront, vollkommenes Glück herrscht, sind für das finstere Reich ewiges Chaos und ständige Unrast wesensbestimmend. In diesem Wirrwarr kommt es bisweilen dazu, daß das böse Element bis an die Obergrenze seines Raumes dringt und des Reiches der Güte ansichtig wird. Es entflammt in Gier nach ihm und entschließt sich zum Angriff, um sich mit ihm zu vermischen und seine Vorzüge zu genießen. Da das höchste göttliche Wesen zu Kampf außerstande ist, muß es sich für seine Verteidigung Abwehrkräfte schaffen. Das geschieht keineswegs durch Schöpfung oder Zeugung, vielmehr durch Emanation. Gott entbietet nach manichäischer Vorstellung aus sich heraus eine andere Wesenheit, in unserem Falle die Mutter des Lebens, und sie wiederum läßt durch das Wort den himmlischen Urmenschen aus sich ausströmen. Diese Wesenheiten stellen die Dreieinigkeit nach Art der Familie, des Vaters, der Mutter und des Sohnes, dar. Der Sohn zieht, ausgerüstet mit den fünf Lichtelementen, gegen die Finsternis in den Kampf. Hier nimmt der Erlösungsprozeß seinen Anfang. Der Aufbruch des Sohnes erfolgte freiwillig; es ging ihm um die Überwindung des Bösen. Um den künftigen Sieg des Guten über die Materie zu sichern, überläßt er den bösen Elementen seine lichte Rüstung, die die finsteren Kreaturen verschlingen. Die Manichäer verglichen dieses Opfer mit der Handlungsweise jenes Heerführers, der seine Vorhut opferte, um seine eigentliche Armee zu retten, oder mit der Gewohnheit des Hirten, dem Wolf ein Schaf zum Fraß vorzuwerfen, um die Herde vor ihm zu bewahren. Demnach bringt der Urmensch den bösen Elementen freiwillig seine Seele zum Opfer, und die bösen Elemente verlieren, indem sie diese Seele verschlucken, ihre Natur, als hätten sie sich mit Gift infiziert und wären dadurch zum Untergang verurteilt. Aber er selber ist Gefangener des Bösen. In höchster Gefahr rafft er sich aus seiner Ohnmacht auf und ruft um Hilfe. Sie wird ihm dadurch zuteil, daß der Vater der Größe, die höchste Gottheit, drei Helfer nacheinander ausschickt. Der dritte von ihnen, Lebendiger Geist genannt, begibt sich an den Rand des Abgrundes und ruft nach dem Urmenschen. Beides, den Ruf des Lebendigen Geistes und die Antwort des Urmenschen, begriffen die manichäischen Spekulanten als Gottheiten im Erlösungsprozeß. Dann zieht der Lebendige Geist den Urmenschen aus der Tiefe und bringt ihn dem Himmel wieder. Es liegt auf der Hand, daß die Person des Urmenschen in der manichäischen Symbolik die Verquickung zweier ausschlaggebender Elemente vorführt: Der Urmensch ist der Erlöser, bedarf aber seinerseits selber der Erlösung, ist demnach, wie R. Reitzenstein gesagt hat, erlöster Erlöser.

Indem die Finsternis einen Teil des Lichtes absorbiert, entsteht ein Mischzustand von Gut und Böse. Die Hauptaufgabe der Welt des Guten besteht in der Befreiung des gefangenen Lichts, und sie obliegt vor allem dem Lebendigen Geist. Er überwindet die Fürsten der Finsternis, bildet aus ihrer Haut das Firmament, aus ihren Knochen die Berge, aus ihrem Fleisch und Eingeweiden die Erde, erschafft kurzum die Welt. Außerdem baut er zwei Lichtschiffe, die Sonne und den Mond, und aus den weniger beschmutzten Teilchen des Lichtes verfertigt er Sterne. Zuletzt konstruiert er sich ein Gerät zur Befreiung des gefangenen Lichts. Es ist ein Riesenrad, ähnlich einer antiken Bewässerungsanlage, und damit werden die Lichtpartikeln aus dem Orbit geschöpft. Sie steigen an einer Lichtsäule zum Mond auf und von da weiter zur Sonne, wo sie gereinigt werden, um in das Reich des Lichtes einzugehen. Auf diese Weise erklärte man sich auch den Mondwechsel. In der ersten Mondhälfte füllt sich der Mond mit Lichtteilchen, demzufolge gibt es Vollmond. In der zweiten Hälfte entweichen die Lichtteilchen vom Mond zur Sonne hin, also geht es auf Neumond zu.

Aus dieser Schilderung werden Charakter und Art des Weltbildes im Manichäismus deutlich. Im Mittelpunkt der Lehre steht die Aufhellung des Erlösungsbedürfnisses der menschlichen Seele, die in der bösen Materie gefangen schmachtet. Sie geschieht in Form eines Mythos, eines durch und durch phantastischen, höchst anschaulichen und farbigen Bildes, ganz nach der Methode gnostischer Schilderung, wie der Geist durch die ursprüngliche Weisheit schuldig und dann aus der Gewalt des Bösen befreit wird. Die Terminologie erinnert an die gnostische Diktion und ist stellenweise direkt der Gnosis entlehnt. Die Bezeichnungen einzelner Wesen oder *aionen* tragen den Charakter sensationslüsterner Geheimniskrämerei und wecken trübe Vorstellungen und dunkle Gefühle: Vater der Größe, Mutter des Lebens, Urmensch, Freund des Lichts, Großer Erbauer, Lebendiger Geist, Frage, Antwort, Strahler, Träger, Dritter Bote, Lichtjungfrauen u. a.

Erstaunlich nimmt sich die Naivität der damaligen manichäistischen Theorie bei der Darstellung des Mechanismus eines Schöpfgeräts und bei der Erläuterung damit zusammenhängender Naturerscheinungen aus. Es versteht sich, daß der Literat Mani mit dieser gnostischen Bildhaftigkeit Kreise der Intelligenz, die nach Entdeckung der Geheimnisse der Welt streben, amüsiert und mit dieser seiner belletristischen Vorstellungskraft kaum ihrem Wissensdrang entsprochen hat.

Das Gute bedient sich nicht zuletzt gewöhnlicher sexueller Verführungskünste, um die Mächte des Bösen zur Herausgabe der gefangenen Lichtteilchen zu zwingen. In dieser Hinsicht und unter anderen bereits abgehandelten Aspekten können wir aufgrund erhaltener Belege konstatieren, daß vielfältige iranische, babylonische und andere Lehren kopiert und in das manichäistische System funktional integriert wurden. Gegen Maßnahmen des Reiches des Guten wehrt sich die Materie mit ausgefallensten Mitteln. Zwei Dämonen setzen Adam und Eva in die Welt. Der Mensch ist sich anfangs nicht dessen bewußt, daß er einen Lichtfunken in sich birgt. Deswegen kommt der himmlische Erlöser zu ihm, der entweder Ormuzd oder strahlender Jesus heißt, reißt ihn aus seinem Schlaf, öffnet ihm die Augen und klärt ihn über seinen zweifachen Ursprung auf, wonach er einen Körper aus böser Materie, aber eine Seele voller Licht besitzt. Auch die Voraussetzung seiner Erlösung nennt er ihm, nämlich Erkenntnis. Hier erfährt Adam also eine ähnliche Prozedur an sich, wie sie vorher der Urmensch über sich ergehen lassen mußte, als er in der Tiefe gefangen saß. Die Grundbestandteile des Erlösungsdramas sind Kampf, Niederlage, Erwachen, Gespräch, Rückkehr des Urmenschen und der Menschenseele zum Licht.

Diese Kette ritueller Akte geht auf die babylonische Lehre von der Gottheit Tammuz zurück. Einige Motive allerdings finden wir bereits im antiken Indien und im Zarathustrismus. Auch der Manichäismus kennt die Lehre vom Schicksal der Seele nach dem Tode und vom Ende der Welt, die, wie wir sie nennen, eschatologische Lehre. Die erlöste Seele wird in die himmlischen Hallen aufgenommen, nimmt Platz auf dem Thron, prächtig gekleidet, mit einem Diadem, einem Kranz auf dem Haupt, von Trophäen und einer Schar anmutiger Himmelskinder umgeben. Die Seelen böser Leute sind dazu verdammt, nach ihrem Tod in fremde Leiber zu kriechen. Hierin spiegelt sich die indische Lehre von der Metempsychose, die neben anderen schon im alten Europa in Pythagoras' Theorien ihr Abbild findet.

Die allgemeine Eschatologie bzw. Lehre von den letzten Fragen der Welt und der Menschheit verrät im Manichäismus starke Einflüsse christlicher Tradition. Das Ende der Welt wird durch schlimme Plagen und Katastrophen angekündigt, ein furchtbarer Krieg bricht aus zwischen dem Lager des Guten und den Mächten des Bösen, doch die Kirche der Gerechten, wie sich die manichäische Gemeinde bezeichnet, übersteht das Leid. Eine neue Generation mit dem Großen König tritt an; vor seinem Thron findet das Jüngste Gericht statt, das die Guten von den Bösen scheidet. Und schließlich werden die Reste der gefangenen Welt errettet. Mit der Vernichtung der Erde fällt die finstere Materie zu einem wirren Haufen Plunder zusammen, der in den Graben im tiefsten Weltraum gefegt und mit einem Wackerstein zugedeckt wird. Und die Welt wird für alle Zeiten Ruhe vor dem Bösen haben. Damit findet die Endzeit der Welt ihren Abschluß, und herauf zieht die Epoche alleiniger Vollkommenheit.

Es ist offenkundig, daß die manichäische Kirche über Lehrer verfügte, die nicht die Ansicht vertraten, daß am Ende alles gefangene Licht ausnahmslos befreit würde, sondern meinten, ein bestimmter Teil werde in alle Ewigkeit das Los mit der verurteilten Materie teilen. Es ist nicht einmal schlüssig bewiesen, daß nicht Mani selbst diese pessimistische Version verfochten hat.

Eine wichtige Frage wirft die Stellung Jesu in der manichäistischen Religion auf. Früher behaupteten manche Kirchenhistoriker, der Manichäismus sei lediglich eine christliche Sekte gewesen. Mani selbst erwähnt Jesus in seiner Lehre. Näher beleuchtet wurde die Rolle des christlichen Propheten durch turfanische und koptische Funde. Der Manichäismus ist keine christliche Ketzerei, wenn auch Jesu Name darin vorkommt. Mani mußte Jesus aus Gründen, die schon genannt wurden, irgendwie seinem System einpassen. Sein Jesus ist also ein gnostisches Gebilde. Und was von Wichtigkeit ist, er tritt in Manis Lehre in mancherlei Gestalt und Funktion auf, die sich untereinander ziemlich unterscheiden. Interessant erscheint der Begriff *Jesus patibilis*, besonders bezeichnend für die Theorie afrikanischer Manichäer. Es handelt sich dabei um die Personifikation der über die ganze Natur verstreuten Lichtquanten, die es aus der Gefangenschaft der Materie zu befreien gilt. Sie stecken in Pflanzen, Früchten, Bäumen, Tieren und Menschen gleichermaßen, überall. Diese Seele alles Lebendigen leidet immerzu und allerorts, wird an jedem Baum gekreuzigt, jeder Baum ist ihr Kreuz. Sie leidet, wo Früchte gepflückt werden. Die Feige weint milchige Tränen, wenn sie abgenommen wird. Die koptischen *Kephalaia*, eine der erhaltenen umfänglichsten manichäischen Schriften, sagen in einer Predigt Manis: »Was sie besiegte, getötete, aufgeriebene, gemordete Seele nennen, ist die Kraft der Früchte, Gurken und Samen, die geschlagen, abgerissen und zerkleinert werden, um der körperlichen Welt Speise zu geben.«

Jesu Leiden und Kreuzigung sind nur eine Episode, ein einzelner Augenblick im kosmischen Leidens- und Erlösungsdrama, wie der schwedische Forscher G. Widengren richtig bemerkt. Zweifellos hat der Jesus der manichäistischen Lehre mit der historischen Person desselben Namens nichts gemein, und die Wesenheit Jesus hätte im manichäistischen System ebensogut einen völlig anderen Namen tragen können.

Werfen wir einen Blick auf die Kirchenorganisation und die Morallehren des Manichäismus. In der Kirchenorganisation ahmte Mani Buddhas Gesellschaft nach. Die Gläubigen zerfallen in zwei Gruppen. Die erste stellen die Auserwählten, die Elite, die den Glauben in aller Vollkommenheit verficht, ein mönchisches Leben führt; diese Gruppe wiederum unterteilt sich in vier Klassen: zwölf Lehrer, zweiundsiebzig Bischöfe, dreihundertsechzig Presbyter, und die übrigen, Gerechte genannt. Die zweite Gruppe sind die Laien oder Hörer, Auditoren. Beide Gruppen lebten unterschiedlich. Die Mönche mußten streng die drei Moralgebote einhalten. Zuvörderst verzichteten sie auf schlechte Gedanken und Reden, entsagten allem Genuß von Fleisch und berauschenden Getränken, durften nur Speisen aus Feld- und Gartenfrüchten und Obstsäften zu sich nehmen. Dabei wurden Melonen und Öl bevorzugt, weil sie vermeintlich die meisten Lichtteilchen enthielten. Zum diesbezüglichen Ritual, das der christlichen Kommunion vergleichbar wäre, zumal anläßlich Manis Todestages, stellten sie auf ein heiliges, mit Teppichen ausgelegtes Podest ein Dreibein mit Melonen und Bohnen und legten auf ein Tischchen Weizenbrote. Das zeigt uns sehr eindrucksvoll eine teilweise erhaltene Buchillustration aus Mittelasien. Als zweites war es den Auserwählten untersagt, mit Händen zu sündigen, das heißt Pflanzen zu beschädigen oder Lebewesen zu erschlagen. Damit war allerdings fast sämtliche gleichwie geartete Arbeit verboten, die so zur Todsünde gestempelt wurde, weil sie nach manichäischer Anschauung das Licht absichtlich in Gefangenschaft der finsteren Macht der materiellen Welt hielt. Die Arbeit galt als Verbrechen und verursachte die Seelenwanderung. Wer Ähren schneidet, wird in seinem künftigen Dasein zur Ähre, wer eine Maus erschlägt, wird zur Maus usf. Wir fragen uns, wie unter solchen Bedingungen die Auserwählten überhaupt leben konnten. Die Manichäer regelten das mit Hilfe von zweierlei Moral. Laien durften ja arbeiten, und ihnen oblag die Pflicht, die Auserwählten zu ernähren. Das war zwar Sünde, aber sie wurde von den Auserwählten beim Proviantempfang auf der Stelle vergeben. Außerdem glaubten sie, daß der physiologische Vorgang der Verdauung im Gedärm der Auserwählten einer verdienstvollen Tat zur Befreiung des in der bösen Materie der Speisen gefangenen Lichts gleichkomme. Das dritte besonders strikte Gebot war, sich aller Zeugung zu enthalten, weil sie ebenfalls das Licht in körperlicher Materie banne. Deshalb durften die Auserwählten nicht heiraten und überhaupt keinen Umgang mit dem weiblichen Geschlecht pflegen. Den Laien indessen war die Ehe erlaubt, sie durften sogar Nebenfrauen aushalten, wie wir der Lebensbeschreibung des heiligen Augustinus entnehmen. Den Auserwählten waren auch strenge Fasten auferlegt, und zwar an allen Sonntagen und Montagen sowie während des ganzen Monats vor dem manichäischen Osterfest. Über die Sakramente sind wir schlecht unterrichtet. Im übrigen tafelten die Auserwählten alle Tage gemeinschaftlich. Die Liturgie setzte sich aus Gebeten, Predigten und Gesängen zusammen. Im Umgang miteinander kannte man den Friedenskuß und das Grußwort »Friede«, brüderliche Grüße sowie symbolischen Händedruck.

Der Manichäismus brachte eine reiche Literatur hervor, von der nur Bruchstücke überkommen sind. Mani selbst war ein sehr produktiver Schriftsteller. Seine Werke liegen im semitischen Dialekt Babyloniens, eines nur in Persisch vor. Es handelt sich um das Buch *Schahpuhrakan*, das die Einrichtung und das Ende der Welt behandelt. Die Namen der Werke sind kennzeichnend: Großes Evangelium, Schatz des Lebens, Buch der Geheimnisse, Buch über die Riesen. Außerdem verfaßte Mani Psalmen, Gebete und Briefe. Daraus, was sich erhalten hat, wenn auch nur in Zitaten und Übersetzungen, können wir schließen, daß er sich sowohl von der Lektüre gnostischer Schriften, dem Studium von Werken der übrigen damaligen Weltreligionen, allem voran jedoch der damals beliebten apokalyptischen und apokryphischen Arbeiten, inspirieren ließ als auch von persönlichem Erleben, dem Blick zu den Wolken, vom Sonnenaufgang, vom Vogelflug, von der Schiffahrt, vom Fischfang und überhaupt von der Beobachtung verschiedenster Erscheinungen in Natur und Gesellschaft.

Seine Jünger fuhren in der Schriftstellerei emsig fort, so daß das manichäische Schrifttum als eines der stattlichsten seiner Epoche galt. Die Urteile über seinen Wert divergierten schon in der Antike und im Mittelalter sehr. Von den Polemikern wurden ihm Weitschweifigkeit, Geschwätz, überschwengliche Phantasie vorgeworfen, insbesondere von den griechischen, die sich an den philosophischen Werken eines Aristoteles schulten, oder den arabischen und chinesischen, die pragmatischer Klarheit den Vorrang einräumten. Nichtsdestoweniger gibt es in Manis Schriften so manche schöne poetische und rhetorische Stelle, vor allem Vergleiche, Metaphern, Analogien und winzige lyrische Wahrnehmungen. Der bündigen und kernigen Sprache jüdischer und christlicher kanonischer Texte gleichen sie freilich nicht. Überragende Bedeutung gebührt dem Manichäismus in der Geschichte orientalischer Malerei. Mani widmete sich, wie östliche Überlieferung bekundet, der Poesie, der Malerei, der Musik und dem Gesang, war aber besonders als talentierter Maler ausgewiesen. Er benutzte Malereien zur Propagierung seiner Glaubenslehre und schenkte gefälliger Ausschmückung der Handschriften hohes Augenmerk. Allem Anschein nach schuf er die Buchminiatur, durch die später der persische Buchschmuck berühmt wurde. Unter seinen Schülern waren Maler und Buchillustratoren, die er Missionslehrern auf die Reisen mitgab. Mani persönlich wurde in der manichäischen Tradition das Buch *Ardahang* zugeschrieben, von dem sich nicht ganz eindeutig sagen läßt, ob es eine reich illustrierte Enzyklopädie der Welt war oder ein großes Gemälde, das die Welt veranschaulichte. Manichäische Kirchen waren in Mittelasien mit Fresken ausgestattet, deren Überbleibsel in der Gegend von Turfan entdeckt worden sind.

Die kalligraphischen Fertigkeiten der Manichäer werden in zahlreichen Sagen gepriesen. Mani beschrieb, wie verlautet, Seide in solch feiner Schrift, daß die Schrift verschwand, sobald man einen Faden herauszog. Geschrieben wurde auf Seide, Papier oder Leder. Bücher achteten die Manichäer sehr sorgfältig und verpönten jedwede Nachlässigkeit im Bereich des Bücherschreibens oder unsachgemäßen Umgang mit Schreibmitteln als Sünde. Erhalten hat sich ein Abschnitt ihres soghdisch geschriebenen Beichtspiegels, in dem es heißt: »Sollte ich aus Abneigung gegen die Schreibkunst, aus Haß oder Verachtung, den Pinsel, die Schreibtafel, ein Stück Seide oder Papier in der Hand, großen Schaden oder Unfug angerichtet haben, sollte ich den Rest aus einem Wasserkännchen ausgegossen haben, so daß etwas verdorben ist, für all das bitte ich um Vergebung.« Mit Wasser ist hier natürlich Tinte gemeint. Ein anderes soghdisches Fragment sagt: »Sollte ich beim Lesen auch nur ein einziges Wort von einem Blatt Papier abgerissen haben oder einen Buchstaben ...« Die Literatur genoß höchste Achtung und wurde durch Moralvorschriften geschützt. Bücher wurden mit verschiedenfarbiger Tinte, in künstlerisch stilisierten Buchstaben geschrieben, mit Miniaturen bebildert, in verzierte Deckel, manchmal gar aus Elfenbein, gebunden und mit gold- und schildpattbeschlagenen Hüllen versehen. Überreste entdeckter Fresken sind im gleichen Stil wie die Miniaturen gestaltet. Die manichäische Kunst wirkte auf die Kunst anderer Glaubensrichtungen und umliegender Völker nachhaltig ein.

Der Manichäismus breitete sich bereits zu Lebzeiten seines Stifters in die Nachbarländer aus. Daran hatten Mani selbst und zahlreiche spätere Missionare ihren Anteil. Die Wiege der Kirche stand in Babylon, später, in der arabischen Ära, konzentrierte sich der Manichäismus auf Mittelasien. Nachgewiesen ist er außer in Kleinasien auch in weiten Teilen Europas, vornehmlich auf dem Territorium des römischen Reiches, weiter in Gebieten hinter dem Amudarja und in Sibirien, seit Ende des 7. Jahrhunderts in China, woher er zu den türkischen Uiguren gelangte, bei denen er schließlich zur Staatsreligion erhoben wurde. Doch seine aufsehenerregendste Historie erlebte er in Nordafrika, hauptsächlich in Karthago. Auf dortigem Boden spielten sich die härtesten Auseinandersetzungen mit dem Christentum ab, in erster Linie dank dem heiligen Augustinus, Bischof von Hippo, der sich in seiner Jugend neun Jahre lang zum Manichäismus bekannt hatte. Aus seiner Feder stammten auch die erschöpfendsten Polemiken, aus denen wir vieles über die manichäische Lehre und Moral erfahren.

Schon von Beginn ihrer Lehre an wurden die Manichäer in verschiedenen Ländern verfolgt. In Europa gab es sie spätestens nach dem Sieg des Christentums etwa im 7. Jahrhundert nicht mehr. Nach China kamen sie im Jahre 694. Dort wurden sie geduldet, und ihre Bücher fanden sogar Eingang in den taoistischen Kanon. Aber im 8. Jahrhundert setzte auch da die Verfolgung ein, und das Ende machte dem Manichäismus im 14. Jahrhundert die Vertreibung der Mongolendynastie. Ebenso wurden seine Anhänger im arabischen Kalifat unter der Regierung der ersten Abbassiden, etwa um Mitte des 8. Jahrhunderts, unterdrückt, so daß sich ihre Spuren im Irak bereits gegen Ende des 10. Jahrhunderts verlieren. In Mittelasien hielten sie sich kaum länger als bis ins 12. Jh.

Problematisch ist die Bestimmung des

zufälligen Zusammenhanges einiger mittelalterlicher sogenannter neugnostischer Sekten mit dem Manichäismus. Wir denken dabei an die Gemeinschaften der Paulikianer, Katharer, Bogmilen, Albigenser und ähnliche, ja selbst die Entstehung einer Reihe hussitischer Sekten wurde hier und da auf den Manichäismus zurückgeführt. Wir neigen nicht zu jener Ansicht, die aufgezählten Bewegungen stellten eine unmittelbare Fortsetzung des Manichäismus dar, können jedoch nicht leugnen, daß sowohl in ihren Doktrinen als auch in ihrer Sittenlehre mancherlei zutage getreten ist, was sehr stark an den Manichäismus gemahnt, und daß möglicherweise Stifter mittelalterlicher sektiererischer Lehren hauptsächlich unter den übriggebliebenen Manichäern Gehör fanden, die in abgelegenen Gegenden allem Druck widerstanden hatten, und daß sie in ihrer Propaganda bewußt an Voraussetzungen anknüpften, auf die sie bei ihnen stießen. Die immerhin recht nachdrücklich sozial formulierten Absichten und Zielsetzungen des Manichäismus kamen den Bemühungen mittelalterlicher Gesellschaftskritiker sehr entgegen.

Mani trat mit seiner Lehre in einer Epoche hervor, die der allmähliche Verfall althergebrachter Institutionen und Ordnungen kennzeichnete. Die Mißstände der Zeit forderten die Stiftung einer Erlösungslehre geradezu heraus, die die zerrüttete führende Schicht der alten Welt zufriedenstellte und die des Jüngsten Tages harrende Menschheit in eine bessere Welt führte. Die überschwengliche Art seiner Deutungen erregte unter den bedeutendsten Denkern seines Jahrhunderts und darauffolgender Zeiten Argwohn. Philosoph nach unserem Verständnis war er nicht, obgleich sich in seinen symbolischen Äußerungen philosophisches Denken unzweifelhaft manifestiert. Da Mani Glaubensstifter war, akzentuierte er in seiner Sendung die Vision als Grundlage und Beweis seiner Lehre. Er war Eklektiker, der mit vollem Bedacht aus verschiedenen Lehren auswählte, was ihm in sein System zu passen schien und womit er seine Anhänger aus unterschiedlichstem Milieu zu beschwichtigen gedachte. Er errichtete eine internationale Gemeinschaft theosophischen Charakters, gestützt auf Synkretismus oder auf die Verknüpfung verschiedener Denkweisen, die zwölf Jahrhunderte lang in den Regionen zwischen Portugal und China bestanden hatten und nun zerrannen wie alle Systeme, die sich vornehmlich in der Sprache von Mythen artikulierten. Europa beschritt bei seiner Entscheidungssuche, ob es lieber manichäisch als christlich sein sollte, zu seinem Nutzen den zweiten Weg, der stärker griechisch und verstandesmäßig ausgerichtet war als mystisch, orientalisch, theosophisch.

Mani war der letzte große Gnostiker. Er trat eher als Wundertäter denn als Philosoph in Erscheinung. Das ästhetisch gefärbte phantastische Trugbild verdrängte bei ihm begriffliches Denken. Im Spiel mit Zweieinigkeiten, Dreieinigkeiten, Viereinigkeiten, Fünfeinigkeiten der Kategorien, in der wunderlichen Teilung der Welt und deren Gehalts, im Sinn für Zahlenmystik, in all dem war er führender Vertreter des ausklingenden asiatischen Hellenismus und einer Zeit, die sich lieber an Prophetentum, Apokalypsen, Romanen ergötzte als an ernsthaften Traktaten, an Klatschsammlungen als an seriösen Werken. Der kosmopolitische Beschwichtiger der Intelligenz der Niedergangsperiode hing Träumen und Erscheinungen an. Er war an sich gewiß eine tugendhafte Persönlichkeit, überzeugt von der Richtigkeit des Weges, den er seinen Zeitgenossen wies, aber eben kein Denker, der mit den großen griechischen Philosophen der Hohenzeit der Antike hätte wetteifern können. Daher löste er weder eine Philosophie noch eine Wissenschaft noch das Christentum ab, und deshalb war seine Lehre nicht von Bestand.

Freund der Sterne, Bruder der Sonne und des Mondes

Nach Schahpuhrs I. glanzvoller Zeit lösten auf dem persischen Thron einige Regenten einander ab, die weder mit Siegen noch herausragenden Bauleistungen brillierten.

Über jeden läßt sich irgendeine Kuriosität oder ein Hofklatsch zum besten geben. Hormizd I. regierte etwas über ein Jahr und erbaute das Sommerschlößchen Dastagerd unweit von Ktesiphon. Bahram I. regierte drei Jahre, drei Monate und drei Tage; ein solches Datum war gut geeignet, sich dem Gedächtnis seines Übermittlers einzuprägen. Unter ihm fiel Mani der Verfolgung zum Opfer. Bahram II. war einer, um den sich allerhand Anekdoten rankten. Einmal wollte er seine Frau bestrafen, weil sie seine Weisungen nicht befolgt hatte. Er fragte zuerst den Priester, was einem Menschen zustehe, der dem König den Gehorsam verweigerte. Der Priester sagte: »Der Tod, wenn es keine Frau, kein Kind, kein Betrunkener oder Tölpel ist.« Der König sah von einer Strafe ab. Bahram III. war König von Seistan und hatte wohl keine volle Berechtigung, den großköniglichen Thron zu besteigen. Ein Magnat namens Vahunam rief ihn zum König der Könige aus, um so die Macht an sich zu reißen. Bahram III. hatte aber den Thron nur vier Monate inne. Mehrere Adlige, Würdenträger und Vasallen verweigerten ihm den Gehorsam und sandten eine Abordnung nach Armenien, um Narse zur Rückkehr nach Iran zu bewegen und den Thron zu besteigen. In einem kurzen Bürgerkrieg wurden Bahram und Vahunam gefangengenommen und hingerichtet. Davon erzählt eine Inschrift in Paikula, die Narse als eine Apologie auf seinen Regierungsantritt anbringen ließ.

Narse hatte zwei Frauen, gebürtige Königinnen, und zwei Konkubinen, was sich für einen Perserkönig außergewöhnlich bescheiden ausnahm. Als zweites bemerkenswertes Charakteristikum seiner Herrschaft galt eine Schlappe im Krieg gegen die Römer. Er hatte es für einen günstigen Moment angesehen, in römisches Gebiet einzufallen, als sich im ägyptischen Alexandria ein gewisser Achilles entschloß, sich zum römischen Kaiser zu erklären. Diocletianus mußte die Stadt sieben Monate lang belagern, ehe er den Aufstand erstickte. Narse betrat Mesopotamien und drang bis Carrhae vor, der kaiserliche Nebenregent über ein Viertel des Reiches, Galerius, überquerte den Euphrat, wurde aber schwer getroffen. Erst als Diocletianus sich der ägyptischen Widerwärtigkeiten entledigt hatte, kam er ihm zu Hilfe. Sie holten Rekruten und Veteranen nach Asien, Galerius fiel in Armenien ein, das Narse zu erobern versuchte, und triumphierten über ihn. In der Schlacht wurde Narse verwundet, seine Gemahlin Arsane, sein ganzer Harem und seine Kinder gerieten in römische Gefangenschaft. Der König konnte ihr gerade noch entgehen. Um den Harem und die Kinder wiederzubekommen, erklärte er seine Bereitschaft, bedingungslos Frieden zu schließen. Er schickte seinen Botschafter Apharban zum Kaiser mit dem Ersuchen, den Perserkönig ungeschoren zu lassen. Seien doch beide Staaten gleichsam die Augen der Welt, und einer könne ohne den anderen nicht bestehen. Galerius lehnte Verhandlungen ab. Diocletianus setzte über den Euphrat und erreichte Nisibis, wo er sich mit Galerius zusammentat. Galerius gedachte zwar, den Krieg fortzusetzen, Diocletianus hingegen urteilte klug, Friede sei die bessere Lösung. Beide entsandten ihrerseits ihren Botschafter Sicorius zu Narse. Er empfing ihn nach anfänglichem Zögern an einem Ort am medischen Fluß Asprudis in engstem Kreis seiner Vertrauten und beugte sich schließlich den vorgelegten Bedingungen. Die Perser traten Nordmesopotamien und Kordyene, Kurdistan, ab. Zur Grenze wurde der Tigris, und den Römern fiel außerdem Südarmenien bis zum Vansee zu. Zum Mittelpunkt des Handels mit dem Orient wurde die Festung Nisibis bestimmt und der Handel selbst staatlicher Aufsicht unterstellt. Damit gewannen die Römer das Gebiet am Oberlauf des Tigris. Dieser Friedensschluß bügelte jene beschämende Niederlage Valerianus' von vor knapp vierzig Jahren endlich aus. Bald danach, doch nicht vor Beendigung der Christenverfolgung im römischen Reich, breitete sich das Christentum über Armenien aus, und selbst der König Trdat, angeblich Sohn des von Anakes ermordeten Chosrov, nahm den neuen Glauben an. Apostel des neuen Glaubens wurde durch die sonderbare Fügung des Schicksals Anakes' Sohn

Königsgräber in Naksch-e Rostam, links ist Ka'ba-je Zardoscht

Grigor, das erste Oberhaupt der armenischen Kirche.

Narse bekam zwar seine Familie wieder, starb aber offenbar aus Kummer über sein Mißgeschick. Sein Nachfolger Hormizd II. tat sich durch gar nichts hervor, sofern wir den Quellen glauben dürfen, die ihn erwähnen. Sein Sohn Adhar-Narse gab ein kurzes Gastspiel auf dem Thron, büßte ihn aber ob seiner übertriebenen Brutalität ein. Da wurde nach einem Prinzen Ausschau gehalten, den man hätte auf den Thron setzen können. Es gab zwar noch einen Sohn Hormizds II. namens Hormizd, aber der hatte keinen guten Ruf, weil er an einem väterlichen Geburtstag den versammelten Magnaten, die ihm nicht die gebührende Achtung zollten, kaltschnäuzig angedroht hatte, ihnen, sobald er auf dem Thron sitzen werde, das gleiche Los zu bereiten, wie es Marsyas ereilt habe. Die Mangaten kannten einen solchen Mann nicht. Leute, die aus Kleinasien stammten, klärten sie auf, Marsyas sei ein frivoler Halbgott; er habe die Flöte gefunden, die Athene weggeworfen hatte, weil es der Göttin nicht gefiel, daß sich ihr beim Blasen die Wangen blähten. Marsyas lernte darauf spielen, und zwar so meisterlich, daß er Apollo zum Wettstreit aufforderte. Der Gott gewann mit seinem Gitarrespiel und ließ der Vereinbarung gemäß, daß mit dem Verlierer nach Herzenslust zu verfahren sei, Marsyas bei lebendigem Leib die Haut abziehen. Den Magnaten mißfiel eine solche Aussicht, und sie setzten Hormizd sofort nach dem Tode seines Vaters statt auf den Thron hinter Gitter.

Der Prinz brachte dort insgesamt dreizehn Jahre zu, bis er dank seiner Frau freikam; sie schmuggelte in einem Fisch eine Feile ins Gefängnis und machte die Wärter betrunken. Der Prinz entwischte nach Armenien und dann ins Römische Reich, wohin man ihm seine Frau nachschickte.

Es stellte sich aber heraus, daß eine der Frauen Hormizds II. in der Sterbezeit des Schahs schwanger war. Als die Honoratioren sich von ihr überzeugen ließen, daß es ein Stammhalter werde, banden sie ihr eine Königskrone auf den Leib und verneigten sich vor dem potentiellen Monarchen. Dann wurde Schahpuhr II. geboren, der als einziger unter den persischen Königen zeitlebens regierte, und das waren immerhin siebzig Jahre. Er zählte zugleich zu den tatkräftigsten und erfolgreichsten Machthabern.

Zu seiner Jugendzeit litt das Reich unter Raubzügen arabischer Stämme. Leider ist nicht zu ermitteln, wer für den minderjährigen König regiert hat. Großen Einfluß hatte seine Mutter, die unter den jüdischen Rabbinern hohes Ansehen genoß und auf deren weise Ratschläge viel gab. Doch bereits in den dreißiger Jahren des 4. Jahrhunderts begann Schahpuhr selbständige Entschlüsse zu fassen. Er verlegte die Residenz von Gundeschahpuhr nach Ktesiphon, unternahm einige Expeditionen gegen die Araber und strafte Freibeuter besonders streng, indem er ihnen die Schulterblätter ausrenken ließ. Deshalb verliehen sie ihm den Beinamen *Dhu-l-aktaf*, Herr der Schultern. Möglicherweise meinte die Bezeichnung ursprünglich einen Mann, auf dessen Schultern schwere und wichtige Staatsaufgaben lasteten, also ging es um einen höchst ehrenvollen Titel.

Zur Hauptaufgabe machte es sich Schahpuhr, dem Perserreich die Ausdehnung wiederzugeben, die es in der Achämenidenära gehabte hatte. In dieser Angelegenheit gibt es einen denkwürdigen Brief Schahpuhrs, den persische Gesandte Anfang des Jahres 358 an den Kaiserhof in Sirmium, dem heutigen Sremska Mitrovica, überbrachten. Ammianus hob den Text in lateinischer Übersetzung auf, woraus wenigstens ein paar Gedanken zu zitieren uns lohnenswert erscheint: »Ich Schahpuhr, König der Könige, Gefährte der Sterne, Bruder der Sonne und des Mondes, entbiete Caesar Constantius, meinem Bruder, Grüße und alles Gute. Ich freue mich und sehe mit Genugtuung, daß du endlich auf den gerechten Weg zurückgekehrt bist, daß du der unbestechlichen Stimme der Gerechtigkeit Gehör geschenkt und aus der Erfahrung gelernt hast, welches Übel schon oft halsstarrigem Streben nach fremdem Gut widerfahren ist. Weil die Sprache der Wahrheit ohne Fesseln und frei sein muß und es hochgestellten Persönlichkeiten ziemt zu sagen, was sie denken, lege ich kurz und bündig meinen Vorschlag dar und erinnere daran, daß ich das, was ich jetzt sagen werde, schon des öfteren erwogen habe. Daß meine Ahnen bis an den Fluß Strymon und bis an die makedonische Grenze geherrscht haben, beweist eure eigene Geschichte. Daher bin ich berechtigt, darauf zu bestehen (es sei denn, daß diese Feststellung nicht als selbstgefällig erachtet wird), ich, der ich die alten Könige an Herrlichkeit und durch eine Reihe tapferer Taten weit überrage ... Ich muß also Armenien und Mesopotamien zurückgewinnen, die meinem Großvater durch List und Betrug geraubt worden sind ... Entschlossen und offen tue ich kund, daß ich, falls diese meine Botschaft unerledigt zurückkehrt nach Abschluß der Winterpause mit meiner gesamten bewaffneten Macht ausrücken werde, wobei mir Glück und Gleichheit der Bedingungen Chance auf gutes Gelingen verheißen.« (XVII.,5.)

Schahpuhrs Titel, dieses in persischer Überlieferung bis dahin einmalige Protokoll überhaupt führte den König als Glied der Gemeinschaft von Himmelskörpern und deren Gottheiten vor, die der Welten Lauf bestimmten, wie Sonne, Mond und Sterne die Geschichte des Universums bestimmen. Der König begründete seine Ansprüche mit historischem Recht. Er kannte demnach Persiens alte Geschichte aus griechischen Schriften. Die Grenze des Perserreiches reichte in der Tat bis an den Strymon heran, die heutige Struma, die in der bulgarischen Rila-Hochebene entspringt und in die Orphanosbucht mündet. Verwunderlich ist, daß die Perser die Berichte über ihre Geschichte nicht aus den griechischen Quellen übernommen haben. Dem standen ebenso die Auffassungsweise in den griechischen Büchern wie die Informationen über Mißerfolge entgegen, die persische Könige niemals einzugestehen geneigt waren.

Des weiteren erfahren wir, daß dem König seines Großvaters Narse Schlappe schwer im Magen lag. Es verstand sich, daß dieser Makel auf persischem Ruhm getilgt werden mußte; das erachtete der König als seine moralische Pflicht.

Bei allem fehlt der geringste Hinweis auf wirtschaftliche Argumente für kriegerische Auseinandersetzungen. Es war nicht schicklich, Begründungen solcher Art ins Feld zu führen, da die Könige sich in erster Linie als Ritter und nicht als Kaufleute empfanden. Geben wir uns aber nicht der Illusion hin, ökomomische Erwägungen hätten damals keine Rolle gespielt. Im Gegenteil, oft tauchen in Friedens- oder Waffenstillstandsverhandlungen Einzelheiten auf, die beredt davon zeugen, daß es den Staaten wohl um Handelsstädte, Märkte internationalen Gewichts, Transithandelsstraßen, schiffbare Flußläufe, Küstenstreifen, Gebirgspässe und fruchtbare Provinzen ging.

Schahpuhr brach den Krieg gegen Rom schon im Jahre 338 nach etlichen im Sande verlaufenen Verhandlungen vom Zaune und führte ihn mit kurzen Unterbrechungen bis an sein Lebensende.

Der Galiläer siegte – und Schahpuhr auch

Der Krieg gegen Rom hatte im großen und ganzen eintönigen Charakter. Die Perser überfielen nahezu in jedem Frühjahr römische Grenzprovinzen und versuchten wichtigere Orte zu besetzen; besonders erpicht waren sie auf das Osthandelszentrum, die Festung Nisibis, die sie einmal 63 Tage, ein andermal vier Monate lang erfolglos belagerten. Beim zweiten Mal bemühten sie sich sogar, den Fluß von der Stadt abzuleiten, um ihr das Wasser zu entziehen, doch die Belagerten kamen mit den vorhandenen Brunnen aus. Schahpuhr mobilisierte ungeheure Menschenmassen, auf einem Feldzug schließlich gehörten auch Knaben und Frauen zur Armee. Tag und Nacht setzten die Truppen über drei Brücken. In einem Nachtgefecht bei Singara wurden die Perser geschlagen und konnten gerade noch entkommen.

Die Römer hatten im Westen ihres Reiches ihre Schwierigkeiten sowohl mit den Germanen und Sarmaten, die über die Grenzen strömten, als auch mit mannigfachen innenpolitischen Erscheinungen, vor allem den Thronanwärtern. Darauf baute Schahpuhr und nutzte diese römischen Zerwürfnisse zu Angriffen aus. Die prekärste Situation entstand im Vorfeld der Schlacht um Amida im Jahre 359. Der römische Überläufer, Protektor und Gardist Antoninus, der sich um einen Teil seines Vermögens geprellt sah und durch Intrigen seiner Widersacher um ein Amt beim Gericht kam, forderte den Schah zum Feldzug auf und lieferte ihm gleichzeitig wertvolle Informationen über die Lage im römischen Orient. Schahpuhr entwarf nach den Hinweisen des beschlagenen Rachsüchtigen einen neuen Kriegsplan und überschritt den Tigris. Und das Glück war ihm hold, Kaiser Constantius II. fürchtete seinen fähigsten Heerführer Ursicinus und ersetzte ihn durch den Neuling Sabinianus. Die Römer sengten zwar die Getreidefelder und Weiden in Mesopotamien ab, damit die zahlenstarke persische Armee weder für Mensch noch Pferd Nahrung fände, aber Antoninus riet dem Schah, nach Norden in die Berge auszuweichen, wo er Futter und Lebensmittel in Fülle hätte, und dann nach Westen zum Euphrat einzuschwenken. So verlief der Marsch wunschgemäß, und eine Festung nach der anderen kapitulierte vor den Persern. Schahpuhr gelangte bis vor Amida, das heutige Diyarbekir. Er hatte keine Lust, sich mit der Stadt lange aufzuhalten, selbst wenn es ihr einfiele, sich nicht zu ergeben. Ursicinus versuchte auf eigene Faust in den Kampf einzugreifen, doch die persische Übermacht rieb seine Einheit restlos auf.

Bei ihm befand sich damals auch der Offizier Ammianus Marcellinus, dem wir den eingehenden Bericht über diese tragische Kampagne verdanken. Er rettete sich übrigens mit einigen wenigen anderen und fand nach der furchtbaren Nacht in Amida Zuflucht. Kurz darauf stand Schahpuhr unmittelbar vor den Stadttoren. Er war überzeugt, seine unüberschaubaren Truppen würden der Besatzung Angst einjagen, so daß sie auf Widerstand verzichtete. Aber als er im königlichen Gewand unterhalb des Schutzwalls erschien und die Römer zur Aufgabe ermahnte, schossen sie nach ihm, und er blieb nur wie durch ein Wunder unversehrt. Seine Ratgeber drangen in ihn, den Gefechtsplan nicht zu verletzen und die Aufforderung zur Kapitulation um einen Tag zu verschieben. Anderentags übernahm dies sein Verbündeter, der chionitische König Grumbates, in Begleitung seines Sohnes. Als er an der Stadtmauer zu seinem Appell ansetzte, schwirrte zur Antwort ein Pfeil heran und tötete seinen Sohn. Nach ganztägigem verbissenem Gefecht holten die Perser den Prinzenleichnam wohl vom Feld, Schahpuhr aber mußte nachsinnen, wie er mit einer Revanche seinem Bundesgenossen Genugtuung verschaffte. Sieben Tage währten die Trauerfeierlichkeiten, dann entschloß er sich zur Belagerung. Die Römer verteidigten sich wie Löwen. Sabinianus saß ruhig in Edessa und reagierte nicht auf Ursicinus' wiederholte Gesuche, ihm Truppen zum Entsatz zu schicken. Dabei berief er sich auf die ausdrückliche kaiserliche Direktive, Menschenleben zu schonen. Nur ein einziger Ausbruch aus der Stadt versetzte die Perser in ernste Verlegenheit, so daß sie drei Tage lang ihre Attacken einstellten, letztlich aber nützte den Römern alle beispiellose Gegenwehr nichts, und Schahpuhr betrat nach dreiundsiebzigtägiger Belagerung die Stadt. Die Mehrheit der Einwohnerschaft wurde in einem blutigen Massaker niedergemacht. Nur wenige konnten entfliehen. Ammianus entwischte mit einer kleinen Schar im allgemeinen Durcheinander durch eine Pforte in der Stadtmauer und brachte sich in Sicherheit.

Amida rettete eigentlich das ganze Reich. Die Perser verloren an die 30000 Mann, und die vorgerückte Jahreszeit zwang den Schah zum Rückmarsch nach Persien. In den nachfolgenden Jahren kam es zwar noch zu gelegentlichen Geplänkeln, eine grundlegend neue Konstellation ergab sich jedoch erst nach zwei Jahren.

Im Jahre 361 wurde durch die Westarmee gegen Constantius II. dessen Neffe Julianus zum Kaiser ausgerufen, ein gebildeter, stolzer, standhafter Mann und entschiedener Gegner des Christentums, das ihn mit seinem damaligen Fanatismus und Intrigantentum abstieß. Schahpuhrs Botschaft schlug dem neuen Kaiser in Antiochia Frieden vor. Julianus aber wies das Angebot zurück und erklärte, er werde den Schah bald mit einem persönlichen Besuch beehren. An seinem Hofe hielt sich Hormizd, Sohn Hormizds II., auf, der vor vielen Jahren aus dem persischen Kerker geflohen war. Ihn wollte Julianus bei einem erhofften Sieg auf den persischen Thron setzen.

Er bot eine Armee von 83000 Mann, 50 Kriegsschiffen, 600 Frachtbooten und 500 Säcken aus Tierbälgen auf und ließ Belagerungsmaschinen bauen. Am 5. März 363 brachen die Römer von Antiochia auf, überquerten den Euphrat und zogen an dessen jenseitigem Ufer entlang weiter. Nach Überschreiten des Flusses Chabor, der die römische Grenze bildete, verwüsteten und brandschatzten sie Städte und Dörfer, deportierten die Bevölkerung aller kapitulierenden Ortschaften ins Römische Reich. Die Perser riskierten keinen direkten Widerstand, versetzten den feindlichen Truppen lediglich durch kleinere Überraschungsüberfälle empfindliche Streiche. Sie demontierten Bewässerungsläufe, um das Vorrücken der Römer zu stören, so daß der Kaiser mit seinen Soldaten oft bis ans Knie durch Wasser waten mußte. Deshalb wurden Palmen gefällt und aus ihnen Stege gefertigt. Den Kanal zwischen Euphrat und Tigris sperrten die Perser zwar ab, doch der Kaiser ließ die Dämme beseitigen, damit seine Schiffe den Tigris befahren könnten. Am 27. April besiegte er die Perser bei Ktesiphon und hätte sich vielleicht der Stadt selbst bemächtigt, hätten die Soldaten die Plünderung des feindlichen Lagers nicht vorgezogen.

Damit hatte Julianus' Krieg seinen Scheitelpunkt erreicht. Dann häuften sich indessen verschiedene Unbilden, wie schlechte Nachrichten über die Schiffbarkeit der Flüsse, in Brand gesteckte Boote, von den Persern niedergebrannte Äcker, verräterische Führer. Das schwächere persische Heer holte die Römer im Gebiet von Meranga ein, und am 26. Juni kam es dort zu einer Schlacht. Julianus eilte der

Nachhut zu Hilfe, legte aber wegen der großen Hitze seinen Harnisch ab und wurde im Kampf durch eine Lanze, möglicherweise aus eigenen Reihen geschleudert, an der Leber verwundet. Die Römer gewannen, beide persische Oberbefehlshaber fielen mit fünfzig Satrapen.

Der härteste Schlag jedoch traf die Römer, als Julianus um Mitternacht auf dem Schlachtfeld, das Asia hieß, seiner Verwundung erlag oder aber von einem Römer den Todesstoß erhielt; immerhin dienten in der Truppe auch Christen, die Julianus' antichristliche Politik nicht zu vergessen vermochten. Eine, wahrscheinlich christliche, Legende erzählt, Julianus habe nach seinem Sturz zu Boden Blut aus seiner Wunde in die Hand fließen lassen und es mit den Worten: »Du hast gesiegt, Galiläer!« gen Himmel verspritzt. Wenn dies nicht wahr ist, so ist es trefflich erdacht.

Julianus war der letzte römische Kaiser, der das alte Heidentum über Wasser zu halten und die christliche Flut während des Konjunktur- und Karrierismushochs unter der Konstantinusdynastie einzudämmen versuchte. Vergebens, das Heidentum war zum Untergang verurteilt. Die Christen belegten Julianus, der christlich erzogen worden war, mit dem Schimpfnamen Apostata, Abtrünniger.

Zusammen mit Jesus Christus hatte auch Schahpuhr gesiegt. Zum Kaiser proklamierte die römische Armee am nächsten Tag den Höfling Jovianus. Ein Unteroffizier, der Jovianus haßte, lief zu Schahpuhr über und unterrichtete ihn davon, daß Julianus tot und ein Schwächling, ein ahnungsloser Angsthase Kaiser geworden sei. Schahpuhr ließ sich dadurch zum neuerlichen Angriff verleiten und erlitt ein Fiasko.

Aber wie so oft, hatte der Zufall seine Hand im Spiel: Schahpuhr befürchtete weitere Schläge und hoffte, ein einigermaßen günstiges Friedensabkommen erschachern zu können. Die römische Armee befand sich in einer erbärmlichen Lage, befürchtete eine Hungersnot und nicht minder weitere persische Überfälle. Der Schah wußte nichts davon und entsandte seinen Heerführer Suren mit einem anderen Militär ins römische Lager zu Verhandlungen. Jovianus und seine Truppen sahen ein Zeichen göttlicher Barmherzigkeit darin, daß der Himmel ihnen im kritischsten Moment Rettung schickte. Suren durchschaute die Angelegenheit, und seine Zurückhaltung schlug in Arroganz um. Er diktierte, verlangte Verzicht auf alles, was die Römer jenseits des Tigris besaßen, fünfzehn Orte in Mesopotamien, Singara, Nisibis vor allem. Weiter bedingte er sich aus, daß die Römer Abstand davon nähmen, den armenischen König Arsakes zu unterstützen und zu beschirmen, wenn die Perser ihn für seine Kumpanei mit Julianus strafen würden. Gewiß, der Armee drohte Hunger, bis in die kurdischen Berge war es weit, auf seinen Stellvertreter und Julianus' Verwandten Prokopius, der mit seinem undurchsichtigen Manövrieren ein gerüttelt Maß Schuld an dem Mißerfolg des Feldzuges trug, war kein Verlaß, und außerdem mußte Jovianus von ihm gewärtigen, daß er nach dem Thron langte. Angesichts all dessen verlor Jovianus den Schneid und schloß für dreißig Jahre Frieden, fügte sich sämtlichen persischen Forderungen, verpflichtete sich sogar dazu, mit den Persern gemeinsam in den kaukasischen Gebirgspässen Festungen gegen die Hunnen zu unterhalten, bat sich lediglich aus, daß die Einwohner von Nisibis und Singara freien Abzug auf römisches Territorium zugestanden bekämen.

Danach zog Jovianus von dannen. Nisibis betrat er nicht, weil er sich schämte, die Stadt dem Gegner überlassen zu haben, eine Stadt, die so vielen Belagerungen getrotzt hatte. Selbst das Ersuchen der Bürger von Nisibis, allein, auf sich gestellt ihre Stadt gegen die Perser schützen zu dürfen, hatte er brüsk zurückgewiesen. Er erkannte wohl, daß die Perser ihm beim Überqueren des Tigris vertragsbrüchig auflauern wollten, mochte jedoch seinerseits weder wortbrüchig werden noch etwas zur Sicherung seiner Macht unternehmen. Die Einwohner von Nisibis zogen also ab. In dem Augenblick, als der Wagen mit Julianus' Sarg unter Prokopius' Aufsicht auf dem Wege zur Bestattung im kilikischen Tarsos an den Stadtwällen von Nisibis entlangfuhr, hißte der Perser Bineses, den Schahpuhr Jovianus zur Seite gestellt hatte, um Nisibis zu übernehmen, auf den Zinnen die persische Flagge. Die Bürger Nisibis' ließen sich in Amisos nieder.

Der Glaubenskrieg

Es wäre ungerechtfertigt, jene Kriege, die an anderen Fronten tobten, die geistigen Auseinandersetzungen, zu unterschlagen. Schahpuhr II. erlebte von Kindesbeinen an einen bedeutenden Wandel im Römerreich mit, die Anerkennung des Christentums als tolerierten und später gar privilegierten Glauben. In Persien hatte sich das Christentum schon früher über das ganze Reich ausgebreitet, vor allem in Syrien und Mesopotamien zahlreiche Gemeinden gegründet. Daher war es durchaus folgerichtig, daß die persischen Könige nach dem Sieg des Christentums im Römischen Reich das Christentum als römische Religion zu betrachten und deren Bekenner als Exponenten römischer Politik zu verdächtigen begannen. Der Königsbruder Ardaschir sagte beim Verhör eines führenden Bischofs: »Wenn ihr Christen seid, seid ihr Feinde des Königs der Könige. Warum denkt ihr genauso wie die Römer? Warum empfangt ihr ihre Spione? Warum schreibt ihr dem Kaiser Briefe und enthüllt ihm Geheimnisse des Königs der Könige?«

Als Konstantinus, der sich erst auf dem Sterbebett hatte taufen lassen, gestorben war, stand ein Krieg mit den Römern ins Haus. Schahpuhr ließ das Oberhaupt der Christen seines Reiches, den Bischof von Seleukia und Ktesiphon Mar Schem'on bar Sabba'e, zu sich rufen und forderte ihn auf: »Kriege gibt es übergenug, und die Kämpfe sind schwer, doch ihr, die ihr meine Gegner seid, sitzt, die Hände im Schoß. Aber vernehmt meinen Befehl, du und dein Volk: Nimm von deinem Volk pro Kopf die doppelte Steuer, liefere sie ab und sei frei und gehe nach Hause!«

Der Bischof weigerte sich. Schahpuhr machte daraufhin Jagd auf die Herde des widerspenstigen und unerschrockenen Hirten. Schem'on wurde im Jahre 340 ans Kreuz geschlagen, und sein Los teilten in den nachfolgenden reichlich vierzig Jahren noch viele. Noch Schahpuhrs Bruder und Nachfolger Ardaschir II. ließ hier und da einen Christen aburteilen, doch sein Regiment mißfiel selbst den Persern. Sie setzten ihn ab, und Schahpuhrs Sohn Schahpuhr III. folgte ihm auf dem Thron; er zeichnete sich zwar durch nichts Besonderes aus, löste aber die Frage der Christenverfolgung auf bewundernswerte und höchst moderne Weise. Er verkündete an die Adresse der Christen seinen Entschluß, sie aus den Gefängnissen freizulassen, folgendermaßen: »Ihre Entlassung aus den Kerkern wird dazu führen, daß sie ihr Leben wiederaufnehmen und Steuern zahlen, was für den Staat vorteilhafter sein wird.« Schahpuhr zählte demnach zu den wenigen Sassanidenkönigen, die ökonomische Belange artikulierten.

Sein Schicksal geriet nicht beneidenswert. Die Magnaten rotteten sich gegen ihn zusammen und beseitigten ihn durch ein Attentat, indem sie die Leinen seines Zeltes kappten, so daß es auf ihn zusammenfiel und ihn unter sich begrub.

Unter seinem Nachfolger Bahram IV. vereinbarten die Römer mit den Persern die Teilung Armeniens in zwei Staaten, den einen unter römischer, den zweiten, viermal größeren, unter persischer Oberhoheit. Aber selbst dadurch kamen diese Länder nicht zur Ruhe.

Bahram wurde ebenfalls Opfer eines Mordanschlages. Sein Neffe Jazdkart I. glättete das Verhältnis zum Römischen Reich und gewährte den Christen weitreichende Freiheit. Damit verfeindete er sich wieder die Magier. Die Christen fingen mit der Zeit an, sich zu erdreisten und zarathustrische Tempel zu schänden. Der König mußte sie gegen Ende seiner Regierungszeit zähmen und starb unter sonderbaren, ja wunderbaren Umständen. Unverhofft erschien vor seinem Palast ein schmuckes Roß, das sich von niemand satteln lassen wollte. Allein dem König gestattete es, sich zu nähern. Als er ihm den Schwanzriemen festzurren wollte, schlug das Pferd aus, traf ihn gegen die Brust und verschwand auf Nimmerwiedersehen. Der

Sinn dürfte offenkundig sein. Der König wurde ermordet, und die Mörder kolportierten diese Pferdegeschichte.

Die Magier nannten Jazdkart I. Bazakar, Sünder, weil er eine Glaubensrichtung favorisierte, die ihnen nicht rechtgläubig erschien. Seinem Sohn, der seine Erziehung am Hofe des persischen Vasallen und Araberkönigs in Hira am Unterlauf des Euphrats genossen hatte, stellten sich Hindernisse in den Weg, als er Thronansprüche erhob. Die Magnaten wollten den Sohn eines Tyrannen, die Magier den Sohn eines Sünders nicht akzeptieren und erkoren einen anderen. Bahram, der rechtmäßige Prätendent, rückte mit einer arabischen Armee an und ließ sich zu Verhandlungen herab, die mit einer seltsamen Abmachung endeten: Der Hohepriester legte auf eine freie Stelle eine Krone und einen Mantel, der Kriegsminister postierte an beiden Seiten eine Löwin; wer sie überwältigte, würde König. Was Wunder, daß Bahram die Bestien zur Strecke brachte und von seinem Konkurrenten unter Beifall aller Anwesenden als Gebieter anerkannt wurde.

Bahram erwies sich als eine romantische Figur auf dem persischen Thron. Überkommene Texte stellten ihn zumeist als Weidmann dar. Besonders hatte es ihm die Jagd auf die unpaarhufigen Onagere angetan, die in den Steppen lebten und den Wildeseln nahe verwandt waren. Deshalb trug er auch den Beinamen Gor, was im Persischen Onager bedeutet. Meistenteils vertrieb er sich die Zeit auf Vergnügungen, in geringerem Maße und nur gelegentlich widmete er sich Kriegszügen und der Christenverfolgung. In lebendiger orientalischer Volksdichtung galt er als Schöpfer der Poesie, auf den das erste persische Gedicht zurückgehe. In arabischen und persischen Büchern gibt es über ihn allerhand kurzweilige Geschichten. Eine davon erzählt von seiner Geliebten, einer Harfenistin griechischer Abkunft namens Azada. Einmal ritt er mit ihr, ihrer Harfe und einem Schlauch Wein zur Gazellenjagd aus, um Jagd, Musik, Wein und die Nähe der Geliebten gleichermaßen zu genießen. Als sie eine Herde Gazellen erspähten, sagte Bahram zu seiner Sklavin: »Welche soll ich dir schießen?« Und sie erwiderte: »Ich möchte, daß du aus einem Männchen ein Weibchen und aus einem Weibchen ein Männchen machst.« »Du verlangst sehr viel.« Aber dann schoß er dem Bock das Geweih ab und bohrte der Ricke zwei Pfeile in den Kopf, worein er ihr zwei Hörner einsetzte. »Das hast du ausgezeichnet gemacht, o Herr, aber verbinde noch den Kopf des Weibchens mit ihren Läufen.« Bahram wurde ärgerlich, warf aber der Gazelle einen Ball an den Kopf, und als sie einen Lauf hob und sich damit den Kopf kratzte, heftete er mit einem weiteren Pfeil ihren Fuß an den Kopf. Zuletzt meinte er ärgerlich: »Du wolltest mich mit deinen überspannten Wünschen nur bloßstellen« und stieß die Frau von der Kamelstute, die sie zertrampelte.

Angeblich beherrschte er elf Sprachen. Auf Festlichkeiten und Kundgebungen sprach er arabisch, bei Truppeninspektionen und Soldverteilung persisch, in öffentlichen Audienzen den Dari-Dialekt, eine Form der Hochsprache, bei Ballspiel pahlavi, im Kampf türkisch, auf der Jagd zabulisch, einen alten Dialekt des Ostens, zu Gerichtsverhandlungen hebräisch, über Medizin indisch, über Sternenkunde griechisch, auf dem Schiff nabatäisch bzw. aramäisch, mit Frauen heratisch.

Prunkschale »Bahram Gor und Asadeh«

Im Kampf mit Byzanz verbuchte er keine Erfolge. Die in Persien verfolgten Christen verzogen ins Römische Reich, und die Römer lieferten sie nicht aus. Die Perser wiederum ließen die gedungenen römischen Bergleute der Goldgruben nicht nach Hause und schädigten römische Kaufleute, wo es nur ging. Das Friedensabkommen erzwang zwar für die persischen Christen die Freiheit, aber ihre Verfolgung dauerte mancherorts fort.

Mehr Glück war Bahram im Kampf gegen einen neuen Widersacher beschieden, die Hephthaliten, wahrscheinlich ein türkisches Volk, das sich zwischen den Flüssen Amu- und Syrdarja ein Reich errichtet hatte. Bahram tötete, wie verlautet, in der Schlacht ihren Chan. In Armenien war der Adel mit seinem König unzufrieden, erlangte seinen Sturz, und Armenien wurde zu persischer Provinz. Bahrams Ende war zwar romantisch wie sein Leben, aber traurig. Irgendwo in medischen Gefilden fiel er auf der Jagd in eine Grube, und sein Leichnam verscholl spurlos und für alle Zeiten.

Ihm folgte Jazdkart II. Er schenkte seine Aufmerksamkeit sowohl den Juden als auch Armenien. Den Juden war es zu Zeiten parthischer Herrschaft gut ergangen, mit Einzug der neuen Dynastie begannen die Magier ihnen zuzusetzen. Ein Rabbiner verglich die Parther mit Davids Anhängern, die Perser mit Teufeln. Aber dann besserten sich die Beziehungen, und dieser Zustand blieb zweihundert Jahre beibehalten. Hier und da empörten sich persische Könige darüber, daß sich an babylonischen Schulen während der Konferenzen über Probleme von Recht und Gesetz, die letztlich den Talmud hervorbrachten, mehr Zuhörer tummelten, als ihnen lieb war. Sie fürchteten, diese Leute vergeudeten dort zu viel Arbeitszeit und minderten dadurch die Steuereinnahmen. Erst Jazdkart begann wieder sich in Angelegenheiten der Juden einzumischen. Sogar ihre Sabbatruhe mit ihren Regeln untersagte er ihnen. Noch schlimmer kam es unter seinem Nachfolger Peroz, als der Exilarch und eine Reihe der namhaftesten Glaubenslehrer hingerichtet wurden, was zum Exodus vieler Juden nach Arabien, Indien und in andere Länder führte.

Mit Armenien gab es insofern Schwierigkeiten, als dort weder die Priester noch die Gläubigen den Ermahnungen des Königs und dessen Ministers Mihr Narse, zum persischen Glauben überzutreten, folgen wollten. Der König unterstrich in seinem Brief seine zutiefst empfundene Sorge um das Seelenglück seiner Untertanen und brachte den Wunsch zum Ausdruck, daß doch diejenigen, die seinem Land so überaus nützlich und ihm teuer seien, seinen heiligen und rechtmäßigen Kult annehmen und dem trügerischen Glauben endgültig abschwören mögen. Mihr Narse legte in seinem Beischreiben den Armeniern mit Nachdruck nahe, doch eine Religion abzustreifen, die lehre, daß Gut und Böse von einer und derselben Gottheit kämen, daß Gott eifersüchtig sei und daß er für eine einzige vom Baum gepflückte Feige den Tod eingeführt und alle Menschen dazu verdammt habe, sich ihm, dem Tod, zu unterwerfen. Diese Irrlehre behaupte, der Schöpfer von Himmel und Erde sei aus einer Jungfrau namens Maria geboren, deren Gatte Joseph geheißen habe. Wahr hingegen sei, daß ihn Phantur in unerlaubtem Verkehr gezeugt habe. Es gebe viele, die von ihm hintergangen würden. Sie sollten sich zu jenem Glauben bekehren, zu dem sich ihr Herr bekenne, zumal doch ihr König sich für sie einst vor Gott werde verantworten müssen. Der Wesir geißelt im weiteren noch andere Gedanken der Christenlehre, verflucht sie und stellt zur Wahl: Entweder widerlegt ihr alles, was in diesem meinen Edikt steht, oder ihr kommt vors Gericht. Der Standpunkt König Jazdkarts deckte sich beispielsweise mit der Ansicht seines späteren Amtskollegen Ludwig XIV., der das Edikt von Nantes aufhob und es für vermessen hielt, daß einige seiner Untertanen es sich herausnähmen, einen anderen Glauben zu haben als er selbst.

Der Kampf der heiligen Vardaniden

Die Verhältnisse in Armenien spitzten sich zu einer Konfliktsituation zu. Wie auch anderswo in der iranischen Geschichte, liegen uns hier zweierlei Versionen über den Aufstand der Armenier vor, eine von Eghische Vardapet und eine von Ghazar Pharpeci.

Geben wir Eghische das Wort, der eine knappe Schilderung bereithält. Die Priester bestärkten das Volk im Glauben, das Volk verteidigte die christlichen Kirchen und Gottesdienste gegen die Magier. Es vertrieb persische Soldaten und Magier mit Steinwürfen, steckte Tempel in Brand und warf Feuer ins Wasser. Christliche Soldaten hielten einige wichtige Städte in ihrer Gewalt und schlugen persische Truppen. Patriarch Joseph verhandelte mit der byzantinischen Regierung und bat um Hilfe, aber zum Schaden der armenischen Sache starb der Kaiser kurz darauf, und sein Nachfolger war nicht bereit, den Aufrührern auch noch Beistand zu leisten.

Möglicherweise hingen auch die innerkirchlichen Zustände damit zusammen. Sie waren belastet durch Streitigkeiten zwischen allen möglichen Dogmatikern, die um Formulierungen der Dogmen feilschten, und von dem Schrecken, den die bevorstehende Offensive der Hunnen gegen Westeuropa verbreitete. Nichtsdestoweniger entschieden sich die Armenier zum Aufstand. An der Spitze standen drei Anführer, unter denen Vardan aus dem Mamikonengeschlecht der höchste war. Ein anderer von ihnen, der Siunerfürst Vasak, verhielt sich loyal, machte aber hinter dem Rücken gemeinsame Sache mit der persischen Regierung und zeigte sich willens, die armenischen Bestrebungen zu entschärfen und abzuwürgen.

Im Frühjahr 451 brach Mihr Narse selbst nach Armenien auf. Die Perser drangen bis an den Fluß Teghmut vor und schlugen in der Ebene des Artazgebietes beim Dorf Avarair am Fuße des Ararats ihr Lager auf. Vardan griff sie an, aber trotz des heldenhaften Kampfes der Aufständischen gelang den Persern der Sieg. Ein Teil der Armenier floh, Vardan und viele andere Edelleute verloren am 2. Juni im Gemetzel ihr Leben. Die Gefangenen wurden entweder erdrosselt oder Elefanten vorgeworfen.

Der König wagte nicht, die ganze armenische Provinz zu verheeren. Er entsandte einen Statthalter, der die Armenier mit sanfter Hand gewinnen sollte, und gestand den dortigen Christen ein gewisses Maß Glaubensfreiheit zu. Zahlreiche Priester und Reiche wurden nach Persien in Gefangenschaft verschleppt. Vasaks treubrüchige Machenschaften wurden ruchbar, woraufhin ihn der persische König absetzte und ihm alle Würden aberkannte.

Als einige Jahre später der östliche Iran durch einen Überfall aus dem Osten überrollt und verwüstet wurde, überredeten die Magier den König, ein paar angesehene Gefangene exekutieren zu lassen, weil Gott die Perser für ihre unangemessene Milde gegenüber den Rebellen mit diesen gegnerischen Raubzügen strafe. Nach und nach beruhigte es sich in Armenien trotz allem, und die persische Herrschaft ließ in ihrem Fanatismus nach. In der armenischen Geschichte werden die Streiter um Vardan als Trupp heiliger Ritter verherrlicht, die für armenisches Land und Glauben ihr Leben gegeben und das armenische Volk vor der Persifizierung bewahrt haben.

Die Sassanidengesellschaft und deren Lebensweise

Die Sassaniden hoben Persien politisch und kulturell wieder auf eine hohe Stufe und gaben ihm sein Gewicht unter den antiken Staaten zurück. Die Vorbilder der Herrscher und die Gipfel staatsmännischer Weisheit blieben orientalischer Tradition verhaftet. Der alte heimische Glaube, der die guten Elemente, allem voran das Feuer, verehrt, kam erneut zu seinem Recht. Das Land erlangte seine Einheit wieder. Die Sassaniden restaurierten die alte sichere Ordnung und machten das Reich mit mehreren erfolgreichen Kriegszügen gefürchtet und geachtet unter den Mächten der damaligen Welt.

Für das Volk gab es keine wesentlichen Veränderungen. Das Heft hielt der König in starker Hand, er trat in der Öffentlichkeit mit gewohntem Prunk auf, hielt Audienzen hinter geschlossenem Vorhang ab, der ihn von allen Untertanen gebührend schied. Er hielt sich für Gottes Stellvertreter auf Erden, ja für ein göttliches Wesen gar. Wir erinnern uns, wie am Relief der höchste Gott selbst vom Himmel herabkommt und dem König gegenüber, ebenfalls hoch zu Roß, im Sattel sitzt, also beide auf einer Stufe stehen und nicht, wie in der Achämenidenära, Gott sich über den König erhebt. Zusammen mit dem König verfügte der Adel über unermeßlichen Grundbesitz. Er war in etliche Stufen unterteilt: Mitglieder des Herrschergeschlechts, Magnaten, Vasallenregenten, Ritter, Landedelleute.

Der König befaßte sich neben seinen Regierungsverpflichtungen, wie Entscheidungen in Gerichtssachen, Beratungen mit Wesiren und Audienzen, mit gelegentlichen Feldzügen oder, und zwar größtenteils, mit Geselligkeit. Ein arabischer Text weiß von einem parthischen König zu berichten, wie er im einzelnen gelebt hat. Frühmorgens ritt er auf die Jagd, mittags kehrte er heim, stärkte sich mit einem Frühstück, wobei ihn seine hübschen Sklavinnen mit Gesang, Düften und Blumen zerstreuten und unterhielten. Dann tafelte er und amüsierte sich im Kreise seiner Freunde. Spätabends begab er sich in seinen Harem, von dem aus er morgens wieder zur Jagd aufbrach. Und so pflegte er sich täglich seine Zeit zu vertreiben.

Zu den Leidenschaften der Könige und Edelleute gehörten Bogenschießen und Pferdepolo. Die Losung dieser Führungsschicht und der Inhalt ihrer Existenz waren *razm ut bazm*, Kampf und Schmaus. Der Adel stellte in der Armee die schwere Reiterei, die in Schuppenpanzern steckte. Er hatte an den Staatsgeschäften in solchen Funktionen teil wie Gouverneur, Minister, Berater, Diplomat, Heerführer. Der niedere Adel bekleidete die Dorfämter. Die Edelleute waren zumeist Richter und Steuereinnehmer. Der Adel insgesamt zeichnete sich durch Prunksucht und Tapferkeit aus. In den Behörden saßen Staatsschreiber, eine Art persische Bürokratie.

Der Reichtum des persischen Reiches gründete sich auf Landwirtschaft, Handwerk, Handel und in geringerem Umfang auf Bergbau. Auch Irans günstige Lage mehrte ihn. Durch diese Region wickelte sich der Transithandel von Europa über die Länder des Nahen Ostens und weiter über Indien nach China ab und brachte römische Waren in den Orient. Umgekehrt zogen von Indien und China Karawanen in die Handelszentren am Mittelmeer. Über Persien führte die berühmte Seidenstraße, auf der neben anderen Produkten Seide aus China über Mittelasien und den Iran transportiert wurde. Aus diesem Grund strebten die Römer danach, an den Persischen Golf, und die Perser, ans Mittel- und ans Schwarze Meer heranzukommen, um sämtliche Handelsrouten in den Fernen Osten und nach Indien zu Lande und zu Wasser kontrollieren und ungehindert benutzen zu können.

Im Rahmen der einzelnen Gesellschaftsklassen gab es viele Untergruppen nach Berufen, so daß die soziale Gliederung der persischen Bevölkerung fast nach Kasten aussieht. Amtlich existierten zwar keine Kasten, der Wechsel von einer zur anderen Gruppe aber war schier undenkbar. Die Könige verstanden es, mit ihrer umsichtigen Politik alle Stände unter Kontrolle zu haben und mit Geschick künstlich Zufriedenheit zu schaffen. Der persische Schriftsteller Varavini erzählt darüber eine lehrsame Geschichte, die wahrscheinlich einer alten Sage entlehnt ist. Der König lud zu einem Gastmahl Vertreter aller Stände ein, vom Vornehmsten bis hinab zum Niedrigsten, bewirtete sie köstlich und begann nach dem Gelage mit einzelnen verantwortlichen Würdenträgern abzurechnen. Die sich bewährt hatten, wurden belohnt, die irgend etwas verbrochen hatten, bestraft. Je höheren Standes der Schuldige war, um so schwerer fiel die Buße aus. Die Vertreter des einfachen Volkes konnten also froh und zufrieden sein, keine Verantwortung zu tragen und daher nicht zur Verantwortung gezogen werden zu können. Der König bestärkte sie in ihrem

Denken: »Mag ich auch Bettler sein, Hauptsache, mir kann nichts passieren!«

Einst machte sich in der Umgebung des Königs wegen seines despotischen Gebarens Unzufriedenheit breit, und es kam zu charakteristischen Vorfällen. Als die Höflinge Bahrams II. seine Brutalität nicht mehr ertragen konnten, gingen sie zum Hohenpriester und baten um Rat. Er empfahl ihnen die Verweigerung ihrer Dienste. Eines Morgens ließ sich also niemand beim König blicken. Später suchte den entsetzten Monarchen der Hohepriester auf und redete ihm wegen seines schlechten Verhaltens ins Gewissen. Erst dann kamen die Diener, verbeugten sich und nahmen ihren Dienst wieder auf. Der König sah sich künftig besser vor. Manchmal machte sich der Ärger des Adels auch in Putschen und Revolten Luft, und der König war Attentaten ausgesetzt, aber das geschah sehr selten.

Das Volk setzte sich aus Ackerbauern und städtischer Bevölkerung, Kaufleuten und Handwerkern zusammen. Daneben gab es viele Sklaven, die als Dienstpersonal tätig waren oder ihren Herren den Boden bestellten. Dörflicher Gemeindebesitz, der sich auf Kollektive der Großfamilien stützte, schrumpfte und wurde vom Großgrundbesitzer angeeignet.

Eine große Rolle spielte die Priesterschaft. Sie verkündete, neben ihren Verpflichtungen um den Gottesdienst, die Moral, die das gesellschaftliche System rechtfertigte und mit einheitlicher Weltanschauung alle Volksangehörigen zusammenhielt. In Tempelnähe wohnend, bereicherte sie sich vor allem durch Auferlegung und Einzug von Bußen für Sünden. Nach glaubensrechtlichen Bestimmungen der heiligen Bücher wurden Sünden mit körperlicher Züchtigung geahndet, in der Praxis konnte der Sünder sich aber durch Ablaßgelder nach feststehenden Tarifen freikaufen, die uns bekannt sind, beispielsweise aus einem mittelpersischen Schriftstück über Sittengebote und priesterliche Gewohnheiten; es heißt »Was man darf und was man nicht darf«. Das geringste Vergehen wurde mit drei und drei Sechsteln Drachmen belegt, das schwerste mit dreihundert Ster (griechisch Stater), wobei ein Ster vier Drachmen entsprach. Anderen Angaben zufolge wurde ein Peitschen- oder Riemenhieb gegen einen Ster getauscht. Wenn das Gesetzbuch etwa eintausend Peitschenhiebe vorschrieb, machte das Lösegeld schon eine stattliche Summe aus. Daher häuften sich in den Gotteshäusern wahre Reichtümer. Die Kirche galt als wichtigste Stütze des Staates, und die Könige konnten sich nicht genug damit tun, ihre Nachfolger in den Berufsdokumenten und Testamenten darauf aufmerksam zu machen.

Die Dorfbevölkerung leistete nicht allein auf dem Felde Frondienste, sondern auch im Krieg, und zwar als Fußtruppe. Sie wurde vorrangig in konzentrierten Massen bei besonders blutigen Aktionen eingesetzt.

Die Steuern waren hoch. Sie wurden aus der Ernte entrichtet und betrugen nach überlieferten Daten ein Sechstel bis ein Drittel der Erträge, je nach Art der Bewässerung und dem Stand der Bodenbearbeitung. Darüber hinaus wurde Kopfsteuer gezahlt. Die Erntesteuer betraf Weizen, Gerste, Reis, Weintrauben, Luzerne, Dattelpalmen und Oliven. Luzerne wurde verbreitet angebaut, weil sie das Hauptfutter für Pferde bildete, für deren Zucht der Iran bekannt war.

Das Reich litt unter häufigen Schlägen und Kalamitäten, die nachhaltige Krisen verursachten. Es handelte sich um Mißernten infolge ungenügender Niederschläge, Heuschreckenplagen oder Kriegsverwüstungen. Die schlimmste Hungersnot dauerte im 5. Jahrhundert sieben Jahre. Die Menschen ließen ihre Wirtschaften im Stich und suchten anderswo Brot und Bleibe. Umsichtigere Könige trachteten dieser Landflucht entgegenzuwirken. Für die Sorge um verelendete Landwirte machten sie die örtlichen Bürgermeister aus dem niederen Adel oder Großgrundbesitzer auf dem flachen Lande verantwortlich und zwangen sie unter Strafandrohung, genügend Bauern anzusiedeln.

Zwischen dem König und dem einfachen Volk klafften Abgründe, namentlich wenn der Monarch seine Regierungspflichten vernachlässigte und lieber mit seinen Hofschranzen der Schlemmerei frönte. Hin und wieder erkühnte sich schon ein Mann, der Autorität genoß, den König mit der Nase auf die mißliche Wirtschaftssituation zu stupsen.

Al-Mas'udi erzählt eine vielsagende Geschichte über König Bahram II. und ein Eulenpaar. Dieser König belustigte sich zusammen mit seinen Zechern und kümmerte sich kaum um seine Staatsgeschäfte. Am meisten kaprizierte er sich in der Jagd. Er verteilte willkürlich Boden an seine Günstlinge und Offiziere. So mangelte es mit der Zeit an selbständigen Bauern, und das Staatssäckel leerte sich zusehends, da die Steuern ausblieben. Eines Nachts, auf dem Rückweg vom verwegenen Halali, verspürte er plötzlich das Bedürfnis, mit einem Priester über den Werdegang seines Geschlechts zu plaudern. Der Priester ritt, herbeizitiert, neben ihm einher. Während sie sich angeregt unterhielten, kamen sie an den Ruinen eines einst vermögenden Dorfes vorbei, das die verarmten Bewohner offenbar erst soeben verlassen hatten. Aus den Trümmern erschallten Eulenrufe. Der König fragte den Priester, ob er jemand kenne, der wüßte, worüber Eulen miteinander wohl reden mögen. Der Priester sagte: »Majestät, mir hat Gott die Gabe gegeben, die Eulensprache zu verstehen. Was die Eulen im Moment einander erzählen, entspricht voll der Wahrheit.« »Und was erzählen sie sich?« »Eben spricht das Männchen und macht dem Weibchen einen Heiratsantrag. Das Weibchen erwidert, es freue sich sehr über seinen Antrag, möchte aber ein paar Bedingungen stellen, die das Männchen vor der Hochzeit erfüllen müßte. Sie verlangte zum Hochzeitsgeschenk zwanzig schöne Trümmer der Dörfer, die unter der Regierung des zur Zeit herrschenden Königs verödet sind. Das Männchen antwortete, sollte die Regierung des Königs noch lange währen, könnte er ihr zur Hochzeit mindestens tausend ruinierte Dörfer schenken. Wozu aber sei ihr ein solches Präsent nütze? Das Weibchen erläuterte seinen Wunsch: Sie beide würden bestimmt viele Kinder haben, und sie möchte jedem von ihnen eine schöne Ruine als Heimstatt geben. Der König hatte bewegt zugehört und bat den Priester, ihm die Erzählung näher auszudeuten. Der Priester sagte, es handle sich um ein Märchen, setzte ihm die Hauptprinzipien eines funktionierenden Staatswesens auseinander und wies ihn auf die wirtschaftliche Zerrüttung des Reiches unter seinem Regime hin. Die Blüte des Reiches beruhe auf Achtung vor dem Gesetz und Gehorsam vor Gott. Ein König müsse Gerechtigkeit walten lassen. Das Glück des Volkes hängt von ordentlicher Verwaltung, vor allem aber von den Finanzen und dem Aufschwung der Landwirtschaft ab. Unter Bahrams Macht, da die Menschen genötigt seien, ihre Wirtschaften aufzugeben und auf adligem Großgrundbesitz Zuflucht zu suchen, um sich zu ernähren und keine Steuern zahlen zu brauchen, drohe eine Wirtschaftskatastrophe, die der König unter allen Umständen durch Gerechtigkeit und Sorge für den Ackerbau abwenden müsse. Der König dachte über die Leviten, die ihm gelesen wurden, nach und wandelte sich. Er wurde zu einem fürsorglichen Gebieter und hinterließ ein gutes Andenken. An der allgemeinen Linie der Zustände und der Entwicklung änderte es nichts. Das Haupthindernis bestand im despotischen Wesen der Herrschaftsstruktur, die der Initiative breiter Massen hinderlich war und allmählich zum Niedergang des Reiches führen mußte. Alles wurde gewissermaßen von den persönlichen Qualitäten des Herrschers vorgegeben, und niemals gab es die Gewähr, daß der König seine Macht nicht mißbrauchte. Die Regenten waren Despoten mit bürgerlichen Großmutsanwandlungen und faktisch niemandem gegenüber rechenschaftspflichtig. Deshalb lebten sie unablässig in dem Argwohn, von irgendwo und irgendwem Putschversuche und Rebellionen gewärtigen zu müssen, und beugten drohenden Gefahren mit äußerster Brutalität vor. Der Geist des jahrhundertelangen Despotismus prägte den Charakter des persischen Volkes. Kriechertum, Speichelleckerei, Verlogenheit und Verschlagenheit wucherten, während Unternehmungslust und Sinn für objektive Wirklichkeit verkümmerten.

Persische Grausamkeit galt zu jenen Zeiten geradezu als sprichwörtlich. Übeltätern winkten entweder Verlies oder Verbannung, häufig auch Verstümmelung oder der Tod – selbst für harmlose Übertretungen. Nicht selten wurden ihnen mit glühender Nadel oder siedendem Öl die Augen geblendet. Üblich war es auch, bei lebendigem Leibe die Haut abzuziehen, sei es vom ganzen Körper oder nur von einzelnen Teilen. Zusammen mit dem schuldig gewordenen oder gefährlich erscheinenden Individuum wurde zumeist die ganze Familie ausgerottet, damit es niemand dem König oder einer anderen verantwortlichen Person nach dem Brauch der Blutrache heimzahlen könnte. So kam es vor, daß gesamte Adelsgeschlechter hingemordet wurden. Leute aus der Umgebung des Königs waren sich angesichts des häufigen plötzlichen Umschlags von Gnade und Ungnade des Lebens nicht sicher. Aus diesem Grunde klopften sie gern heuchlerische Sprüche oder erniedrigten sich zu Taten, die den königlichen Zorn zu besänftigen vermöchten. Über Bahram II. wird berichtet, ihm sei bei einem Gastmahl ein wenig Soße aus der Schüssel auf die Hand getropft und er habe dafür die Hinrichtung des Kochs angeordnet. Der Koch flehte ihn um Gnade an und beteuerte, es nicht absichtlich getan zu haben. Doch der König sagte: »Dein Tod wird den Dienern für alle Zukunft eine Warnung sein.« Als sich der König auch dadurch, daß der Koch ihm die Fama eines ungerechten Herrschers prophezeite, nicht umstimmen ließ, nahm der Koch die Terrine, kippte sie ihm aufs Haupt und sagte: »Wenn ich schon hingerichtet werden soll, dann wenigstens zu Recht und verdientermaßen!« Der König lachte daraufhin und begnadigte ihn.

Wenn schon von Gelagen und Köchen die Rede ist, sollten wir den Schleier über den Beschreibungen ein wenig lüften, die antike Autoren über persische Speisen hinterlassen haben. Die Armut nährte sich vorwiegend von Brei, den sie aus Molke, Brotrinde und Salz kochte. Er wurde als kein ausgesprochener Leckerbissen geschätzt. Brot wurde aus Schwarzmehl oder Kleie gebacken, zu Rohgemüse, Eiern, Käse und Obst gegessen. Als sehr nahrhaft galten bei den Persern Bohnensuppe und Salzlake mit gehacktem Fisch und einem Schluck Wein. Delikatessen waren Zickelfleisch, Brot aus feinem Weißmehl und alter Wein. Die Armen tranken Met oder ägyptisches Bier. Zu Festlichkeiten wurde von den Reichen Weißwein bevorzugt.

Könige hatten es am besten. König Valgasch ließ sich viererlei Schüsseln servieren: die königliche enthielt warmes und kaltes Fleisch, Fleisch in Aspik, Reisfleisch, Krautwickel mit Geflügel und Mehlspeise aus Datteln, Mehl und kandisgezuckerter Butter; die zweite hieß chorasanische Schüssel und setzte sich aus Rostbraten, aus Fleisch, das mit Butter sowie zu Aspik geseihter und erstarrter Bouillon in der Pfanne geschmort wurde; die dritte, die griechische, bot etwas Besonderes für Feinschmecker, das aus Milch, Zucker, Honig, Eiern, Reis und Butter gekocht war; die vierte war die adlige und hielt gesalzenes Hammelfleisch, Granatapfelschnitten und gekochte Eier bereit. Die Identifikation der einzelnen Gerichte bereitet natürlich erhebliche Mühen, weil wir verschiedene Bezeichnungen lediglich aus arabischen Entsprechungen kennen, die die heimischen persischen Bedeutungen nicht unbedingt ganz präzis wiederzugeben brauchen.

Populationsprobleme und die Stellung der Frau

Unaufhörlich tobten von Beginn der Sassanidenära an Kriege mit den Nachbarn des Reiches, Arabern, Römern, Armeniern, Türken, Hunnen, Chazaren und Kuschanern. Sie dezimierten die Einwohnerschaft empfindlich. Die Könige versuchten die Verluste durch Ansiedlung Gefangener in Persien, insbesondere Verschleppter aus den Provinzen des Römerreiches und Armeniens, sowie durch Einwanderung arabischer Stämme in den Iran auszugleichen. Die Gefangenen wurden in

Handwerk, Landwirtschaft und beim Kanal-, Festungs-, Brücken- und Talsperrenbau beschäftigt. So nahm die Zahl von Unfreien und Sklaven zu.

Sehr kritisch gestaltete sich die Lage der Frauen, und zwar in allem, was mit ihrer gesellschaftlichen, ökonomischen und sittlichen Stellung zu tun hatte. Es scheint, daß sie ursprünglich einen würdigeren und geachteteren Platz eingenommen haben als unter der Sassanidenherrschaft, in der die Frau ganz und gar in die Abhängigkeit vom Mann geriet. Überlieferte Texte sprechen nur selten von Familienverhältnissen, und mitunter entzieht sich unserer Kenntnis, was ältere und was jüngere Lebensart ist. Eine Fülle Anmerkungen zu den Rechten der Frau finden wir im Fragment einer alten Schrift über eintausend Rechtsurteile; es ist in einer äußerst nachlässigen Abschrift überkommen, und seine Entschlüsselung ist sehr beschwerlich.

Der Mann durfte eine oder zwei Hauptfrauen besitzen; die übrigen galten als dienende Gattinnen, Dienstfrauen. Zu ihnen zählten auch Sklavinnen und Kriegsgefangene. Der Herrin des Hauses standen bestimmte Rechte zu, und ihre Kinder wurden als legitim angesehen.

Eine Besonderheit persischer Sitte bestand in der Heirat unter Verwandten. Der Mann hatte das Recht, eine Frau aus dem Ehebund zu entlassen und ihr zu erlauben, Dienstfrau eines anderen zu werden. Das geschah entsprechend der Rechtsformel, die ihr über ihre Person frei zu verfügen erlaubte. Allerdings wurde sie die Ehebürde nicht gänzlich los. Ihr erster Mann galt zeit ihres Lebens als ihr höchster Herr, was sich unter anderem darin äußerte, daß ihre Kinder mit dem zweiten Mann ihm, dem ersten, zugeeignet wurden. Eine solche Regelung hatte selbstverständlich ihren ökonomischen Hintergrund; es ging um klaren Überblick über Arbeitskräfte, aber auch um den Erhalt der Familien, was für die Durchführung der Ahnenriten wichtig war. Überhaupt waren die Vorschriften des Eherechts eng mit den Rechtsvorschriften über das Eigentum verflochten. Verließ ein Mann seine Frau mit ihrem Einverständnis, behielt er ihre Habe außer irgendwelchen Zuwendungen, die sie von ihm erhalten hatte und mit denen sie nach Belieben verfahren konnte. Die Frau durfte auch ohne ihre Einwilligung einem anderen Mann abgetreten, übereignet werden. Sie war also Rechtsobjekt, und jedwede Sklaven betreffende Rechtsklausel hatte auch für Frauen Gültigkeit. So konnte eine Frau ebensowenig wie ein Sklave oder ein Kind vor Gericht als Zeugin auftreten.

Die Verhältnisse wechselten verschiedentlich und mit ihnen auch die Rechtsnormen. Der Mann durfte seine Frau als Mitbesitzerin seines Vermögens einsetzen. Der Tochter durfte der Vater keinen Mann aufnötigen, den sie nicht möchte. Zeitweise registrieren wir sogar weitreichende Freiheiten für die Frauen. Die Tochter durfte auch ohne väterliche Genehmigung eine Ehe eingehen. Das Recht regelte das Fürsorgerecht für außereheliche Kinder. Dem Vater oblag nicht nur der Unterhalt des Kindes, sondern auch der Mutter, und zwar bis zum Erwachsenenalter des Kindes, allerdings nur, falls sie mittellos war oder weder einen Rechtsherrn noch einen Kurator hatte.

Könige und Magnaten besaßen große Harems, zu denen außer ihnen selbst niemand Zutritt hatte. Unbefugtes Betreten bedeutete sicheren Tod. Die Frauen wurden auch aus der Fremde als Sklavinnen eingeführt, auf Märkten verkauft oder auf Bestellung Klienten geliefert.

Philistratos erzählt in der Biographie Apollonios' aus Tyana (I.,20) von einem erheiternden Mißverständnis des Philosophen an der parthischen Grenze. Zeugma am Euphrat war Zollstation auf römischer Seite. Als Apollonios mit seinem Reisebegleiter nach Mesopotamien unterwegs war, kam ein Zöllner mit einer Tafel in der Hand herbeigeeilt und fragte, was sie mitführten. Apollonios sagte: »Ich bringe Sophrosyne, Dikaiosyne, Arete, Enkrateia, Andreia, Askesia mit!« und nannte noch eine Reihe weiterer Frauennamen. Der Zöllner erklärte in der Hoffnung auf einen fetten Happen bei der Zollprozedur sofort, daß er sich die Sklavinnen aufschreiben wolle. Aber der Philosoph entgegnete:

»Das geht nicht, ich bringe keine Sklavinnen, sondern Herrscherinnen.« Und er zählte dem Zöllner all die Tugenden auf, die er in seiner Ethik predigte, Weisheit, Gerechtigkeit, Güte, Mäßigung, Tapferkeit und Enthaltsamkeit, die dem Volke nicht als Sklavinnen, vielmehr als Herrinnen dienen sollten. Dabei hatte der Zöllner ihn für einen Mädchenhändler gehalten!

Plutarchos sagt dem mächtigsten iranischen Magnaten Suren ungewöhnliche Prunksucht nach. Auf allen seinen Reisen trugen eintausend Kamele sein Gepäck, begleiteten ihn zweihundert Wagen mit seinen Haremsdamen. Die Harems verschlangen viele Frauen und trieben in Persien die Nachfrage nach ihnen in die Höhe. Als Husrav Parvez mit dem Kaiser von Byzanz um Frieden verhandelte, stellte er unter anderem eine jährliche Lieferung von zweitausend Mädchen nach Persien zur Bedingung. Durch das Haremswesen wurde das Volk zahlreicher Mädchen beraubt, was das soziale und Wirtschaftsgefüge stark ins Wanken brachte.

Polygamie, Frauenmangel und Harems, Elend, das oft breiteste Schichten der Bevölkerung bedrückte, Despotismus und vielfältige Ausbeutung des arbeitenden Menschen bewirkten den unvermeidlichen moralischen und physischen Verfall der Perser.

Im dritten Viertel des vierten Jahrhunderts nahm der römische Geschichtsschreiber Ammianus Marcellinus an den Persern gewisse Anzeichen physischer Erschlaffung wahr. Er gibt seine Beobachtungen markanterer äußerlicher Erscheinungen und der Lebensweise der Perser so wieder: »... sind fast durchweg mager, blaß oder gelblich, haben stumpfe Ziegenaugen, halbrunde und geschlossene Augenbrauen, nicht unansehnliche Bärte und langes strubbliges Haar ... Größtenteils huldigen sie Liebschaften und geben sich kaum mit wenigen Geliebten zufrieden. Je nach Vermögen leistet sich jeder mehrere oder weniger Ehefrauen. Daher kommt es, daß ihre Liebe, an viele Wollüste verschwendet, abstumpft ... Die Hüften haben sie dermaßen salopp lässig, und ihr Gang ist vorwiegend, daß man sie für verweiblicht hielte ..., obwohl sie todesmutige Krieger sind, zwar eher arglistig und im Kampf auf Distanz gefährlich. Sie dreschen gern leeres Stroh, reden dumm und grob daher, sind prahlsüchtig, widerwärtig und häßlich, bedrohlich sowohl im Glück als auch im Unglück; verschlagen und dreist und grausam und maßen sich gegenüber Sklaven und unbedeutenden Leuten das Recht über Leben und Tod an.« (XXIII., 6)

Und der armenische Chronist Ghazar Pharpeci schreibt über sie: »Perser gibt es viele an der Zahl, aber viele von ihnen sind schwache und kleinmütige Leute.«

In der stark differenzierten Gesellschaft, vom Despoten regiert, mit Elementen feudalen Charakters nachhaltig durchsetzt, in beinahe unablässige Kriege verwickelt, wiederholt von Schlägen und Niederlagen erschüttert, mit Massen einfacher Leute, die in ihrem Ungemach nichts zu erhoffen hatten, als daß ihre herrschende Schicht von Zeit zu Zeit in einem Aufwall von Großmut oder aus Berechnung sanft gestimmt war und sie sich nach dem Tode eines Plätzchens im Himmel erfreuen könnten, falls sie gläubig und gehorsam gewesen waren – bei dieser Buntscheckigkeit und solchen Gegensätzen konnten umstürzlerische Gelüste nicht ewig ausbleiben und mußten zu Regierungszeiten eines schwächeren oder unter außerordentlichen Voraussetzungen an der Macht befindlichen Königs zwangsläufig in einen Versuch, die Gesellschaftsverhältnisse neuzugestalten, umschlagen.

Der Kampf gegen Elend und Neid

Nach Jazdkarts II. Tod saß sein Sohn Hormizd auf dem Thron. Zum Leidwesen des Reiches hatte der König zwei Söhne, von denen auch der zweite herrschen wollte. Die Lage gestaltete sich überhaupt höchst kurios, denn in Ktesiphon regierte deren beider Mutter Denak, Hormizd residierte im medischen Raj, und sein Bruder Peroz befand sich irgendwo im fernen Osten. Einer Darstellung zufolge kam Peroz mit Unterstützung einheimischer Kräfte, die

Rahham aus dem Hause Mihran anführte, also durch Bürgerkrieg, zur Macht, nach einer anderen Version suchte er bei den Hephthaliten Schutz und erhielt, nachdem sich der hephthalitische Chan nach langwierigen vergeblichen Bitten um Intervention überzeugt hatte, daß Hormizd ein schlechter und ungerechter Herrscher sei, von ihm eine Armee, die ihn im Iran auf den Thron hob. Das Land kam seine Machtübernahme allerdings teuer zu stehen. Peroz mußte den Hephthaliten das Talakangebiet südlich des Flusses Amudarja im Nordosten des heutigen Afghanistan abtreten. Außerdem bildete die hephthalitische Übermacht eine ständige Bedrohung des Irans.

Mit Peroz hatte also Persien nichts gewonnen. Unter ihm herrschte infolge fehlender Niederschläge sieben Jahre lang Hungersnot, wofür Peroz nichts konnte. Im Gegenteil, er tat alles, daß das Volk nicht gar zu sehr darunter litt. Er befreite die Untertanen von Steuern, ordnete an, daß jeder, der im Speicher oder sonstwo Getreidevorräte besaß, denen half, die nichts hatten, und so die Menschen ungeachtet ihrer Herkunft und ihres Standes einander unter die Arme griffen. Und er verhängte empfindliche Strafen über Dörfer oder Kreise, die auch nur einen ihrer Einwohner verhungern ließen. Das führte dazu, daß im gesamten Iran angeblich nur ein einziger Hungers starb.

Den Hephthaliten gegenüber zeigte sich Peroz wenig dankbar. Kaum daß sich das Land ein wenig von Dürre und Mißernte erholt, das Regime gefestigt hatte und drei Städte erbaut waren, zog er gegen den Hephthalitenkönig Achschonwar (Achunvar) zu Felde. Er gehörte selbstverständlich zu jenen Herrschern, die es in ihrer Eitelkeit kränkt, anderen dafür verbunden sein zu müssen, daß sie zur Macht gelangt sind. Vom hephthalitischen Begleiter falsch beraten, verirrte sich das persische Heer in die Wüste und litt unsäglich unter Hunger

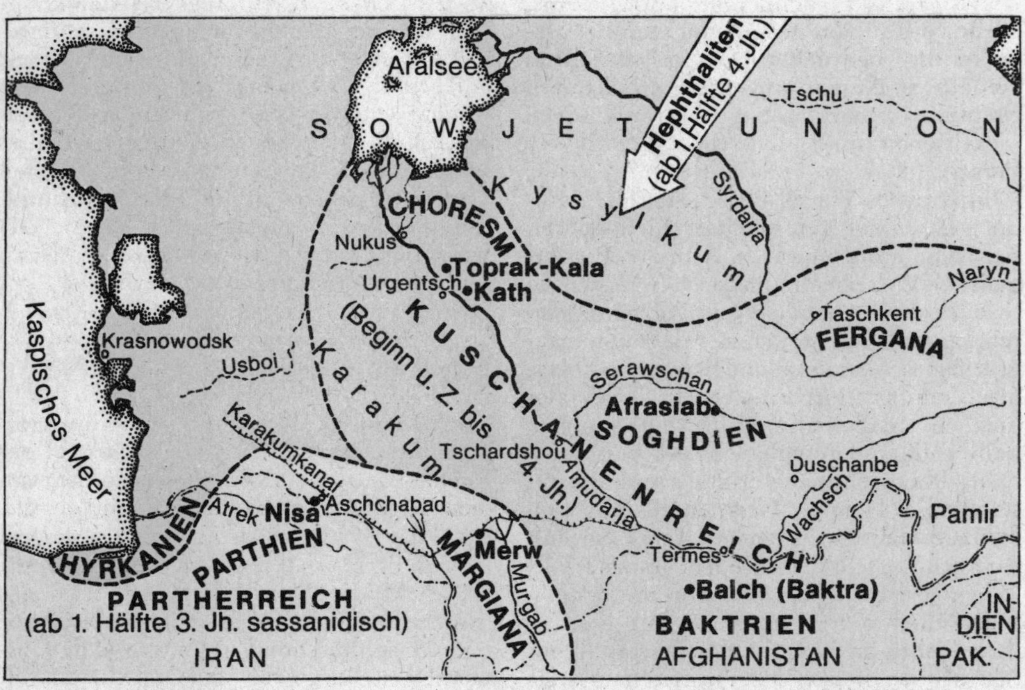

Mittelasien unter der Kuschanenherrschaft bis zum Zerfall der Sklavenhaltergesellschaft

heutige Staatsgrenze — heutige Staatsgrenze im Wasserlauf

und Durst. Peroz war überglücklich, als es ihm gelang, mit Achschonwar ein Abkommen zu schließen, in dem er gern Brief und Siegel darauf gab, die Hephthaliten künftig in Ruhe zu lassen. Aber er war noch nicht lange zu Hause, als er schon wieder über Plänen brütete, wie er Achschonwar von neuem bekriegen könnte. Vergeblich mühten sich seine Offiziere, ihn davor zu warnen und mit dem Argument davon abzubringen, daß Vertragsbruch als schwere Sünde gegen die zarathustrische Moral gelte. Des Schahs Ingrimm und verletzter Stolz taten das Ihre. Peroz rückte aus und ließ, um den Hephthaliten Vertragstreue vorzugaukeln, den Grenzstein oder -turm auf Wagen laden und mit den Truppen mitführen, wozu fünfzig Elefanten und dreihundert Mann davorgespannt werden mußten. So gelangte er bis tief ins gegnerische Landesinnere. Achschonwar ließ einen breiten und tiefen Graben ausheben, mit einer dünnen Reisigschicht zudecken und ging nach erfolglosen Verhandlungen zum Gegenangriff über. Die Hephthaliten siegten, Peroz stürzte auf der Flucht samt seiner Armee in die Falle, und alle kamen um. Die Chronisten sprechen von der verhängnisvollsten Katastrophe, die den Sassaniden bis dahin zugestoßen sei.

In die Gefangenschaft gerieten Peroz' Frauen und seine Tochter Perozducht, der Hohepriester, der gesamte persische Troß mit allen Vorräten sowie die königliche Kanzlei. Achschonwar ließ die Leichen aus dem Graben bergen und bestatten. Die Schahtochter aber heiratete er. Im weiteren vermelden die Quellen, daß der Magnat Sochra auf die Kunde von dem Ungemach hin eine kleine Armee aufgeboten und Achschonwar zur Herausgabe der Beute und der Gefangenen gezwungen habe. Hierbei geht es wohl um Trostpflästerchen, um die bittere Wunde einigermaßen zu kaschieren, damit sie den Nationalstolz nicht gar zu empfindlich lädierte.

König wurde Peroz' Bruder oder Sohn Valgasch, der Sochra zu seinem Ratgeber berief. Er war ein friedfertiger, eher schwächlicher Regent, der sich um das Landvolk kümmerte und eine Reihe Maßnahmen gegen die Landflucht der verarmten Bauern traf.

Offenbar schon während seiner Herrschaft begann Prinz Kavad, Peroz' Sohn, auf seinen Thronanspruch zu pochen, ging aber leer aus. Er mußte zu den Hephthaliten fliehen und kehrte nach dem Tod seines Oheims nach Hause zurück, um nun doch in Persien die Macht zu übernehmen. Anderen Nachrichten zufolge geriet er, während sein Vater auf dem Sterbebett lag, in Gefangenschaft und wartete am Hofe des Chans seine Stunde ab.

Auch zu seiner Regierungszeit war Sochra Minister, und eigentlich hielt er die Macht in seiner Hand. Das war in der großen Krise, die die Folgen der sieben mageren Jahre, das Elend breitester Schichten des Volkes und die hephthalitische Okkupation weiter Gebiete des östlichen Irans kennzeichneten. Außerdem bestanden Spannungen zwischen verschiedenen Magnatengeschlechtern, die um einflußreiche Stellen am Hofe und in der Staatsverwaltung schacherten. Kavad selbst litt sehr darunter, daß man ihn den Regierungsgeschäften fernhielt und die Leute sich in allen Angelegenheiten an Sochra wandten. Und als es ihm endlich zuviel wurde, beorderte er den Oberbefehlshaber der Armee, Schahpuhr aus dem Mihran-Geschlecht, aus Raj zu sich, und zwar mit dem Heer, und besprach mit ihm die Beseitigung des Ministers. Schahpuhr betrat vereinbarungsgemäß das Gemach des Königs, als Sochra gerade zugegen war, und schritt achtlos an ihm vorbei auf den König zu. Plötzlich sprang Schahpuhr den völlig arglosen Minister an, schlang ihm einen Strick um den Hals und schleifte ihn daran aus dem Palast in den Kerker, wo er kurz darauf getötet wurde.

In dieser kummervollen Zeit betrat ein Volksprediger, Verkünder sozialer Reformen die Bühne iranischer Geschichte, der unter dem Namen Mazdak bekannt wurde. Aus den bisherigen Ausführungen ist uns geläufig, daß es im Orient schon früher von diversen religiösen, philosophischen und theosophischen Lehren nur so gewimmelt hatte, die soziale und ethische Veränderungen hervorbrachten. Neben Zarathustrismus, Christentum, Buddhismus und Judentum gab es griechische philosophische Systeme, Doktrinen gnostischer Grübler über Ursprung und Lauf der Welt, Anschauungen der Täufersekten und Logen potentieller Geheimbünde. Die Denker nahmen aus diesem Konglomerat, was sie als zweckdienlich erachteten und was ihnen gefiel, und drechselten daraus neue Lehren zurecht. Mazdak wählte ebenfalls verschiedene Gedanken aus, die oftmals keinen inneren Zusammenhang miteinander erkennen ließen. Seine Haltung zur Wirklichkeit allerdings unterschied sich von der aller anderen. Er verstand sich als engagierter Verfechter relativ radikaler sozialer Reformen. Bezeichnend ist, daß keine zeitgenössische Quelle ihn auch nur erwähnt. Wir wissen weder, woher er kam, noch, wann er geboren wurde, starb, wo er mit seiner Lehre hervortrat. Späteren Berichten zufolge war er entweder Magier oder königlicher Schatzmeister oder Hoherpriester.

Vielleicht dachte er sich seine Theorie gar nicht selbst aus; es gibt nämlich auch Andeutungen, er habe die Ansichten eines gewissen Zarduscht, der Choragans Sohn aus der Stadt Pasa war, dem Volk vermittelt. Daraus schlossen manche, Mazdaks Geburtsstätte sei die chorasanische Stadt Nisa; andere wieder geben Stachr oder das rätselhafte Madharija an, wenn wir diesen Namen überhaupt richtig lesen. Nicht einmal über seine Anschauungen herrscht Einigkeit. Die einen behaupten, er habe Askese gepredigt und Fleischgenuß verpönt, andere ziehen Parallelen zwischen seinen Vorstellungen von Gut und Böse und ähnlichen Lehren persischen Ursprungs und unterstellen ihm, sie lediglich mit allerlei seltsamem Aberglauben gespickt zu haben. Es bleibt wohl für alle Zeiten verborgen, was er wirklich gelehrt hat und was ihm später angedichtet worden ist.

Übereinstimmung besteht darin, daß er den Ursprung allen Übels in sozialer Unvollkommenheit gesucht und eine Verbesserung des gesellschaftlichen Lebens postuliert hat. Alles Böse wurzele in Elend und Neid. In alten Zeiten hätten die Menschen alles gemeinsam besessen und frei genutzt. Später hätten sich Egoisten dieses Eigentums bemächtigt und den ursprünglichen Zustand zerstört. So seien Armut und Not entstanden und Mißgunst über die Menschheit gekommen. Daher tue es not, zu den einstigen Verhältnissen zurückzukehren und jedweden Besitz wieder gemeinschaftlich zu gestalten und zu verwalten wie ehedem.

Die Zerrüttung der Beziehungen zwischen Mann und Frau bewog Mazdak zu der kühnen Forderung, auch die Frau zu vergesellschaften. Damit wollte er die Eifersucht als eine der Wurzeln des Unheils ausmerzen. Zum Vorbild dienten ihm dabei offensichtlich die urwüchsigen Gewohnheiten und Verhaltensnormen in dörflichen Siedlungen, die allerdings schon damals aus der Mode zu kommen im Begriff waren. Dort gab es zwar noch gemeinschaftliche Produktionsmittel, wie Äcker, Weiden, Feuer und Tränken, Herden und Gerätschaften. Die Frauen waren aber längst kein Kollektiveigentum mehr.

Mazdak erlangte mit der Zeit Einfluß auf König Kavad, der dann ein Gesetz zur Regelung ehelicher Beziehungen erließ. Wahrscheinlich wurde dem dadurch Vorschub geleistet, daß viele Harems nach der Katastrophe, die König Peroz' Heer getroffen hatte, verwaisten. Die Reform bestand im wesentlichen darin, daß die Frau für eine vereinbarte Frist einem armen Glaubensgenossen überlassen werden durfte, wenn er nach einer bestimmten Formel ausdrücklich darum bat. Von einer solchen Klausel ist anscheinend im Fragment des bereits erwähnten Rechtsbuches Matagdan die Rede. Griechische Autoren behaupten, König Kavad habe durch Gesetz sämtliche Frauen zum Gemeingut gemacht. Offenkundig kam ihnen das königliche Edikt übertrieben revolutionär vor und erweckte in ihnen den Eindruck, es meine eine durchgängige Kollektivierung der Frau. Nach Ansicht einiger jüngerer orientalischer Autoren strebte Mazdak die Einführung einer sozialen Pflichtfürsorge an. Wenn ein Armer sich nicht aus eigener Kraft ernähren könnte, müßten ihm diejenigen, die über Reichtum verfügten, alles Notwendige besorgen, gegebenenfalls unter behördlichem Vollzug. Nach dieser Überlieferung schlug Mazdak freilich auch vor, daß jemand, der ein häßliches und zänkisches Weib hatte, mit jemand, der eine schöne und gute Frau besaß, einen vorübergehenden Tausch abschließen durfte, um auch in dieser Hinsicht einen sozialen Ausgleich zu erzielen. Doch anderswo ist über diese sonderbare Regelung nichts zu lesen.

Mit dem Erlaß des Gesetzes zur Regelung ehelicher Beziehungen auf Betreiben Mazdaks, der es verstand, den König für sich einzunehmen und sich mit ihm zu arrangieren, beginnt der Mazdakismus an Resonanz zu gewinnen. Das Volk griff die Anschauungen des neuen Propheten auf, nahm sie als seine eigenen an und begann hier und da, mit Nachdruck Gehör für seine Sehnsüchte und Belange zu fordern. Über den Verlauf der mazdakistischen Erhebungen sind wir nur lückenhaft informiert. Wir wissen, daß sie während einer Hungersnot mit der Plünderung staatlicher und privater Speicher ausbrachen, wozu der König angeblich seine Genehmigung gegeben hatte. Mazdak hatte ihn eines Tages gefragt, wie mit einem Menschen zu verfahren sei, der ein Gegengift gegen einen Schlangenbiß hat und es jemandem, den eine Schlange gebissen hat, verweigert. Der König gab zur Antwort, ein solcher Mensch habe für seine Gefühlsroheit das Leben verwirkt. Daraufhin rief Mazdak das Hunger leidende Volk auf, sich getrost der Speichervorräte zu bedienen. Als der König ihn zur Rede stellte, erläuterte er ihm, das Gegengift gegen Hunger sei Getreide, und derjenige, der welches habe, sei verpflichtet, davon demjenigen abzulassen, dem Hungertod drohe. Den König überzeugte Mazdaks Rechtfertigung, er dachte über die Angelegenheit nach und billigte schließlich Mazdaks Meinung, daß eine Neuordnung der gesellschaftlichen Verhältnisse überfällig sei.

Unter den höheren Ständen stieß das natürlich auf hartnäckigen Widerstand. Mazdaks Anhänger drangen, wie verlautet, in Häuser Reicher und Vornehmer ein und teilten sich auch in deren Vermögen, nahmen ihnen ihre Haremsfrauen weg, enteigneten sie ihrer Herden usw. Der Hochadel und die höhere Priesterschaft zettelten einen Putsch gegen den König an, setzten ihn ab und stellten ihn vor das Magnatentribunal zur Aburteilung. Ein Edelmann namens Gusanastades, persisch Guschnaspdat, Statthalter im Grenzgebiet zum hephthalitischen Reich, zückte bei seiner Anklagerede ein kleines Messer, womit die Perser die Fingernägel zu schneiden pflegten, und hetzte, damit fuchtelnd, seine Standesgenossen auf, den König zu töten. Er rief: »Seht ihr dieses Messerchen, teuerste Perser?! Obwohl es ein völlig unansehnliches Ding ist, kann man damit jetzt mehr ausrichten als mit zwanzigtausend bewaffneten Reitern etwas später.« Doch der Adel bekam weiche Knie und zog es vor, den König nur lebenslang hinter Gitter zu setzen. In Persien gab es eine Burg, Festung des Vergessens genannt; dahin wurden diejenigen gebracht, die für alle Zeiten von der Erdoberfläche zu verschwinden hatten und deren Namen nicht mehr in den Mund genommen werden durften. In den dortigen Verliesen wurden besonders staatsgefährliche Leute ausgemergelten Ratten zum Fraß vorgeworfen. Dorthin also kam der König, um dem sicheren Tod entgegenzusehen. Aber sonderbarerweise erhielt seine Gemahlin und Schwester in Personalunion Besuchserlaubnis erteilt. Der oberste Kerkermeister verliebte sich in sie und flehte sie an, ihm zu Willen zu sein. Als der König davon erfuhr, heckte er eine Fluchtmöglichkeit aus. Nach Meinung der einen kam die Frau mit einem Sklaven, der dem König einen Teppich brachte, ins Gefängnis, der König rollte sich in den Teppich ein, und der Sklave schleppte ihn aus dem Kerker. Auf die Frage des Hauptschergen, warum der Teppich hinausgetragen würde, antwortete die Frau des Königs, sie hätte darauf gesessen und ihn, da sie gerade menstruiere, mit Blut befleckt. Ein Perser hätte für nichts in der Welt eine Frau in dieser Verfassung oder einen Gegenstand, den sie benutzte, angerührt. Aus diesem Grunde ließ der angekelte Aufseher sie unbehelligt ziehen, nachdem sie ihm versprochen hatte, nach erfolgter Reinigung zu ihm zurückzukehren und seine Begierde zu befriedigen. Der König war befreit und wurde in Burgnähe von seinem Vertrauten, dem Edelmann Sijavusch, mit Pferden erwartet. So gelang ihm die Flucht zu den Hephthaliten. Einer anderen Überlieferung zufolge tauschten König und Königin im Gefängnis die Kleidung, und sie blieb zurück.

Währenddessen regierte im Iran der Königsbruder Dshamasp. Gegen ihn ersuchte nun Kavad den Hephthalitenkönig um Hilfe. Nach geraumer Zeit und wiederholtem Bitten kam es endlich zu militärischer Intervention. Der König ging nach Persien zurück und bestieg kampflos den Thron. Möglicherweise verzieh er seinem Bruder, vielleicht aber ließ er ihm das Augenlicht rauben oder auch das Leben; das Los des Gegenkönigs ist nicht exakt überliefert.

Der König begann die an ihm begangenen Missetaten zu ahnden, aber recht mild. Wie es scheint, wurde außer jenem Mann mit dem kleinen Messer niemand hingerichtet. Und Gusanastades' Amt blieb in der Familie.

Bald zog Kavad gegen Rom in den Krieg, um Beute zu machen und sich so auch den Hephthaliten dafür erkenntlich zu zeigen, daß sie ihm zum Thron zurückverholfen hatten. Dem Adel eröffneten sich ebenfalls Chancen, daran zu verdienen. Die Mazdakisten blieben unbehelligt. Sicherlich waren sie zu mächtig, als daß der König gegen sie etwas zu unternehmen wagen konnte. Im übrigen mochte er sie stets in der Hinterhand haben, um den Adel und die Priesterschaft unter Kontrolle zu halten. Die Mazdakisten bildeten einen entscheidenden Faktor bei der Kraftprobe, die sich unter Kavads Regierung zwischen der Dynastie und den Feudalen entspann, ein bedeutendes Gegengewicht zu den Bestrebungen, die Königsgewalt am liebsten auf ein Minimum zu beschränken. Mazdak genoß am Hofe Asyl und königlichen Schutz.

Auf die Dauer war die labile Situation jedoch nicht haltbar. Die führende Schicht brannte darauf, die Volksbewegung zu liquidieren und deren Willensäußerungen zum Verstummen zu bringen. Auch der König begriff, daß er gar bald etwas tun mußte, wollte er die öffentliche Ordnung und den Landesfrieden aufrechterhalten. Manche Historiker nehmen an, daß er sich aufrichtig zum Mazdakismus bekannte, den Propheten ehrlich schätzte und zu Maßnahmen gegen das Aufbegehren der Massen nachgerade angestoßen werden mußte. Als verbissenster Gegner der Mazdakisten galt Kavads Drittgeborener Husrav, ein äußerst agiler, entschlußfreudiger, aber zugleich mißtrauischer, heuchlerischer und verschlagener Mann, Vaters Nesthäkchen und zu seiner Nachfolge ausersehen. Um ihm den Thron zu sichern, bat der König den byzantinischen Kaiser Justinus I., Husrav zu adoptieren. Das hieß: Sollte nach Kavads Tod etwa ein anderer Prinz Husrav Steine in den Weg legen, müßte sich der Kaiser vor ihn, Husrav, als seinen Sohn stellen und ihn auf den Thron setzen. Doch im kaiserlichen Rat kamen Bedenken auf, ja, er lehnte Kavads Gesuch entschieden ab, und der Kaiser beantwortete es brüsk mit dem Bescheid, Römer adoptierten nicht anders als mit Waffengewalt. Husrav faßte verständlicherweise Groll gegen die Römer und rächte sich an ihnen später mit langwierigen Raubzügen.

Mazdak war er prinzipiell feindlich, der Geistlichkeit dagegen unverhohlen freundlich gesinnt. Angeblich haßte er Mazdak deswegen, weil er sich von ihm zutiefst gedemütigt fühlte. Einmal, so heißt es, war Mazdak beim König und bat ihn, ihm seine Gemahlin, Husravs Mutter, zu überlassen; denn auf solche Art vermöge der Mensch sich am wirksamsten von Eifersucht zu heilen, die bekanntlich die Quelle aller Unmoral sei. Husrav erlauschte Vaters Einverständnis, eilte Mazdak hinterher, flehte ihn inständig an, umklammerte seine Beine und küßte sie, um ihn zu erweichen, von seinem Ansinnen abzulassen.

Gewiß geht es bei diesem makabren Bild darum, Mazdak in den Augen späterer Generationen bloßzustellen und Husravs Haß gegen die Volksbewegung zu rechtfertigen. Ähnliche üble Nachreden gibt es in orientalischen Geschichten massenhaft. Möglicherweise wollte Mazdak sich in einer momentanen Anwandlung von Übermut tatsächlich im Glücksgefühl seines Einflusses auf den König wiegen.

Über die Adoption Husravs hatte in Byzanz gemeinsam mit einem persischen Höfling der persische Kriegsminister, wie wir heute sagen würden, jener Fluchthelfer Kavads aus der Festungshaft, Sijavusch, verhandelt. Husrav trug ihm seinen Mißerfolg nach, und der andere Unterhändler wußte obendrein die Schuld für die diplomatische Schlappe geschickt auf Sijavusch abzuwälzen. Beide beschwerten sich über ihn beim König, der ihn vor das Tribunal zitierte und zum Tode verurteilen ließ. Unter anderem legten sie dem erfolglosen Diplomaten zur Last, daß er seine Frau beerdigt hatte. Die Perser lehnten aus religiösen Gründen die Erdbestattung ab, stellten die Toten vielmehr in *dachmas* oder Türme des Schweigens, damit Geier sie fräßen und die Erde durch die verwesenden Leichen nicht verunreinigt würde. Daraus läßt sich schließen, daß Sijavusch vielleicht zu einer der Initiativgruppen gehörte, die der Beerdigung Bahn brechen wollte. Manche vertreten den Standpunkt, es könnte sich dabei um Mazdakiten handeln, Beweise dafür gibt es jedoch nicht. Eher war Sijavusch ihr Fürsprecher, und sie verloren in ihm ihre Hauptstütze bei Hofe.

Mit der Zeit gelang es Husrav, seinen Vater dazu zu überreden, der Volksbewegung den Todesstoß zu versetzen. In diesem Punkt differieren die zahlreichen Erzählversionen dermaßen, daß sich eine einigermaßen stichhaltige Darstellung nicht rekonstruieren läßt. Mazdak versammelte seine Gläubigen und klagte in einer Predigt vor dem König Husrav an, nicht hinter seiner, Mazdaks, Lehre zu stehen. Husrav erbat eine Frist von fünf Monaten, um mit Mazdak über die Wahrhaftigkeit seiner ketzerischen Religion zu disputieren, rief ein paar Magier zusammen, die in öffentlichem Streitgespräch die Zuhörer von Mazdak abkehrten und Abneigung gegen ihn säten. Der König lieferte Mazdak und seine Anhänger Husrav aus, der den Propheten kopfunter an den Galgen hängen und mit einer Pfeilsalve durchlöchern sowie die übrigen kopfunter in die Erde eingraben ließ. Eine andere Sage berichtet, Mazdak habe sich einen unterirdischen Gang graben lassen, der zum Feueraltar führte. In diesem Gang habe sich einer seiner Gläubigen verborgen und über den Altar zum König und zu anderen Besuchern gesprochen, als spräche der Feuergott selbst zu ihnen. Doch Mazdaks Einfall wurde durch einen Abtrünnigen verraten, und der König war nunmehr vollends von Mazdaks betrügerischen Machenschaften überzeugt. Der Prophet wurde überlistet und zusammen mit vielen anderen Glaubensgenossen zum Tode verurteilt. Vermutlich wollten die Mazdakiten, daß Kavad zu seinem Thronfolger denjenigen seiner Söhne bestimme, der ihrer Lehre treu ergeben war. Deshalb beriefen sie eine Kundgebung ein, die jedoch auf Kavads Geheiß von Truppen umstellt und deren Teilnehmer niedergemacht wurden. So schildert es der byzantinische Chronist Malalas, der die versammelten Ketzer irrtümlich als Manichäer bezeichnet und ihren Bischof Indarazar nennt.

Manche Autoren glauben, Mazdak sei mit einer Axt erschlagen oder erhängt worden, andere behaupten, man habe ihn in einen Kessel siedendes Pech geworfen.

Der Phantasie wurden in orientalischer Geschichte nie Fesseln angelegt. Alle Nachrichten stimmen darin überein, daß Kavad auf Husravs Veranlassung Mazdak und seine Anhänger töten ließ und damit der ersten sozialen Bewegung auf iranischem Boden ein Ende setzte. Die Zahl der niedergemetzelten Sektenmitglieder schwankt zwischen dreitausend und hunderttausend. Der Mazdakismus erhielt sich trotz Verfolgung in verschiedenen schwer zugänglichen Gebirgsregionen des Irans und spielte zu Zeiten arabischer Herrschaft um das Jahr 750 eine gewisse Rolle, als die Omajadendynastie von dem Abbasidengeschlecht gestürzt wurde.

Husrav Anoscharvan. Höhepunkt der Sassanidenära

Mit Husrav erreichte der Ruhm des sassanidischen Persiens seinen Gipfel. Er war ein Herrscher, wie ihn jene Zeiten wirklich brauchten. Schon sein Vater hatte eine umfangreiche Aktion unternommen, die das steuerpflichtige Vermögen der Reichsbevölkerung exakt ermitteln und die Mißstände bei der Steuereinnahme beseitigen sollte. Doch war es Husrav, der diese Maßnahmen konsequent vollzog, und deswegen sind sie auch nach seinem Namen benannt. Die Untertanen hatten von jedem *garib* Bodensteuer zu entrichten; ein Garib ist eine Fläche von 60 mal 60 Ellen, mit Gerste, Weizen, Reis, Luzerne oder Wein bebaut.

Eine zweite Steuer war die Kopfsteuer, zu der außer den Edelleuten, Magiern, königlichen Bediensteten, Schreibern und Soldaten alle Bürger verpflichtet waren. Allerdings galt das nur für das Alter zwischen zwanzig und sechzig Jahren. Der Betrag richtete sich nach dem Eigentum und bewegte sich zwischen zwölf und vier Dirham. Zumeist wurden vier Silberlinge gezahlt, wie ein chinesischer Reisender aus Persien zu berichten weiß. Die Steuer war in Viermonatsraten fällig.

Mit der Durchsetzung einer geregelten Steuerpraxis nahm der Reichtum des Sassanidenreiches rapide zu. Dadurch wurde es Husrav bald möglich, die infolge der Mazdakitenaufstände in Mitleidenschaft Gezogenen zu entschädigen. Viele, die andere um ihre Habe gebracht hatten, wurden hingerichtet und der Besitz den rechtmäßigen Eigentümern zurückgegeben. Es gab auch zahlreiche Kinder, über deren Herkunft Ungewißheit herrschte. Sie ließ der König den Familien eingliedern, in denen sie sich gerade befanden, und wurden sie vom Familienvater an Kindes Statt angenommen, war ihnen ihr Erbteil juristisch garantiert.

Husrav ließ auch die Fälle von Frauenentführungen während der Mazdakitenunruhen untersuchen. Wer sich eine Frau auf gesetzwidrige Weise angeeignet hatte, mußte ihren Eltern einen bestimmten Preis zahlen. Der Frau stand es offen, ob sie bei dem Mann blieb oder einen anderen nahm. War sie bereits vorher verheiratet gewesen, wurde sie ihrem ersten Ehegatten zurückgegeben. Adlige Söhne adoptierte der König, wenn ihre Eltern oder Ernährer umgekommen waren, adlige Töchter vermählte er mit Adligen und stattete sie mit einer Mitgift aus dem Staatshaushalt aus. Daraus entwickelte sich ein Stand dienenden Hofadels als Pendant zu den Magnatengeschlechtern. Verarmten Edelleuten schenkte der König Pferde und Rüstungen, nahm sie in seine Garde auf und ließ ihnen Sold zahlen. Das wiederum führte zu einem Offiziersstand, dessen Mitglieder mutig, bereitwillig, zuverlässig und einsatzfreudig auch die schwierigsten Aufgaben erfüllten.

Husrav galt in der orientalischen Geschichte als Prototyp des gerechten Gebieters. Er ordnete einen strengen Schutz aller Steuerzahler durch Richter an. Die Richter hatten darüber zu wachen, daß niemand mit mehr Steuern beauflagt wurde, als aus den Steuerverzeichnissen hervorging. In gesetzwidrigen Fällen waren die Steuerämter angewiesen, nach Feststellung der Schadenshöhe Steuern zu erlassen. Der Gedanke des Schutzes von Steuerzahlern war in der östlichen Hemisphäre völlig ungewohnt und bedeutete einen beachtlichen Fortschritt. Hinsichtlich der Steuerpraxis läßt er sich vielleicht mit der Art und Weise vergleichen, wie in den hellenistischen Staaten und in späteren Zeiten Steuern eingetrieben wurden: Die Steuereinnehmer kamen mit ihren Bütteln in die Stadt oder ins Dorf und fingen sofort an, die Peitsche zu schwingen, um sich so schnell wie möglich ihres Auftrages zu entledigen.

Über Husravs Gerechtigkeitssinn finden wir in orientalischen Schriften übrigens so manche Anekdote. So besaß beispielsweise bei der Anlage eines Platzes in der Residenzstadt ein altes Mütterchen ihre Kate direkt auf dem vorgesehenen Baugelände, der König jedoch ließ nicht zu, daß ihr Häuschen abgerissen würde. Das erinnert ein wenig an Friedrich II. und den Müller von Sanssouci. Ein andermal ließ der König einem rabiaten aserbaidshanischen Gouverneur die Haut abziehen, weil der einer alten Frau ihr kleines Feld geraubt hatte. Bei der Untersuchung stellte sich heraus, daß dieser Magnat zwei Millionen Dinar in Münzen, für eine halbe Million

Sassanidischer König mit geflügelter Krone

Gefäße sowie andere goldene und silberne Gegenstände, für 600000 Dinar Edelsteine, eine Menge Höfe und sonstige Immobilien in Fars, Aserbaidshan, Irak und Chorosan, 30000 Pferde und Maultiere, 200000 Schafe, 30000 Kamele, 1700 türkische, römische und äthiopische Sklaven und 400 Sklavinnen besaß. Wir dürfen getrost annehmen, daß mit der Bestrafung dieses Gauners auch der Königsschatz auf seine Kosten gekommen ist.

Manchmal allerdings wurde es den Menschen in Persien auch schwer gemacht, ihre Rechte einzufordern. Der König war vom Besucher durch einen Vorhang getrennt. Er saß zudem zwanzig Ellen weit dahinter und der Gast ebensoweit davor, und am Vorhang stand ein Kämmerer. Die Könige waren bestrebt, Versuchen von Hofangestellten, Bittsteller abzuweisen, vorzubeugen. Zu diesem Zweck ließen sie eine Tribüne errichten, nahmen darauf Platz, um die Leute zu überschauen, die um Zutritt zu ihnen baten. Niemand wagte dann mehr, einen Besucher daran zu hindern. Am Tor seines Palastes ließ Husrav gar Schellen anbringen, damit jedermann läuten konnte, wenn er sich über irgendein Unrecht oder Mißgeschick beklagen wollte. Der König hatte begriffen, daß Gerechtigkeit ihm eine auf Zufriedenheit der Massen gegründete solide Macht und beständiges Wohlverhalten der Untertanen sicherte. Er hörte jedem Hilfesuchenden geduldig zu und erhörte ihn auch, soweit möglich. Nicht zuletzt bescheinigten ihm Ausländer seine hohe Achtung vor Recht und Gesetz, wie jener byzantinische Abgesandte, der sich die Ursache der unregelmäßigen Form des Marktplatzes erläutern ließ und daraufhin erklärte: »Bei Gott, solcherart Unregelmäßigkeit ist besser als alle Symmetrie!«

Fundament des Staatsvermögens bildete unter Husravs Regierung die Landwirtschaft. Und das Bollwerk, das das Reich vor äußeren Feinden bewahrte, war eine wohlorganisierte Armee. Beide Faktoren beruhten auf der Weisheit der göttlichen Könige bzw. auf den Gesetzmäßigkeiten politischer Ökonomie. Eines von Husravs Prinzipien lautete: »Der Ackerbau ist wie das Leben, und brachliegender Boden ist wie der Tod. Es gibt keinen Unterschied zwischen jemandem, der einen Menschen umbringt, und jemandem, der aus bestelltem Acker Wüste macht.«

Wie hatten doch bereits seine Ahnen gesagt?

»Es ist kein Herrscher ohne Armee vorstellbar, keine Armee ohne Geld, kein Geld ohne Wohlstand, kein Wohlstand ohne Gerechtigkeit und gute Administration. Es kann kein Wohlstand aufkommen in einem Staat, dessen Herrscher tyrannisch regiert. Ein gerechter Gebieter ist wertvoller als segensreicher Regen. Einem wilden Löwen ist Vorrang zu geben vor einem tyrannischen Regenten, doch ein gestrenger König ist besser als beständiger Bürgerkrieg. Steuern bilden die Grundlage des Staates. Nichts mehrt ihren Ertrag so wie Gerechtigkeit, nichts schmälert sie mehr als Tyrannei. Der Gerechtigkeitssinn des Herrschers ist nützlicher als großzügige Gaben der Glücksgöttin. Der König muß seiner Gerechtigkeit den Weg bahnen. Gerechtigkeit ist der Quell aller Besitztümer, ist eine Festung, erbaut zum Schutz des Staates und zur Gewährleistung der Ordnung. Untergrabene Gerechtigkeit ist das erste Anzeichen des Niedergangs eines Landes. Sobald Tyrannei über ein Volk hereinbricht, flieht Gerechtigkeit pfeilschnell davon, und das Volk eilt seinem Verderb entgegen. Die königliche Gewalt wird durch die Religion erhalten, der Einfluß des Glaubens wächst unter der Obhut königlicher Macht.«

Und all dem fügte Husrav noch hinzu: »Der Staat geht durch Nachlässigkeit zugrunde. Umsicht läßt die richtige Handlungsweise finden, Gerechtigkeit erfährt himmlische Förderung, Mildtätigkeit ist sich der Gunst des Himmels gewiß, mit Beharrlichkeit wird erreicht, wonach wir streben.«

Die Sentenz über die Rolle der Landwirtschaft ergänzt er so: »Ist jemand allzu arm, um seine Wirtschaft führen zu können, leihen wir ihm aus öffentlichen Geldern einen Zuschuß, der es ihm ermöglicht, die notwendigen Existenzmittel zu erwerben.«

Husrav wurde in der Tat nicht müde, alles zur Entfaltung seines Reiches zu unternehmen. Er gründete Städte, baute kriegsgeschädigte oder -vernichtete Dörfer wieder auf, ließ Holz- und steinerne Brücken, Bewässerungsanlagen, im südlichen Babylonien wiederum Entwässerungsanlagen, Staudämme errichten, legte Sümpfe trokken, ließ Fernstraßen reparieren und an ihnen Festungen und Burgen gegen Wegelagerer anlegen. Gefangene aus dem Römerreich setzte er beim Bau neuer Siedlungen ein, die sich von ihren heimischen Wohnstätten kaum unterschieden. Er benötigte viele Arbeitskräfte und besorgte sie sich durch Kriege.

In Gundeschahpur wurde eine medizinische Schule ins Leben gerufen. Nach Indien schickte der König seinen Leibarzt Burzoe, der von dort neben dem Schachspiel Sanskritschriften mitbrachte, woraus einiges ins Persische übersetzt wurde, wie das Pantschatantram, die berühmte Märchensammlung, die dem gelehrten Brahmanen Bidpaj zugerechnet wird.

Der iranische Staat prosperierte also dank seinem klugen Herrscher und dessen Reformen auf allen Gebieten des gesellschaftlichen Lebens.

Allerdings führte Husrav, wie andere vor und nach ihm auch, eben fast pausenlos Kriege. Angefacht wurden sie immer wieder durch den Argwohn zwischen dem Schah und dem Kaiser. Mit Unterstützung der Türken zerschlug er das Hephthalitenreich zwischen dem Amudarja und dem Syrdarja, das Land jedoch nahmen die Türken in Besitz. Trotz des erbitterten Drucks auf Syrien und die vorkaukasischen Gebiete holte Husrav mit seinen Feldzügen aus diesen Ländern so gut wie nichts heraus.

Dafür gelang ihm die Gründung einer schönen Kolonie im südarabischen Jemen. Dort bestand ein altehrwürdiger Staat, dessen Herrscher einst die jüdische Religion angenommen hatte. Als später das Christentum sich anschickte, das Land zu überziehen, und in der Stadt Nedshran Fuß faßte, stießen die beiden Glaubensbekenntnisse aufeinander. Der jemenitische König überfiel Nedshran und ließ einige Hundert Menschen in Gruben werfen, worin Feuer brannte. Noch Mohammed gedenkt im Koran dieses Verbrechens der Intoleranz. Einer der Christen konnte sich retten, begab sich zum äthiopischen König, zeigte ihm das versengte Evangelium und flehte ihn um Beistand an. Der König erhielt von den Römern Schiffe zur Verfügung gestellt, setzte seine Truppen nach Arabien über, überwand den jemenitischen König und machte das Land zur Kolonie. Die Geschichte des äthiopischen oder habeschitischen Regimes wartet mit wenig Erfreulichem auf; zwischen Äthiopien und Einheimischen kam es zu Reibereien, die Gouverneure waren neidisch aufeinander und befehdeten sich immerzu.

Zu den herausragenden Persönlichkeiten dieser Epoche zählt Abraha der Plattnasige, ein Vizekönig, der ganz nach eigenem Ermessen regierte, dem Negus, dem König von Habesch, den Gehorsam verweigerte, dennoch manch Gutes für das Land bewirkte. Er ließ den Staudamm wiederherrichten, der die Hauptvoraussetzung für die Landbewässerung darstellte und dessen Zerstörung Mohammed im Koran erwähnte, und ordnete den Bau einer wunderbaren christlichen Kirche in der Stadt Sana an. Wallfahrtsorte galten stets als Herde rivalisierender Eifersucht. Irgendein Mann aus Mekka machte sich auf den Weg in den Jemen, verrichtete in der Kirche seine Notdurft und kehrte in seine Heimat zurück. Abraha entschloß sich, das Sakrileg zu ahnden, und zog mit einem Heer mitsamt dreizehn, zwei oder einem Elefanten gen Mekka. Die Strafexpedition fiel schlecht aus. Gott vertrieb die Äthiopier durch ein Wunder, indem er ihnen massenweise Vögel auf den Hals hetzte, die sie mit Steinchen bewarfen und dadurch Blattern hervorriefen, wie es der Prophet im Koran auslegt. Dieses Jahr erkoren die Araber zum Jahr des Elefanten, und eben im selben Jahr wurde angeblich Mohammed geboren. Gewissenhafte Jahrbuchführer rechneten aus, daß es in der Nacht vom Sonntag zum Montag, dem 20. April 571, geschah.

Abraha nahm bald darauf Abschied vom irdischen Dasein, und seine Nachfolger gingen dazu über, das Volk zu knebeln und auszusaugen, so daß sich der südarabische Magnat Saif an den römischen Kaiser mit der Bitte wandte, den Jemen unter seine Fittiche zu nehmen. Aber der Kaiser lehnte ab, und Saif richtete sein Memorandum an Husrav. Er fiel vor dem Thron auf die Knie und rief aus: »König, Raben haben unser Land geraubt.« »Welche? Habeschitische oder indische?« fragte Husrav. »Dein Land ist zu weit von unserer Heimat entfernt, es ist arm, es gibt da nur Schafe und Kamele, ich habe keine Sehnsucht danach. Dazu ist es mir zu schade um meine Soldaten«, entschied der König. Dann überreichte er Saif 10000 Dirham und ein prächtiges Gewand. Gleich vor dem Palast verteilte Saif das Geld unter Sklaven und Kinder. Der König wunderte sich darüber und kam zu dem Schluß, daß dieser Mann etwas wert war. Er ließ ihn herbeirufen. »So gehst du mit königlichen Geschenken um, daß du sie an die Leute vergeudest?« drohte er. »Und wie soll ich gebrauchen, was mir der König gegeben hat? Die Berge meines Landes sind aus purem Gold und Silber!« Husrav bat ihn, bei ihm zu bleiben, er wolle sich die Angelegenheit noch einmal durch den Kopf gehen lassen. Er berief den Kronrat zusammen und fragte, was er über diesen Menschen und seine Äußerungen denke. Ein Würdenträger sagte: »König, in deinen Kerkern liegen Menschen in Fesseln und warten auf ihre Hinrichtung. Könntest du sie nicht ihm überlassen? Wenn sie umkommen, wird dein Urteil vollstreckt. Sollten sie das Land erobern, vergrößern sie dein Reich!«

Der König pflichtete diesem weisen Ratschluß bei und ließ feststellen, wieviel Sträflinge in den Haftanstalten saßen. Achthundert wurden ihrer gezählt. Der König bestimmte einen Offizier, der das Kommando über sie übernehmen sollte. Das Los fiel auf den greisen Ritter Vahriz. Auf acht Schiffen schickte er ihn zusammen mit Saif und den Kriminellen in den Jemen. Unterwegs gingen zwei Schiffe im Sturm unter, so daß bei Aden ganze sechshundert Mann landeten.

Abrahas Sohn Masruk zog gegen sie aus, Einheimische jedoch stießen zu den Persern, und die Äthiopier wurden geschlagen und verjagt. Vahriz ritt in Sana ein, das Stadttor mußte eingerissen werden, damit sein Banner hindurchging. Auf Husravs Weisung setzte er Saif auf den Königsthron. Der neue Herrscher nahm grausige Rache an den Äthiopiern, verfolgte, mordete oder versklavte sie. Einige von ihnen machte er zu seinen Wächtern, und die warteten nicht lange und erschlugen ihn.

Ein Äthiopier begann ein Terrorregime gegen die Eingeborenen zu errichten. Husrav entbot erneut Vahriz mit einem Expeditionskorps in den Jemen, Vahriz rottete alle Äthiopier aus und schwang sich zum Gouverneur der neuen Kolonie auf. Das erfolgte vor dem Jahre 572, denn römische Emissäre beschwerten sich im selben Jahr kurz vor Ausbruch eines weiteren Krieges gegen die Perser über diese persische Intervention im Jemen.

Die jemenitische Geschichte charakterisierte die damaligen Tendenzen persischer internationaler Politik sehr prägnant. Auf der einen Seite standen die christlichen Mächte Rom und Äthiopien, auf der anderen Persien. Mit militärischen Mitteln trachtete Husrav zum Mittelmeer und an den Pontus vorzudringen, die jemenitische Affäre gestattete ihm, einen wichtigen Punkt des Seeweges zwischen Ägypten und Indien, die Meerenge von Aden, zu besetzen. Dadurch war die römische Welt vom Indischen Ozean abgeschnitten, ihr unmittelbarer unkontrollierter Kontakt unterbrochen. Der byzantinische Rivale Justinian mußte ebenfalls zusehen, daß er zurechtkam, wollte er sein Programm realisieren, das darauf abzielte, das Römische Reich in seinen Grenzen vor der Teilung des römischen Kaisertums wiederherzustellen.

Die Handelswege in den Orient führten zum überwiegenden Teil über das Perserreich, das aus dem Transit hohe Gewinne schlug. Justinian war es geglückt, den Chinesen das Monopol in der Seidenproduktion zu entreißen, als, offenbar in seiner Mission, zwei Mönche aus einem chinesischen Landstrich in Schläuchen Seidenspinnereier einschmuggelten. Auch in Syrien nahm die Seidenmanufaktur ihren Aufschwung, und Persien wiederum mühte sich, Syrien zu unterjochen. Kurzum, seit Husravs Regierungsantritt rissen die Auseinandersetzungen mit den Römern, abgesehen von Verschnaufpausen, kaum ab, und das Kriegsglück wechselte von einem zum anderen. Wollten wir errechnen, was diese Kriege gekostet haben mögen, kämen wir zu dem Ergebnis, daß das Finanzgebaren beider Staaten geradezu genial ausbeuterischen Interessen entsprach.

Persien verarmte im 6. Jahrhundert nicht ganz so schlimm wie Byzanz. Das war gewiß Husravs Reformen zu verdanken.

Die Behauptung, daß Persien unter Husrav auf dem Höhepunkt seiner Macht und seines Einflusses gestanden hat, ist keine Übertreibung. Zu jener Zeit bildete sich die Legende heraus, der Sassanidenstaat sei das Muster eines vollkommen gestalteten Staatsgebildes, gründe sich auf staatsmännische Weisheit, beruhe auf unbestechlicher Gerechtigkeit. Als Justinian im Jahre 529 die Athener Philosophenschule als ein heidnisches Nest schließen ließ, siedelten ihre letzten sieben Lehrer nach Persien über. Husrav ging der Ruf voraus, daß er sich für Philosophie interessierte, und sie glaubten, er sei ein Herrscher, der den platonischen Idealen huldige, ein Gebieter, der dem Vorbildkönig Kyros in Xenophons Roman über Kyros' Erziehung gerecht werde. Es dauerte indes nicht lange, und ihre Illusionen, ihn in irgendeiner Weise für sich einnehmen zu können, zerstoben. Auch das Land widersprach ihren Vorstellungen. Sie kehrten also in ihr Vaterland heim, und Husrav, der sie äußerst wohlwollend behandelt hatte, erreichte im Friedensvertrag mit Rom, daß sie mit Toleranz empfangen wurden und wegen ihrer Beziehungen zur gegnerischen Regierung keinerlei Nachteile zu befürchten brauchten.

Husrav muß objektiv als Mensch seiner Zeit und seines Landes beurteilt werden. Er verfügte über positive Eigenschaften, mit denen er sich ebenso dem Gedächtnis seiner Untertanen einprägten, wie er in literarische Werke späterer Epochen einging. In seinen Jugendjahren durchlebte er stürmische Zeiten sozialer Unruhen und Kriege, und seine Thronbesteigung wurde gegen den brüderlichen Widerstand und die römische Abneigung einzig und allein dank der Zustimmung des Vaters und der Kamarilla, in der Geistliche im Vordergrund standen, durchgesetzt. Andererseits verstand er Abkommen zu brechen und dafür ohne Zaudern die abgefeimtesten Ausflüchte zu präsentieren. Er galt als ein Fuchs in finanziellen Dingen, und für Geld war er zu allem imstande. Doch darin waren wohl alle zeitgenössischen und späteren Herrscher ihm gleich.

In Glaubensfragen gab er sich tolerant, wobei er dem Zarathustrismus manchen Dienst erwies. Zu seiner Zeit entwickelte sich eine reiche Literatur. In griechischen Schriften finden wir ein Protokoll, das ein diplomatisches Dokument enthält:
»... göttlicher, guter Vater des Friedens, ehrwürdiger Husrav, König der Könige, Glücklicher, Heiliger, Großherziger, dem

die Götter hohes Glück und ein großes Königreich beschert haben, Riese der Riesen, der von den Göttern ausgezeichnet wird, Kaiser Justinian, unserem Bruder...« Die Perser verliehen ihm den Beinamen *Anoschak – ruvan*, was jemanden bezeichnet, dessen Seele und Ruhm unvergänglich sind. Außerdem trug er den Beinamen *Dadgar*, gerechter Richter.

Im Jahre 572 brach Husravs letzter Krieg gegen Rom aus, der immerzu durch Verhandlungen unterbrochen wurde.

Seinen Lebensabend brachte Husrav in dem Weiler Thamanon am Fuße des Kurdischen Gebirges zu, wo ein sehr gesundes Klima herrscht. In diese Gegend fiel gerade ein römischer General, der spätere Kaiser Maurikios, ein. Er kam so nahe an Husravs Wohnort heran, daß Husrav die Brände zucken sah, die die Römer in der Gegend gelegt hatten. Aus banger Erschütterung, Scham und Trauer erkrankte er schwer und ließ sich in einer Sänfte eilends nach Ktesiphon bringen, um bald darauf, Ende des Winters oder Anfang des Frühjahrs, vierundsiebzig- oder fünfundsiebzigjährig dort zu sterben, wie überkommene Nachrichten verbürgen. Einer syrischen Klosterchronik zufolge war es in der letzten Februarwoche des Jahres 579.

Dämmerung breitet sich über Iran. Hormizd IV.

Anoscharvans Nachfolger Hormizd war eine tragische Figur. Die meisten Quellen schildern ihn als Feind der Magnaten und Freund niederer Bevölkerungsschichten. Er besaß aber zu keiner Zeit genügend Kraft und Entschlossenheit und vor allem Gewandtheit, um die selbstherrlichen und habsüchtigen Magnaten in die Schranken zu weisen sowie die unzuverlässige und wetterwendische Menge auf die Dauer für sich zu gewinnen. Seine Herrschaft begann er damit, daß er für alle Fälle seine überzähligen Brüder ermorden oder des Augenlichts berauben ließ. In der Optik der Perser haftete ihm der Makel an, Sohn der türkischen Prinzessin Kakin, einer Chakanstochter, zu sein. Deswegen hieß er bei ihnen Turkzad, Sohn einer Türkin.

In den ersten drei Regierungsjahren lehnte er sich an seinen Erzieher und Wesir Vazurgmihr, der in Schriften christlicher und arabischer Autoren gleichermaßen gepriesen wird. Aber später brach im König der Tyrann durch. Vazurgmihr wurde ins Gefängnis gesperrt, Wesir Jazd-Guschnasp ermordet, und Adharmah teilte deren Schicksal im Verlies. Diese Minister wurden durch alte Speichellecker ersetzt, die Husrav Anoscharvan des Hofes verwiesen hatte, während Husravs erprobte Parteigänger in Ungnade fielen. Den Obermagier Zartuscht ließ Hormizd vergiften. Andersgläubige behandelte er verhältnismäßig gut.

Zarathustras Herbads stachelten ihn an, die Christen zu verfolgen. Der König schrieb in seiner Erwiderung auf ihre Appelle folgende denkwürdige Worte: »Sowenig unser Thron nur auf seinen beiden vorderen Beinen ohne die beiden hinteren stehen kann, vermag unsere Regierung zu bestehen und sicher zu sein, wenn wir die Christen und Anhänger anderer Konfessionen, die nicht unseres Glaubens sind, gegen uns aufbringen. Daher laßt ab von eurem Angriff auf die Christen und befleißigt euch ehrlich guter Taten, auf daß die Christen und Andersgläubigen es sehen, euch dafür loben und sich von eurer Religion angezogen fühlen mögen!«

Hormizd brüstete sich mit seiner unerschütterlichen, kompromißlosen Gerechtigkeit. Als er einmal mit seinem stattlichen Gefolge in sein medisches Sommerquartier reiste, ließ er alle seine Begleiter unter Androhung harter Strafen davor warnen, bebaute Felder oder anderen Besitz der Bevölkerung zu beschädigen, und ihnen einschärfen, ihre eigenen Tiere gut zu beaufsichtigen, damit auch sie keinen Schaden anrichteten. Seinem Sohn Husrav riß ein Pferd aus und graste auf einem Akker. Hormizd ließ das Tier einfangen, den Sachverhalt aufklären und dem Pferd zur Buße Ohren und Schwanz abschneiden. Husrav mußte seine Schuld mit Geld begleichen. Anderswo ertappte ein Feldjäger einen Ritter dabei, wie er eine unreife Weinrebe pflückte und seinem Knappen gab, um daraus unter Fleischzugabe eine Suppe zu kochen, die zu dieser Jahreszeit für besonders nahrhaft gehalten wurde.

Der Gärtner packte ihn und schrie aus vollem Halse. Der Ritter wurde sich seines Vergehens bewußt, drängte dem Aufseher als Entgelt für die unreife Traube einen Gurt voller Gold auf und freute sich riesig, als der so großherzig Entschädigte ihn laufen ließ.

Zu dieser wunderlichen, peinlichen, korporalhaften Gerechtigkeit, auf deren Hintergrund sich ein pathologischer Zug von Tyrannei abzeichnete, gesellten sich nach und nach Mißtrauen gegenüber den Menschen, insbesondere dem Adel und der Intelligenz, ja wachsender Ingrimm und Brutalität. Laut einigen Überlieferungen verhängte er Gefängnisstrafen, Degradierungen, ließ 13600 Personen kurzerhand exekutieren.

Zu Beginn seiner Herrschaft verhandelte er, ohne Ergebnis zwar, mit Byzanz um Frieden. Dann schleppte sich der Krieg dahin, gekennzeichnet durch ständigen Wechsel von Erfolg und Mißerfolg für beide Seiten, worüber sich byzantinische Historiker nachgerade manisch detailliert auslassen. Aber auch andere Widersacher Persiens waren nicht müßig. Die Chazaren, arabische Plünderer und Räuber, mittelasiatische Türken setzten ihm hart zu. Hormizd hatte zuerst geglaubt, sie kämen ihm gegen die Römer zu Hilfe, und angeordnet, daß die chorasanischen Städte ihnen die Tore öffneten. Als jedoch die Türken dann nach Hyrkanien an der Südküste des Kaspischen Meeres einzufallen begannen, wurde ihm klar, daß er es mit geheimen Verbündeten Roms zu tun hatte, und er schickte seinen Heerführer Bahram Tschoven gegen sie aus.

Ein wahrer Held auf dem Thron

Bahram mit dem Beinamen Tschoven, der Hölzerne, weil er mit seiner hohen und hageren Gestalt einem Poloschläger ähnelte, Sohn Bahram Guschnasps aus dem Arsakidengeschlecht der Mihran, war Hormizds bester Offizier. Er hatte sich bereits in Anoscharvans letztem Krieg hervorgetan und wurde für seine Tapferkeit bei Dara vom Schah befördert. Im elften Jahr der Regierung Hormizds verschlechterte sich die Lage auf dem Kriegsschauplatz gegen die Römer zusehends. Nach der persischen Niederlage bei Martyropolis rebellierten die Häftlinge und Gefangenen in Giligerd, der Festung des Vergessens, in Elam. Auf Betreiben der in Dara gefangengenommenen Römer erschlugen sie den Burghauptmann und machten sich auf den Weg an die römischen Grenzen. Diese kunterbunte Gesellschaft aus verschiedenen Völkerschaften gelangte unbehelligt auf römisches Territorium. Die Römer hatten sich unterdessen mit den Türken darauf geeinigt, daß der türkische Schah Schava den Iran überfallen sollte. Hormizd bot eine starke Armee unter Bahram Tschoven gegen ihn auf, und Schava fiel im Gefecht. Bahram warf ebenfalls Schavas Sohn Parmuda nieder und schickte ihn als Gefangenen an den Schahhof – zusammen mit der reichen Beute an Gold, Edelsteinen, Gefäßen, Waffen und anderem Gerät, was insgesamt einer Ladung von zweihundertfünfzigtausend Kamellasten entsprochen haben soll.

Angaben in westlichen Schriften zufolge wurde Bahram dann nach Westen gegen die Römer beordert und plünderte die Gebiete südlich des Kaukasus. Der römische General Romanos stellte ihn jedoch in einer Schlacht und siegte. Und da kam es

Sassanidischer König

zwischen Hormizd und Bahram zum Bruch, dessen Beweggründe nicht im einzelnen auszuloten sind. Der König dankte Bahram wohl für das Beutegut, argwöhnte aber oder wurde von jemand beschwatzt, daß Bahram einen großen Teil für sich eingeheimst hätte. In Hormizds Innerem wallte mitunter unbezähmbare Raffgier auf. So nahm er Romanos' Sieg zum Anlaß, Bahram zum Spott Frauenkleidung und eine Spindel zu schicken mit dem Vermerk, Verrat und Undank seien weibliche Untugenden. Doch eher ließe sich Feigheit mit solchen Präsenten honorieren, und von ihr konnte in diesem Falle wahrlich keine Rede sein. Es gibt auch Hinweise darauf, daß Bahram Hormizds Grausamkeit befürchtete oder ihn das Ansinnen des Königs erzürnt haben mochte, das gesamte Beutegut auf Heller und Pfennig abzurechnen. Jeder Autor vermutet etwas anderes. Als gesichert gilt, daß Bahram tief gekränkt war und unter den Soldaten Haßgefühle gegen den König zu schüren vermochte. Die Armee erklärte Hormizd für abgesetzt und rückte gegen Ktesiphon aus. Bahram setzte die Parole in Umlauf, daß sich für das Königsamt am besten der Sohn des Königs, Husrav, eignete, und ließ sogleich neue Münzen mit Husravs Porträt prägen. Der Prinz sah sich in Schwierigkeiten. Er kam unversehens zur Krone, die Armee machte aus ihm einen Gegner des Königs, einen Konkurrenten des leiblichen Vaters. Manche Hofbeamte schlossen sich Bahrams konspirativer Haltung an und verdarben es sich mit Hormizd. Prinz Husrav rettete die verfahrene Situation, indem er sich nach Aserbaidshan begab. Dorthin folgten ihm einige der höchsten staatlichen Würdenträger und huldigten ihm als dem neuen König.

Als es dem König nicht gelang, des Sohnes habhaft zu werden und ihn erledigen zu lassen, setzte er ihm zwei Schwager, Vindoë und Vistahm, auf die Fährte. Doch auch sie konnten Husrav nicht einfangen und kehrten unverrichteterdinge zurück, wofür sie der König in den Kerker warf.

Die Affäre selbst war nicht mehr aufzuhalten. Als der königliche Abgesandte Bahram, der den Widerborstigen nach Ktesiphon bringen sollte, umgekommen war, machte sich Bahram Tschoven gegen den König auf. Ein vorher in Syrien geschlagenes und in Nisibis lagerndes Heer schloß sich ihm an. Hormizd setzte gegen Bahram zwei Armeen in Marsch. Der Befehlshaber der einen schlug sich auf Bahrams Seite, um sich am Schah dafür zu rächen, daß er ihn zuvor verhaftet hatte, und die andere brachte ihren Heerführer um und kehrte in die Hauptstadt heim. Hormizd floh aus seiner medischen Residenz nach Ktesiphon und verkroch sich vor der Öffentlichkeit. Vistahm entwischte aus dem Kerker und befreite auch Vindoë, beide überrumpelten Hormizd im Palast, fesselten ihn, stachen ihm die Augen aus und töteten seine Gemahlin und seinen Sohn. Dann ließen sie Husrav an den Hof zurückrufen, söhnten ihn mit seinem Vater aus und hoben ihn auf den Thron. Husrav beeilte sich, die Gunst seiner Untertanen zu erwerben. Er entließ Häftlinge und buhlte um die Liebe des Volkes mit übertriebener Großzügigkeit. Mit Bahram verhandelte er schriftlich. Den ersten Brief leitete er mit einer barock aufgeblähten Titulatur ein:

»Husrav, König der Könige, Vorgesetzter der Herrschaft, Herr der Völker, Friedensrichter, der den Menschen Glück bringt, unter den Göttern ein guter und ewig lebender Mensch, unter den Menschen der erhabenste, ruhmvolle Gott, Sieger, mit der Sonne gemeinsam aufgehend und nachts die Finsternis ausgleichend, von alters her verdienter, den Krieg hassender König, großmütig, Rechtgläubige anwerbend und den Persern ihr Reich sorgsam hütend, Bahram, dem persischen Heerführer, unserem Freund. . .«

Und er bietet dem Rebellen Amnestie und die zweite Stelle im Reich an. Bahram gab ihm, ebenfalls brieflich, zur Antwort, er möge sich an das Beispiel und Schicksal seines Vaters halten, die Krone in einem Tempel niederlegen, von Bahram die Vergebung seiner Schuld entgegennehmen und sich mit der Statthalterschaft in irgendeiner Provinz zufriedengeben. In diesem Schreiben legte sich Bahram richtige, ausgedachte und blumenreiche Titel zu, wie

»Liebling der Götter, Feind der Tyrannen, Führer der persischen Streitkräfte, ruhmreicher Sieger, Satrap der Magnaten«. Husrav zeigte sich auch in späterer Korrespondenz nicht gerade von seiner feinsten Seite. So schrieb er während seines großen byzantinischen Krieges an Kaiser Heraklios zur Antwort auf das kaiserliche Friedensangebot: »Husrav, Liebling der Götter, Herr und König der ganzen Erde, Sohn des großen Ahura Mazda, unserem Sklaven, dem geistesschwachen und schamlosen Heraklios. Ihr sagt, daß Ihr Eurem Gott vertraut. Weshalb hat er dann Jerusalem nicht aus meinen Händen befreit? ... Täuscht Euch nicht in der zwecklosen Hoffnung auf jenen Christus, der sich nicht einmal selbst vor den Juden retten konnte, die ihn töteten, indem sie ihn ans Kreuz schlugen ...«

Husravs zweiten Brief beantwortete Bahram schon nicht mehr. Er war auf dem Weg nach Ktesiphon gegen eine Armee, die sich aus der Hofdienerschaft und der hauptstädtischen Armut rekrutierte. Am Fluß Naharvan trafen beide Heere aufeinander. Husrav unternahm einen Schlichtungsversuch, doch Bahram lehnte ihn, eingedenk des verräterischen Wesens der Sassaniden, mit ordinären Beschimpfungen ab und besiegte die königlichen Truppen in einer nächtlichen Schlacht. Husrav begriff, daß es um seine Sache hoffnungslos stand, flüchtete nach Ktesiphon, während seine Leute auf die Seite von Bahram überwechselten.

Hormizd gab seinem Sohn den klugen Rat, sich zu den Römern zu begeben und um Hilfe zu bitten. Husrav verabschiedete sich vom Vater und reiste in Begleitung seiner Oheime Vindoë und Vistahm sowie Bahrams Bruder Gurdoë, der ihm Treue bewahrte, mit einer kleinen Truppe und den Frauen ins Römische Reich ab. Unter Vermittlung byzantinischer Militärs und Beamter schickte er Kaiser Maurikios ein Schreiben, worin er um Beistand ersuchte. Noch auf persischem Territorium traten die beiden Onkel den Rückweg an, erwürgten Hormizd, damit ihn Bahram nicht etwa wieder auf den Thron lanciere, machten dann wieder kehrt und holten Husravs Konvoi ein. Nach mehreren Unterredungen erklärte der Kaiser seine Bereitschaft, Husrav zu seinem Recht zu verhelfen, und gab ihm sogar seine Tochter Maria zur Frau.

Bahram war nach Husravs Flucht der eigentliche Herr im Lande. Er verhandelte zwar ebenfalls mit dem Kaiser, aber das führte zu keinem zufriedenstellenden Ergebnis. Er tat, was ihm in der gegebenen Lage geboten erschien, berief die Versammlung der Notabeln ein und ließ sich zum König erklären. Das war der erste Fall in der Geschichte Persiens unter der Sassanidendynastie, daß ein Untertan sich auf den Thron schwang und die Dynastie die Macht einbüßte. Wir können nicht umhin, ein paar Bemerkungen über den Charakter des innenpolitischen Gefüges zwischen den Klassen im Sassanidenstaat einzuflechten. Wie wir sahen, nutzte Husrav I. Anoscharvan die mazdakitischen Rebellionen dazu aus, den Eigendünkel des Hochadels ein bißchen zu dämpfen. Seine starke Persönlichkeit brachte es auch zuwege, die allzu dreisten Ambitionen abzubauen. In einem Staatsgebilde, in dem sich ausgeprägte feudale Züge abzeichnen, stehen notgedrungen der Regent und der Adel, zumal die Magnaten, einander gegenüber. Der König ist darauf bedacht, daß der Druck des Adels die königliche Gewalt nicht schmälere oder vollends liquidiere, der Adel darauf, daß der König ihn nicht um seine Privilegien bringe. Allein ein versierter und durchsetzungsfähiger Herrscher kann die Stände bändigen und der Dynastie Bestand und Hegemonie gewährleisten. Bildlich gesprochen, läuft es darauf hinaus, daß der König über dem Tor seines Palastes die Losung »Primus inter pares«, der Erste unter Gleichen, anbringen läßt und das Wort Primus dick unterstreicht, und dann der Adel kommt, den Strich unter dem Wort Primus löscht und das Wort pares unterstreicht.

Beide Lager hatten es niemals sonderlich leicht miteinander im Wettstreit um die Macht und den Erhalt ihrer Rechte, wie es auch die Geschichte der Feudalstaaten im mittelalterlichen Europa anschaulich bezeugt. Ein schwacher König mußte dabei den kürzeren ziehen, so auch Hormizd IV. Wenn ein König die Rolle des gerechten Gebieters übertrieb, mußte er straucheln, und niemand krümmte auch nur den kleinen Finger für ihn, am allerwenigsten die Volksmassen, die er mit seiner unnachgiebigen Justiz zu beeindrukken gedachte.

Mit Bahrams Thronantritt triumphierte der Adel, insbesondere seine militärischen Kreise, die auf Grund der unablässigen Fehden mit Byzanz, den Türken und den übrigen Feinden vom Bewußtsein ihrer Bedeutung durchdrungen waren.

Die Verhandlungen mit Maurikios mündeten in ein Abkommen, wonach Husrav als rechtmäßiger Perserkönig den Römern Martyropolis und Dara, zwei wichtige Stützpunkte in Mesopotamien, abtrat und dafür ein römisches Heer erhielt, das im persischen Reich intervenieren und ihn erneut auf den Thron bringen sollte. Der Kaiser nannte ihn seinen Sohn und stellte ihm außer seiner Tochter 60000 Mann zur Verfügung, die sein Bruder Theodosios und General Sergios befehligten. Husrav trat ihnen mit seinen Gesinnungsgenossen zur Seite. Darüber hinaus kam ihm der armenische Markgraf Muschegh Mamikonian, der Bahram niemals als König anerkannt hatte, mit einer Truppe zu Hilfe.

Bahram erfuhr während seiner Herrschaft doppelte Unbill. Die Magier lehnten ihn als König ab, und der Adel ließ in seinem Ränkespiel und seinen Bemühungen, die königliche Gewalt zu unterminieren, nicht nach, ja entfesselte mehrere Aufstände und initiierte einige Putschversuche gegen den Thronräuber. So holten die Armeeführer Zamendes und Zoambres Vindoë, der ja auf Husravs Flucht auf römischen Boden erwischt worden war, aus dem Kerker und wollten Bahram stürzen. Doch Bahram ließ sie ermorden, während Vindoë nach Aserbaidshan zu Muschegh entkommen konnte. Bahram war schlichtweg zu erbarmungsloser Härte gezwungen. Bereits bei seiner Machtübernahme ließ er eine Liste aufsetzen, die alle Teilnehmer der von ihm angeordneten Versammlung unterzeichnen und damit ihn als König akzeptieren mußten. Wer sich weigerte, hatte binnen drei Tagen das Land zu verlassen. Ursprünglich tat Bahram so, als wolle er das Reich lediglich stellvertretend für Hormizds minderjährigen Sohn Schahrijar regieren, als er jedoch Herr der Lage zu sein glaubte, zementierte er seinen unwiderruflichen Entschluß, den Thron zu besteigen, indem er Münzen mit seinem Namen prägen ließ. Das war im Jahre 590.

Mittlerweile deutete alles auf Krieg hin. Bahram war sich nicht schlüssig, aus welchem römischen Gebiet Husrav gegen ihn anmarschiert kommen würde. Deswegen schickte er ihm zwei Armeen entgegen. Aber der persische Kommandant in Nisibis übergab die Festung Husrav, ließ Bahrams Befehlshaber hinrichten und dessen Haupt zu Husrav bringen. Bahrams zweiter Befehlshaber wurde von eigenen Soldaten beseitigt.

Husrav erreichte beim Kaiser, daß ihm der gestandene römische Feldherr Narses zugeteilt wurde, besetzte Dara und überließ es vereinbarungsgemäß den Römern. In Singara traf er sich im Frühjahr 591 mit seinen Frauen und Kindern, die einzelnen Truppeneinheiten überquerten den Tigris und drangen ins Stromgebiet der beiden Zab vor, während der Perser Mebodes mit einem kleinen Haufen von zweitausend Reitern gegen die Metropole eingesetzt wurde. Seleukia am Westufer des Tigris kapitulierte auf die erste Aufforderung hin. Kurze Zeit darauf nahm Mebodes Ktesiphon und das Judenviertel ein, wo die Perser viele Juden massakrierten, weil sie angeblich mit Bahram gegen Husrav sympathisiert hatten. Narses', Muscheghs, Johannes Mystakons und Vindoës Truppen vereinigten sich jenseits des Tigris, Bahram erlitt eine Niederlage, zog sich bei Ganzak an den Fluß Balarath zurück und wurde dort endgültig geschlagen.

Die Chronisten fügten ihren Erzählungen über Bahrams Fehden gegen Husrav ein Wunder hinzu. Danach war Bahram dem jungen Schah auf den Fersen, doch als er ihn schon eingeholt hatte, stellte sich ihm die Gottheit Srosch, Genius von Wachsamkeit und Botmäßigkeit, in den Weg und rettete Husrav. Bei anderen wiederum zerschlug Husrav eine Lanze an Bahrams Schädel, so daß Bahram die Aussichtslosigkeit seiner Lage erkannte, auf weiteren Kampf verzichtete und den Iran verließ. Er ging nach Chorasan und weiter zu den Türken, deren Chan ihn mit allen Ehren empfing und ihm Asyl und Schutz an seinem Hofe gewährte. Husrav forderte zwar seine Auslieferung, der Chan jedoch blieb fest: »Bahram bat mich um Hilfe und Schutz. Ich habe ihn aufgenommen und ihm Sicherheit garantiert. Ich werde ihn nicht ausliefern, solange meine Seele in mir wohnt.« Das sind gewiß ritterliche Worte, aus denen vornehme Gesinnung spricht. Doch Husrav wußte sich zu helfen. Ihm waren Mittel geläufig, den gefürchteten Nebenbuhler aus dem Weg zu räumen. Er entsandte an den Hof des Chans seinen aalglatten Diplomaten Hormizd Dsharabzen, dem es glückte, die Gemahlin des Chans für einen Plan gegen Bahram zu gewinnen. Sie revanchierte sich für Diamanten und andere Kostbarkeiten damit, daß sie gedungene Mörder auf Bahram ansetzte. Der Chan bedauerte Bahrams Tod aufs tiefste und jagte seine Gemahlin davon. Er brachte zugleich seiner Schwester und Bahrams Frau Gurdija gegenüber sein innigempfundenes Mitleid zum Ausdruck. Gurdija wies seinen Vorschlag zurück, seinen Bruder zu ehelichen, rief Bahrams alte Mitstreiter zusammen und siedelte mit ihnen nach Chorasan über.

Husrav suchte alle bedeutenden Persönlichkeiten, die sich beim Sturz und gewaltsamen Tod seines Vaters engagiert hatten, zu liquidieren. Einerseits gebot ihm das die althergebrachte Sitte der Blutrache, andererseits mußte er gewärtigen, daß jene Störenfriede nach einer gewissen Frist sich gegen ihn erheben und überhaupt mit ihrer bloßen Existenz an die peinlichen und mißlichen Anfänge seines Regimes gemahnen würden. Im übrigen mochte er sich ebensowenig wie jeder andere Machthaber tyrannischen Typs auch zu Dank und Erkenntlichkeit gegen Leute verpflichtet wissen, die ihn in Nöten gesehen und ihm auf den Thron geholfen hatten. Vindoë wurde unter fragwürdigen und kleinlichen Vorwänden hingerichtet. Er war oberster Verwalter des Reichsschatzes, und eines Tages verlangte der König von ihm, einem Ballspieler 400000 Silberlinge auszuzahlen. Vindoë hielt das für leichtfertige Vergeudung staatlicher Mittel und führte den Befehl nicht aus. Der König, der ihm unter Ehrenwort alle früheren Verfehlungen zu vergeben gelobt hatte, nutzte diesen Sündenfall aus und ließ ihm Hände und Füße abhacken. Als Vindoë ihm den Verrat und Treuebruch der Sassaniden vorhielt, erinnerte ihn Husrav an seine perfide Haltung gegen Hormizd und ließ ihn steinigen.

Vindoës Bruder Vistahm verweigerte als Statthalter in Chorasan, dem nordöstlichen Teil des Reiches, dem König den Gehorsam und verwaltete sein Gebiet über mehrere Jahre gleichsam als selbständiger Regent. Bahram Tschovens Bruder Gurdoë wiederum, der Husrav stets die Treue gehalten hatte, überredete seine Schwester Gurdija, Bahrams Witwe und Anführerin der Tschovenanhänger, schließlich auch Vistahms Frau, ihren Gatten zu beseitigen. Sie machte ihn betrunken und tötete ihn. Gurdoë erwirkte damit beim König Generalabsolution für sie, die verschiedenen alten Jahresschriften zufolge als Frau amazonischer Lebensart und hemmungslose Intrigantin galt. Danach begab sie sich an Husravs Hof und vermählte sich mit dem König.

Der größte Reichtum und die weiteste Ausdehnung des Reiches

Persische Herrscher zeichneten sich zu allen Zeiten durch Sinn für Luxus und Prunk aller Spielarten aus. Ihren Höhepunkt erreichte die Prunksucht der Schahs in Husrav Parvez, dem Sieghaften. Unter seiner Herrschaft blühten Wissenschaften, Künste, Handwerk, Handel auf, entwickelten sich Literatur, internationale Politik, Staatsverwaltung, Militärwesen und geriet die orientalische Despotie in allen ihren Zweigen zu einem ausgeklügelten System.

Die Staatseinkünfte wurden durch ein perfektes und unnachsichtig funktionierendes Steuer- und Abgabenwesen gesichert. Auf den ökonomischen Aufschwung des Husravreiches verweist eine Nachricht, wonach der König gegen Ende seines dreizehnten Regierungsjahres Matrizen für die Münzprägung schneiden ließ. Von dem Gesamtbestand an Münzen zweigte er so viel ab, wie er für die Besoldung seiner Armee benötigte. Übrigblieben 200000 Säcke, was einer Summe von achthundert Millionen Mithkal entsprach. Das gilt für die Zeit vor Juni 603. Im 31. Jahr, also 620, wurden neue Matrizen angefertigt, und nach der Prägung steckten in 400000 Säcken Münzen im Wert einer Milliarde und sechshundert Millionen Mithkal. Theodor Nöldeke schätzte die erste Summe auf siebenhundert Millionen Frank seiner Zeit, also um 1879, die zweite auf das Doppelte. Wir können at-Tabaris Angaben auf ihren Wahrheitsgehalt hin zwar nicht überprüfen, doch spricht es immerhin für Husrav II., daß er in einer dreizehnjährigen Friedens- und einer siebzehnjährigen Kriegsperiode solche Reichtümer anzuhäufen imstande war. Darin erweist er sich als echter orientalischer Machthaber, der sich an einer Schatzkammer voller Geld und Edelmetalle ergötzt und sie unter allen Bedingungen zu füllen versteht. Einer der ältesten arabischen Geschichtsschreiber, Hischam bin Mohammed, behauptete gar, Husrav habe in der Kunst, Finanzen aufzutreiben, sämtliche Potentaten vor ihm weit übertroffen.

Im Winter residierte Husrav in der Hauptstadt Ktesiphon, die er allerdings später aus abergläubischen Erwägungen mied. Den Sommer brachte er in Lustschlössern im medischen Hochland zu, wie es persische Schahs seit jeher zu halten pflegten. An seinem Hof wimmelte es von Menschen. Allein an Frauen und Dirnen waren es zwölftausend, darunter dreitausend Konkubinen, Tausende Zofen und Musikantinnen; Lakaien gab es dreitausend. In den Ställen standen Tausende Tiere; hier gehen jedoch die Zahlen der verschiedenen Überlieferungen ziemlich auseinander: 760 oder 999 Elefanten, 50000 edle Rosse, gewöhnliche Pferde, Maul- und Saumtiere. Der berühmteste Elefant war schneeweiß, iranischer Zucht und überragte alle übrigen um zwei Ellen; unter den Rossen war das Lieblingstier Schabdez, d. h. schwarz wie die Nacht.

Außer diesem kolossalen Inventar lebten am Hofe 360 Astrologen und eine Schar Dichter, von denen Barbud, Nigisa und Sarkasch besonders hervorstachen. Manche Quellen erachten den zweiten von den dreien für den Schöpfer der Königsgesänge, andere Barbud. Dieser Hofsänger, *tschangi* genannt, stammte entweder aus Marv oder aus Dshahram bei Schiraz. Er war hochbegabt und schrieb und komponierte herrliche Lieder. Das mußte auch der oberste Hofbarde Sarkasch eingestehen. Sooft Barbud beim König vorstellig zu werden versuchte, hinderte ihn Sarkasch daran, bis Barbud eine gewagte Idee kam. Er sicherte sich das Vertrauen des Oberwächters des königlichen Parks, zog ein grünes Gewand an und verbarg sich in einer grünen Baumkrone. Dort wartete er das Erscheinen des Königs ab, der ein Gartenfest zu veranstalten beabsichtigte. Als der König zum erstenmal den Weinkelch hob, stimmte der Dichter das Lied *Jazdan afarid*, Gott hat es geschaffen, an; beim zweiten Trunk erscholl das Lied *Partav- i Farchar*, Der Glanz der Stadt Farchar, beim dritten das Lied *Sabz andar sabz*, Der Grüne im Grünen. Von dem prächtigen Gesang und den Versen begeistert, ließ der König nach dem getarnten Sänger suchen. Als Barbud seinen Vortrag beendet hatte, trat er aus dem Gestrüpp und verneigte sich vor dem König. Insgesamt dichtete und komponierte er sieben Königsgesänge, dreißig Lieder und dreihundertsechzig andere Stücke, die zum Repertoire sämtlicher Alltagsfestlichkeiten gehörten. Mithin belief sich die Zahl seiner Schöpfungen in den einzelnen Gattungen auf die Anzahl der Tage in der Woche, im Monat und im Jahr. Wenn man einigen arabischen Autoren glauben darf, waren sie noch in späteren Jahrhunderten sehr beliebt. Die Titel verschiedener Werke Barbuds haben sich erhalten und lassen in bestimmtem Grad auf die Art ihrer Inspiration schließen. *Jazdan afarid* dürfte ein Glaubenshymnus sein. Eine andere Komposition hieß *Pajgard-i gurd*, Heldenkampf. Barbud schöpfte auch aus Mythen und Sagen.

Über Barbud wurden zahlreiche kurzweilige Episoden kolportiert. Der König liebte seinen Schabdez, jenen kohlrabenschwarzen Hengst, so inniglich, daß er ihm eines Tages schwor, wer ihm die Kunde von seinem, Schabdez' Tod überbringen werde, habe das Leben verwirkt. Als dann der Rappe verendete, wandte sich der entsetzte Stallmeister an Barbud um Rat. Der Dichter begab sich zum König und gab ein Lied zum besten, in dem er das traurige Geschehnis leicht andeutete. »Wehe dir, Schabdez ist tot!« schrie der König auf. Barbud antwortete: »Das hat der König gesagt!« »Na gut, du hast dich und den anderen gerettet«, gab der König klein bei. Die Rivalität der beiden Sänger konnte zu keinem guten Ende führen. Sarkasch vergiftete Barbud schließlich. Als der König davon erfuhr, sagte er zu Sarkasch: »Da du die Hälfte meiner Freude getötet hast, lasse ich dich töten.« Darauf erkühnte sich der Sänger: »Wenn du mich töten läßt, bist du es selbst, der die ganze Freude tötet.« »Bei Gott, das ist das Wort eines Mannes, dessen Stunde noch nicht geschlagen hat«, sagte der Schah nur und verzieh.

Husravs Residenzen brillierten mit Sammlungen von Merkwürdigkeiten. Fällt der Name Husrav Parvez, assoziiert jeder Historiker des Iran sogleich den Begriff: Wunder des Husravhofes. Nach arabischen und persischen Überlieferungen gab sich der König den Anschein, als hätte er fast keine anderen Sorgen, als die köstlichsten Kunstgegenstände aufzuspüren und sich anzueignen, die imposantesten Bauten zu errichten, die ausgefallensten Raritäten der damaligen Welt zu sammeln. Die einen Autoren sprechen von achtzehn, andere gar von einhundert Wundern. Die überkommenen Schilderungen versetzen uns zu Recht in Staunen. Husrav allein nannte acht Schätze sein eigen, die allerlei Schmuck und Geschirr aus Gold und Silber umfaßten. Nur über zwei davon wissen wir Näheres. Der vom Wind herangewehte Schatz, wie er sinnigerweise bezeichnet wurde, enthielt byzantinische Pretiosen aus Ägypten. Vor Alexandrias Belagerung hatten die Römer die kostbarsten Sachen auf Schiffe verladen und nach Byzanz geschickt. Doch Sturm erfaßte die Flotte und trieb sie nach Antiochia, wo sich das persische Heerlager befand. Der Befehlshaber requirierte die Fracht und brachte sie auf den Weg zum Schah. Ein anderer Schatz hieß Schatz der Kuh. Es war einmal ein Bauer. Er pflügte mit einem Kuhgespann seinen Acker, und in der Furche erschien ein Gefäß voller Gold. Der ehrliche Finder übergab es dem König. Der Schah tat gut daran, das Feld umgraben zu lassen, denn es kamen einhundert solche Behältnisse mit Gold, Silber und Kleinodien zum Vorschein, offenbar der Schatz Alexanders des Großen. Der Bauer bekam ein Gefäß zum Lohn, die übrigen ließ der König seinen Reichtümern hinzufügen.

Ein weiteres Wunder stellte der Residenzpalast in Ktesiphon dar, den der König jedoch nicht oft benutzte, weil ihm ein Wahrsager prophezeit hatte, daß er ihm Ungemach bringen werde. Daher weilte er lieber im Schloß Dastagerd, wo er neben anderem auch einen zoologischen Garten, ein Jagdrevier und ein Wildgehege, alles in einem, hatte.

Das Reichsbanner war die Lederschürze des Schmieds Kave, der einst einen iranischen Volksaufstand gegen den Drachenkönig Dahak geführt und seinen Lendenschurz zum Symbol der Rebellen gemacht hatte. Sie war entweder aus Leoparden- oder Bärenfell oder auch Rinderhaut, hatte eine Größe von acht mal zwölf Ellen und war durch und durch mit Gold, Silber, Perlen und Edelsteinen besetzt.

Im Schloß von Ktesiphon gab es einen berühmten Teppich, Husravs Lenz genannt, weil er einen Frühlingsgarten wiedergab, und zwar auch aus Gold, Silber und verschiedenfarbigen Diamanten gestaltet. Die Königskrone bestand aus einhundertzwanzig Pfund Gold, worein Perlen in Rabeneiergröße und strahlende Rubine eingelassen waren. Sie war mithin sehr schwer und hing deshalb an einer siebzig Ellen langen Goldkette von der Palastdecke gerade so tief hinab, daß sie das königliche Haupt berührte, wenn er bei Audienzen im Thronsaal Platz genommen hatte.

Husrav besaß auch die schönste Hofdame Schiren als Lieblingsfrau und sehr beschlagene Pagen, die über alles in Natur und Gesellschaft zufriedenstellend und erschöpfend Auskunft wußten. Ein beredtes Bild vom raffinierten kulinarischen Gewerbe in der Sassanidenära bietet sich in der Summe jener Informationen, die der geweckte Pagenknabe Chvasch-Arzu dem Schah gegeben hatte. Dieses karrieresüchtige Jüngelchen kam eines Tages zu seinem Herrn und bat ihn höflich, ihn einer Wissensprüfung zu unterziehen. Der König hatte gerade gute Laune und ging belustigt darauf ein. Und er wurde nicht enttäuscht. Die Kenntnisse des Pagen konnten sich sehen lassen. Er wußte nicht nur in Sport und Spiel Bescheid, kannte sich nicht nur in Gesängen, Kompositionen aus, sondern beherrschte ebensogut verschiedene Wissenschaftsdisziplinen und die Kalligraphie, war in der Glaubenslehre bewandert, verstand mit leichter Hand und anschaulich das Ideal weiblicher Schönheit zu skizzieren, verriet also eine bemerkenswerte Reife für seine Jahre. Aber all das überflügelten seine Tips, die er dem Schah auf gastronomischem Gebiet präsentierte, dem wohl beliebtesten Sektor höfischen Lebens. Der jugendliche Weise wußte konkrete Information elegant mit gewitzter Pointe eines erfahrenen Höflings zu verfechten. »Welches Gericht ist das beste?« fragte der Gebieter. »Das, welches Ihr eßt, wenn Ihr gesund, gelöst und guter Dinge seid, wirklich Hunger habt und Euch in Gesellschaft Eurer Lieblinge und Freunde seht.« »Und welches ist das beste Vierbeinerfleisch?« »Das Fleisch eines Lammes, das bei zwei Schafen gesaugt, zwei Monate lang Kräuter gefressen hat und zuerst gedünstet und dann im Backofen gebraten worden ist; das Fleisch einer jungen Mastziege, in eigenem Saft geschmort, sowie in Essig gebratenes Brustfleisch einer fetten Färse. Doch nichts geht über Knochenmark und Eigelb!« Und im weiteren hören wir von ihm, welches das schmackhafteste Geflügel- und Vogelgericht sei: fetter Fasan, kaltes Rebhuhn, Masttäubchen, mit Weizenkorn, Hanfsamen und Olivenöl gefüttertes Huhn. Als kalte Vorspeise empfiehlt der Page mürbes und saftiges Kalbfleisch, mit sehr starkem Essig und Senf angerichtet. Das delikateste Aspik scheint ihm zartes, junges Gazellenfleisch, in lange und dünne Scheiben geschnitten, in Essig, Senf, Salzbeize, Dill, Knoblauch, Anis und Kümmel eingelegt. Was das feinste Gebäck betrifft, zieht der Knabe Pastete aus Reismehl mit frischer Milch, Gazellentalg und Kandiszucker allem anderen vor. Eventuell läßt er daneben noch Kuchen aus Nußteig mit Mandelöl und -sirup, Kuchen aus Mandelteig mit Kristallzucker und Rosenwasser sowie Dessert aus Mehl, Wasser und Honig gelten. Von Obstkompotten rät er seinem Herrscher zu geriebenen und mit Zucker gesüßten geschälten Mandeln, zum Fruchtfleisch frischer indischer Kokosnüsse mit Kristallzucker, zu Kernen süßer und saurer Granatäpfel mit Rosenwasser, zu syrischen und kumischen Äpfeln, zur besten Dattelsorte mit Mandeln, zum armenischen Pfirsich, dessen Fruchtfleisch sich leicht vom Kerngehäuse löst, und zum nordiranischen Apfel. Selbst in Getränken erwies er sich als exzellenter Kenner. Sie spielten auf altpersischen Gelagen keine untergeordnete Rolle. Der beste Wein sei Rebwein, er habe eine schöne Farbe, sei absolut durchscheinend, mäßig schwer, von angenehmem Aroma, vorzüglichem Geschmack und mache schnell trunken. Zu favorisieren seien Weine, die vornehmlich aus östlichen Gefilden des Reiches kämen, doch die beiden erlesensten Sorten seien aus Babylonien. Der König kam nicht nach, jede Antwort mit einem Bravoruf zu quittieren; er hatte einen Höfling par excellence vor sich. Wir brauchen uns nicht zu wundern, daß der Halbwüchsige eine steile Karriere machte und bei passender Gelegenheit Gouverneur einer Region wurde.

Zu den weiteren Kostbarkeiten des Kuriositätenkabinetts gehörten: ein Schachspiel, dessen Figuren aus Rubinen und Smaragden gefügt waren; Halsketten aus Korallen und Türkisen; eine Barre solch weichen Goldes, daß es sich wie Wachs mit den Fingern kneten ließ; eine Serviette, an der sich der König die Hände abtrocknete, die danach ins Feuer geworfen wurde, wodurch die Flecken verschwanden, aber sie selbst nicht verbrannte; ein Glas, woraus man beliebig viel Wein einschenken konnte, ohne daß es jemals leer wurde.

Das eigenartigste Exponat dieses Panoptikums war wohl der sogenannte *Takdis*, dessen Beschreibungen uns zugänglich sind, sich jedoch untereinander dermaßen unterscheiden, daß wir nicht ermitteln können, was er eigentlich dargestellt hat. Ein Autor hielt ihn für eine Art Thron, der einhundertachtzig Ellen lang war, aus Gold, Silber, Elfenbein und Teakholz bestand; auf seinen Stufen standen Sessel aus Ebenholz, über ihn wölbte sich ein Baldachin aus Gold und Kristallen, der den Himmel, die Sterne, die Tierkreiszeichen, die sieben Teile der Welt und Silhouetten von Königen bei Schmaus, Krieg und Jagd abbildete. Der Thron hatte einen Mechanismus, der die Tagesstunden verkündete. Er war mit vier üppig verzierten Teppichen ausgelegt, die die vier Jahreszeiten symbolisierten. Andere Schilderungen lassen hingegen vermuten, daß der Takdis eine monströse Turmuhr war.

Persischer Gardeoffizier

Inmitten dieser Schätze ließ es sich Husrav gutgehen. Wenn er sich auf Jagd begab, schwangen zu seiner Rechten und Linken fünfhundert Jungfrauen goldene Weihrauchkessel mit schwelender Aloe, und eintausend Diener besprengten den Boden um ihn mit Moschusduftwasser, damit es nicht staubte. Eintausend Lasttiere schleppten Tragen, in denen sich Musikanten und Sänger wiegten. Gewiß, alle diese Berichte übertreiben, wie es im Orient üblich und selbstverständlich war, doch wiederum nicht so arg, daß der Geist von Ort und Zeit entstellt würde oder verhüllt bliebe.

Was wohl könnte an diesem sonderbaren Tyrannen und exzentrischen Raritätensammler am meisten imponieren? Das war neben dem ungeheuren Vermögen an Geld und Edelmetallen die vorbildlich organisierte Armee, das Werk seines Großvaters Husrav Anoscharvan, der den Soldaten Waffen, Pferde, vor allem aber Disziplin gegeben hatte. Eine bekannte Geschichte über einen Truppenappell aus »Großvaters Zeit« zeugt von seinem nüchternen Verstand. Der Inspekteur über die Truppen Papak hatte uneingeschränkte Vollmacht zur Ausübung seiner Funktion im Interesse der Armee. Einmal ließ Papak sämtliche Heeresteile in der Residenz zu einer Inspektion antreten, um den Stand ihrer Bewaffnung und die Ordnung in ihrer Ausrüstung zu überprüfen. Der König erschien nicht. Papak wiederholte seine Aufforderung noch zweimal. Bei der dritten Ermahnung stellte sich der Schah in voller Kriegsmontur ein und defilierte mit allen übrigen vor Papak. Da fiel es Papak auf, daß am König alles soweit korrekt war außer dem Fehlen zweier Bogensehnen, die die Soldaten am Helm über den Rükken hängen hatten. Er machte ihn in aller Strenge darauf aufmerksam. Der König wurde sich seines Versäumnisses sofort bewußt und ergänzte seine Uniform. Als Papak dann die Liste der Ritter und deren Soldansprüche verlesen ließ, hieß es, als der König an die Reihe kam: »Der Held, der größte aller Helden, bekommt viertausendundeinen Dirham.« Der unnachsichtige Inspekteur hatte dem König einen einzigen Dirham zusätzlich zum Sold zugestanden. Nach der Parade ging er zum Schah und rechtfertigte sich: »Die Rücksichtslosigkeit, König, die ich heute dir gegenüber habe walten lassen, hatte lediglich den einen Sinn, daß ich das Amt, das du mir übertragen hast, auch ausübe. Eines der Mittel, die die verläßlichste Erfüllung königlicher Anordnungen gewährleisten, liegt darin, daß der König meine Stellung festigt.« Darauf der König: »Niemals werden wir etwas als Rücksichtslosigkeit empfinden, was dem Wohl unserer Untertanen dient oder einen ihrer Fehler kuriert.« So also hatte Husrav I. gesprochen. Seinen Enkel Husrav II. könnten wir uns in einer solchen Situation erst gar nicht vorstellen. Und wie Curtius Rufus mit seinem Ausspruch, es gebe Wohltaten, die verhaßt seien, recht hat, so lag die byzantinische Intervention, die ihm zum Thron verholfen hatte, Husrav wie ein unverdaulicher Bissen im Magen. Eines Tages mußte Husravs I. Armee Taten vollbringen, die dem Schah Weltruf und unsterbliches Andenken einbrächten.

Der letzte römisch-persische Zusammenstoß

Kurz nach Anbruch des 7. Jahrhunderts hielt das mißgünstige Schicksal eine brennende Lunte an das gerade so einigermaßen gelöschte Pulverfaß, das man vornehm als griechisch-(römisch-byzantinisch-)persische Koexistenz zu bezeichnen pflegt. In Byzanz hatte sich Kaiser Maurikios gleich aus mehreren Gründen bei seiner Armee unbeliebt gemacht. Einmal hielt er etwas auf Wahrung von Disziplin, zum anderen ordnete er an, daß die Armee im Gebiet am Fluß Tisa überwintern sollte, wohin sie im siegreichen Feldzug gegen die Awaren und Slawen vorgeprellt war. Die Truppen reagierten widerwillig und erklärten ihn für gestürzt.

Auf den Kaiserthron wurde der Anführer der Meuterei, Kapitän Phokas, gesetzt, ein von allen Quellen einhellig als höchst verkommenes und zügelloses Individuum verschrieener Mann. Er hatte es verstanden, die Prasiner oder die Grünen auf seine Seite zu ziehen. In Byzanz gab es nämlich zwei politische Parteien, die sich *deme*, Völker, nannten. Sie waren aus zwei Wettkämpferklubs hervorgegangen, die nach ihren Mannschaftsfarben Grüne und Blaue hießen. Von Anbeginn tobte zwischen diesen grün oder blau gekleideten Wettkämpfern, Agitatoren oder Streitwagenführern verbissene Konkurrenz, und die Klubs trugen diesen Fanatismus in die breiten Massen, ja trieben ihn bis zu häufigen offenen Schlägereien. Ungeachtet der ständigen gegenseitigen Fehden besaßen beide Klubs beachtliches Vermögen, hatten regelmäßige Einkünfte und genossen mannigfache Privilegien. Eine Rebellion beider Parteien ist uns aus dem Jahre 532 bekannt, bei der ein großer Teil von Byzanz in Flammen aufging. Die grünen Jokkeys, deren Fan Maurikios beileibe nicht war, öffneten Phokas die Stadttore. Maurikios floh mit Frau und Kindern. Das ereignete sich in der Nacht zwischen dem 22. und 23. November 602. Tags darauf wurde der Thronräuber gekrönt, und am 27. desselben Monats ließ er den eingefangenen Kaiser hinrichten. Der Kaiser hatte zwar vorher seinen Sohn Theodosios ins Ausland geschickt, doch auch er wurde in Nicaea erhascht und ermordet. Irgendein schlauer Grieche fing bald danach an, sich auf persischem Boden als Theodosios auszugeben, und das blieb nicht ohne weittragende Konsequenzen.

Der Putsch von Byzanz löste nicht allein im byzantinischen Reich Empörung aus, sondern ebenso in Persien. Husrav legte sogar schwarze Trauerkleidung an und befahl den Truppen, seinem Beispiel zu folgen. Phokas hatte es nicht leicht. Der ägyptische Statthalter, der greise General Heraklios, und der syrische Gouverneur Narses wollten ihn nicht als Kaiser anerkennen. Als er seinen Abgesandten Lilius an den persischen Hof schickte, um seinen Thronantritt zu verkünden, setzte Husrav den Diplomaten hinter Gitter und erwiderte Phokas' Schreiben äußerst gereizt. General Narses, der übrigens im Verein mit anderen Husrav auf den persischen Thron lanciert hatte, hatte zum Schah nicht das allerbeste Verhältnis; als er allerdings Edessa besetzt und dem Tyrannen den Krieg erklärt hatte, bat er Husrav brieflich, sich Theodosios' anzunehmen und ihn auf den väterlichen Thron zu erheben.

Husrav baute auf die Volksmeinung, daß der Thronanwärter lebte, und zog gegen Byzanz in den Krieg. Während sie auf byzantinischem Boden auf einige Heerführer, damals als Magister betitelt, stießen, überfielen die Perser unter der Losung »Rache für Maurikios« römisches Territorium. Narses wurde zwar hinterhältig nach Byzanz gelockt und fand dort den Feuertod, doch eröffneten die Perser unter Husravs persönlichem Befehl im Jahre 604 den Angriff auf Mesopotamien, siegten und machten sehr viele Gefangene, die sie nach Persien deportierten. Husrav kehrte dann heim und übertrug die Kriegsführung zwei Feldherren, Kardarigan und Schahrvaraz. Strategie und Taktik entsprachen ganz und gar persischen Gepflogenheiten. Alljährlich drangen persische Heere in römische Provinzen, nahmen Gefangene, plünderten alles, was ihnen in den Weg kam, belagerten Städte, steckten Dörfer in Brand. Es handelte sich um ausgesprochene Raubzüge. Kardarigan, was kein Name in landläufigem Sinne ist, sondern ein Rang, beherrschte Armenien, Kleinasien und stieß an den Bosporus gegenüber Konstantinopel vor. Bis hierher schien der Krieg ein gerechter Krieg zu sein, da er gegen einen widerspenstigen Tyrannen und Rivalen des Kaisers geführt wurde. Aber Phokas rief mit seiner hemmungslosen Brutalität bei den Römern Abneigung hervor. Er ließ beispielsweise alle, die sich über seine Freßgier lustig machten, kurzerhand hinrichten. Als beliebte Strafart galt ihm, den vermeintlichen Delinquenten in einen Sack einzunähen und ins Meer zu versenken. Als sich sogar sein eigener Schwiegersohn nicht mehr sicher vor ihm fühlte, empfahl er dem Senat, den afrikanischen Gouverneur, General Heraklios, zu Hilfe zu rufen. Heraklios erhörte den Hilferuf, entsandte an seiner Stelle seinen Sohn Heraklios, den die Armee auch respektierte. Phokas wurde geschnappt, gefoltert, enthauptet und in einem Metallstier geschmort. Der Sieger setzte sich im Oktober 610 auf den Kaiserthron.

Zu den ersten Maßnahmen, die Heraklios ergriff, zählte ein Friedensangebot an Husrav. Doch da entpuppten sich Husravs eigentliche Absichten. Rache für Maurikios war ihm nichts anderes als ein fadenscheiniger Vorwand gewesen. Es ging ihm um nichts weniger als um die Liquidierung des Römischen Reiches. Er proklamierte sich zu dessen Eigentümer und gab vor, es lediglich seinem einzigen rechtmäßigen Erben Theodosios überlassen zu haben. Da die Römer sich wohl im klaren waren, es mit einem Gaukler zu tun zu haben, der sich nur für Maurikios' Sohn ausgab, kam es zu keinem Friedensschluß. Der Krieg entartete zu einer schmutzigen Sache. Die Perser fielen über Syrien her, nahmen Edessa, Apamea ein, besetzten Kappadokien, eroberten Damaskus und wiesen Heraklios' Friedensgesuch erneut zurück. Nun griff der Prophet Mohammed ein.

Der Prophet hatte recht

Mit dem Einmarsch in Damaskus näherten sich die Perser Palästina. Auf ihrem Feldzug begegneten sie einer Hilfstruppe, die ein arabischer Häuptling und römischer Vasall befehligte, und schlugen sie bei der Stadt Edre'i im Gebiet jenseits des Jordans. Es war in der Nähe der Golanhöhen, just am Rande arabischen Bodens. Das Land war schon damals stark von Arabern bewohnt, und sein Regent galt als byzantinischer Untertan. Die Nachricht von der Schlacht gelangte umgehend nach Mekka und erregte großes Aufsehen.

In Mekka wirkte unter widrigen Verhältnissen Mohammed bereits seit vier Jahren als Prophet. Gegen ihn standen die reichen Patrizier aus dem Kurajschgeschlecht, seine Blutsverwandten. Sie hielten es lieber mit den Persern und betrieben einen einträglichen Karawanenhandel mit dem königlichen Hira am Unterlauf des Euphrats, das Persien unterstand.

Ein wenig später begab es sich, daß der

Kaufmann Nadr ibn al-Harith aus Mekka in Hira ein Buch mit Sagen über Helden und Könige des Altertums gekauft hatte und nach seiner Rückkehr seinen Mitbürgern daraus vorlas. Die Städter lauschten den abenteuerlichen Geschichten mit Spannung und blieben den Predigten des Propheten fern. Der Prophet wütete und ließ sich in der XXXI. Sure des Korans darüber aus: »Aber unter den Leuten gibt es da einen, der leichte Geschichten kauft, um in die Irre zu führen von Allahs Weg, ohne Wissen, und darüber zu spotten. Solchem wird schändliche Strafe.«

Der Prophet erachtete den Kaufmann als unwürdig, beim Namen genannt zu werden, und schickte ihn zur Hölle.

Mohammed verkündete kurz nach der Niederlage des römischen Heeres die XXX. Sure seines Korans mit dieser denkwürdigen Prophezeiung am Anfang: »Besiegt sind die Römer im nächsten Land; aber nach ihrer Besiegung werden sie siegen in wenigen Jahren. Allahs ist die Entscheidung zuvor und hernach. Und an jenem Tage werden frohlocken die Gläubigen über Allahs Hilfe; er hilft, wenn er will, denn er ist der Mächtigste, der Barmherzige. Allah ist Verheißung – nicht bricht Allah seine Verheißung, jedoch wissen es die meisten Menschen nicht.«

Der Prophet schlug sich deshalb auf die Seite der Römer, weil sie über heilige Schriften verfügten und er selbst sich auf jüdische Überlieferung stützte und Jesus als Propheten und einen seiner Vorgänger schätzte. Da die Juden ihn wegen seiner Lehre nicht sonderlich mochten und die Kurajschiden gleich ihnen sich nach Persien orientierten, leuchtete seine Haltung durchaus ein. Seine Gegner in Mekka warnten ihn, wenn die christlichen Besitzer heiliger Schriften von den Persern geschlagen worden seien, würde auch er, Verkünder der neuen heiligen Schrift, von ihnen, den Heiden, geschlagen. Das nahm er ihnen sehr übel. Das bemerkte sein führender Parteigänger und angehender Schwiegervater Abu Bekr, trat vor die Heiden und ermahnte sie: »Ihr habt euch darüber gefreut, daß eure Brüder die unsrigen besiegt haben? Jubelt nicht, Allah wird euch den Gefallen nicht tun, die Römer werden über die Perser triumphieren. Das hat uns unser Prophet verkündet.« Und hier meldete sich ein angesehener Mekkaner, Ubai bin Chalaf, zu Wort und schlug eine Wette vor: Sollten die Römer in drei Jahren siegen, erhält Abu Bekr zehn Kamele; siegen die Perser, gewinnt Ubai. Abu Bekr tat sich mit dieser Wette vor dem Propheten groß, der ihm daraufhin reinen Wein über die Sachlage einschenkte. In einer Sure habe er die Worte *fi bid'i sinina*, in einigen Jahren, gebraucht, doch das Wort *bid'* bedeute eine Zahl von drei bis neun. Und er riet ihm, die Wette auf neun Jahre und einhundert Kamele zu erweitern. Abu Bekr vereinbarte dies mit Ubai.

Der Krieg zog sich in die Länge. Im Juni 615 besetzten die Perser Jerusalem, zerstörten die Stadt, richteten ein Blutbad an und metzelten viele Einwohner in der Gefangenschaft nieder, wie jüdischerseits verlautet. Der Patriarch Zacharias wurde nach Persien verschleppt. Am meisten schockierte die Christen der Raub des heiligen Kreuzes, das in Jerusalem als die wertvollste Reliquie des Christentums aufbewahrt wurde.

Dann eroberten die Perser Ägypten, das das übrige Reich mit Weizen versorgte. Im achten Jahr seiner Herrschaft bot Heraklios Frieden an und wurde wieder abgewiesen. Zwei Jahre darauf besetzten die Feinde das kleinasiatische Ankara. Heraklios sah schon keinen Ausweg mehr, erwog gar, Byzanz zu verlassen und seine Residenz nach Karthago zu verlegen. Doch dann kam die große Wende. Der Perser at-Tabari, der in arabischer Sprache eine allgemeine Geschichte verfaßte, fügte seinem Werk in naiver Beflissenheit auch die christliche Legende darüber an, wie Heraklios zum Kampf gegen die Heiden inspiriert worden sei: Als Heraklios des von den Persern verödeten Landes gewahr wurde, als er sah, wie die Armee dahinsiechte, die Frauen und Kinder in Gefangenschaft getrieben wurden, fiel er in Demut unter Tränen vor dem Herrgott auf die Knie und flehte ihn inbrünstig um Beistand gegen die gemeinsamen Feinde an. Und er hatte einen Traum. Ein feister Mann erschien ihm; er saß auf einem hohen Sessel, an dessen Seite seine Rüstung lag. Da gesellte sich zu ihnen beiden ein Dritter, stieß den Dickwanst vom Sessel und sprach zum Kaiser: »So übergebe ich ihn in deine Hände!« Heraklios behielt die Vision vorerst für sich. In der folgenden Nacht sah er den persischen König – das war die beleibte Figur – wieder auf dem hohen Sessel sitzen. Aber jener Dritte, der erneut hinzutrat, schlang dem Schah eine lange Kette um den Hals und sprach zu Heraklios: »Ich überlasse dir den Husrav mit Haut und Haar. Brich auf gegen ihn, denn eben jetzt wendet sich das Glück von ihm ab und dir zu. Alles, wessen du bedürfen wirst auf deinem Feldzug, wirst du bekommen.« Diese Geschichte erzählten sich die Christen. Ihr zufolge hatte also eine überirdische Macht das byzantinische Reich vor dem Untergang bewahrt.

Byzantinische Chronisten stellen den Sachverhalt, gelinde gesagt, ein wenig abgewandelt dar. Als sich herausstellte, daß Heraklios der Metropole den Rücken zu kehren gedachte, sei das Volk zusammengeströmt, und der Kaiser habe ihm, dem Senat und dem Patriarchen Sergios schwören müssen, diese schnöde Absicht aufzugeben. Der Krieg sei zur heiligen Sache erklärt worden, die Kirche habe die goldenen Monstranzen, Kelche und sonstigen Requisiten zur Münzprägung geopfert, damit eine Armee aufgestellt und bewaffnet werden könnte. Enthusiasmus habe Einwohner und Soldaten gleichermaßen ergriffen.

So kam es, daß Heraklios am Ostermontag, den 5. April 622, eine Armee einschiffte und in den Hafen von Pylai, dem heutigen Iskender, in Kilikien einlief, das Persiens Aufmerksamkeit entgangen war. Dort bildete er die Truppen aus, marschierte mit ihnen im Herbst über die Berge und wandte sich gegen Armenien. Bald nach Eintreffen überwand er eine kleinere Reitereinheit, flößte der Truppe damit Selbstvertrauen ein und spornte ihren Kampfesmut an. Die Perser beeindruckte das vorerst wenig, sie rechneten fest damit, daß er über kurz oder lang am Pontus Winterquartier beziehen würde. Der Kaiser indessen setzte seine Invasion im persischen Armenien fort. Schahrvaraz, dem die Nordfront unterstand, fiel in Kilikien ein in der Annahme, daß er Heraklios so dazu verleiten könnte, im Interesse der Verteidigung dieser Provinz schleunigst den Rückzug anzutreten. Doch der Kaiser entschied sich anders. Deshalb entschloß sich Schahrvaraz, ihm zu folgen und ihn irgendwo zur Schlacht zu stellen. So tappten die Perser gewissermaßen in römischen Fußstapfen. Schließlich hielt es Schahrvaraz nicht länger; als er sich aber auf die Römer stürzen wollte, hinderte ihn eine helle Mondnacht daran, und er wich ins Gebirge aus. In einigen kleineren Gefechten zog er den kürzeren. Als dann die Entscheidungsschlacht entbrannte, wurden die Perser am 22. Januar 623 geschlagen, ihr Heerlager mit den reichlichen Vorräten erbeutet. Die Römer blieben im persischen Armenien über den Winter, Heraklios begab sich heim nach Konstantinopel, Mohammed hatte recht behalten und Abu Bekr die Wette gewonnen.

Der Galiläer siegte, diesmal in Kurdistan

Nur wenige Tage waren verronnen. Am 15. März eröffnete Heraklios einen weiteren Kriegszug, der noch mehr von sich reden machen sollte. Soeben war zum wiederholten Mal ein Waffenstillstandsangebot abgelehnt worden. Die Armee zog über Trapezunt, die Kolchis nach Mingrelia, wo sie sich mit den Chazaren vereinigte. Die Chazaren waren Türken, die nördlich des Kaukasus ihren Staat besaßen, aber Ländern südlich des Kaukasus gelegentlich Besuche abstatteten, um, wie es hieß, sich zu ernähren. Erinnern wir uns der Worte jener barbarischen Edelleute, die sie dem heiligen Missionar Gregor gesagt hatten, als er sie zum Glauben zu bekehren gekommen war und ihnen ihre räuberischen Gewohnheiten vorwarf: »Wenn wir nicht rauben, wenn wir nicht plündern, wenn wir nicht anderen ihre Habe wegnehmen, wovon sollen wir dann leben?«

Heraklios verpflichtete sich den chazarischen Chan als Verbündeten, und seine Armee erfuhr durch die chazarischen Haufen eine wesentliche Verstärkung. So rückte er gegen das persische Reich vor. Er zog von Armenien nach Persisch-Aserbaidshan, marodierte und brandschatzte, in erster Linie die Feuertempel, die nicht allein Nistplätze heidnischen Aberglaubens waren, sondern vor allem von unermeßlichen Schätzen überquollen, von frommen Pilgern und Büßern zusammengetragen.

Der Schah lag mit 40000 Mann in der Stadt Ganzak, wo ein bekannter Feuertempel mit besonders großem Reichtum stand. Hier wollte er Heraklios erwarten. Da aber seine zweite Armee unter Schahen nicht kam, blieb dem Schah nichts anderes übrig, als abzuziehen: Er wählte den südlichen Weg in die Berge. Heraklios marschierte in der Stadt ein, nahm einen Teil der Schätze als Beute, vernichtete den Feuertempel samt einer Rarität, die diese Stadt auszeichnete. Es war ein Standbild des Schahs, das unter einem Gewölbe aufragte, das das Firmament darstellte. Den Herrscher umgaben die Himmelskörper und -götter. Das ganze Ensemble war mit einem Mechanismus versehen, der Donnerschläge von sich zu geben und Regengüsse auszulösen vermochte. Der Schah hatte nur einen Teil des Schatzes und das heilige Feuer retten können.

Von Ganzak aus gelangte der Kaiser in eine Stadt, deren topographische Lage wir nicht kennen. Chroniken nennen sie Thebarmai; es handelte sich jedoch nicht um Urmia, wie manche ältere Forscher angeben. Dort stand ebenfalls ein reich ausgestatteter Feuertempel, und ihm erging es nicht besser. Die Römer begaben sich in Albanien oder Dagestan in Winterquartiere. Sie führten an die fünfzigtausend Gefangene mit, aber wegen Versorgungsschwierigkeiten mußten sie sie freilassen.

Im Jahr darauf, 624 also, bot der Schah gleich drei Armeen gegen die Römer auf und setzte als ihre Befehlshaber Sarbalangas, Schahrvaraz und Schahen ein. Der erste wurde an die albanische Grenze beordert, um einer Invasion des Kaisers zuvorzukommen. Doch Heraklios umging seine Stellung und zog durch die fruchtbare Ebene südwärts. Sarbalangas heftete sich an seine Fersen, fand aber nicht genügend Courage, sich mit ihm einzulassen. Währenddessen eilte Schahrvaraz mit seinem Heer von Armenien aus in seine Richtung, um sich ihm anzuschließen. Heraklios fügte Sarbalangas eine Schlappe zu, schlüpfte zwischen beiden Armeen hindurch und wurde von ihnen dann verfolgt. Als beide persischen Heerführer erfuhren, daß sich Schahen näherte, entschlossen sie sich, den Römern auf eigene Faust eine Schlacht zu liefern, um den Ruhm nicht mit dem Dritten teilen zu müssen. Unmittelbar vor ihrem Schlag, zu dem sie bereits ausholten, entwischte ihnen der Kaiser mit seiner ganzen Armee. Durch einen nächtlichen Gewaltmarsch retteten sich die Römer vor dem ihnen zugedachten vernichtenden persischen Angriff. Die Perser holten sie zwar wieder ein, aber Heraklios hatte sich in einer äußerst günstigen Stellung verschanzt. Heraklios' Weitermarsch nach Persisch-Armenien behinderten die unwegsamen Gebirgskämme, die Abasger und Lasier im römischen Heer verkrochen sich den Winter über in ihre Heimatdörfer, und es schien riskant, gegen die vereinigten persischen Streitkräfte etwas zu unternehmen. Der römische Rückzug nach Armenien verlief reibungslos, brachte aber den Persern hohe Menschenverluste. Ihre Truppen gerieten in Sümpfe, die sich an ihrem kürzeren Weg entlang ausbreiteten. Die Heerführer Schahrvaraz und Schahen hofften nämlich, Heraklios den Weg abzuschneiden. Der Winter brach herein, und auch die Armenier in Schahrvaraz' Armee zogen es vor, ihn zu Hause zu verbringen. Schahen sah ein, daß unter solchen Umständen und bei diesen Witterungsunbilden an Kampf nicht zu denken war, und zog davon. Doch Heraklios überrumpelte Schahrvaraz nachts in seinem Lager in Salban. Die überraschten Perser wurden niedergemetzelt oder gefangengenommen. Schahrvaraz entkam, nur notdürftig angezogen. Sein Harem wurde liquidiert, die Waffen beschlagnahmt. Dann wartete Heraklios in Salban den Frühling 625 ab, um sich nach Westen zu wenden.

Er schlug die längere Route von Salban über die Berge nach Martyropolis und weiter bis Amida ein. Aber Schahrvaraz lag schon wieder mit frischen Truppen auf der Lauer und verlor die Römer auf ihrem Marsch nicht aus den Augen. Heraklios besetzte die Pässe zwischen den beiden Armeen und unterband so weitere persische Attacken. Die Römer überquerten den Fluß Nymphios und erreichten den Euphrat. Doch abermals kam Schahrvaraz ihnen zuvor und beseitigte die Brücke, über die die Römer den Fluß überschreiten wollten. Heraklios wußte sich allerdings zu helfen. Da im März noch nicht mit der Schneeschmelze in den armenischen Bergen zu rechnen war und kein Hochwasser drohte, ließ er eine Furt auskundschaften, die das Heer bequem benutzen konnte, um dann über Samosata und Germanikeia nach Adana am Sar vorzudringen. Schahrvaraz überwand den Euphrat auch, blieb den Römern bis an den Sar auf der Spur und ließ am jenseitigen Ufer ihnen gegenüber das Lager aufschlagen. Die Brücke über den Fluß hielten die Römer. Aus dem gegenseitigen Geplänkel zwischen beiden Armeen zogen größtenteils die Römer Nutzen, dennoch befürchtete Heraklios einen persischen Hinterhalt. Zudem konnte er seine Truppen nicht nach Belieben im Zaume halten. Bei einem Scharmützel dann ergriffen die Perser zum Schein die Flucht, und ein größerer Trupp römischer Soldaten machte sich auf Verfolgungsjagd. Heraklios beobachtete es vom gegenüberliegenden Ufer aus, griff sich eine Einheit und hastete mit ihr über die Brücke, um die Leichtfüße vor sicherem Verderb zu bewahren. Eine Schlacht entfesselte sich, und die Perser wurden geschlagen. Schahrvaraz zog sich an den Euphrat zurück, und Heraklios begab sich mit seinen Truppen nach Sebaste ins Winterlager.

Im Jahre 626 entschloß sich Husrav, den langwierigen Krieg siegreich abzuschließen. Für die Mißerfolge des letzten Feldzuges bestrafte er die persischen Christen, natürlich die orthodoxen Melchiten, ließ ihre Kirchen zerstören und zwang sie, zum nestorianischen Glauben überzutreten. Er stellte eine neue zahlenstarke Armee auf, in die auch Ausländer, also Leute, die nicht als Staatsbürger geführt wurden, und Sklaven gepreßt wurden und der darüber hinaus fünfzigtausend Mann Eliteeinheiten angehörten, die »goldene Lanzen« hießen und ursprünglich den Kern der Schahrvarazarmee gebildet hatten. Zum Befehlshaber wurde Schahen der Patkospan berufen. Ein zweites Heer unter Schahrvaraz' Kommando wurde nach Kleinasien geschickt. Sein Auftrag lautete, beim Sturmangriff auf Konstantinopel den persischen Verbündeten zur Seite zu stehen. Husrav hatte ja den awarischen Chan zum Bundesgenossen gewonnen, und der brannte darauf, Konstantinopel auf einen Streich zu nehmen. Das dritte Heer wurde Rhazates anvertraut und zur Verteidigung der aserbaidshanischen Grenze bestimmt.

Heraklios konnte infolgedessen nicht umhin, die byzantinische Streitmacht in drei Teile aufzugliedern: Dem ersten oblag der Schutz der Hauptstadt, den zweiten erhielt der kaiserliche Bruder Theodoros zur Verfügung, um gegen Schahen zu operieren. Der dritte brach unter Heraklios' persönlichem Befehl über die Kolchis nach Georgien auf, um sich mit den chazarischen Truppen zu vereinigen, die der Chan Zi'ebel bereithielt. Es handelte sich immerhin um vierzigtausend Mann, und insofern zahlte es sich Heraklios aus, den chazarischen Chan mit großherzigen Geschenken, wie wertvollen Ohrringen und einem Gewand, das als Symbol von Machthabern galt, zu bedenken, ja ihm selbst seine Tochter als Frau zu versprechen. Zur Vermählung kam es zwar nicht, denn Zi'ebel segnete bald darauf das Zeitliche. Die Chazaren hatten sich auf den Krieg gehörig vorbereitet, indem sie schnell noch im persischen Aserbaidshan eingefallen waren und es gründlich geplündert hatten.

Schahen ließ den Euphrat hinter sich und stieß auf Theodoros. Und wieder einmal mußte ein Wunder herhalten, damit die Römer mit heiler Haut davonkamen. Ein heftiger Hagel peitschte den Persern seine Körner in die Augen und kehrte ihren Angriff in eine schwere Niederlage um.

Schahen erkrankte und starb. Der wutentbrannte Schah reagierte sich an Schahens Leiche ab. Die Überlieferungen weichen bei der Beschreibung dieser Geschehnisse voneinander ziemlich ab. Der eine Historiker meint, Schahen sei vor Entsetzen über die Schlappe erkrankt und gestorben, und Husrav habe den in Salz gelegten Leichnam durchbleuen lassen. Ein anderer wiederum behauptet, Schahen sei bis zum Bosporus gelangt, wo er siebzig byzantinische Abgesandte gefangengenommen habe. Weil es ihm nicht geglückt war, auch Heraklios' habhaft zu werden, sei ihm auf Befehl des Schahs die Haut abgezogen worden. Unverständlich erscheint uns in dieser Erzählversion Heraklios' Erwähnung. Schahrvaraz war in der Tat bis Chalkedon gegenüber Konstantinopel vorgedrungen und hatte die Stadt belagert, doch mittlerweile waren die Awaren mit ihren unterjochten Völkerschaften, Bulgaren, Slawen, Gepiden und anderen angesprengt gekommen. Die awarische Vorhut erreichte am 29. Juni die Umgebung der Stadt, und die Belagerung der Metropole, die in der letzten Juliwoche begann, war dann der Kulminationspunkt des ganzen Krieges.

Auf dem Festland standen achtzigtausend Barbaren und ihnen gegenüber die heldenmütige Schutzmacht unter dem Kommando des Patriziers Bonus. Die awarische Kampftaktik mutet sehr primitiv an. Sie trieben ihre Sklaven scharenweise gegen die Schutzwälle, allen voran slawische Fußtruppen, leicht gekleidet, ohne Harnische, und suchten durch den Aufprall der Massen die Verteidigungslinie zu brechen. Die Attacken wurden abgeschlagen. Auch zur See hatten Slawen den Löwenanteil zu leisten. Von Kähnen aus, weil sie aus einem Stamm gearbeitet waren, Monoxyle genannt, sollten sie die Stadt anrennen. Bonus verhinderte mit seiner Flotte die Verbindung der Chaneinheiten mit Schahrvaraz' Persern und liquidierte in einer einzigen Nacht die slawische Eskadron, deren Schiffe von Männern und Frauen gerudert wurden. Der rasende Chan ließ seinen Wutanfall an den wenigen Slawen aus, die sich gerettet hatten, und lieferte sie dem Henker aus. Die enttäuschten und gegen die Tyrannen rücksichtslos in die Schlacht geworfenen Slawen wandten sich nach dem gescheiterten Unterfangen von den Awaren ab und zeigten Konstantinopel den Rücken. Den Awaren blieb nichts anderes übrig, als ihrem Beispiel zu folgen. Am 8. August gab der Chan die Belagerung auf, und die Awaren verschwanden für alle Zeiten aus der griechischen Geschichte. Schahrvaraz konnte nur vom anderen Ufer des Bosporus aus die traurigen Meldungen über die fehlgeschlagene Umzingelung Konstantinopels zur Kenntnis nehmen. Die Perser kannten sich zwar in der Belagerung von Städten vorzüglich aus, aber die byzantinische Flotte kontrollierte die See allzu wachsam, als daß die Perser, die über keine eigene Flotte verfügten, die Meerenge hätten passieren können. Schahrvaraz eroberte Chalkedon nicht und blieb über den Winter am Bosporus.

Auf die Situation im awarischen Interessengebiet auf dem Balkan hatten vielleicht auch die Geschehnisse in Mitteleuropa Einfluß. In die persisch-römischen Konflikte waren schon früher weit entlegene Landstriche einbezogen gewesen. Die römisch-gotischen Fehden dienten bereits unter Husrav I. Anoscharvan zu willkommener Motivation für Auseinandersetzungen mit Rom. Der Krieg im Jahre 540 war auf Bitten des Gotenkönigs in Italien, Vitigis, ausgebrochen, den die byzantinischen Truppen arg bedrängten. Andererseits ermunterte das Ungemach, das Husrav II. Heraklios in Asien beschert hatte, die gotischen Könige in Spanien dazu, römische Gebiete in Andalusien wieder an sich zu reißen, die einst Justinianus den Goten geraubt hatte. Jeder Staat harrte einer günstigen Gelegenheit, seine Ansprüche zu verwirklichen, und da erwies sich stets eine mißliche Lage des Gegners als die aussichtsreichste Chance. Darin bewahrheitete sich auch eine alte indische Weisheit: Mein Nachbar ist mein Feind, der Nachbar meines Nachbarn mein Freund.

Das kritische Jahr 627 brach an. Als müßte es so sein, lassen uns die weitschweifigen byzantinischen Chroniken fürderhin völlig im Stich, sofern es um Daten über Heraklios geht, über seine Aufenthalte, seine Pläne und Vorbereitungen weiterer Kriegszüge. Erst im September betritt er wieder die Bühne, und zwar in Armenien, um eine neue Offensive zu starten. Er schließt mit den Chazaren ein Bündnis zu einem Großangriff auf Persien. Allein die albanische Chronik, die Movses Kaghankatvaci im 10. Jahrhundert schrieb, läßt uns annehmen, daß Heraklios mit einem der drei Heere nach Lazika oder in die Kolchis kam, um das Abkommen mit den Chazaren zu unterzeichnen, und dann seinen berühmten Marsch nach Süden antrat. Die verbündeten Armeen zogen durch die Provinz Schirak bis ins Stromgebiet des Aras, überquerten den Fluß bei Vardanakert und fielen ins Kogoviter Gebiet ein. So rekonstruierte der namhafte Byzantologe E. Gerland Heraklios' Aufbruch, und es gibt keinen Anlaß, die Richtigkeit dieser Darstellung anzuzweifeln.

Der Schah bot gegen diese Armee eines seiner Heere auf, dem der Schutz der Nordgrenze anvertraut war und das der renommierte und draufgängerische Heerführer Rhazates (Rahzad) befehligte. Vierzigtausend Chazaren entfernten sich nach Hause, weil sie den nahenden Winter fürchteten, aber auch die ununterbrochenen Attacken persischer Truppen einfach satt hatten. Doch Heraklios nahm das gelassen hin und marschierte weiter südwärts, das Land gnadenlos verheerend. Er schob sich zwischen Her und Zarerand hindurch in das persische Aserbaidshan, bewegte sich am Westufer des Urmiasees vorwärts, überschritt den Gebirgskamm Zara, offenbar das Kandilgebirge an der Grenze Aserbaidshans und Altassyriens, und erreichte am 9. Oktober Chamaetha am Großen Zab und dessen Nebenfluß von der linken Seite Ravandiz. Während ihrer einwöchigen Rast wurden die Römer gewahr, daß Rhazates' Armee ihnen von Ganzak her gefolgt war. Sie setzten über den Großen Zab und errichteten am 1. Dezember unweit des ehemaligen Ninive ihr Lager.

Der Zusammenstoß mit dem Feind ließ nicht lange auf sich warten. Einmal kam es auch zu einem Gefecht mit einer vorgeschobenen persischen Einheit, die Rhazates' Unterführer kommandierte. Der armenische Magnat Vahan, der in Heraklios' Armee diente, nahm sechsundzwanzig Perser und ihren Befehlshaber gefangen. Von ihm erfuhr der Kaiser, daß Rhazates Befehl zum Sturm hatte und mit einer Entsatztruppe von dreitausend Mann rechnete. Rhazates zögerte zwar, doch der Schah trieb ihn an: »Wenn du schon nicht zu siegen weißt, solltest du wenigstens sterben können!« Heraklios faßte daraufhin den Entschluß zuzuschlagen. Am 12. Dezember frühmorgens überrollte er die Perser bei Ninive und vernichtete sie in einer Schlacht, die bis fünf Uhr nachmittags getobt hatte. Rhazates und drei Offiziere fielen, zahlreiche Perser wurden getötet und achtundzwanzig Banner erbeutet. Über die Verluste grassierten die sonderbarsten Angaben. Agapios Chronik zufolge kamen fünfzigtausend Perser um, Tabari spricht von nur sechstausend. Auf römischer Seite sollen sie sich auf ganze fünfzig Tote und zehn Verwundete, die allerdings auch starben, belaufen haben. Sei es wie auch immer, die Schlacht bei Ninive entschied den Krieg. Die Perser brachten den Abend noch auf dem Schlachtfeld zu, zogen sich nachts mit geringem Troß auf einen nahen Hügel zurück, so daß die Römer ihr Heerlager besetzen und reiche Beute machen konnten. Dem gefallenen Rhazates wurde der Kopf abgeschlagen, die ihm versprochene Hilfe kam erst am 21. Dezember an.

Der Weg ins Herz von Eranschahr, wie die Perser das Zentrum ihres Reiches bezeichneten, nach Babylonien also, stand Heraklios offen. Wie in der Mythologie einst Bacchus unter dem Geleit von Mänaden und Satyren und Alexander mit seinen makedonischen Rittern triumphal nach Indien gezogen waren, beschloß der Kaiser, als Rächer des gedemütigten Christentums seinen Siegesmarsch zur Metropole anzutreten.

Seinen Weg illuminierte er, wie es einst sein unglücklicher Vorgänger Maurikios getan hatte, mit Bränden. Der Galiläer hatte also ein weiteres Mal gewonnen.

Husravs Ende

Abgesehen von seinen Mißerfolgen, die Anfang des Jahres 628 in dem verlorenen Krieg gegen Heraklios ihren Tiefpunkt erreichten, bereitete Husrav sich mit seinem despotischen Wesen und seiner überspannten Neigung zu unbesonnenen Augenblicksentschlüssen viele zusätzliche Schwierigkeiten. Dazu zählte unter anderem die Maßnahme, seine Söhne von ihren Frauen zu trennen und in Veh-Ardaschir (dem alten Seleukia) unter Kuratel zu stellen, nur weil ihm Sterndeuter vorausgesagt hatten, einer seiner Sprößlinge bekäme ein Kind, unter dessen Regierung der Königsthron verwaisen und die Sassanidenherrschaft zusammenbrechen würde. Ankündigen sollte es sich dadurch, daß dieses Kind einen Makel am Körper habe.

Husrav hatte achtzehn Söhne, zu deren älteren Schahrijar gehörte. Dieser Prinz beklagte sich in seiner Quarantäne einmal unter Vermittlung eines Eunuchen bei Königin Schiren über seinen sexuellen Notstand und bat sie, ihm eine Frau zu beschaffen. Schiren hatte Mitleid und bedauerte, ihm keine andere als eine unansehnliche und dem Prinzen zum Amüsement wenig geeignete anbieten zu können. Doch Schahrijar erwiderte, es sei ihm gleich, Hauptsache eine Frau. Also schmuggelte sie ihm ein Mädchen zu, das bei ihr als Schröpferin Dienst tat. Manche Geschichtsschreiber meinten es besonders gut und behaupteten, sie sei Tochter eines vornehmen Persers gewesen, habe die Königin durch irgend etwas erzürnt und dafür jene niedere Tätigkeit zugewiesen bekommen.

Schahrijar kam mit ihr zurecht. Nach angemessener Frist gebar das Mädchen einen Knaben. Schiren gab ihn sofort in Pflege und verheimlichte das Vorkommnis vor König und Hof fünf Jahre lang. Als Husrav eines Tages in fortgeschrittenem Alter mit Kindern spielte, brachte sie ihm leise bei, daß sie ihm ein Kind eines seiner Söhne bringen könnte. Der König war einverstanden, Schiren ließ den Knaben parfümieren, aufputzen und führte ihn zu Husrav. »Das ist Jazdkart, Schahrijars Sohn«, stellte sie ihn vor. Der König fand Gefallen an dem Kleinen, rief ihn zu sich, setzte sich ihn auf den Schoß, liebkoste ihn. So sehr vernarrte er sich in ihn, daß er ihn bei sich behielt. Als Jazdkart wieder einmal vor ihm herumtollte, fiel Husrav plötzlich jenes Horoskop der Sterndeuter ein. Er zog das Kind aus und untersuchte es peinlich genau, ob sein Körper auch makellos sei. Und er entdeckte einen Fehler am Gesäß, und er erschauerte. Am liebsten hätte er den Jungen auf der Stelle umgebracht, aber Schiren fiel ihm um den Hals und beschwor ihn, den Unschuldigen zu verschonen. »Wenn es das ist, weswegen die Dynastie stürzen soll, läßt sich ohnehin nichts mehr ändern«, redete sie auf ihn ein. Der König bestätigte es: »Das ist er, der das Unglück bringt, von dem ich dir erzählt habe. Nimm ihn fort, ich will ihn

Silberne Vase, mit Mädchengestalt geschmückt

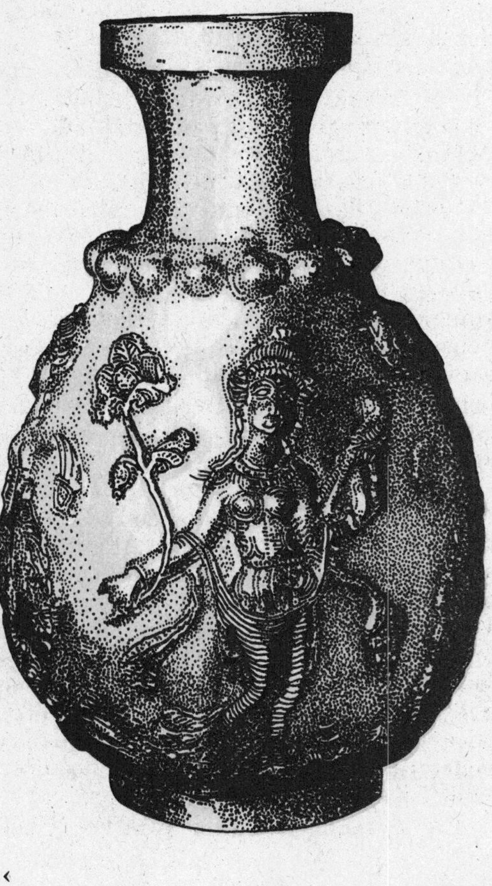

nicht mehr sehen.« Schiren ließ Jazdkart in einem Dorf am Tigris oder in Sistan erziehen und heranwachsen.

Husrav gab sich in den letzten Jahren seiner Macht, wie so mancher seiner Vorgänger, dem Argwohn, der Brutalität und Zornausbrüchen hin, die von Launen, Furcht und Aberglauben genährt und ausgelöst wurden. Nicht allein, daß im Staat der unerbittliche Steuereintreiber Farruchzad, ein Sohn Sumajs, gebürtiger Aramäer aus der kleinen Stadt Chandak bei Veh-Ardaschir, das Sagen hatte und seinem Geschäft nachging, indem er erbarmungslos beschlagnahmte oder die geringsten Steuerrückstände mit schweren Strafen belegte, und zwar ohne Unterschied bei Edelleuten und einfachen Bürgern. Husrav begann auch das Offizierskorps geschlagener Armeen, ja ganze Truppenteile hart zu peinigen, scheute sich nicht, Gefangene, deren es immerhin nicht weniger als sechsunddreißigtausend gab, in Kerkern morden zu lassen. Das erinnert uns an den Befehl des berüchtigten jüdischen Königs Herodes, der Flavius Josephus zufolge auf dem Sterbebett die pharisäischen Häftlinge zum Tode verurteilte, damit der Jammer über ihr tragisches Geschick die Trauer des Volkes über den Weggang seines Gebieters vervielfachte. Mit der Ausführung des grausamen Massakers wurde der Vorsteher der Hofdienerschaft und der königlichen Leibwache Zadanfarruch, Schahrijars Sohn, beauftragt. Aber ebenso wie Herodes' Erben dem Befehl des sterbenden Tyrannen nicht Folge geleistet hatten, weigerte sich auch dieser weitblikkende Major domus.

Er schob die Sache unter ausgeklügelten Ausflüchten über vermeintliche unverhoffte Hindernisse hinaus, verständigte aber die führenden Reichsnotabeln über die königliche Order. Die Magnaten und Würdenträger waren konsterniert. Sie mußten sich auf viel Schlimmeres gefaßt machen als das einfache Volk. Ein armer Schlucker, der auf seinem Fußbreit Acker oder in seiner bescheidenen Werkstatt arbeitete und die vorgeschriebene Steuer zahlte, hatte nichts zu verlieren; ein Magnat, der sich jahrelang in königlicher Gunst gesonnt und sein Vermögen gemehrt hatte, konnte auf einmal nicht nur seine Habe, sondern auch seinen Kopf verlieren, wenn er in Ungnade fiel. Ein Putsch war angesichts dieses Sachverhalts unumgänglich. An ihm nahmen selbst Zadanfarruch, Feldherr Nachvar, der Christenführer Schamta aus Jazdens Geschlecht, zwei Söhne des Heerführers Schahrvaraz, ein Sohn Arams und eine Reihe anderer Persönlichkeiten teil.

Die Berichte über all dies und weitere Begebenheiten sind verworren, doch auszuschließen ist es nicht, daß es sich in der Tat so zugetragen hat.

Südlich der Ruinen Babylons lag ein Schloß, das in der Eingeborenensprache Akr Babil hieß. Darin saß der älteste Königssohn Kavad interniert, Scheroë gerufen, Sohn der byzantinischen Prinzessin Maria. Nach Ansicht verschiedener Chronisten war er dahin gekommen, weil sein Vater ihn fürchtete. Astrologen hatten ihm nämlich geweissagt, der Jüngling werde allerhand Verwirrung stiften und einen Bürgerkrieg heraufbeschwören. Daher hatte der Vater ihn kurz nach der Geburt umbringen wollen. Er ließ davon ab, aber später weckte der Sohn von neuem seinen Verdacht. Irgendein Magier hatte den Prinzen gesehen, wie er auf einem Spaziergang in einer Hand eine Wolfspfote, in der anderen ein Antilopenhorn hielt, mit dem Horn die Pfote schlug und dabei das Märchen vom Löwen und dem Stier aus einer indischen Märchensammlung vor sich hin murmelte, die sein Urgroßvater Husrav Anoscharvan einst hatte ins Mittelpersische übertragen lassen. Husrav sah in dieser Episode ein böses Zeichen und verbannte den Prinzen samt seinen Gefährten und Bediensteten in jenes Schloß. Es fehlte ihnen an nichts, nur daß sie eben bewacht wurden.

Husrav weilte im Dezember in seinem Sommersitz Dastagerd. Als man ihm meldete, daß Kaiser Heraklios mit der byzantinischen Armee den Fluß Tornu überschritten hatte, war er völlig überrascht. Möglicherweise war es auch bereits ein paar Tage früher, daß er sich Hals über Kopf davonmachte. Am 1. Januar 628 nämlich verrieten gefangengenommene Hirten der königlichen Schafherden den Römern, daß der König vor neun Tagen, am 23. Dezember, sein Sommerpalais verlassen hätte. Ohne jemand auch nur ein Sterbenswörtchen von seiner Absicht gesagt zu haben, hatte er Schiren und drei seiner Frauen genommen und war durch eine vorher insgeheim angebrachte Mauerlücke nach außen geschlüpft. Wohl war ihm dabei keineswegs. Denn in dem Moment, als er sich zur Flucht entschlossen hatte, hörte er die Holzglocke oder -klapper anschlagen und glaubte, die Römer seien schon da. Schiren versuchte ihn zu beruhigen: »Fürchte dich nicht, Gott!« Aber er fiel ihr ins Wort: »Was bin ich für ein Gott, wenn mich der Priester jagt?« (Es war ihm hinterbracht worden, daß Heraklios ehemals Priesterweihen empfangen hatte.) Er schwor sich, im Falle seines Sieges in seinem Reich nicht einen einzigen Christentempel unberührt zu lassen, nicht eine einzige Holzglocke zu übersehen, wie sie die Römer benutzten. Husrav sputete sich, um mit seinen Frauen möglichst schnell die Hauptstadt zu erreichen, und schaffte die Strecke in drei Tagen.

Noch ein anderer mißlicher Umstand verdüsterte seine Sinne. Vor vierundzwanzig Jahren, als er Dara belagerte, hatten ihn Astrologen vor Ktesiphon gewarnt, das sie als den Ort seines endgültigen Untergangs ausgaben. Deswegen mied er diese Stadt seit jeher. Nun fuhr er geschwind hindurch und gelangte über die Tigrisbrücke nach Seleukia oder Veh-Ardaschir. Seine Frauen und Kinder brachte er in einer sicheren Burg östlich der Stadt unter und stürzte sich selbst in hektische Geschäftigkeit.

Zuallererst erließ er an die Heerführer den schriftlichen Befehl festzustellen, wer von den Soldaten sich der Feigheit vor dem Feind schuldig gemacht habe, und die Betreffenden zur Rechenschaft zu ziehen. Damit verbreitete er in der Armee Angst und erzeugte zugleich Widerstand.

Im weiteren erinnerte er sich zweier führender Befehlshaber, Farruchan Schahrvaraz' und Kardarigans.

Auf dem kleinasiatischen Feldzug erzählte Kardarigan einmal beim Mittagessen, er habe geträumt, wie er auf dem königlichen Thron säße. Davon erfuhr Husrav, denn er hatte überall seine Spione und honorierte Zuträger wie verdienstvolle Untertanen, und er schickte Schahrvaraz diesen schriftlichen Befehl: »Sobald dich dieser Brief erreicht, übersende mir Kardarigans Kopf!« Schahrvaraz hatte es nicht sonderlich eilig mit der Befehlsvollstrekkung und versuchte den König brieflich umzustimmen. Der König geriet in Wut und schrieb nun Kardarigan einen Brief mit der Aufforderung, ihm Schahrvaraz' Kopf zu schicken. Wir wissen nicht, ob der Brief zum Adressaten gelangte und er den Befehl verweigerte oder ob der persische Bote im kleinasiatischen Galatien den Römern in die Hände gefallen ist.

Heraklios' Sohn Konstantin nahm Geheimverhandlungen mit Schahrvaraz auf, und der gefährdete Feldherr ließ sich einen schönen Gegenzug gegen den Schah einfallen. Er verfaßte einen Brief, den er als königliches Dekret ausgab, womit der König die Hinrichtung von drei- oder gar vierhundert Offizieren verfügte. Ein solches dem König unterschobenes Machwerk mußte die Ergebenheit und Treue des Offizierskorps stark beschädigen. Schahrvaraz beendete Chalkedons Belagerung, vereinbarte mit den Römern Waffenruhe und zog mit seinen Truppen gemach nach Persien.

Heraklios' Friedensangebot lehnte Husrav brüsk ab und entschloß sich weiterzukämpfen. Er befahl die Aufstellung einer neuen Armee, in die auch die Haremsdienerschaft gesteckt wurde und die über eine Spezialabteilung von zweihundert Elefanten verfügte. An die Spitze dieses Haufens wurde Gundabunas gestellt, oder, wie ihn die Perser damals nannten, Guschnasp Aspad, was außerdem eher der Lesart der griechischen Osterchronik Gusdanaspa als dem arabischen Aspad Guschnasp entspricht. Er war einer der Hauptverschwörer gegen den König. Die neue Armee sollte sich mit den Resten der Rhazatestruppen vereinigen und am Westufer des Naharvan Verteidigungsstellung beziehen. Die Flußbrücken wurden abgerissen.

Heraklios überquerte nach der Schlacht und Ninives Einnahme zuerst den Großen Zab und setzte eine armenische Einheit unter Feldherr Georgios' Kommando als Vorhut ein, um den weiteren Vormarsch zu sichern. Georgios besetzte vier Brücken über den Kleinen Zab, der Kaiser überschritt am 23. Dezember den Fluß und nahm in den Jazdenhäusern Quartier; die Jazdenhäuser waren eine Domäne, die früher dem obersten Reichsfinanzwesir gehört hatte. Und dort feierten die Römer Weihnachten. Dann zogen sie weiter durchs Land, zerstörten unterwegs zwei Sommerschlösser, Dezeridan, was Schloß der Pagen bedeutet, und Rusa, überschritten den Fluß Torna und eroberten in den ersten Tagen des Jahres 628 Beklam oder Beklal. Beklam war ein ansehnlicher Grundbesitz mit viel Hausvieh und drei Wildgehegen voller Strauße, Antilopen und Onager. Die Römer requirierten massenweise Schweine, Schafe und Rinder, verteilten einiges unters Volk und veranstalteten im Tierpark Jagden. Chronisten schätzen ihren Verzehr auf dreihundert Strauße, fünfhundert Antilopen, einhundert Onager. Armenische Deserteure verrieten dem Kaiser, daß Rhazates' Truppen, die den Torna bereits in den Tagen, als Dezeridan und Rusa brannten, überschritten hatten, bei Barasroth, persisch Barazrod, Eberfluß, unweit der Dastagerddomäne in Stellung gegangen waren. Heraklios rückte gegen den König aus. Eine Hälfte der Armee nahm am Wege die Festung Bebdarch im Handstreich und schleifte sie. Die zweite Hälfte gelangte nach Dastagerd, das der König bekanntlich fluchtartig verlassen hatte. Die Beute war immens, die die Sieger in diesem Palais, Husravs größter und beliebtester Sommerresidenz, machten. Den dortigen königlichen Zoo aßen die Römer leer. Aber sie befreiten auf diesem Feldzug auch zahlreiche Gefangene und verhaftete Christen. Im Dastagerder Schloß beging der Kaiser mit seiner Armee am 6. Januar das Epiphaniasfest, d. h. Christi Erscheinung oder Tauftag.

Tags darauf brach Heraklios zur Hauptstadt auf und erreichte drei Tage später den zwölften Meilenstein östlich von Naharvan. Georgios stellte fest, daß die Brücken zerstört waren. Die Römer ahnten, daß die Doppelstadt Ktesiphon und Seleukia ihnen eine harte Nuß zu knacken geben würde; sie stellte eine kaum zu bezwingende Festung dar, die sich erst recht im Winter nur schwerlich belagern ließe. Daher wandte sich der Kaiser wieder nach Norden. Die Armee eilte auf Schahrzur zu, wo sie vorübergehend ihre Zelte aufschlug. Erst am 24. Februar verließ der Kaiser Schahrzur wieder und setzte den Marsch fort. Doch da nahten schon die denkwürdigen Tage, in denen die Tragödie der Sassaniden ihren Anfang nahm.

Husrav schmiedete in jenen Februartagen einen Plan, wie er Schirens Sohn Mardanschah als Thronfolger durchbringen könnte. Kavad Scheroë bekam davon irgendwie Kunde und bestellte seinen Milchbruder, den Heerführer Gundabunas, zu sich. Der kluge und vorsichtige Gundabunas fürchtete Husravs Zorn und befolgte die Einladung des Prinzen nicht. So weit käme es noch, daß Husrav ihn der Komplizenschaft mit dem putschenden Prinzen bezichtigen könnte! Er bat seinen Bruder, ihm schriftlich mitzuteilen, worum es ihm eigentlich ginge. Kavad forderte Gundabunas im Antwortbrief auf, er möge die Armee dafür gewinnen, ihm zur Macht zu verhelfen. Gundabunas stimmte zu, versprach ihm seine Unterstützung und heuerte für ihn zweiundzwanzig hohe Offiziere an. Kavad gab ihm daraufhin Bescheid, daß er sich am 24. Februar mit einer Schar junger Soldaten und seinen Bundesgenossen an der Tigrisbrücke einfinden und sie dann gemeinsam gegen Husrav ziehen würden. Inzwischen begaben sich die höfischen Verschwörer nach Akr Babil, um Kavad aus dem Kerker zu holen. Es ging glatt, Kavad kam mit ihnen nachts nach Veh-Ardaschir und ließ auf der Stelle das Gefängnis öffnen und die Internierung der Fürsten abbrechen. Die entlassenen Häftlinge, zusammengewürfelte Leute und Personen, nach denen der Schah fahndete, riefen Kavad zum König aus und brachen zum königlichen Palast auf. Der Monarch hatte an der Seite seiner

Gemahlin Schiren eine angenehme Nacht verbracht und fühlte sich wie in Abrahams Schoß, als die Königin die Wachtposten schreien hörte. Die Garden taten zwar allnächtlich die Losung »Schahanschah Aparvez!« allen vernehmlich kund, was »Der König der Könige ist der Sieger« heißt, weil Husrav mit dem Beinamen Aparvez, Sieger, genannt wurde. Aber in dieser Nacht hallte es durch den Hof: »Schahanschah Kavad!«, »König der Könige ist Kavad!« Der König stutzte und floh mit zwei Pagen aus dem Palast in den Schloßpark. Es ist nicht verläßlich bekannt, was weiter geschehen ist. Jedenfalls rannten sie ums Leben durch den Garten und stolperten, als sie die Verfolger hinter sich wußten, einer über den anderen. Husrav erreichte die Mauer, hob den Arm, um sich hinaufzuschwingen und nach außen zu gelangen. Doch vergeblich, die Angst übermannte ihn, und er sank zurück. Die Wachen kamen, nahmen ihn in Gewahrsam und schleppten ihn davon. Andere berichten, er habe sich im Garten, im Dikkicht versteckt, um die Mittagszeit sei jedoch sein Hunger stärker gewesen als die Angst, und er habe seinen Unterschlupf verlassen, um nach Essen zu schicken. Zadanfarruch ließ ihn ins Königspalais bringen.

Unterdessen hatten sich die Magnaten um Kavad versammelt und ihn zurechtgewiesen: »So geht es nicht. Wir können nicht zwei Könige haben. Entweder du läßt Husrav töten und wir werden dir treuergeben dienen, oder wir setzen dich ab und werden Husrav gehorchen, wie wir es bis zu deinem Machtantritt geflissentlich getan haben.« Kavad erschrak. Er ordnete an, den Vater aus dem Palast in das Haus des Magiers Mahraspand bzw. in eine Villa zu überführen, die als das Indische Haus bekannt war. Sie hoben Husrav auf eine Mähre, verhüllten sein Gesicht und teilten ihm einen Konvoi Soldaten zu. Unterwegs ritt er an einer Werkstatt vorbei, in der ein Schuster seinem Handwerk nachging. Der Schuster erkannte in dem maskierten Reiter Husrav und schmiß mit einem Huf nach ihm. Da wandte sich einer von den Begleitsoldaten um, zückte das Schwert, hieb ihm den Kopf vom Rumpf und schritt weiter. Sogar ein einfacher Soldat weiß, daß man selbst eine gestürzte Majestät nicht beleidigen darf.

Als die Kavalkade an Mahraspands Haus ankam, berief Kavad die Magnatenversammlung ein und verkündete seine Entscheidung. Er wolle zum Vater einen Boten entsenden, der ihm seine Verfehlungen vorhalten werde, damit der König zu ihnen Stellung nehmen, sie erläutern und sich verteidigen könne. Dieser Abgesandte war Gundabunas. Kavad legte ihm seine Absichten im groben dar und zählte alle Anklagepunkte auf, die er mit den Magnaten gemeinsam gegen den gestürzten Herrscher aufgestellt hatte. Husrav habe sich gegen seinen Vater Hormizd unmenschlich verhalten, indem er ihn blenden und töten ließ, sich des Thrones bemächtigte. Er habe gegen den Adel schlecht gehandelt und sich an seinen Söhnen versündigt, sei mit Häftlingen schändlich umgesprungen, die zu langjährigen Freiheitsstrafen und zu lebenslangem Kerker verurteilt waren, habe Männern und Kindern Frauen und Mütter weggenommen und sie gegen ihren Willen bei sich behalten, habe aus Untertanen erbarmungslos Steuern gepreßt, zum Steuereinnehmer den Blutsauger Farruchzad bestellt, der auch den geringsten Rückstand mit brutaler Gewalt eintrieb und den Leuten die letzte Habseligkeit raubte, er habe sich gegenüber dem römischen Kaiser Maurikios undankbar gezeigt, der ihn auf den Thron gehoben und ihm seine Tochter zur Frau gegeben hatte, und den Römern ihr heiliges Kreuz vorenthalten, mit dem weder er noch seine Untertanen etwas anzufangen wüßten. Gundabunas hörte sich die Klageschrift an und betrat Mahraspands Haus. Dort traf er auf den Kommandanten der Wache, die sich »bis zum Tode ergeben« titulierte. Es war Galinosch. Sie begrüßten einander, erwiesen sich sonstige gebührliche Artigkeiten, und der Abgesandte fragte den Kommandanten, ob er ihm eine Audienz beim König vereinbaren könne. Der Kommandant trat ehrerbietig vor den Monarchen, wie es sich Majestäten gegenüber geziemt, und verhandelte um einen Termin für Kavads Boten. Husrav kam die Zeremonie lächerlich, ja absurd vor. Er sagte: »Du redest unvernünftig. Wenn der Bote von Scheroë entsandt worden ist, der jetzt als König gilt, habe ich nichts zu sagen. Soll ich aber ihn vorlassen oder abweisen können, dann ist Scheroë kein König. Aber schließlich verhält es sich wohl so, wie es heißt: ›Wenn Gott etwas will, dann geschieht es; wenn der König etwas befiehlt, dann wird es ausgeführt!‹ Laß ihn ein, damit er mir seine Botschaft vortrage.« Gundabunas rief seinen Diener, überließ ihm sein Obergewand, zog aus dem Ärmel einen Streifen *padam*hervor, hängte sich ihn vor den Mund und trat vor den König. Als er seiner ansichtig wurde, fiel er zum Zeichen seiner tiefsten Ehrerbietung vor ihm zu Boden. Husrav bat ihn, sich zu erheben. Gundabunas stand auf und grüßte den König mit einer Armbewegung. So vollzog sich das den Höflingen eingetrichterte Ritual. Der König lag auf einer dreifachen golddurchwirkten Brokatdecke, die sich über einen Seidenteppich erstreckte, und stützte sich auf drei goldbesetzte Kissen. In der Hand hielt er zuerst eine runde gelbe Quitte, die er bei Gundabunas' Proskynese auf das oberste Polster legte. Aber die Quitte rollte auf die Decke, dann auf den Teppich und kullerte weiter in den Staub auf dem Fußboden. Gundabunas hob sie auf, wischte sie mit dem Ärmel ab und wollte sie vor den Schah legen. Husrav winkte ab und fuhr ihn an: »Weg damit!« Gundabunas legte die Quitte an der Teppichkante auf die Erde und verneigte sich aufs neue vor dem König. Husrav indessen senkte den Kopf und gab folgende Sentenz zum besten: »Geht etwas bergab, vermag es nichts voranzubringen. Geht etwas voran, vermag nichts, es zurückzudrängen. Beides ist dem Wechsel unterworfen, in beidem steckt die Kunst zu nichts. Und so ist der Fall der Quitte, die eigentlich Gutes verheißt und doch in den Staub gerollt ist, ein schlechtes Omen und offenbart, daß wir unserer Macht beraubt sind und die Herrschaft nicht einmal unseren Nachfahren bleibt, sondern denen zufällt, die nicht königlichen Blutes sind. Verkünde nun deine Botschaft.«

Nachdem Gundabunas die Anklage vorgebracht hatte, verteidigte sich Husrav des langen und breiten. Sein Vater Hormizd sei von abgefeimten Halunken gegen ihn aufgehetzt worden und habe ihn zu hassen angefangen, so daß er gezwungen gewesen sei, sich nach Aserbaidshan zu retten. Als er aber erfahren habe, was seinem Vater zugestoßen war, sei er sofort heimgekehrt. Da sei der widerwärtige Bahram Tschoven aufgetreten und habe ihn des Landes verwiesen. Er sei ins byzantinische Reich geflüchtet, mit einer Armee wiedergekommen, habe Bahram überwältigt, verjagt und seinen Vater gerächt. Seinen Söhnen habe er nichts Böses zugefügt, lediglich darauf geachtet, daß sie sich nicht in Dinge einmischten, von denen sie keine Ahnung hätten, damit das Land dadurch keinen Schaden nähme. Kavad habe er verschont, bis ihm die Horoskope der Astrologen und indischen Wahrsager bekanntgeworden seien, er würde zu seines Vaters Verhängnis die Herrschaft an sich reißen. Was die Steuereintreiberei und Geldrafferei anbelangte, sollte sich sein törichter Sohn doch überlegen, daß die einzigen Stützen des Reiches außer Gott die Finanzen und die Armee seien. Er sei wahrlich nicht der erste König gewesen, der Geld gesammelt habe. Darin sei er wohlweislich seinen Ahnen gefolgt, um die königliche Autorität zu wahren und im Kriegsfall das Reich zu sichern. Der verlotterte Bahram habe sich der königlichen Kasse bemächtigt und sie gründlich ausgeraubt. Nachdem er, Husrav, ans Ruder gekommen sei, habe er die königliche Autorität gefestigt, die Reichsverwaltung organisiert, kompetente Statthalter, Verwalter und Beamte eingesetzt, die Streitkräfte wieder gestärkt und auf Vordermann gebracht und den Staat auf eine ungeahnte Stufe gehoben. Im Krieg gegen die Römer habe er viel Gold, Silber, Geschmeide, Edelmetalle, Seide, kostbare Stoffe, Vieh, Waffen, Gefangene, Frauen und Kinder erbeutet. Gegen Ende seines dreizehnten Regierungsjahres seien in der Staatskasse 800 Millionen Mithkal in Silbermünzen gewesen, im dreißigsten habe sie schon 1600 Millionen Mithkal enthalten. Husrav gestand ein, rückwirkend Steuerrückstände eingezogen zu haben, was als die schlimmste Vorkehrung und das äußerste Mittel zur Auffüllung des Staatssäckels galt, die ein orientalischer Herrscher sich überhaupt leisten konnte. Nun hielt er es für durchaus denkbar, daß Kavad auf Anraten gewissenloser Würdenträger einen Steuererlaß verkündete, was den Staat unheimlich schwächen würde. Der Iran sei von Feinden umstellt, die fortwährend beanspruchten, was er besitze. Er sei wie ein Garten, der eingefriedet und bewacht werden müsse, um nicht von wilden Tieren verwüstet zu werden. Dazu sei eine Armee vonnöten, eine äußerst starke Armee, und Geld. Darin und nur darin liege der Schutz des Thrones gegen jedweden Widersacher begründet.

Aus den Vorwürfen, die Gundabunas geäußert hatte, ging hervor, wer sich gegen den Schah stellte. Unter seinen Gegnern finden wir auch die Christen, deren Lage sich in Husravs letzten Herrschaftsjahren sehr verschlechtert hatte. Einer der Hauptvertreter des Widerstandes und der Verschwörung war Schamta. Er entstammte dem vermögenden Geschlecht des Zöllners Jazden, in dessen Haus in Karkuk auf garamäischem Gebiet gegen Ende des 5. Jahrhunderts eine Synode der nestorianischen Priesterschaft stattfand. Jazden tat sich als eifriger Schirmherr des nestorianischen Glaubens hervor, ließ als einer der Reichsten seiner Zeit Kirchen und Klöster bauen. Bei Hofe bekleidete er das Amt des höchsten Aufsehers über die Steuereinnehmer und war bei Husrav beliebt wie einst Joseph beim Pharao. Es wurde getuschelt, er schanzte dem König täglich, daß heißt von frühmorgens bis frühmorgens, eintausend Stater, goldene Münzen, zu. Er verwaltete für den König die garamäische Provinz am linken Tigrisufer, und seine Latifundien lernten wir im Zusammenhang mit Heraklios' Feldzug als Jazdens Häuser kennen. In Adiabene oder Ostassyrien hatte er den jazdenabadischen Bezirk.

Dieser nestorianische Patron und fiskalische Vampir in einer Person starb, und Husrav berief an seine Stelle den Nestorianer Johann aus Kaschkar. Er versäumte allerdings nicht, das gesamte Vermögen des Dahingeschiedenen zu beschlagnahmen und seine Söhne Kortak und Schamta aller Ämter zu entheben. Gewiß, Kortak tauchte später mit einem ehrenvollen Titel auf, doch der bettelarme Schamta, der früher die Kirchenunternehmen unter sich gehabt und namentlich das von Königin Schiren gegründete Kloster versorgt hatte, schmollte dem König und harrte einer passenden Gelegenheit zur Rache. Und sie stellte sich in jenen Februartagen ein, die einen Staatsstreich nachgerade herausforderten. Schamta vereinbarte mit dem neuen Großwesir Peroz unmittelbar nach Husravs Verhaftung am 25. Februar Maßnahmen, die Kavads Herrschaft garantieren und das Tauziehen um den Thron beenden sollten. Die ungefährlichste, zuverlässigste, in der Vergangenheit so oft praktizierte typisch orientalische Methode war, die Thronanwärter umzubringen. Kavad beherzigte den Ratschlag beider Vertrauter und ließ fast alle seine Brüder meucheln. Mardanschah fand gar vor Husravs Augen den Tod.

Als Husrav seinen Vortrag beendet hatte, begab sich Gundabunas wieder zu Kavad und übermittelte ihm Husravs Anmerkungen, die Kavads Politik bemängelten, besonders detailliert. Bald darauf erschienen die Magnaten bei Kavad und wiederholten mit Nachdruck ihre Forderung, daß entweder Husrav beseitigt werde oder Kavad abdankte und den Thron seinem Vater beließe. Kavads schwere Stunde war gekommen. Er sah ein, daß er in ihren Händen zappelte gleich einem Sklaven, wie ein Dichter in späteren Zeiten es umschrieb. Wer einmal auf dem Thron sitzt, steigt in der Regel nur ungern wieder ab. Daher ordnete er an, Husrav ins Jenseits zu befördern.

Es meldeten sich Freiwillige, diesen Befehl zu vollstrecken, und ihre Zahl war groß, denn es gab viele, die darin die Erfüllung ihrer moralischen Pflicht, Blutrache zu üben, erblickten. Husrav aber hielt sich würdevoll und einem rechten Herrscher entsprechend. Jeden, der seine Kammer betrat, fuhr er dermaßen barsch an, daß sich niemand ihn zu töten getraute.

Natürlich kam auch der rachsüchtige Schamta herbeigeeilt, stahl sich aber beschämt wieder davon. Bis endlich Mihr Hormizd erschien. Er war Sohn des obersten Statthalters der südlichen Länder, Mardanschah, der seinem Herrn jahrelang ohne Fehl und Tadel, zu bester Zufriedenheit gedient hatte. Zwei Jahre vor diesen Ereignissen etwa jedoch ließ Husrav sich von seinen Sterndeutern und Wahrsagern sein Ende ausmalen. Sie schwatzten ihm auf, sein Tod käme aus dem Süden. Und er wäre kein von Mißtrauen und Aberglauben erfüllter, von Angst gepeinigter Herrscher, hätte ihn nicht Verdacht gegen Mardanschah gepackt, der in Überfluß lebte und in seinem ausgedehnten Territorium mit starker Hand regierte. Er lud ihn brieflich zu sich ein, zitierte ihn vielmehr, zur Eile mahnend, herbei und überlegte, ehe Mardanschah am Königshof erschien, unter welchem Vorwand er sich seiner am unauffälligsten entledigen könnte. Er wollte ihn umbringen, verspürte aber doch gewisse Skrupel, da Mardanschah wie kaum ein anderer stets alles getan hatte, ihm zu gefallen. Da kam er auf den Einfall, ihm die rechte Hand abhacken zu lassen und ihm den Verlust mit einer großen Summe zu ersetzen. Er fand dafür ein Argument und befahl die Vollstreckung, zu der er einen Kundschafter schickte, um festzustellen, wie es Mardanschah tragen und das Publikum hinnehmen würden. Als Mardanschah seine Hand los war, hob er sie mit der Linken auf, küßte sie, legte sie sich auf den Schoß und sagte unter Tränen: »Nun bist du hin, du Wohltäterin, du Beschützerin, du Schreiberin, du Streiterin, du Spielerin, du Spenderin!« Der Spion kehrte zum Schah zurück und berichtete ihm alles eingehend, was er gesehen und gehört hatte. Husrav tat es um Mardanschah leid, und er bereute seine Tat. Er entsandte einen Magnaten zu ihm, die königliche Abbitte zu überbringen und Mardanschah einen Wunsch freizustellen, den ihm der König nach Kräften erfüllen wollte. Mardanschah ließ dem König seinen ehrerbietigen Gruß bestellen und zum Trost seine Überzeugung vermitteln, ihn habe nur eine Fügung des Schicksals getroffen. Er möge ihm geloben, eine einzige Bitte zu erfüllen, deren Erfüllung schwören und einen würdigen frommen Mann zu ihm senden, der die Erfüllung verbürgte. Dann erst werde er das Gesuch mitteilen. Und der König gelobte es in der Tat, und der Hohepriester höchstpersönlich machte sich auf den Weg, um Mardanschahs Bitte entgegenzunehmen und dem Monarchen zu dolmetschen. Der verärgerte Unglücksrabe bat, der König möge ihm den Kopf abtrennen lassen und damit die Schande tilgen, die auf dem armen Tropf lastete. Der König mußte zu seinem Wort stehen, der Wunsch war ja erfüllbar. Also ließ er Mardanschah enthaupten. Und eben am 29. Februar, am Schalttag des Jahres 628, nun drang Mardanschahs Sohn mit einer Axt in der Hand in die Kammer des Schahs und antwortete auf die Frage, wer da sei, er heiße Mihr Hormizd und sei Mardanschahs Sohn. Husrav sagte daraufhin: »Du bist Sohn eines edelmütigen und verdienten Mannes, dem wir für seine Treue, Botmäßigkeit und Verdienste haben Unrecht widerfahren lassen. Tu, was dir befohlen ward. Nur ein Bastard rächt seinen Vater nicht.« Er erkannte, daß die Vorhersage sich erfüllte und das Verderben aus dem Süden kam. Und auch die andere Prophezeiung, daß er nämlich in Indien sterben werde, ging in Erfüllung; der Tod ereilte ihn im Indischen Häuschen. Der Mörder versetzte ihm einige Wunden, doch ohne Wirkung. Man untersuchte den Körper des Schahs und fand an seinem Oberarm ein Amulett, das ihn vor Verletzung bewahrte. Es wurde abgenommen, und unter dem Axthieb des Rächers brach der Schah tot zusammen.

Der Vatermörder und die Meute der Totengräber des Reiches

Daß Heraklios Schahrzur just einen Tag vor dem Staatsstreich in Ktesiphon verlassen hatte, erwähnten wir bereits. Um diese Zeit begann es im Zagrosgebiet zu schneien, und der Marsch der Armee durchs Gebirge wurde ziemlich strapaziös.

Die Römer passierten Jazdens Häuser und andere Orte, überschritten den Zab, nachdem sie den Hauptgebirgszug Zar überwunden hatten, und langten am 1. März in Barz an. Dort errichteten sie für acht Tage ihr Lager. Das war die zweite Anabasis, allerdings mit einem völlig anderen Ausgang als jene von Xenophon.

Während dieser Rastwoche kam Gundabunas ins römische Heerlager. Ihn hatte der Befehlshaber Mezez gefangengenommen, den der Kaiser zum Requirieren geschickt hatte. Er berichtete dem Kaiser darüber, was sich inzwischen in Persien ereignet hatte. Husrav habe seinen Sohn Mardanschah zu seinem Nachfolger berufen wollen. Doch Kavad habe auf irgendeine Weise davon erfahren und Gundabunas aufgefordert, sich mit ihm gegen den Vater zu verbünden. Gundabunas habe es getan, eine Armee für ihn angeworben und sei von ihm unverzüglich zusammen mit zwei Axiomatikoi, hohen Würdenträgern, und drei Kometes, Offizieren, entsandt worden, um mit Heraklios Kontakte zu knüpfen. Der Kaiser hörte sich mit sichtlicher Freude die Botschaft an und bat ihn, Kavad diesen seinen Ratschluß zu übermitteln: Er möge die Gefängnisse öffnen, um die benötigte Anzahl dankbarer Verbündeter zu gewinnen.

In diesem Teil der Geschichte entsprechen die überkommenen Texte einander nicht völlig, und das erschwert die Rekonstruktion einer zusammenhängenden Darstellung. Aus den Chroniken wissen wir, daß Gundabunas Husrav die Anklagepunkte vorgetragen hatte. Das kann frühestens am 25. Februar gewesen sein. Kaum daß er mit der Antwort des Königs zurück war, brach er zu Heraklios auf. Nach Barz wurde er von Mezez etwa gegen Ende der ersten Märzwoche gebracht. Also konnte er dem Kaiser berichten, daß Kavad seinen Vater gefangengesetzt und entthront hatte.

Der Kaiser setzte seinen Marsch nach Ganzak in Gundabunas' Begleitung fort und war am 11. oder 12. März am Ziel. Dort wartete er weiter auf das Ende der Schneeperiode, die in diesem Jahr vierunddreißig Tage dauerte, und schickte am 15. März nach Konstantinopel einen Brief, in dem er den ganzen Verlauf seines siegreichen Feldzuges schilderte. Dieses Schreiben wurde dann am Pfingstsonntag, dem 15. Mai, in der Hauptkirche öffentlich verlesen.

Mittlerweile trafen am 24. März im römischen Heerlager zwei Boten ein, ein Perser und ein Armenier, die Kavads Sekretär Chosdaes aus der Ortschaft Arman mit einem Brief an den Kaiser entsandt hatte. Darin informierte er den Kaiser über Kavads Thronantritt und erbat für sich als Diplomaten freies und sicheres Geleit ins Lager. Der Kaiser beauftragte am nächsten Tag den Stratelaten oder Kommandeur Elias Barsoka und den Drungarius oder Unterführer Theodotes mit einigen Römern und Gundabunas, dem Abgesandten entgegenzueilen und ihn zu ihm zu bringen. Schneeverwehungen im Bergland des Zar versperrten diesem kleinen Trupp den Weg nach Armenien, wovon der Kaiser am 30. März schriftlich in Kenntnis gesetzt wurde. Doch gleichzeitig hörte es wie durch ein Wunder auf zu schneien, und am Sonntag, dem 3. April, traf der persische Diplomat, der königliche Sekretär Phai'ak, im kaiserlichen Quartier ein und handelte mit Heraklios umgehend die Bedingungen eines Waffenstillstandsabkommens aus. Von Husravs Tod hatte der Kaiser bereits durch Chosdaes' beide Begleiter am 24. März erfahren. Aus Gundabunas' Bericht hatte er sich nicht ganz schlüssig sein können, ob Husravs Anhänger einen Anschlag auf Kavad versuchten und ihren Gebieter befreiten. Also wußte Heraklios erst einen Monat nach dem Umsturz mit Bestimmtheit, daß Husrav keine zuverlässigen Mitstreiter mehr hatte und allein dastand. Am 8. April wurde Phaïak nach Ktesiphon geschickt, vom kaiserlichen Tabularius oder Sekretär Eustathios begleitet. Heraklios wandte sich nach Armenien.

In Ktesiphon hatte inzwischen Kavad II. Scheroë zu regieren begonnen. Als erstes ließ er seine Brüder morden, als zweites verfügte er die Hinrichtung seines Vaters, als drittes zerriß er auf die Kunde vom Tod seines Vaters hin sein Gewand, wehklagte erbärmlich und bereitete ihm ein feierliches Begräbnis. Hinter dem Leichnam schritten die Magnaten und Notabeln zum prunkvollen Grabmal. Kurz darauf ließ der neue Schah Mihr Hormizd töten, weil er kein Bastard war und der Sittenpflicht der Blutrache nachkommen mußte. Mit Heraklios schloß er Frieden. Die Römer sagten sich von ihren Ansprüchen auf alten persischen Boden los, verlangten die Rückgabe der Gebiete, die Husrav im Jahre 603 besetzt hatte, machten ferner zur Bedingung, daß diese Landstriche von Persern geräumt, ihre Behörden und Truppen abgezogen, die Gefangenen ausgeliefert sowie die militärischen Insignien und das heilige Kreuz zurückgegeben würden. Der Euphrat blieb mit seinem Mittellauf Grenze zwischen beiden Reichen wie vordem.

Scheroë erbte auch den väterlichen Harem und beabsichtigte, Schiren ihm einzugliedern. Schiren weigerte sich, weil sie nicht als Witwe des geliebten Schahs Konkubine des Stiefsohnes und Vatermörders werden wollte. Möglicherweise handelt es sich hier um eine bloße Fiktion verschiedener Geschichtsschreiber, denn zu den jüngsten gehörte sie mit ihren reichlich fünfzig Jahren nicht mehr. Vielleicht aber hätte Kavad sie nur deshalb ganz gern in seinem Harem gesehen, um der Ordnung halber für ihren Unterhalt aufzukommen und ihre sonstigen Bedürfnisse zu befriedigen, wie es ihm nach heimischem Brauch, das Erbe nach dem verstorbenen Vorgänger zu verwalten, oblag. Erzählt wird auch, Schiren habe Scheroë vergiftet, um den gewaltsamen Tod ihres Sohnes Mardanschah und ihres Gemahls Husrav zu rächen, und sei selbst nach Gifteinnahme in Husravs Grabstätte gestorben.

Über Schiren gibt es in der Geschichtsüberlieferung etliche Fassungen, die einander zum Teil widersprechen. Außer Zweifel war sie Christin, und der König spendete Gaben für ihre Kirche. Sie gründete Gotteshäuser und Klöster und unterstützte sie nach Kräften. Den einen zufolge galt sie als Griechin, den anderen zufolge als Aramäerin aus Susiana. Sie zeichnete sich durch Anmut und Schönheit aus und verstand meisterhaft zu musizieren. Husrav ließ ihr ein Sommerschloß errichten, in späteren Schriften Kasr-e Schirin, Schirens Schloß, genannt. Neben ihr besaß Husrav Maria, Murikios' Tochter und Scheroës Mutter, deren Existenz allerdings von manchen bestritten wird. Angeblich ließ Schiren sie vergiften.

Im übrigen vollbrachte Kavad während seiner Herrschaft kaum etwas von Belang, schon deshalb nicht, weil sie von kurzer Dauer war. Behauptet wurde, er sei als Marias Sohn insgeheim im christlichen Glauben erzogen worden und habe ein kleines Kreuz um den Hals getragen. Ruhe war ihm nicht beschieden, denn seine beiden Schwestern Boran und Azarmeducht warfen ihm ständig vor, daß er Vater und Brüder ums Leben gebracht hatte. Bei solchen Anlässen brach er in Tränen aus und riß sich die Krone vom Haupt. Die Christen wurden unter seiner Herrschaft nicht behelligt. Der Ränkeschmied Schamta bekam seinen Lohn. Er wurde vom Oberbefehlshaber der Armee beschuldigt, nach der Königswürde zu lechzen, und Scheroë ließ ihn in den Kerker werfen. Schamta entfloh, aber seine Häscher holten ihn in Hira ein und schleppten ihn zurück. Der König ließ ihm die Hände abhacken und im Verlies schmachten.

Im Sommer begab sich Scheroë nach alter Sitte in den medischen Bezirk Holvan zur Sommerfrische. Dabei steckte er sich mit irgendeiner Krankheit, womöglich mit der Pest, die auch damals grassierte, an; eine anonyme syrische Chronik will wissen, daß er im Darm Schmerzen gehabt habe. Noch vor seiner Ankunft, wahrscheinlich in Dastagerd, starb er. Er hatte höchstens sieben Monate lang regiert, und sein Tod ist ungefähr auf Ende September zu datieren.

Die Magnaten lancierten auf den verwaisten Thron sein siebenjähriges Söhnchen Ardaschir, den dritten dieses Namens. Scheroë hatte wohl eine Griechin geehelicht, die entweder Anoj oder Buri hieß. Beiden waren nach achtjähriger Ehe noch keine Kinder beschieden. Erst als ihnen der edessische Bischof Babai ein wunderwirkendes Präparat schickte, gebar

Anoj oder Buri einen Knaben. Die Amtsgeschäfte führte für ihn der oberste Truchseß, der den König bei der Tafel bediente, Meh-Adhar-Guschnasp, ein gewandter und populärer Politiker, der mit seinen Taten die Königswürde aufzupolieren wußte. Die Zustände im Reich waren allerdings nach dem langwierigen Krieg aufs äußerste zerrüttet. Die Perser verließen die römischen Besatzungszonen nur langsam, und hier und da widersetzten sie sich gar der Aussiedlung. So weigerten sie sich, das syrische Edessa zu räumen, und Heraklios' Bruder Theodor, der die evakuierten Städte zu übernehmen hatte, mußte Gewalt anwenden und die persischen Stadtteile von Edessa mit schweren Kriegsschleudern bombardieren lassen.

Das größte und unbequemste Hindernis für die Regierung in Ktesiphon indessen stellte Schahrvaraz dar, der mit seinen Truppen an den römischen Grenzen herumlungerte; niemand wußte recht, was er im Sinn hatte. Schahrvaraz selbst wußte es allzu gut, und sein Ehrgeiz strebte hoch hinauf. Im Juli 629 traf er in einem gottverlassenen kleinasiatischen Ort namens Arabissos Tripotamos mit Heraklios zusammen, und sie vereinbarten Frieden miteinander. In wessen Namen Schahrvaraz auftrat, ist ungewiß. Beide Männer legten den Euphrat als Grenze fest und stifteten zu Ehren und Gedenken ihrer Zusammenkunft an Ort und Stelle eine Kirche, der sie den Namen Eirene, Friede, verliehen. Diese großartig anmutende Geste diente einem bei weitem bedeutsameren Akt lediglich als Vorwand. Schahrvaraz hielt dem Kaiser gegenüber mit seiner Absicht, in Persien eine andere Ordnung einzuführen, sobald er den Thron bestiegen habe, keineswegs hinterm Berge. Heraklios billigte sie natürlich und gelobte von byzantinischer Seite jedwede Unterstützung oder zumindest Neutralität. Byzantinischen Interessen konnten weder Chaos oder der Ausbruch eines Bürgerkrieges in Persien noch der Zustand, daß Schahrvaraz den Thron an sich risse und Sassanidenprinzen anstellte, zuwiderlaufen.

Schahrvaraz sicherte seinerseits Heraklios die Herausgabe des heiligen Kreuzes zu. Beide Staatsmänner waren freilich nicht nur zu eitel Freude und aus purer Anhänglichkeit zusammengekommen. Heraklios durchschaute Schahrvaraz' Schachzüge und leistete ihnen Vorschub.

Nunmehr durfte Schahrvaraz offen auf den Plan treten. Zuerst verkündete er seine politische Kampflosung: *Ken-i Husrav*, Rache für Husrav! Sie paßte gut zu seinen Ambitionen und war geeignet, Husravs alte Kämpfer für ihn zu gewinnen. In Wirklichkeit hatte er Husrav gefürchtet, wie wir gesehen haben, gehaßt und nach Rache an ihm gelechzt. Wie hätte es auch anders sein können, da doch der mißtrauische Alte ihm an den Kragen wollte. Daher gab er sich während Husravs kritischster Zeit im Grenzgebiet den Anschein eines durch und durch unparteiischen Beobachters und verriet seinen Herrn, als es ihm sein eigener Vorteil gebot. Er forderte die Regierung in Ktesiphon auf, Meh-Adhar-Guschnasp, Gundabunas und deren Kumpane, die sich an der Verschwörung gegen Husrav beteiligt hatten, zu ihm zu schicken, und gab vor, mit ihnen gemeinsam in Sachen Husravs Entthronung Ermittlungen einleiten zu wollen. Meh-Adhar-Guschnasp erbot sich seinen Genossen, alles auf seine Kappe zu nehmen und sich Schahrvaraz zu stellen, aber die anderen wiesen so viel Altruismus zurück. Die Situation wurde zusätzlich dadurch kompliziert, daß Schahrvaraz' ehemaliger Kampfgefährte und Amtskollege Kardarigan über eine eigene Armee verfügte und nicht unbedingt auf ein Einvernehmen mit Schahrvaraz versessen war. Es kam dann auch zu einem Geplänkel zwischen beiden, in dem Kardarigan verlor und fiel.

Schahrvaraz kam vor die Hauptstadt gezogen und rief sie zur Kapitulation auf. Doch Meh-Adhar-Guschnasp hatte zuvor die Schutzwälle verstärken und große Vorräte anhäufen, ja ganze Viehherden in die Stadt treiben lassen und war zur Gegenwehr wohl gerüstet und bereit. In Ktesiphon weilten König Ardaschir III. und andere Mitglieder der Dynastie mit ihren Frauen und lagen riesige Geldbeträge in der Staatskasse. Schahrvaraz eröffnete den Kampf, attackierte und beharkte die Metropole aus gewaltigen Belagerungsmaschinen, doch das alles half nichts. Schließlich griff er, dem Vorbild vieler anderer Heerführer in ähnlicher Lage folgend, zu einem bewährten und probaten Mittel. Er traf mit dem Kommandanten der Leibwache und dem obersten Statthalter der Südprovinzen eine Geheimabsprache, und sie öffneten ihm die Stadttore. Seine Truppen marschierten ein, erschlugen so manche hochgestellte Persönlichkeit, machten bei ihnen fette Beute und vergewaltigten ihre Frauen. In der Nacht vom 27. zum 28. April 630 fiel auch König Ardaschir von Mörderhand.

Schahrvaraz stand der Weg zum Thron frei. Er hatte zwei Söhne und offenbarte eines Tages einem von ihnen die Weisheit, daß ein Tag an der Macht besser sei als ein hundertjähriges Dasein in Unterordnung. Der ältere Sohn riet ihm, lieber über die Zukunft nachzudenken, in der er von seinen Untertanen gestürzt werden könnte, da er ja keinem Königsgeschlecht entstammte noch zu jenen gehörte, die zum Herrschen sonderlich taugten. Der jüngere Sproß jedoch schrie seinen Bruder empört an: »Die königliche Macht ist doch nicht mit dem Sassanidengeschlecht verwachsen. Und es gibt sehr wohl Leute, die dazu ausersehen und fähig sind, Macht auszuüben und das Volk weit besser zu regieren als alle Sassaniden zusammen.« Das war ein zynisches, aber durchaus angebrachtes Totengeläut, das den altpersischen Königsgeschlechtern und dem sassanidischen Legitimismus das letzte Geleit gab.

Schahrvaraz nahm sein Amt ernst, doch beneidenswert waren seine Geschicke nicht. Eine seiner ersten Regierungsmaßnahmen bestand in der Rache an Schamta. Der Häftling wurde aus dem Verlies geholt und vor der Kirche Bet Narkos gekreuzigt. Als Grund mußte herhalten, daß er einst Schahrvaraz' Tochter ausgeschimpft habe, als sie durch Ktesiphon gefahren war. Der neue Schah hatte unter den Verfechtern der Dynastie seine Widersacher, zu denen auch seine Gemahlin Prinzessin Boran, Husravs Tochter, zahlreiche Magnaten und Offiziere zählten. Zu allem Überfluß bekam er noch die Ruhr, versaß viele Stunden auf dem Nachtgeschirr, das er sich vor seinen Thron stellen ließ, und bot so seiner nächsten Umgebung keinen besonders erfreulichen Anblick.

Das Reich zerfiel in mehrere Regionen; in ihnen ließen sich zu Königen der Könige einzelne Angehörige des Sassanidengeschlechts küren, die die bisherigen Massaker glücklich überlebt hatten, aber dazu verdammt waren, in künftigen auf tragische Weise umzukommen. Schahrvaraz genas und entschloß sich, in die südlichen Gebiete des Reiches zu ziehen, wo der Respekt vor dem Sassanidengeschecht als altem ruhmbeflecktem lokalem Klan noch unbeeinträchtigt erhalten war. Als er jedoch aufs Pferd stieg, wurde er von drei Brüdern, seinen Leibgardisten, durchbohrt. Die Schergen handelten im Auftrag einer größeren Gruppe von Verschwörern, die wiederum diesen politischen Slogan an ihre Fahnen geheftet hatten: *Ken-i Ardaschir*, Rache für Ardaschir! Sie liquidierten alle, die sich am Aprilputsch beteiligt und am jungen König vergangen hatten, und erklärten Boran, Scheroës Schwester, zur Königin.

Hier stoßen wir auf ein weiteres eigenständiges Kapitel. Der Thronräuber kam am 9. Juni 630 ums Leben. Ihn hatte es demzufolge nicht einmal so lange auf dem Thron gehalten wie sein Vorbild Bahram Tschoven. Das neue Jahr zog also bereits am 17. desselben Monats herauf. Man könnte meinen, Münzmatrizen in solch kurzer Frist herzustellen sei undenkbar gewesen. Gewiß, aber Boran ernannte unmittelbar nach ihrem Thronantritt einen von Schahrvaraz' Mördern zum Ersten Minister und ließ Münzen aus ihrem ersten Regierungsjahr prägen. Obwohl ihr erstes Jahr vom ersten Tag des Jahres an, in dem sie den Thron bestieg, gerechnet wurde, das heißt ab 17. Juni 629, herrschte sie in ihrem ersten Jahr lediglich dessen letzte Woche über. Der Verdacht, daß Boran wesentlich früher an die Machtübernahme gedacht hatte, als sie den Thron bestieg, liegt nahe, ja drängt sich nachgerade auf. Schon ein Jahr zuvor rechnete sie, gerissen wie sie war, damit, die Pläne ihres Gemahls Schahvaraz zu durchkreuzen. Als sie erfuhr, daß er im Juli 629 in Arabissos Tripotamos mit Heraklios verhandelte, setzte sie sich dafür ein, daß die Regierung in Ktesiphon das heilige Kreuz früher herausrückte, als es Schahrvaraz selbst hätte tun können. Und tatsächlich überreichte eine persische Abordnung bald darauf in der syrischen Stadt Hierapolis oder Membidsh die heilige Reliquie dem Kaiser, der sie dann persönlich nach Jerusalem brachte, wo das Kreuz am 14. September 629 feierlich aufgerichtet wurde. Mit der Aufrichtung des heiligen Kreuzes taten sich die Historiker schon immer schwer, und bis heute ist nicht alles geklärt, was mit ihr zusammenhängt. Daß das Kreuz im Jahre 629 von den Persern herausgegeben wurde, scheint schließlich ein in arabischer Überlieferung überkommener Bericht zu bezeugen.

Zu jener Zeit, als der Prophet Mohammed mit seinen mekkanischen Widersachern Waffenruhe aushandelte und im März 628 den Vertrag über die Pilgerfahrt nach Mekka schloß, schlug die Nachricht von Husravs Tod ein. Angeblich erreichte sie Mohammed an dem Tag, als das Abkommen in Hudaibija unterzeichnet wurde. Der Waffenstillstand währte bis zum Jahr 630, in dem Mohammed Mekka besetzte. Also hatte unser Augenzeuge von der Aufrichtung des heiligen Kreuzes ein ganzes Jahr Zeit, in aller Ruhe mit Palästina Verbindung zu pflegen. Es war Abu Sufjan, ein angesehener mekkanischer Patrizier, der im September 629 mit seiner Karawane in Jerusalem anlangte. Er galt als einer der fanatischsten Gegner des Propheten und nutzte die Periode der Waffenruhe zu ungestörtem Handel. Dann aber intrigierte Boran mit gegen Ardaschir, entledigte sich nach der Einnahme Ktesiphons mit Schahrvaraz' Unterstützung ihrer Komplizen und ein wenig später mit Hilfe neuer Verschwörer auch Schahrvaraz' selbst. Wenn wir uns diese Wühlarbeit der emsigen Prinzessin und deren Auswirkung vergegenwärtigen, begreifen wir auch, daß es ihr gelungen sein kann, rechtzeitig Münzmatrizen mit dem Datum ihres ersten Regierungsjahres zu schlagen.

Wollen wir den Berichten der Chronisten Glauben schenken, dann war Boran ehrlich bestrebt, ihren Untertanen sowohl mit öffentlichen Vorhaben zur Förderung wirtschaftlicher Beziehungen als auch durch Stornierung von Steuerrückständen, durch Münzausstoß und Gerechtigkeit Gutes zu tun. Sie kolportierte übers ganze Reich schriftlich Reden, in denen sie das Volk ihrer Sorge um vorbildliche Staatsführung versicherte und es zu Gehorsam und Ergebenheit ermahnte. Mit Verwunderung lesen wir daher, daß sie gewaltsamen Todes, erdrosselt, gestorben ist. Es ist aber durchaus möglich, daß die Geschichtsschreiber sie in dieser Hinsicht mit ihrer Schwester Azarmeducht verwechseln.

Boran herrschte anscheinend sechzehn Monate. Was sich während ihrer Regierung und vor allem nach ihrem Tode ereignet hat, entzieht sich historischer und chronologischer Rekapitulation. Die Geschichtsschreiber zählen eine Reihe Könige auf, die zumeist sehr kurz in den verschiedenen Teilen des Reiches auftauchten; manche von ihnen führen sie so vor, als hätten sie nacheinander über das gesamte Reich geherrscht. Die Reihenfolge ihrer Namen gerät in jeder Quelle anders, manchmal unterscheiden sich auch ihre Namen unwesentlich voneinander, aber selbst die Angaben über die jeweilige Regierungsdauer divergieren.

Gehen wir um sechzig Jahre zurück und führen uns eine alte arabische Sage zu Gemüt. In jener Nacht, als der Gottesbote Mohammed geboren wurde, also in der Nacht vom 19. zum 20. April 571, erbebte Husravs I. Anoscharvans Palast in Ktesiphon, vierzehn Zinnen stürzten ein, das persische heilige Feuer, das seit eintausend Jahren ununterbrochen geloht hatte, erlosch, der See bei Save, einem Ort zwischen Hamadan und Teheran, trocknete aus, und der Hohepriester selbst hatte einen Traum, in dem er sah, wie Kamele von arabischen Pferden, die sich dann über den ganzen Iran verbreiteten, über den Tigris verscheucht wurden. Auf königliches Geheiß wurde im ganzen Land ein Mensch gesucht, der diese Vision und dieses Zeichen entschlüsseln könnte. Endlich gelang es, aus dem Munde eines sterbenden Wahrsagers am Rande der syrischen Wüste zu erfahren, die vierzehn Zinnen bedeuteten, daß nach Husrav Anoscharvan in Persien noch vierzehn Könige regieren würden. Der König war beruhigt und zufrieden. Doch die Geschichte wollte es anders: Nach ihm herrschten legitim drei, Hormizd IV., Husrav II. Parvez, Kavad II. Scheroë, und der letzte Gebieter war Jazdkart III., aber zwischen Kavad und Jazdkart lösten binnen vier Jahren zehn Regenten einander ab. Und das war eben jene verworrene Zeit, die sich nach Königin Borans Tod sehr zugespitzt hatte. Wenn wir sämtliche Chroniken zu Rate ziehen, finden wir zehn Namen jener ephemeren Schahs.

Bald nach Boran übernahm ihre Schwester Azarmeducht die Macht, eine überaus schöne und tatkräftige Prinzessin, die bereits bei Besteigung des Thrones verlauten ließ: »Wir werden uns so verhalten wie unser Vater Husrav Parvez, und wer sich gegen uns stellt, dessen Blut werden wir vergießen.« Und sie verfuhr peinlich genau nach dieser Devise. Während ihrer sechsmonatigen Regierung ereignete sich ein Vorfall, der die Sassanidenmajestät aufs neue in Verruf brachte. Der Statthalter im nordöstlichen Iran, in Chorasan, dem Land der aufgehenden Sonne, Farruch Hormizd, verliebte sich in sie und machte ihr einen Heiratsantrag. Die hochmütige Sassanidin wies ihn zurück: »Einer Königin geziemt es nicht zu heiraten. Ich weiß wohl, daß sich hinter deinem Antrag nichts anderes verbirgt als dein Verlangen, deine Lust an mir zu befriedigen. Komm also in dieser und dieser Nacht zu mir.« Der liebestolle Satrap, der sich gerade in Ktesiphon aufhielt, galoppierte zum angegebenen Termin zu ihr. Die Königin hatte jedoch vorher den Vorsteher ihrer Leibgarde angewiesen, in der Nacht des Rendezvous dem Magnaten aufzulauern und ihn zu beseitigen. Der disziplinierte Offizier zauderte nicht und erfüllte den Auftrag. Azarmeducht ließ die Leiche an den Füßen aus dem Palast schleifen und an einer öffentlichen Stelle des Palastbezirkes ablegen. Als dann am Morgen Leute den toten Farruch Hormizd entdeckten, ließ sie ihn entfernen. Also konnte das sassanidische Persien auch mit seinem Königsmarck aufwarten, freilich mit dem Unterschied, daß der glücklose Liebhaber nicht für alle Ewigkeit verschwand, ohne Spuren zu hinterlassen. Die Sache wirbelte Staub auf, und die Kunde darüber gelangte mit der Zeit nach Chorasan, wo Rostam seinen Vater im Amt vertrat. Um die Sittenpflicht der Blutrache zu erfüllen, kam er mit seinem Heer nach Ktesiphon marschiert, verhaftete die Königin und ließ sie entweder blenden oder vergiften.

In verschiedenen Landesteilen wurde nach Thronkandidaten Ausschau gehalten, deren Reihen sich nach dem Februarputsch des Jahres 628 empfindlich gelichtet hatten. Sogar solche kamen in Frage, die nur mütterlicherseits mit der Dynastie verwandt waren. Wir wissen, daß die Thronanwartschaft auch für Frauen und deren Nachkommen galt. Man fand einen solchen Jüngling im Gebiet Maischan an der Euphrat- und Tigrismündung, Sohn eines Edelmannes und der Enkelin Anoscharvans. Er hieß Peroz, wurde nach Ktesiphon gebracht, auf den Thron gesetzt und gekrönt. Der Pechvogel hatte aber einen zu großen Kopf, so daß ihn die Krone drückte und er lauthals aufschrie: »Wie eng doch die Krone ist!« Die um ihn versammelten Magnaten erschraken, als sie diese einfältigen Worte vernahmen, denn sie sahen darin in gewohnter Manier sogleich ein böses Omen für den König, seine Untertanen und das Reich. Es ist nicht bekannt, ob sie sich sofort auf ihn stürzten oder ein paar Tage später, feststeht, daß sie ihn umbrachten.

Im Gebiet von Nisibis im Westen des Reiches wurde ein weiterer Prinz entdeckt. Er hatte sich auf der Steinernen Burg bei Nisibis verborgen gehalten und war bereit, das wenig beneidenswerte Erbe anzutreten. Sein Name war Farruchzad Husrav. Er herrschte wahrscheinlich ein halbes Jahr und wurde dann entthront oder auch ermordet.

In Nisibis, wo Schahrvaraz' Armee gelegen hatte, behauptete eine Zeitlang Hormizd V. die Lage, fiel aber bald ebenfalls einer Armeemeuterei zum Opfer.

Schließlich wurde im Süden des Reiches ein Kandidat ausfindig gemacht und im farsischen Stachr zum König erklärt. Es war Jazdkart, Schahrijars Sohn, Husrav Parvez' Enkel, jener Knabe, der, wie bereits oben berichtet, zur Zeit der Isolierung der Prinzen vom weiblichen Geschlecht das Licht der Welt erblickt hatte. Als er sich der Unterstützung der mächtigen Magnaten, vor allem Rostams, versichert hatte, begab er sich nach Ktesiphon und wurde Irans alleiniger König, der letzte der Sassanidendynastie zugleich, damit die Prophezeiung sich bewahrheitete, daß der mit einem körperlichen Makel behaftete Enkel von Parvez die Existenz der Dynastie und des Reiches aufs Spiel setzen würde.

Etwas gibt es immerhin in dieser Periode des Chaos, was uns beim Datieren, auf das wir uns anhand der Chroniken nicht verlassen können, einigermaßen hilft. Es sind die Münzen, die das Porträt des Herrschers, die Abkürzung der Münzstätte, den Namen des Schahs und das Regierungsjahr tragen, in dem sie auf den Markt geworfen worden sind. Nach einer Münze läßt es sich bestimmen, wer an diesem oder jenem Neujahrstag auf dem Thron saß und Münzen prägen ließ. Der renommierte Numismatiker Robert Göbl, der sich erfolgreich der Erforschung sassanidischer Münzen widmete, eruierte auf Grund der Angaben auf Geldstücken, wann die einzelnen Regenten geherrscht haben. Boran prägte Münzen in den Jahren 629 bis 630, 630/631, 631/632, also drei Jahre, Hormizd V. 630/631, 631/632, also zwei Jahre, Farruchzad Husrav 631/632, 632/633, also zwei Jahre. Die Aufteilung des Reiches erschließt sich daraus, welchem König dieses oder jenes Jahr und diese oder jene Prägewerkstatt zugehörte. Der wahrscheinlichen Zuordnung der Werkstätten zufolge herrschte Boran im ersten Jahr über den Süden, den Westen und den Osten des Reiches und büßte im zweiten den Westen, im dritten den Süden ein. Hormizd hielt in Borans zweitem Jahr den Westen und Osten in seiner Hand und prägte im dritten in allen Landesteilen Münzen, Farruchzad prägte in seinem zweiten Jahr im Westen, Jazdkart III. zur selben Zeit im Süden Münzen. Daraus ersehen wir, welche Bedeutung die Numismatik für die Geschichtsschreibung hat, weil sie uns enthüllt, wonach wir in Chroniken vergeblich suchen.

Königin Boran auf einer Münze,
Siegel eines Magiers der frühsassanidischen Zeit

Der letzte König Jazdkart III. trat zwar erst am 10. Juni 633 die Herrschaft an, rechnete aber sein erstes Jahr gemäß der oben skizzierten Regel schon ab 16. Juni 632. Diesem Datum kommt hinsichtlich der Datierung in orientalischer Geschichte und Literatur insofern besonderes Gewicht zu, als es eine *epoche* oder den ersten Tag der Zeitrechnung darstellt, die für persische und indische Parsen, Anhänger des zarathustrischen Mazdaismus, bis in die Gegenwart verbindlich geblieben ist.

Es nimmt sich seltsam aus, daß wir in einem Jahr den 18. Juni, im nächstfolgenden den 17. Juni als Neujahrstag bezeichnen. Hier empfiehlt sich eine Anmerkung zum persischen Kalender der Sassanidenära. Die Perser kannten damals das sogenannte bewegliche Sonnenjahr, *annus vagus*, das nur 365 Tage umfaßte, untergliedert in zwölf Monate zu dreißig Tagen und fünf ergänzende Tage oder Epagomenae (Schalttage). Da nicht alle vier Jahre ein Schalttag eingeschoben wurde, wie es der julianische Kalender tat, begann das persische Jahr nach jeweils vier Jahren zu einem Datum, das gegenüber dem julianischen Kalender um einen Tag früher lag. Deshalb entsprachen 1460 julianische Jahre 1461 persischen, und einmal fielen in dieser Zeitspanne zwei persische Neujahrstage in ein Schaltjahr des julianischen Kalenders, und zwar auf den 1. Januar und den 31. Dezember.

Unserer Kenntnis entzieht sich, wann dieser Kalender in Persien eingeführt worden ist. Das bewegliche Jahr entliehen die Perser den Ägyptern, und daher ist anzunehmen, daß das Jahr in Persien zu Beginn dieses Kalenders etwa mit der Frühjahrstaggleiche zusammenfiel, der Kalender frühestens in der Achämenidenzeit, ungefähr im 5. Jahrhundert v. u. Z. Geltung erlangte. Die persischen Monate hießen nach den Gottheiten der jüngeren Form des Zarathustraglaubens: Fravartin (Ahnengeister, Schutzengel), Urtvahischt (Beste Ordnung), Chordad (Gesundheit), Tir (Siriusstern), Amurdad (Unsterblichkeit), Schahrevar (Beste Regierung), Mihr (Gott der Verträge = Mithra), Aban (Gewässer = Anahita), Atur (Feuer), Dai (Schöpfer), Bahman (Gute Denkart), Spendarmat (Mutter Erde, Genius der Hingabe an landwirtschaftliche Arbeit). Auch die Monatstage waren einzelnen Göttern und guten Genien geweiht. Hauptfeiertage gab es im Kirchenjahr sechs, sogenannte *gahanbars;* außer ihnen wurden *nauroz,* das Neujahrsfest, *mihrgan* im Monat Mihr und einige weitere begangen.

Das bittere Ende des ersten Abschnitts iranischer Geschichte

Einst, als der byzantinische Kaiser Maurikios in Phokas' Aufstand den Tod fand, wurde der König von Hira, Nu'man, Opfer von Husravs Groll. Das machten sich einige arabische Räuberstämme zunutze und fielen in Gebiete ein, die unter persischer Oberhoheit standen. Die Perser schickten ihnen gut ausgerüstete Truppen entgegen, um sie zu bestrafen und zu Wohlverhalten zu bewegen. Aber unweit der Ortschaft Dhu Kar, nahe der später berühmten Stadt Kufa, wurden sie von arabischen Beduinen geschlagen. Offenbar ließ sich die persische Regierung davon wenig beeindrucken, zumindest verschwieg sie diese Schlacht und deren Folgen. Doch, wie so oft in der Geschichte, zeitigen solcherart Erfahrungen unwillkürlich Wirkung. Die Araber hatten erkannt, daß sie gegen die persische Armee nicht nur zu kämpfen, sondern sogar zu siegen vermochten. Stellen wir uns vor, wie wohl in den Augen der Nomadenstämme der Halbinsel und der arabischen Stadtstaaten das arabische Ansehen gewachsen und das persische Prestige geschrumpft sein mögen. Wann der Zusammenstoß erfolgt ist, wissen wir nicht genau; die Angaben schwanken zwischen 604 und 608. Die Erinnerung an ihn lebte lange fort.

Etwa zu der Zeit, als sich die persische Großoffensive gegen Kleinasien abzeichnete, im Jahre 610, machte Mohammed als Prophet von sich reden. Nach Medina kam er, als Heraklios von Kilikien aus zum Pontus aufbrach. Der Prophet begann dort einen islamischen Staat aufzubauen, und es kann ihm bescheinigt werden, daß er gegen Ende seines Lebens der mächtigste Herr auf der Arabischen Halbinsel war. Während der ausschlaggebenden Entscheidungsperiode im Vorderen Orient knüpfte er im Jahre 627 briefliche Kontakte zu Kaiser Heraklios. Ein Jahr darauf schrieb er auch eine Reihe Regenten und Gouverneure an und forderte sie auf, zu seinem Glaubensbekenntnis überzutreten. Neben Heraklios waren es der ägyptische Statthalter Mukaukas, der ghassanische Fürst und byzantinische Vasall al-Harith und schließlich der persische Schah selbst. Husrav Parvez erreichte der Brief nicht mehr, weil der Prophet von seinem Tod erst einen Monat später, im März 628, erfuhr, als er in Hudaibija mit den Mekkanern um Waffenruhe verhandelte. Kavad II. Scheroë aber ließ sich nicht zum Islam bekehren.

Husrav hatte noch zu seinen Lebzeiten seinem Statthalter im Jemen, Badhan, aufgetragen, Spione nach Medina zu schikken, um die ganze Sache um Mohammed, seine Politik, seine Absichten und seine Haltung zu Persien auszukundschaften. Die von Badhan nach Medina entsandten Boten berichteten nach ihrer Rückkehr über Verhältnisse, die ihn letztlich veranlaßten, zum Islam überzuwechseln. Das geschah im Jahre 631. Badhan durfte sein Statthalteramt in San'a weiterbekleiden, starb aber im nächsten Frühjahr. Mohammed regelte die Angelegenheiten im Jemen so, daß er alle Fürsten für abgesetzt erklärte und an ihre Stelle Glaubensverwalter berief. Vor allem vergaß er nicht anzuordnen, daß der überwiegende Steuerertrag nach Medina abgeführt würde. Das entfachte im Jemen einen Aufruhr, an dessen Spitze sich ein Prophet namens al-Aswad stellte. Er eroberte San'a, brachte Badhans Sohn Mahan-Schahr um und nahm dessen Witwe Azada zur Frau. Einen Teil der Perser verstand er zwar auf seine Seite zu ziehen, durch seine Arroganz und Tyrannei jedoch überwarf er sich mit seinem arabischen Bundesgenossen. Seine Gemahlin machte mit dem persischen Offizier Peroz gemeinsame Sache, er schlich sich in das Schloß von San'a und erwürgte den Propheten. Ein anderer Verschwörer indessen vertrieb die Perser, wurde etwas später wiederum von ihnen verjagt, und der Jemen fiel auf Dauer dem arabischen Reich zu. Der Tod ereilte den jemenitischen Propheten zwei Tage vor Mohammeds Ende, der entweder am 1. oder am 8. Juni 632 starb. Wie unter seiner Herrschaft, so fanden auch Jahre nach seinem Tode Fehden und Verhandlungen mit den übrigen persischen Provinzen in Arabien, Bahrain und Oman, statt. Auch dort traten die meisten persischen Statthalter zum Islam über, auch dort wurde unablässig um Steuern gefeilscht, rebelliert und intrigiert. Unter Kalif Omars Regime wurde den Magnaten untersagt, vor dem Essen Gebete in ihrer eigenartigen rituellen murmelnden Vortragsweise zu sprechen; auch die Heirat unter nahen Verwandten wurde verboten. Der Islam setzte der persischen Herrschaft und zarathustrischen Religion auf der Arabischen Halbinsel ein Ende.

Nach Mohammeds Tod traten die Araber zu einem großen Eroberungszug an. Die Verhältnisse in den Nachbarländern forderten dazu nachgerade heraus. Byzanz und Persien waren durch den langen Krieg erschöpft; ihre Schwäche wurde offenkundig. Die byzantinischen Behörden schröpften Syrer und Kopten, zwischen den verschiedenen christlichen Kirchen schwelte immerzu Hader, der Kaiser mischte sich in den Glaubensstreit ein und trachtete mit Verdikten und anderen Maßnahmen zwischen den Parteien zu vermitteln und zu schlichten und verdarb es letztlich mit allen. Die persische Anarchie war außerstande, den zerrütteten Staat zu stabilisieren, in dem mit tragikomischem Eifer nach jemand gesucht wurde, der den Thron bestiege. Die Statthalter und Magnaten hatten in ihren Ländern faktisch die Macht inne und scherten sich nicht um die Zentralgewalt.

Bereits unter Mohammeds erstem Kalifen, d. h. seinem Stellvertreter, Abu Bekr, wandten sich die Araber gegen Mesopotamien. Der persische Statthalter im südlichen Babylonien, Hormizd, prallte mit dem arabischen Heerführer Chalid bei Kazim, zwei Tagesmärsche von der späteren Stadt Basra entfernt, zusammen, erlitt im März 633 eine Schlappe und fiel. Die Araber staunten nur über die Beute. Nach Medina wurde ein eingefangener Elefant geschickt, der allgemeine Bewunderung auslöste. Niemand konnte recht sagen, ob es sich um ein natürliches Lebewesen oder eine künstliche Konstruktion handelte. Die Schlacht erhielt nach Art arabischer Bezeichnung solcher Begegnungen den Namen Kettenschlacht. Die einen meinen, die persischen Reiter seien aneinandergekettet gewesen, andere, die arabischen Gefangenen sollten in Ketten nach Persien abgeführt werden.

Die arabischen Geschichtsschreiber zählen eine ganze Reihe Städte auf, bei denen die Perser die arabische Übermacht empfindlich zu spüren bekommen haben. Auch Hira mußte sich ergeben, und so traf es einen Ort nach dem anderen, bis nach Babylonien hinein. Ein alter mit allen Wassern gewaschener Räuber, der sich in der Rolle eines begeisterten Allahkämpfers gefiel, Muthanna, schlug die Perser an den Ruinen Babylons und streckte dabei angeblich mit bloßer Faust einen Kampfelefanten nieder. Als er darauf nach Medina zurückkehrte, fand er Abu Bekr auf dem Totenlager vor.

Der neue Kalif Omar bot eine Armee auf, und deren neuer Befehlshaber Abu Obaid stieß im November 634 bei Kus an Natif am Euphrat auf die Perser. Der persische General Bahman verlockte die Araber mit einer List zur Flußüberquerung, hinderte sie an der Gefechtsentfaltung und überwältigte sie im Sturmangriff. Abu Obaid wurde von einem Elefanten zerstampft. Da die Araber die Brücke beschädigt hatten, konnten sie sich nicht schnell genug zurückziehen und wurden ins Wasser gedrängt. Die Lage war recht kritisch. Gerettet wurde sie durch Muthanna und seine Stammesbrüder. Er hielt unter Aufbietung der letzten Kraft den Persern so lange stand, bis die Brücke wenigstens provisorisch wiederhergestellt war und ein Teil der arabischen Armee über sie entkommen konnte. Bei dieser Brückenschlacht fielen oder ertranken viertausend Araber.

Späterhin war das Glück den Persern nicht mehr so hold. Ein Jahr darauf machte ihnen die lang anhaltende Schlacht bei Buwaib, die Muthanna schließlich mit einem arabischen Sieg entschied, klar, daß sie gegen die Araber eine viel größere und besser bewaffnete Streitmacht aufbieten mußten. Zu deren Oberbefehlshaber wurde Rostam berufen, Sohn jenes Gouverneurs, den Königin Azarmeducht ermordet hatte. Im Jahre 637 standen sich die Eliteeinheiten beider Seiten bei der Ortschaft Kadisija südwestlich von Kerbela gegenüber, die einen von Rostam, die anderen von Sa'd ibu Abi Wakkas befehligt. Wie behauptet wird, führte Rostam die Schlacht auf direkten Befehl des Königs herbei. Selber kämpfte er nicht, saß vielmehr auf einem erhöhten Sessel und beobachtete das Kampfgeschehen. Es begann mit Einzelkämpfen und ging bald in Gemetzel zwischen beiden Heeren über. Drei Tage dauerte das Gefecht. Die beiden ersten brachten den Persern Vorteile. Erst am dritten Tag fingen die persischen Reihen zu wanken an, und ihre Elefanten trabten davon. Rostam focht die ganze folgende Nacht über unverdrossen weiter, bis sich am vierten Tag vom Westen her ein Wüstensturm erhob und den Persern Sand in die Augen wehte. Die Araber unternahmen einen Verzweiflungsangriff gegen das persische Zentrum, Rostam fiel, und die Perser ergriffen die Flucht. Diese Schlacht entschied eigentlich den ganzen Krieg. Den Arabern fiel auch das Reichsbanner in die Hände.

Über Rostams Schicksal kursierten später die mannigfachsten Geschichten. Der ältesten Kunde zufolge wurde sein Leichnam mit Wunden übersät gefunden, und niemand konnte sagen, wer ihm den Todesstoß versetzt hatte. Später meldeten sich viele Leute, die behaupteten, sie hätten ihn überwältigt und getötet. Auch wurde erzählt, als die Windhose das Dach seines Zeltes gepackt habe, sei er vor dem Sonnenglast in den Schatten seines Kamels gekrochen, und ein Araber, den Rostam in dem Sandwirbel nicht sehen konnte, sei herbeigesprungen, habe den Strick, an dem ein Geldsack auf dem Kamelrücken befestigt war, zerschnitten, die Last sei Rostam auf den Kopf gerutscht, er habe ihr zu entfliehen versucht, sich dabei den Fuß verstaucht, wurde vom Araber eingeholt und niedergestochen. Interessanterweise datierten arabische Schriften die Schlacht bei Kadisija unterschiedlich. Nach Al-Biruni fand sie um den 15. Juli 637 statt.

Den Arabern stand somit der Weg in den Iran offen. Bald nach der Schlacht bei Kadisija floh König Jazdkart III. nebst seinem Hofstaat aus Ktesiphon nach dem

Persischer Schwerbewaffneter

Osten. Auch die Einwohner zogen von dannen, so daß die Araber eine entvölkerte Stadt betraten. Sa'd begab sich zum Palast und rezitierte, wie man bei solchen hehren Anlässen zu tun pflegte, etwas Erhabenes aus der 44. Sure des Korans: »Wie viele Gärten und Brunnen sie verlassen haben und Getreidefelder und ansehnliche Ortschaften und Glückseligkeiten, deren sie teilhaftig gewesen! So ist es geschehen, und wir haben sie einem anderen Volke zum Vermächtnis gegeben. Und weder Himmel noch Erde haben sie beweint.«

Dann betete er nach dem achten Kniefall die erste Sure und sprach das Siegesgebet, das der Prophet nach Mekkas Eroberung aufgesagt hatte. Schließlich fuhr er in die Stadt zu Husravs Palast, wo die Schätze des Schahs lagen. Jazdkart hatte zwar den größten Teil der Münzen vor der Flucht zusammengescharrt und mitgehen heißen, dennoch fiel das Beutegut so riesig aus, daß es 12000 Dirham pro Kopf waren. Wenn die arabische Armee damals 60000 Mann zählte, machte das rund 720 Millionen Dirham aus. In der Schatzkammer gab es allerdings Dinge, die sich nicht verteilen ließen: Husravs Rüstung, Harnisch, Helm, Beinschienen, Platten, alles aus Gold, die Krone, der Königsmantel, der Thron, massives Gold und lauter Edelsteine, ein goldenes Roß mit silbernem diamantbesetztem Sattel, ein Silberkamel in natürlicher Größe mit einem goldenen Reiter, die Rüstungen Anoscharvans, Bahram Tschovens, des Königs von Hira Nu'man, des türkischen Chans, des römischen Kaisers, des Königs des indischen Grenzgebiets, aber auch ein Teppich aus Brokat, 70 Ellen lang, 60 Ellen breit und im großen Saal ausgebreitet, worauf der Schah, seine Magnaten, Frauen und Konkubinen es sich bei Gelagen gut sein ließen. In diesen Teppich war ein Garten eingewebt, silberne Pfade auf goldenem Grund, Rasen aus Smaragden, Rinnsale aus Perlen, Blumen und Früchte aus verschiedenartigsten Steinen, Beryllen, Türkisen, Topasen, Rubinen u. a. m. Sie benutzten ihn im Winter, und der Garten gaukelte ihnen den nahenden Frühling vor.

Anoscharvans und Nu'mans Schwester schickte Sa'd zusammen mit dem Teppich dem Kalifen. In Medina gab es nicht einmal einen solch großen Raum, daß man den Teppich darin hätte ausbreiten können, Banketts wurden nicht veranstaltet, und der Kalif war ratlos, was er mit ihm anstellen sollte. Ali, Schwiegersohn des Propheten, schlug ihm vor, ihn zu zertrennen und die Teile zu verschenken. So geschah es, und Ali verkaufte den Streifen, den er erhalten hatte, später für 20000 Dirham weiter. Wie das alles auf die einfachen Beduinen gewirkt haben mag, die solche Sachen nie zuvor zu Gesicht bekommen hatten, ist schwerlich vorstellbar. Sie fanden Säcke mit Riechstoffen und Gewürzen, vielleicht Kampfer, wußten nicht, wozu das alles gut war. Ein Araber nahm es als Salz aufs Brot, doch es wollte ihm nicht schmecken, und er sah zu, daß er es loswurde. Er tauschte den teuren Kampfer gegen ein altes, aber noch einigermaßen tragbares Hemd, das er gerade dringend brauchte. Ein anderer verhökerte einen sehr kostbaren Edelstein einem Krämer für eintausend Dirham. Als ihn jemand fragte, warum er nicht mehr verlangt habe, sagte er naiv: »Hätte ich gewußt, daß es noch höhere Zahlen als tausend gibt, hätte ich mehr gefordert.« Die ungeheuren Mengen auserlesener Stoffe und Gewebe bestaunten Leute, die nur grobes Leinen trugen und die Schneiderkunst sich erst von den Persern abguckten.

Nachdem er Ktesiphon den Rücken gekehrt hatte, ließ Jazdkart sich in Holvan nordöstlich der Hauptstadt nieder, wo sich bis in unsere Tage eine Festung aus der Sassanidenära erhalten hat. Doch die Araber drangen nach und nach auch in jene Regionen vor, und die Geschehnisse in Chuzestan zwangen den König, die Burg aufzugeben und sich nach Raj in Medien davonzustehlen.

In Chuzestan wirkte als Gouverneur ein kluger und standhafter Magnat namens Hormuzan. Er war aus der Schlacht bei Kadisija mit heiler Haut davongekommen, wo er den rechten Flügel befehligt hatte, und setzte den Kampf in seiner Provinz fort. Allerdings wurde er bald übermannt und schloß Frieden. Aber sein Nachbar, der Statthalter in Fars, Schahrak, kam ihm zu Hilfe geeilt, und die Fehde ging weiter. Die Perser setzten sich in Schustar heldenhaft zur Wehr, nach halbjähriger Belagerung jedoch verriet ein Perser den Zugang zur Festung über einen Kanal, der eigentlich Wasser zuführte, und Hormuzan mußte sich ergeben. Zur Bedingung wurde ihm gemacht, daß er sein Los selbst mit dem Kalifen aushandelte. Als er nach Medina kam, hielt ihm der Kalif seinen Friedensbruch vor und fragte ihn, warum er so gehandelt habe. Der Perser entgegnete, er befürchte, daß er ihn töten ließe, bevor er es ihm zu erläutern vermöchte. »Du brauchst dich nicht zu ängstigen«, sagte darauf Omar. Hormuzan bat um Wasser. Man brachte es ihm in einem gewöhnlichen Gefäß. Stolz lehnte er es ab, und man brachte ihm Wasser in einem prächtigen Kelch. »Hab keine Angst, bevor du das Wasser ausgetrunken hast«, redete der Kalif auf ihn ein. Hormuzan goß das Wasser aus und sagte: »Nun brauche ich kein Wasser mehr, nachdem ich mir das Leben gesichert habe.« Omar empörte sich über Hormuzans Hinterlist, ließ sich aber von den Anwesenden beschwichtigen und überzeugen, daß er zu seinem Wort stehen müsse. Andererseits konnte Hormuzan nicht umhin, die islamische Religion anzunehmen, und er erwies dem Kalifen manch wertvollen Dienst mit seinem Wissen über das Land, das erobert wurde und verwaltet werden wollte. Als nach Jahren der Kalif vom persischen Sklaven Peroz gebeten wurde, ihn gegen seinen Herrn, den habsüchtigen Statthalter von Kufa, in Schutz zu nehmen, und er das Ansinnen zurückwies, tötete ihn Peroz dafür zwei Tage danach in der Moschee; auf Hormuzan fiel der Verdacht, in den Plan eingeweiht gewesen zu sein, er wurde ebenfalls getötet.

Jazdkart war während seines Rückzugs nicht träge. Er schaute sich nach einem Verbündeten gegen die dreisten Eindringlinge um und knüpfte diplomatische Beziehungen zur chinesischen Regierung. Schon im Jahre 638 hatte er an den chinesischen Hof eine Botschaft gesandt, die jedoch ohne Echo blieb. Er war auch nicht müßig, den militärischen Widerstand zu organisieren, und trieb eine neue Armee in einer Stärke von 150000 Mann auf. Als Oberbefehlshaber setzte er den kampferprobten, aber alten General Perozan ein. Das letzte Aufgebot, zu dem sich Männer aus bis dahin vom Krieg verschonten Gebieten freiwillig meldeten, bezog in einem befestigten Lager bei Nehavand in Medien günstige Stellung. Die Araber waren außerstande, zwei Monate lang ununterbrochen gegen die Perser anzurennen, und griffen zur List. Sie täuschten ihren Rückzug vor, lockten die Perser aus ihren sicheren Unterständen und rieben sie auf freiem Feld auf, das sich zur Entfaltung des persischen Heeres wenig eignete. Perozan kam auf der Flucht um. Arabische Geschichtsschreiber hielten selbst das Datum dieser entscheidenden Schlacht nicht genau fest. Nach al-Biruni fand sie am 24. Januar 642 statt.

Der König wurde zum Geächteten im eigenen Land. Er entwischte nach Chorasan, obwohl ihn der tabaristanische Vizekönig zu sich in das Hochland des iranischen Nordens eingeladen hatte. Dort hätte er sich in Sicherheit wiegen können, denn diese Region war schwer zugänglich und sie bewahrte sich aufgrund dessen noch für lange Jahrzehnte ihre faktische Selbständigkeit. Jazdkart gab dem Osten den Vorzug, weil er wohl mit der Unterstützung der mittelasiatischen Türken rechnete.

Der König schlug sich mit seinen Resttruppen in den verschiedenen Gebieten recht und schlecht durch, überall zwar willkommen geheißen, aber sofort ignoriert, sobald er zu Beistand gegen den Feind appellierte. Einzelne Länder und Städte schlossen separate Friedensverträge mit den Arabern, die ihnen ihre bestehende Ordnung zubilligten und ihre bisherigen Gouverneure in Amt und Würden beließen. Die Besiegten brauchten lediglich einen Tribut zu leisten oder zum Islam überzuwechseln. Den letzten verwegenen Kampf führte allein der parsische Vizekönig Schahrak im Ursprungsland des Perserreiches und der Sassanidendynastie. Aber er verlor im Jahre 644 in der Schlacht bei Revschahr das Leben, und über weitere größere Gefechte ist nichts bekannt.

Über Jazdkarts Geschicke wird unterschiedlich berichtet. Die Vorstellungskraft orientalischer Erzähler schießt auch hier ins Kraut, so daß die historische Wahrheit nur kümmerlich zutage tritt. Auf alle Fälle hatte der Gouverneur von Marv Mahoë Surik seine Finger im Spiel, der bei Jazdkarts Verhandlungen mit den Türken intrigierte, was die Türken dazu veranlaßte, daß sie die königlichen Truppen, statt zu unterstützen, überfielen und vertrieben. Der König floh nach Marv und fand dort in einer Mühle Zuflucht, doch stöberten ihn dort Marodeure auf und machten mit ihm kurzen Prozeß. Er dürfte kaum fünfunddreißig Jahre erreicht haben. Das ereignete sich etwa im November 651, im 20. Jazdkartjahr, im 31. Jahr der moslemischen Ära, im 429. Jahr der Sassanidendynastie.

Zu dieser Zeit, als Persien seinen fast zwanzigjährigen Todeskampf gegen die arabischen Habenichtse führte, meinte es die Vorsehung auch mit dem christlichen Recken Heraklios nicht allzu gut. Die Araber entrissen ihm binnen wenigen Jahren Syrien, Palästina, Mesopotamien und Ägypten, und dem byzantinischen Reich verblieb in Asien lediglich noch Kleinasien. Die Christen zogen die arabische Herrschaft der byzantinischen, wenn auch rechtgläubigen, Bürokratie vor. Jenes eitle Schahrvarazsöhnchen floh nach dem väterlichen Tode ins Römische Reich und ließ sich dort zum Militär anwerben. Einer syrischen Chronik zufolge befehligte er gemeinsam mit zwei anderen Heerführern in den Auseinandersetzungen mit Chalid. Als seine Kameraden fielen, schloß er mit den Arabern Frieden und fristete sein Dasein in Edessa. Während Omars Feldzugs gegen Persien erbot er sich, ein arabisches Heer gegen sein Vaterland zu führen und es zu erobern. Aber Husravs gefangengenommene Töchter und deren Bruder warnten den Kalifen, der Vaterlandsverräter könnte auch ihn verraten, sei nur darauf aus, die Gelegenheit beim Schopfe zu packen, in Persien den Thron zu besteigen und sich dann gegen die Araber zu wenden. Omar ließ sich überzeugen und erledigte die Angelegenheit präventiv: Er ließ Schahrvaraz' Sohn am Stadttor von Emesa ans Kreuz schlagen.

Jazdkart hatte während seiner Herrschaft noch genügend Zeit gefunden, einige Kinder zu zeugen. Sein Sohn Peroz sandte aus Tocharistan an den Kaiser von China Kao-cung eine Botschaft mit dem Ersuchen um eine militärische Intervention, der Kaiser aber machte sich die Entfernung bewußt und entließ die Abordnung unverrichteterdinge nach Hause. Später verhandelte Peroz erneut mit dem Kaiser und wurde von ihm als persischer König und gleichzeitig chinesischer Vasall anerkannt. Er bürgte ihm mit der Hauptstadt Ci-ling, wahrscheinlich Zarang, eine Stadt in Sistan, also mitten im Iran. Das mußte selbstverständlich wie ein Witz anmuten, denn Peroz hätte diese Residenz erst von den Arabern wiedergewinnen müssen. So kam es, daß in den Jahren 661-663 der Iran zum Vasallenstaat Chinas wurde und Po-s', Persien, hieß. Peroz stellte in Wirklichkeit nichts anderes als einen chinesischen Gouverneur dar. Bald darauf wurde er von den Arabern unter dem Befehl des Chorasaner Gouverneurs Hakam ibn Amer besiegt, konnte aber Tocharistan zurückerobern, weil Hakams Nachfolger Rabi' ibn Zijad sich im Jahre 671 auf neuem Expansionsmarsch befand. Peroz gelangte etwa im Jahre 673 nach China, leistete dem Kaiser seinen Untertaneneid und avancierte zum General der Militärgarden zur Rechten. Von irgendeiner Intervention zu seinen Gunsten war aber keine Rede mehr. Im Jahre 677 hielt er sich noch am Hofe auf, und der Kaiser erlaubte ihm, in Tschchang-ngan einen Feuertempel zu erbauen. Um das Jahr 678 starb er und hinterließ einen Sohn, der in chinesischen Jahrbüchern Ni-ni-sch' heißt, was anscheinend der chinesischen Aussprache des Namens Narse entspricht. Ein chinesischer Würdenträger brachte ihn nach Tocharistan. Was er im Lande getrieben hat, ist nicht bekannt, jedenfalls kehrte er im Jahre 707 an den kaiserlichen Hof zurück, wurde zum Gardeführer zur Linken ernannt und starb bald danach.

Ruinen in Persepolis

Erstaunlicherweise sind doch zahlreiche Nachrichten über persische Abordnungen an den chinesischen Hof in den folgenden Jahren überkommen. Einer dieser Delegationen gehörte auch ein nestorianischer Mönch an. Im Jahre 746 oder 747 huldigten die Abgesandten dem Kaiser im Namen eines tabaristanischen Regenten. Chinesischen Eingriffen in westliche Verhältnisse setzten die Araber im Jahre 751 mit der schweren Niederlage am Talas ein Ende.

Auch Chosrau, der im Jahre 728 die Türken zum Krieg gegen die Araber animierte, war ein Nachkomme Jazdkarts.

Ein besonderes, nicht allzu übersichtliches Kapitel füllen jene persischen Prinzessinnen, die in arabische Gefangenschaft geraten waren. Die bekannteste von ihnen ist zweifellos Schahrbanu. Sie war mit Husain, einem Sohn des Kalifen Ali, verheiratet, der mit dem Propheten nahe verwandt und sein Schwiegersohn war. Durch sie drang in die Familie des Propheten persisches Monarchenblut. Das kam den iranischen nationalistischen Moslems, den sogenannten Schiiten, Anhängern Alis und seiner Nachfahren, der Imame, sehr zustatten, denn sie verfochten den Standpunkt, daß dem persischen Glauben gemäß das Herrschaftsrecht über den Iran den Sprossen des Propheten gebührte. Doch diese Darstellungsversion kann auch von den Persern in die Welt gesetzt worden sein, damit sie ihren Platz im islamischen Reich ein bißchen aufpolierte sowie ihnen eine gewichtigere Stellung und einträglichere Privilegien verschaffte.

Eine andere Prinzessin dieser Kategorie war Peroz' Tochter und Jazdkarts Enkelin Schah-afrid, die der arabische Heerführer Kutaiba im Jahr 712 in Sogdiana gefangengenommen hatte. Sie wurde dem Harem des Kalifen Walid I. zugeschlagen und gebar zwei spätere Regenten, Jazid III. und Ibrahim. Eine Tochter Husravs II. gab der Kalif dem *Exilarchen*, Vorsteher der jüdischen Selbstverwaltung im Perserreich, zur Frau.

Zarathustragläubige emigrierten später teilweise von Persien nach Indien, und zwar vornehmlich in Gebiete um Bombay, Nausari, Kambaj, Surat und andere Gemeinden, und bewahrten dort bis in die

Gegenwart dem alten persischen Glauben in seiner sassanidischen Variante die Treue. Es handelt sich um die Parsen, die die Herausgabe altiranischer Schriften fördern und ihre Religionslehre seit den Zeiten ihrer dortigen Ansiedlung ohne Unterbrechung pflegen. Diese Nachkommen ehemaliger sassanidischer Untertanen sind vermögende Staatsbürger Indiens und Pakistans geworden.

Mit Jazdkarts III. Tode beschließen die Geschichtsschreiber den ersten Teil iranischer Geschichte, jener Epoche, in der indoeuropäische Elemente und in deren Ideologie indoeuropäische Vorstellungen über den Iran geherrscht hatten. Es folgten Zeiten arabischer Oberhoheit und der Verbreitung des Islams, der sich nach mehreren Jahrhunderten allgemein durchsetzte, so daß heute nur eine bescheidene Anzahl Iraner sich zum alten zarathustrischen Glauben bekennt. Auch die Sprache wurde von arabischen Wörtern überschwemmt. Persische Kultur und persisches Unabhängigkeitsstreben sind lebendig wie ehedem.

Das gehört schon zum Gegenstand weiterer Abhandlungen. Lediglich zur Charakteristik der Besiegten und Sieger seien noch einige Weisheiten angefügt, die antike arabische Autoren aufgeschrieben haben. Als die arabische Abordnung bei Jazdkart erschien, um ihn zur Anerkennung arabischer Souveränität aufzufordern, sagte der König: »Viele Völker habe ich gesehen, Türken, Delamiten, Slawen, Inder und andere, doch nie bin ich elenderen begegnet, als ihr es seid. Mäuse und Schlangen sind eure Nahrung, eure Kleider sind aus Kamel- und Schaffellen. Wie wollt denn ihr meine Reiche erobern?« Und sie antworteten: »Du hast recht. Hunger und Blöße waren früher unser Los. Aber Gott gab uns den Propheten, dessen Glaube unsere Stärke ist.« Und der arabische Befehlshaber sprach zum gegnerischen Fürsten so: »Nimm unseren Glauben an oder zahle Tribut oder rüste zum Kampf. Die Männer, die ich befehlige, lieben den Kampf und den Tod, wie du die Wollust und das Leben liebst.«

Daß aber arabischer Denkweise zuweilen auch eine weltliche Idee entspringen konnte, die das leidenschaftliche religiöse Credo zugunsten irdischen Glücks ergänzte, beweist der denkwürdige Spruch des bereits erwähnten arabischen Militärs Chalid ibn al-Walid nach einem Sieg über die Perser in Mesopotamien:

»Seht euch diese fruchtbaren Auen an. Bei Gott, selbst wenn wir nicht für den Glauben streiten würden, müßten wir es allein schon deshalb tun, um dieses gesegnete Land unter uns aufzuteilen.«

Anhang

Nachwort der tschechischen Ausgabe

Der Iran, Gestalten iranischer Geschichte und Mythologie sowie die iranische Kultur tauchen im tschechischen Schrifttum und mithin im Bewußtsein gebildeter Schichten unserer beiden Völker bereits in sehr frühen Zeiten auf. Gemeint ist der Iran in weitem Wortsinn, im groben der von iranischen Sprachen beherrschte Raum, also das Territorium des heutigen Irans, des sowjetischen Mittelasiens, Afghanistans und einiger weiterer angrenzender Länder.

Die wichtigste und älteste Wissensquelle über den alten Iran war im mittelalterlichen Europa die Bibel. Und wie bekannt ist, besaßen die Tschechen deren vollkommene Übersetzung in ihre eigene Sprache zusammen mit Franzosen, Deutschen, Italienern, Katalanen und Niederländern schon im 14. Jahrhundert. Die Bezeichnung Persien, wie der Iran bei den Griechen und dann auch im übrigen Europa hieß, und Namen mit dem Iran verbundener Orte und Personen erscheinen nach der biblischen Konkordanz von M. Bič und J. Souček in der Bibel einhundertachtmal. Daraus gelangen Nachrichten über den Iran in die ältesten Chroniken.

So spricht die Kosmas-Chronik aus dem 11. Jahrhundert von den Parthern, vom König Cyros und schildert, wie der persische Magier dem König Dareios die Bedeutung des skythischen Geschenks eines Vogels, einer Maus und eines Frosches erläuterte. Die in Versform verfaßte Dalimil-Chronik vom Anfang des 14. Jahrhunderts erzählt, wie die Amazonen König Kyros gefangengenommen haben. Die Kenntnis der Geschichte, selbstredend auf zeitgenössischer Stufe, und die Achtung vor altpersischer Kultur und Zivilisation prägen nicht minder auch ältere Chroniken. So enthalten beispielsweise die »Chronik Jan Karyons über verschiedene seit Beginn der Welt geschehene Dinge« (Litomyšl 1541) oder eines der ältesten tschechischen Bücher »Römische Chronik«, genannt auch »Martimiani«, aus der Feder Martin Polons (gest. 1279), eines Landsmannes aus Opava, und ins Tschechische übertragen von Beneš aus Hořovice unter dem Titel »Tschechische Kosmographie«, erschienen 1554 in Prag, verhältnismäßig umfangreiche Mitteilungen über das alte Persien.

Profunde Informiertheit über den alten Iran verrät ebenfalls die Schrift »Politia Historica« M. Daniel Adams aus Veleslavín, die im Jahre 1584 in Prag erschienen ist. Sie behandelt einige Aspekte der staatlichen Verwaltung, des Militärwesens u. ä. und führt Beispiele aus älterer und jüngerer Geschichte an. Aufschlußreich sind die Passagen über den alten Iran. Dieses Werk ist zwar die Übersetzung des deutschen Buches Georg Lauterbachs, doch der Übersetzer hat an vielen Stellen die Darlegungen aus anderen Quellen ergänzt, wie u. a. im Teil über Xerxes' Kriegszüge. In dieser Beschreibung des Regierungs- und Verwaltungssystems wird wiederholt hervorgehoben, wie klug die persischen Könige geherrscht haben.

Um das Kennenlernen des alten Irans hat sich der Roman über Alexander von Makedonien verdient gemacht, dessen Vers- und später besonders dessen Prosaversion sich seit Ende des 14. Jahrhunderts großer Beliebtheit erfreute und mehrfach im Druck aufgelegt wurde. Die tschechische Alexandreis gilt als eine der ältesten europäischen Verarbeitungen dieses Stoffes und nimmt unter den weltlichen Poemen auf dieses Thema einen beachtlichen Platz ein. Sie zählt schließlich zugleich zu den bedeutendsten Denkmalen alttschechischer Poesie, obwohl von der ursprünglichen Zahl von etwa 8500 Versen nur 3383 überkommen sind, und zwar leider in etlichen Bruchstücken. In diesem Poem finden wir zahlreiche Anspielungen auf heimische Verhältnisse und das zeitgenössische Leben in Böhmen, einen politischen Seitenhieb zum Beispiel in der Anmerkung, der König ergreife Partei für Fremdlinge u. ä. Auch werden einige Untugenden gegeißelt, wie Bestechlichkeit; im Mittelpunkt steht aber die Schilderung der Kämpfe Alexanders von Makedonien gegen die Iraner und Dareios' Niederlage. Dabei verbindet die tschechische Alexandreis dank der gemeinsamen Vorlage, des sogenannten pseudokallisthenischen Romans, so manches mit den einschlägigen persischen Poemen, vor allem mit jenem Teil der berühmten Schahname Ferdousis vom Beginn des 11. Jahrhunderts, worin die älteste mythische Geschichte des Irans gestaltet wird. In beiden Schöpfungen wird als Erzieher des jungen Alexanders der Weise Aristoteles angegeben, beide verweisen auf die Ritterlichkeit des Eroberers gegenüber der Familie des gefangengenommenen Kaisers Dareios. In dem tschechischen Poem wird der Prunk am Hof des Dareios in schillernden Farben gezeichnet. So gehören zum herrschaftlichen Geleit ein Wagen mit brennendem Feuer, dem die Zarathustraanhänger göttliche Verehrung gezollt haben, goldene Embleme mit dem Adler und Tausende Krieger der königlichen Leibwache. Interessant erscheint, daß in dem alttschechischen Alexandergedicht der iranische König als mächtiger, aber friedliebender Herrscher, als ehrenhafter und würdevoller Streiter gegen den makedonischen Okkupanten charakterisiert wird und daß die Sympathie des namenlosen tschechischen Dichters überwiegend Dareios gilt, zumal an den Stellen, wo er ihn als Patrioten darüber wachen läßt, daß die Ehre seines Landes nicht besudelt werde.

In tschechischer Literatur kehren das Alexandersujet und so auch die Beschreibung des alten Irans noch häufiger wieder. In der ersten Hälfte des 14. Jahrhunderts entstand in Übertragung aus dem Lateinischen ein Prosaroman, der zur Versfassung der Alexandreis Unterschiede aufweist. Der iranische König Dareios (im tschechischen Text Daryaš – altpersisch Daraja-vausch) trägt hier weniger vorteilhafte Züge. Alles in allem waren all diese Schriften in Böhmen die ersten erschöpfenderen Informationsquellen über den alten Iran und über die Perser.

Ein wenig anders verknüpft die Übersetzung oder Bearbeitung der Legende »Barlaam und Josafat« von Tomáš aus Štítné vom Ende des 14. Jahrhunderts bzw. vom Beginn des 15. Jahrhunderts unsere Kultur mit der mittelasiatischen und iranischen Welt. Hier wird zwar nicht expressis verbis vom Iran gesprochen, das Sujet selbst jedoch scheint buddhistischem Milieu Mittelasiens entnommen. Das Original war offenbar in Soghdisch geschrieben und kam über mittelpersische Übersetzungen in die europäische und tschechische Literatur. Diese Thematik schlägt eine Brücke von der alttschechischen Literatur zur Welt- sowie gleichzeitig zur iranischen und orientalischen Literatur. Es gibt eine sehr alte grusinische Bearbeitung »Balavariani«, und ein Fragment daraus wurde in frühem Neupersisch unter den sogenannten Turfan-Handschriften in Zentralasien entdeckt. »Barlaam und Josafat« erschien als eines der ersten gedruckten tschechischen Bücher schon im Jahre 1504 in Plzeň und wurde allein im 16. Jahrhundert zweimal nachaufgelegt.

Die Resonanz des Gegenstandes bezeugen die vielen Handschriften und alten Drucke, die sich in unseren Geschichtsbibliotheken befinden, aber auch die Tatsache, daß in den vergangenen Jahrhunderten eine Reihe Theaterstücke darauf gespielt wurden, vorrangig von Zöglingen der Lateinschulen, wie im Jahre 1641 von der Literam studiosa Juventus Pragensis Academiae Societatis Jesu oder im Jahre 1666 in Uherské Hradiště und anderswo. Diese Schultheatergruppen hatten auch andere Stücke mit altiranischen Themen im Repertoire, beispielsweise »Kambyses« (Hradec Králové 1637), »Cyrus« (Prag 1688), »Darius« (Prag 1690), »Ruhm des vom Perserkönig Kosrov aus Jerusalem nach Persien verschleppten heiligen Kreuzes« (Kutná Hora 1780). Im 18. Jahrhundert widmete sich die tschechische Bühne in vielen Inszenierungen altpersischen Stoffen, zumeist in Übersetzungen aus dem Italienischen; auch die erste Oper des tschechischen Komponisten Jan Ant. Koželuh (1769) hat die Auseinandersetzungen Alexanders von Makedonien mit den Persern zum Inhalt.

Eine ähnliche Entwicklung, wie sie »Barlaam und Josafat« hatte, war einer Märchen- und Sagensammlung beschieden, der wir meistens unter dem Titel »Kalila und Dimna« begegnen. Sie entstand zwar in Indien, hielt aber über die mittelpersische Übersetzung Einzug in die hebräische und syrische Literatur und von da aus wiederum zurück in die persische Dichtung; in der ersten Hälfte des 10. Jahrhunderts nahm sich der mittelasiatische Begründer persischer Poesie, Rudaki, ihrer an. Ins Lateinische wurde sie um das Jahr 1270 durch den Italiener Johannes aus Capua übertragen, und diese Übertragung wurde zur Vorlage für Übersetzungen in die europäischen Nationalsprachen. Konáč aus Hodiškov besorgte die tschechische Übersetzung, die im Jahre 1528 in Prag erschien.

Nicht ohne Belang dürfte auch sein, daß seit Urzeiten eine Beziehung von Slawen und Tschechen zu den Skythen (Saken bei den Persern), »den frühen Brüdern der Iraner«, wie Otakar Klíma sie in seinem Buch bezeichnet, existiert. Im Jahre 1614 stellte der Rechtsprofessor Sudet ze Sudetu in einem Professorendisput an der Prager Universität die Behauptung auf, daß die Sarmaten bzw. Roxolanen oder Skythen Vorfahren der Tschechen gewesen seien, und der slowakische Gelehrte Gregor Dankovský weist in einer Abhandlung aus dem Jahre 1825 nach, daß griechischen Quellen zufolge »Völker slawischer Zunge ihrem Ursprung nach Asiaten seien... und daß der bevölkerungsreichste slawische Stamm die Skythen waren...« Den Kontakt unseres Landes mit dem Iran in äußerst alten Zeiten belegen auch Münzfunde: in Lom bei Most mit Münzen Mithridates' II. (123-88 v. u. Z.) und anderer, bei Vanovice mit Drachmen Phraates' IV. (38-2 v. u. Z.) sowie mit einzelnen in Uherský Brod gefundenen Sassanidenmünzen, einem Dirham Chosrovs I. (531 bis 579 u. Z.).

Der tschechische und slowakische Leser machte sich seit früher Neuzeit mit dem Iran nicht zuletzt vermittels antiken Bildungsgutes vertraut, denn ein bedeutender Teil klassischer, in erster Linie griechischer Schriften befaßte sich mit dem Iran und der persischen Kultur. Einige klassische Werke wurden ins Tschechische übersetzt, so daß ein breiterer Leserkreis sie sich aneignen konnte. Die älteste größere tschechische Übersetzung ist Xenophons »Cyropaedia, eine verläßliche altertümliche Geschichte über das löbliche Leben Cyrus' des Älteren, des ersten persischen Monarchen«. Geliefert hat sie Abraham von Günterrode, und erschienen ist sie im Jahre 1605 in Prag. Es handelte sich um eine Direktübertragung aus dem Griechischen, wie Adaukt Voigt in Litteraria Bohemica et Moravica im Jahre 1774 feststellte. Kyros' Erziehung fügte der Übersetzer noch einen Teil an, den er als Beigaben bezeichnet, die Kapitel über Sitten und Bräuche der alten Perser, über medische Könige, über Kriege der Perser mit den Griechen beinhalten. Damit vermittelte er auf der Grundlage damaligen Wissens ein ziemlich breites Bild von der altiranischen Gesellschaft. Es sei aber vermerkt, daß das früheste Interesse für Xenophons Werk bei uns bereits auf das Jahr 1552 zurückgeht, als der slowakische Humanist J. Sambucus aus Trnava in Basel lateinische Proben veröffentlichte. Als eigenständige kleinere Publikation erschien dann in der ersten Hälfte des 18. Jahrhunderts die »Historie über Geburt, Eintragung, Erscheinung und Umgang Cyrus', des ersten persischen Königs«. Der übersetzte Text der »Cyropaedia« Xenophons wurde später oft verlegt, zuweilen in neuen Übersetzungen, zuletzt im Jahre 1974. Wenn auch die Rolle des Griechischen und des Lateinischen abnahm, lernten doch bis ins 19. Jahrhundert alle tschechischen und slowakischen Studenten bereits ab erster Gymnasialklasse Werke Herodots, Strabons und anderer kennen und zogen daraus auch Wissen über die iranische Welt. Im 19. Jahrhundert häuften sich die Übersetzungen klassischer Literatur in die tschechische und die slowakische Sprache zusehends. Von herausragender Bedeutung ist die zweibändige Ausgabe einer Werkauswahl griechischer Schriftsteller, die in den Jahren 1826 und 1827 in Jičín erschien und Übersetzungen von Auszügen aus Strabons und Herodots Schriften über die Perser enthielt.

Die Kenntnisse über den alten Iran waren in Iran und Europa des Mittelalters und der Neuzeit bis ins 18. Jahrhundert sehr nebelhaft, wovon die sonderbaren Vorstellungen über Zarathustra und seine Lehre zeugen mögen. Der slowakische Gelehrte Ján Jesenius, Rektor der alten Prager Universität, schrieb in lateinischer Sprache ein Werk über Zarathustra und dessen kosmologische Ansichten, in dem er von der bis dahin verfochtenen aristotelischen Philosophie abrückte. Seine Meinung dolmetschte er als Urteile des »heiligen Weisen Zarathustra«, den er als Schöpfer aller menschlichen Weisheit verherrlichte, ähnlich wie andere seinerzeit in Europa erscheinende Bücher, allen voran Burleys Schrift »De vita et moribus philosophorum«, die in tschechischen Geschichtsbibliotheken erhalten und wiederholt in tschechischer Sprache verarbeitet worden ist. Dazu gehört »Das philosophische Leben«, im Jahre 1595 veröffentlicht, worin es heißt, Zarathustra, »Philosoph und baktrischer König, habe die Zauberkunst erfunden, bei der Geburt am ersten Tag sofort gelacht... und sei wahrscheinlich vom assyrischen König getötet worden...«

Mit der Wiedergeburt und späteren Verbreitung tschechischer Literatur gegen Ende des 18. und vornehmlich zu Beginn des 19. Jahrhunderts erscheinen immer mehr tschechische Bücher, von denen zahlreiche Geschichtspublikationen und -lehrbücher relativ umfassend den alten Iran behandeln. Sie folgen noch der biblischen Überlieferung, können aber teilweise den Einfluß zeitgenössischer Forschungsergebnisse auf diesem Gebiet nicht mehr leugnen. Über die alten Perser schreibt nicht zuletzt

J. W. Paraubek in seinem Büchlein »Auszug der Welt«, im Jahre 1743 »vorzugsweise den kleinen Schülern in Libeznice. . ., nunmehr im Jahre 1765 der gesamten Jugend des Königreiches Böhmen zugedacht«. Er macht Bemerkungen zu Persien, dessen Teilung, zu Kyros, Xerxes, Dareios. In analoger Weise geben auch W. R. Kraméryus' »Allgemeine Weltchronik« aus dem Jahre 1820 oder Ondřeg Soltys' (Turčans) im Jahre 1829 in Bratislava herausgegebener »Kern der allgemeinen Geschichte« detaillierte Aufschlüsse über das persische Großreich. Am gründlichsten schildert es W. W. Tomeks »Allgemeine Geschichte« aus dem Jahre 1842.

Daneben brachten die in zunehmender Zahl erscheinenden tschechischen und slowakischen Zeitschriften Artikel, die dem Leser Einblicke in verschiedene Sphären iranischer Geschichte gestatteten. Stellvertretend für sie führen wir solche Abhandlungen an wie »Cyrus« (Staré Nowiny liternjho uměnnj, Banská Bystrica 1785), »Parsen – über den Zarathustrismus im alten Iran, über das Awesta und die Niederlassung der Parsen in Indien« (Česká Wčela 1813), »Nushyrwan« von L. E. Brůžek (Čechoslaw 1821). Die Zeitschrift »Gindy a Nynj« publizierte im Jahre 1830 »Drei Erzählungen über den ruhmreichen König Nushirwan«, von K. B. St. Klatovský verfaßt; das gehört jedoch schon eher in den Bereich der Verarbeitung altiranischer Sujets durch die tschechische Literatur. Aus dem Jahre 1842 registrieren wir den Artikel »Cyrus und seine Perser« (Slovenský Pozorník, Levoča) und eine Menge anderer. Auf höherem Niveau beschäftigte sich mit den Persern auch František Palacký in seinem Beitrag »Über die älteste Geschichte und die ältesten Geschichtsschreiber asiatischer Völker« (Časopis Českého muzea 1831).

Im Zusammenhang mit der Entwicklung der indoeuropäischen Linguistik und der Zuordnung slawischer Sprachen zur indoeuropäischen Familie begannen tschechische und slowakische Forscher sich mit dem Sanskrit und teilweise auch mit dem Altpersischen zu beschäftigen, insbesondere J. Dobrovský, J. Jungmann und P. J. Šafařik. Davon zeugt zum Beispiel Šafařiks Handschrift »Notate aus verschiedenen Büchern beim Lesen gemacht«, die in der Handschriftenabteilung des Nationalmuseums in Prag liegt. In seiner Studie »Über Völker des skythischen Stammes« (Časopis Českého muzea 1835) unterzieht Šafařik skythische Namen einer sprachwissenschaftlichen Analyse und kommt zu dem Schluß, daß die Skythen Iraner waren. Sein Buch »Slawische Altertümer« (1862) weist nach, wie die Geschichte der alten Slawen sich wiederholt mit der Geschichte der Skythen berührt und gekreuzt hat. In der zweiten Hälfte des 19. Jahrhunderts widmete sich der tschechische Polyglott Čeněk Šerel im Rahmen seiner sprachwissenschaftlichen Studien auch der altpersischen Sprache, wie aus seiner umfänglichen Publikation »Aus dem Bereich der Sprachforschung« (Prag 1883) und anderen Arbeiten hervorgeht. Vom Interesse für diese Fragen in Prager Kreisen künden ferner die Kollektivabhandlung des deutschen Prager Indologen A. Ludwig und des russischen Gelehrten Vsevolod Miller »Über die zarathustrische Gottheit Mithra« (Časopis Českého muzea 1874) sowie einige weitere Aufsätze Ludwigs (Věstnik Kralovské české společnosti nauk, Prag). Ebenso behandelt V. Tilles Aufsatz »Erzählungen über Wallfahrten ins Jenseits« (Časopis Českého muzea 1894) den Iran ältester Zeiten.

Der eigentliche Begründer tschechischer Geschichtsforschung über den alten Vorderen Orient und vor allem den Iran allerdings war Dr. Justin Prášek (geb. 7. August 1853 in Brandýs an der Elbe, gest. 23. Dezember 1924 in Klánovice). Er galt als Wissenschaftler mit sehr weitem Gesichtskreis und hinterließ dank seinem Fleiß eine große Anzahl Bücher und Artikel. Geschätzt wurde er auch von der ausländischen Fachwelt, obwohl er längst nicht über solche Arbeitsmöglichkeiten verfügte wie Angehörige großer Nationen. Daß sein Buch über die Geschichte der Meder und Perser als Reprint im Jahre 1968 in Deutschland erschienen ist und daß in der umfassenden Geschichte Afghanistans von Masson und Romodin (Moskau 1968) auch er zitiert wird, beweist, daß einige seiner Erkenntnisse bis heute ihre Gültigkeit bewahrt haben – trotz Mangels an Material und Kontakt mit kompetenten Kollegen sowie trotz der ungünstigen Atmosphäre, die zu seiner Zeit in der offiziellen Wissenschaft an der Prager Universität und in der Königlichen wissenschaftlichen Gesellschaft geherrscht hat.

Prášeks Intentionen hatte bereits seine Dissertation an der philosophischen Fakultät im Jahre 1882/83 mit dem Thema »Geschichte Ostasiens und der gebildeten Völker Nordafrikas bis zur Entstehung des großpersischen Reiches« abgesteckt. Es war übrigens die erste orientalistische Arbeit an der gespaltenen tschechischen Universität. Mit Unterstützung ausländischer Experten, in erster Linie aber durch eigenes Studium machte Prášek sich mit der Keilschrift vertraut, wie es sein handschriftliches »Glossar der altpersischen Sprache in den achämenidischen Inschriften« beweist, das sich im Fundus des Nationalmuseums in Prag befindet. Dann wandte er sich der medischen Geschichte zu (Jubiläumsbericht des Klatover Gymnasiums, 1883) und gab binnen kurzem eine voluminöse Abhandlung »Aus medischer Geschichte« heraus. Diese Studien setzte er fort; im Jahre 1904 erschien seine erste systematische Verarbeitung medischer Geschichte in dem Buch »Medien, die Meder und das Mederreich«, in den Jahren 1906 bis 1910 dann erweitert in dem Zweibänder »Geschichte der Meder und Perser bis zur makedonischen Eroberung« (Gotha), der, wie schon erwähnt, im Jahre 1968 in Darmstadt als Reprint erneut herauskam. In der Arbeit »Kambyses und die antike Überlieferung« (Prag 1885, 86 Seiten) legt er die historische Bedeutung Kyros' dar und enthüllt die Erfindungen Herodots und anderer griechischer Geschichtsschreiber. Auch sie erschien später in deutscher Fassung. Das Wesen der Berichte Herodots über die medische Geschichte und dessen Irrtümer bei der Schilderung der Skythen und ihrer Kämpfe mit Dareios beleuchtet er in einigen weiteren Artikeln. Ihm verdanken wir auch unsere erste gründlichere Studie über den Zarathustrismus und den Mazdakismus. Als Autor oder Mitautor großer geschichtswissenschaftlicher Werke und Lehrbücher war er stets darauf bedacht, daß die Geschichte des antiken Vorderen Orients gebührend berücksichtigt würde, was damals entschlossenen Widerstand gegen europazentristische Tendenzen erforderte. Im Lehrbuch für Geschichte an tschechischen höheren Handelsschulen (Prag 1909) schenkte er dem medischen und persischen Reich viel Aufmerksamkeit, wobei er die Gebiete der Wissenschaft, der Finanzen und der Verwaltung in den Mittelpunkt rückte. Sein zweibändiges Werk »Geschichte antiker Völker« (1898-1901) machte auf Alois Musil und Vojtěch Šanda großen Eindruck.

Für Prášeks Bemühungen und die Vertiefung des Wissens über den Osten spricht auch seine Herausgabe tschechischer Reisebeschreibungen, Marco Polos «Il Milione« und Martin Kabátniks »Von Böhmen nach Jerusalem« (1884). Prášek erschloß mit seinen zahlreichen Rezensionen ausländischer wissenschaftlicher und Fachpublikationen über Altertumsgeschichte der tschechischen Wissenschaft die Welt; dabei spielten Bücher russischer Autoren eine vorrangige Rolle. So veröffentlichte er in der Zeitschrift des Tschechischen Museums im Jahr 1902 neben zwei Aufsätzen dreißig Besprechungen, darunter auch des Buches des namhaften zeitgenössischen Forschers Barťold »Istoriko-geografičeskij obzor Irana«. Persönliche Voreingenommenheit mancher Mitglieder der damaligen philosophischen Fakultät verschuldete, daß Prášek seine profunden Kenntnisse nicht in der Lehre vermitteln und Fortsetzer seiner Forschungen heranbilden konnte.

Zu den wichtigeren Zeitschriftenabhandlungen über den alten Iran zu Beginn unseres Jahrhunderts zählt eine Artikelserie von Sequens Hroznata in der Zeitschrift »Vlast'« in den Jahren 1917 und 1918.

Mit dem Awesta und dem Zarathustrismus befaßten sich unter philologischen Aspekten auch tschechische Indologen. Vincenc Lesný verfaßte eine Reihe von Aufsätzen zur Sprache des Awesta, über Zarathustras Leben und altpersische Inschriften, Otakar Pertold veröffentlichte einen Aufsatz über den Zarathustraglauben, und beider Schüler Oldřich Friš und Dušan Zbavitel widmeten sich gelegentlich Awestastudien. Aus diesem Bereich ist auch Miloš Boreckýs Arbeit »Über Nominalsätze altiranischer Denkmale« aus dem Jahre 1932 zu nennen. Ein beachtliches historisches Werk aus der Zeit zwischen den beiden Weltkriegen ist J. Dobiáš und V. Lesnýs »Gestalter der Geschichte« (1934-1936). Fr. Kovář brachte im Jahre 1922 die bemerkenswerte, wenn auch nicht durchgehend originäre Monographie »Vorstellungen des Parsismus und des Judentums über die letzten Dinge der Welt und der Menschheit« heraus, worin er auf den Einfluß altpersischer Kultur bei der Formierung des Christentums verweist. Das Awesta beschäftigte weitere Historiker und Philologen, wie den Gymnasialprofessor Antonín Doležal, der eine umfangreiche Abhandlung darüber verfaßte und sie mit Übersetzungsproben ergänzte (drei Fortsetzungen im Programm des Gymnasiums in Litomyšl 1912 bis 1915) und mit einem Aufsatz im Jubiläumsbericht des K. u. K. Gymnasiums von Prostejov im Jahre 1933 fortsetzte. Engen Bezug zur Geschichte des vorislamischen Irans hat die akribische Monographie des renommierten Geschichtswissenschaftlers Josef Dobiáš »Geschichte der römischen Provinz Syrien« (1924), die ein Kapitel über Roms Beziehungen zur iranischen Welt und speziell über die Kriege gegen die Parther enthält.

Auch in originaler tschechischer Belletristik, sowohl in der Prosa als auch in der Poesie, griffen Autoren auf altiranische Themen zurück. Einen bedeutenden Platz nimmt unter ihnen Julius Zeyer ein. Er schrieb in acht Jahren die Tragödie »Tomyris«, in der die massagetische Königin Kyros' Haupt in Blut taucht. Später widmete er sich noch mehrfach iranischen Stoffen, besonders in seiner Rhapsodie, wie er selber sein Prosawerk »Rustam und Sohrab« (Rustam und Zuhráb) bezeichnete, das mit folgenden Worten beginnt: »Sei gegrüßt, iranisches Land, du große Mutter arischer Stämme, du erhabener Quell der Lehre über die erlösende Wandlung aller Finsternis zum unendlichen Licht...« (Květy 1898). Es beinhaltet auch ein Kapitel über das Awesta. In den zwanziger Jahren unseres Jahrhunderts tut sich in dieser Hinsicht Rudolf Richard Hofmeister hervor, der in seine »Epopöe über die Entstehung der Erde und die Entwicklung der Menschheit« auch zwei Arbeiten mit altiranischer Thematik einfügte. Es handelt sich um die größere Erzählung »Spargapises« und den Roman »Zarathustra«, in dem der Autor die Geschichte der Urheimat der Indoeuropäer vorführt, die Fehden der Nomaden mit iranischen Ackerbauern gestaltet, die Rolle der zarathustrischen Ideologie für den arbeitsamen Siedler und die Menschheitsentwicklung überhaupt würdigt. Dieses Werk basiert auf relativ gründlichen Studien und steuert zahlreiche wörtlich zitierte Ausschnitte aus alten Schriften bei.

An diese Tradition konnte Otakar Klíma partiell anknüpfen, als er sich in den dreißiger Jahren der Iranistik, dem Studium des alten Irans verschrieb. Damals wirkende Iranisten, Indologen und Forscher über den alten Vorderen Orient vermochten, da durchweg anders orientiert, nur bedingt mit Rat zu helfen, den überwiegenden Teil der Studien mußte Otakar Klíma auf sich gestellt leisten, oftmals aus schwer zugänglichen Publikationen und Quellen. Engagement, Eifer und tiefgründige Kompetenz in mehreren verwandten Disziplinen ließen ihn schließlich in die Reihe zeitgenössischer weltbekannter Fachleute seines Gebiets aufrücken, wie es zum Beispiel N. V. Pigulewskaja, J. Duchesne-Guillemin, A. A. Dandamajew, R. N. Frye und weitere waren.

Otakar Klíma wurde am 15. November 1908 in Prag als einziger Sohn eines Angestellten militärischer Betriebe geboren. Nach dem Besuch des Gymnasiums in den Jahren 1927 bis 1931 studierte er an der philosophischen Fakultät der Karlsuniversität slawische, germanische und orientalische Philologie. Im letzteren Fach waren seine Lehrer Hrozný, Lesný, Rypka, Tauer, Růžička, in allgemeiner Sprach- und Literaturwissenschaft gaben ihm, wie er bekennt, auch Smetánka, Ryšánek, Weingart, Janko, Fischer sehr viel. Nachdem er im Jahre 1931 zum Doktor der Philosophie promoviert hatte, unterrichtete er an verschiedenen Prager Oberschulen Tschechisch und Deutsch, wobei er ständig seine Kenntnisse über den alten Vorderen Orient erweiterte und kleinere Arbeiten publizierte. Die Qualifizierung auf diesem Gebiet ist äußerst aufwendig; sie verlangt nicht nur, daß die Fachliteratur verfolgt wird, sondern setzt auch gediegene Kenntnisse in Latein, Griechisch, Sanskrit voraus sowie passive Beherrschung der alten und neuen orientalischen Sprachen, selbstverständlich aller drei Etappen des Persischen, der alten, der mittleren, der neuen, und zuletzt der altarmenischen, der syrischen, hebräischen, aramäischen und arabischen Sprache.

Als das Prager Orientalische Institut im Jahre 1953 zur Tschechoslowakischen Akademie der Wissenschaften kam, wurde Otakar Klíma zu dessen leitendem wissenschaftlichen Mitarbeiter berufen, und hier verteidigte er im Jahre 1960 vor den Forschern Rypka, Matouš, Tauer und der sowjetischen Expertin N. V. Pigulewskaja sein Doktorat der philologischen Wissenschaften, und zwar als erster auf dem Gebiet orientalischer Philologie.

Von seiner unermüdlichen Arbeit während seiner Gymnasialprofessur zeugt die Tatsache, daß er kurz nach seinem Eintritt in das Orientalische Institut zwei wissenschaftliche Arbeiten über iranische Geschichte vorlegen konnte, die ihn zu einem der führenden Fachleute in der Welt machten. Es sind die Monographien »Mazdak, Geschichte einer sozialen Bewegung im sassanidischen Persien« (1957) und »Manis Zeit und Leben« (1962). Den Mazdakismus stellt Klíma als eine soziale Bewegung dar, die sich nicht allein unter den Persern durchsetzte, sondern auch andere damals im Iran lebende Völkerschaften erfaßte. Er betont den Volkscharakter des Mazdakismus, seinen Einfluß auf den Zerfall der adligen Familien und der Polygamie und weist nach, daß die Mehrheit seiner Anhänger kleine Ackerbauern und die städtische Armut bildeten. Schließlich macht er auf die Verbindungen zwischen dem Mazdakismus und Manichäismus aufmerksam sowie auf beider Vermengung in den Quellen. Beide Publikationen stießen auf positiven Widerhall und beförderten das Wissen über den vorislamischen Iran und Vorderen Orient letztlich auch dadurch, daß sie die sozialen Elemente in der Lehre beider Reformatoren hervorheben. Hohe Verdienste erwarb sich Klíma auch mit seinem eigenständigen Kapitel über die vorislamischen iranischen Literaturen in dem Sammelband »Geschichte der persischen und tadshikischen Literatur«, den Jan Rypka im Jahre 1958 besorgte und im Jahre 1963 erneut herausgab. Im Rahmen dieser Publikation gelangte Klímas Abhandlung auch in die deutsche (1959), englische (1968), russische, polnische (beide 1970) und persische (1975) Übersetzung. Zugleich hat Klíma an der Herausgabe der ersten tschechischen Grammatik des Hebräischen und Aramäischen (1965) den Hauptanteil. Im Jahre 1964 erschien von ihm ferner eine sehr umfangreiche populärwissenschaftliche Publikation über Zarathustra.

Otakar Klíma kann mit etwa zweihundert, zum Teil wissenschaftlichen Artikeln aufwarten. Überwiegend sind sie in der Zeitschrift tschechoslowakischer Orientalisten (Archiv orientální) erschienen, aber auch in ausländischen Fachorganen und Sammelbänden. Die wissenschaftlichen Beiträge befassen sich häufig mit Mazdaks und Manis Leben und Lehre. Bedeutungsvoll sind Klímas Zuarbeiten für das mittelpersische Wörterbuch und sein Aufsatz »Wie sah die persische Geschichtsschreibung in der vorislamischen Periode aus«, worin er sehr anschaulich darlegt, weshalb keine historische Abhandlung aus der altpersischen und mittelpersischen Zeit überkommen ist. Alle diese Arbeiten fußen auf erschöpfendem Studium ältester Schriftdenkmale. Auch Klímas Rezensionen ausländischer wissenschaftlicher Publikationen dürfen in der Mehrzahl getrost als kleinere wissenschaftliche Artikel gelten.

Zu Klímas Verdiensten gehört schließlich, daß er über die gesamte Zeit seines Wirkens es verstanden hat, seine Forschungsergebnisse in zugänglicher Form breiteren Leserkreisen zu vermitteln. Vor allem waren es Artikelserien in der Zeitschrift »Nový Orient« über Mazdak, das Leben im alten Iran, über den Manichäismus und Mani sowie seine Übersetzungen aus dem Mittelpersischen, wie die Erzählung über Joschti Frjan (Nový Orient 1947/1948), und nicht zuletzt das Buch, das der geschätzte Leser eben zu Ende gelesen hat.

Zur Verbreitung und Vertiefung der Kenntnis über den alten Iran tragen Klímas Stichwörter in verschiedenen Enzyklopädien und Lexika bei, wie im Lexikon der Schriftsteller Asiens und Afrikas (Prag 1967), im Handkonversationslexikon, in der in Vorbereitung begriffenen großen tschechoslowakischen Enzyklopädie oder im Dictionary of Oriental Literatures (London, 1974).

Otakar Klíma konnte, wie gesagt, auf bestimmte Traditionen zurückgreifen, doch als Wissenschaftler mußte er sich selber profilieren. Er hat das Niveau einschlägiger Studien und Forschungen bei uns wesentlich angehoben und gleichzeitig in beachtlichem Maße weltweit das Kennenlernen iranischer und mittelasiatischer Vergangenheit angeregt. Wünschenswert wäre es, daß seine übers ganze Leben gesammelten Erfahrungen und Kenntnisse einen Fortsetzer fänden, der sich indessen zum Leidwesen tschechoslowakischer Wissenschaft bislang nicht eingestellt hat.

Jiři Bečka

Zeittafel

Medisches Großreich:

Kyaxares (Uvachschtra) 625-585. Astyages 585-550.

Achämenidisches Großreich:

Kyros II., der Große (Kurusch) 559-530. Ende des medischen Reiches 550, des lydischen 546, des babylonischen 539.

Kambyses II. (Kambudshija) 530-522. Eroberung Ägyptens 525.

Gaumata 11. März–29. September 522.

Dareios I., der Große (Darajavausch) 522-486. Etwa 513 Feldzug gegen die Skythen. 500/499 bis 495/494 ionischer Aufstand. 492 Untergang der Flotte bei Athos. 490 Marathon.

Xerxes I. (Chschajarscha) 486-465. Thermopylen 480. Seegefechte bei Artemisia und Salamis. 479 Schlachten bei Plataiai und Mykale. 469 Kämpfe am Eurymedon.

Artaxerxes I. (Artachschaça) 465–424. Etwa 449 Kalliasfriede.

Xerxes II. und Sogdianos 424.

Dareios II. 424–404. (nach Ohmstead 423)

Artaxerxes II. 404–359. 401 Kyros der Jüngere bei Kunaxa. 399–387 Krieg gegen die Griechen. 387/386 Königlicher oder Antalkidasfriede.

Artaxerxes III. 359–338.

Arses 338–336.

Dareios III. 336–330. 334 Schlacht am Granikos. 333 Issos. 331 Gaugamela.

Artaxerxes IV. Bessos 330–328.

Makedonisch-griechisches Großreich:

Alexandros III., der Große, Juli 330–Juni 323.

Philip Arrhidaios 323–316.

Alexandros IV. Aigos 316–310.

Seleukos I. Nikator 312–281. 7. (später 1.) Oktober 312

Epoche der Seleukidenära, in Babylonien 3. April 311.

Antiochos I. Soter 281–261.

Antiochos II. Theos 261–246.

Griechisch-baktrisches Reich etwa 250–130.

Parthische Könige aus dem Arsakidengeschlecht:

Arsakes etwa 250–248.

Tiridates I. etwa 248–211. Epoche der parthischen Ära 15. April 247.

Artabanos I. etwa 211–191.

Phriapites etwa 191–176.

Phraates I. etwa 176–171.
Mithridates I. etwa 171–138/137.
Phraates II. 138/137–128.
Artabanos II. etwa 128–124/123.
Mithridates II. etwa 123–88.
Gotarzes I. 91–81/80.
Orodes I. 80–76/75.
Sinatrukes 76/75–70/69.
Phraates III. 70/69–58/57.
Mithridates III. 55.
Orodes II. etwa 57–37/36. 53 Crassus' Niederlage bei Carrhae. 38 Pakoros' Niederlage am Gindaros.
Phraates IV. etwa 38–2.
Tiridates II. etwa 30–25.
Phraates V. (Phraatakes) mit Musa 2 v. u. Z. bis 4 u. Z.
Orodes III. 4–etwa 6/7.
Vonones I. 7/8–12.
Artabanos III. 12–etwa 38.
Tiridates III. etwa 36.
Kinnamos etwa 37.
Gotarzes II. etwa 38–51.
Vardanes etwa 39–47/48.
Vonones II. etwa 51.
Vologases I. (Valgasch) 51/52–79/80.
Pakoros II. 78–115/116.
Artabanos IV. 80–81.
Osroes etwa 109/110–128/129.
Parthmaspates etwa 117.
Vologases II. 105/106–147.
Mithridates IV. 128/129–147.
Vologases III. 148–192.
Vologases IV. 191–207/208.
Artabanos V. (Ardavan) etwa 212/213–April 224.
Vologases V. 207/208–222/223. (Oft wird behauptet, er habe seinen Herrschaftsanspruch bis 227 aufrechterhalten)
Artavasdes etwa 224–228/229?

Persische Könige aus dem Sassanidengeschlecht:

Ardaschir I., Papaks Sohn, 224–241.
Schahpuhr I. 241–272. 243–244 Krieg gegen Kaiser Godianes III. Etwa 260 Gefangennahme Kaiser Valerians. 216–276 Mani, Stifter des Manichäismus.
Hormizd I. 272–273.
Bahram I. (Varhran) 273–276.
Bahram II. 276–293.
Bahram III. 293.
Narse 293–302. 296–298 Krieg gegen Rom.
Hormizd II. 302–309.
Adhar-Narse 309.
Schahpuhr II., der Schulterausrenker 309–379. 339 Beginn der Christenverfolgung. 363 Krieg gegen Kaiser Julianus.
Ardaschir II. 379–383.
Schahpuhr III. 383–388.
Bahram IV. 388-399. 389 Teilung Armeniens.
Jazdkart I. 399–420.
Bahram V. Gor 420–438.
Jazdkart II. 438–457. 451 armenischer Krieg.
Hormizd III. 457–459.
Peroz I. 459–484.
Valgasch 484–488.
Kavad I. 488–531. Etwa 494 Anfänge der Mazdakitenunruhen.
Gegenkönig Zamasp 496–498. 502 ff., 526 ff. Kriege gegen Rom.
Husrav I. (auch Chosrau) Anoscharvan 531–579. 532 Friede mit Rom. 540–562 Krieg gegen Rom. 572 erneut Krieg gegen Rom. Etwa 572 persische Kolonie im Jemen.
Hormizd IV. 579–590.
Bahram VI. Tschoven 590–591.
Husrav II. Parvez 591–628. 603–628 letzter römisch-persischer Krieg. 628 Belagerung Konstantinopels. 627 Schlacht bei Ninive. Zwischen 604 und 610 Schlacht bei Dhu Kar.
Kavad II. Scheroë 628. Friede mit Rom.
Ardaschir III. 628–630. Thronräuber Schahrvaraz 28. April–9. Juni 630. 630-633 kurzfristige Regenten in größtenteils verschiedenen Gebieten: Königin Boran, Dshuvanscher, Husrav III., Guschnaspbandak, Azarmeducht, Hormizd V., Husrav IV., Peroz II., »der mit dem großen Kopf«, Farruchzad Husrav.
Jazdkart III. 632–651. 16. Juni 632 Epoche der Jazdkartära.
633 Beginn des arabisch-persischen Krieges.
637 Schlacht bei Kadisia, Einnahme Ktesiphons. 642 Schlacht bei Nehavand.
Peroz III. im Osten ab 651, in China etwa 678/679. 11. Juni 652 Epoche der Magierära, erstes Jahr = 21. Jahr der Jazdkartära.

Auswahl aus der Fachliteratur zum Studium iranischer Geschichte

F. Spiegel, Erânische Alterthumskunde. 3 Bde., Leipzig 1871–1878
R. Ghirshman, L'Iran des origines à l'Islam, Paris 1951
R. N. Frye, The Heritage of Persia, London 1962
I. M. Djakonov, Istorija Midii, Moskau 1956
H. Humbach, Die Gathas des Zarathustra, 2 Bde., Heidelberg 1959

F. Wolff, Avesta, die heiligen Bücher der Parsen, Berlin–Leipzig 1924
G. Cameron, Histoire de l'Iran antique, Paris 1937
O. Klíma, Dějiny avestské, staroperské a středoperské literatury im Buch J. Rypkas, Dějiny perské a tádžické literatury, Prag 1956, 2. Ausg. 1963, auch in dtsch. Leipzig 1959, engl. Dordrecht 1968, poln. Warschau 1970, russ. Moskau 1970, pers. Teheran 1975
O. Klíma, Zarathuštra, Prag 1964
B. Brentjes, Die iranische Welt vor Mohammed, Leipzig 1967
R. C. Zaehner, The Dawn and Twilight of Zoroastrianism. London 1961
J. Duchesne-Guillemin, La religion de l'Iran ancien, Paris 1962
A. Kammenhuber, Die Arier im Vorderen Orient, Heidelberg 1968
Grundriss der iranischen Philologie, 2. Bd. hrsg. W. Geiger u. A. Kuhn, Strassburg 1895–1904
Pauly–Wissowa–Kroll, Real-Encyklopädie der classischen Altertumswissenschaft, Stuttgart 1893 ff.
Abu Raihan al-Biruni, Al-athar al-bakija, arab. Text hrsg. E. Sachau, Leipzig 1878, russ. Übersetzung (stellenweise aus später gefundenen Handschriften) von M. A. Sal'e, Taschkent 1957
J. V. Prášek, Geschichte der Meder und Perser bis zur makedonischen Eroberung, 2 Bde., Gotha 1906, 1910
E. Meyer, Geschichte des Altertums, IV. Bd., Stuttgart 1939
Fragmenta historicorum graecorum, ed. C. Müller. Paris 1841 ff.
Bibliotheca scriptorum graecorum et romanorum Teubneriana, Leipzig ab 1849
N. Sharp, The Inscriptions in Old Persian Cuneiform of Achaemenitan Emperors, Schiraz
Ali Sami, Persepolis, 4. Auflage, Schiraz 1966
M. Dandamaev, Iran pri pervych Achemenidach, Moskau 1963
G. Widengren, Der Feudalismus im alten Iran, Köln-Opladen 1969
M. I. Rostovtzeff, The Social and Economic History of the Ancient World, Oxford 1941
N. Debevoise, A Political History of Parthia, Chicago 1938
W. Tarn, The Greeks in Bactria and India, Cambridge 1951
N. V. Pigulevskaja, Les villes de l'Etat iranien aux epoques parthe et sassanide, Paris–Den Haag 1963
Th. Nöldeke, Geschichte der Perser und Araber zur Zeit der Sassaniden. Aus der arabischen Chronik des Tabari, Leyden 1879
A. Christensen, L'Iran sous les Sassanides, 2. Ausg., Kopenhagen 1944
H. Ch. Puech, Le manichéisme, Paris 1949
O. Klíma, Manis Zeit und Leben, Prag 1962
O. Klíma, Mazdak. Geschichte einer sozialen Bewegung im sassanidischen Persien, Prag 1957
L. J. R. Ort, Mani. A Religio-historical Description of his Personality, Leiden 1967
F. Altheim, Ein asiatischer Staat, Wiesbaden 1954
A. Müller, Der Islam im Morgen- und Abendlande, I. Bd., Berlin 1885
Enzyklopaedie des Islam. In 5 Bdn. hrsg. M. Th. Houtsma, A. J. Wensinck u. a., Leipzig
R. N. Frye, The history of ancient Iran, München 1983
Cambridge History of Iran, Cambridge seit 1973
W. Sundermann, Mitteliranische manichäische Texte kirchengeschichtlichen Inhalts, Berlin 1981
H. Humbach u. P. O. Skjaervø, The Sassanian Inscription of Paikuli, 2 Bde., Wiesbaden 1978, 1983

Erläuterungen

Abbassiden – Kalifendynastie (750–1258), die sich auf Abbas ibn Abdalmuttalib, einem Onkel des Propheten Mohammed, zurückführte. 750 verjagten die Abbassiden die Omaijiden aus Syrien. Unterstützung fanden sie unter der sich rasch entwickelnden städtischen Bevölkerung und unter den Schi'iten. Die arabische Aristokratie verlor zunehmend ihre alleinherrschende Position und mußte diese verstärkt mit den Oberschichten anderer islamischer Völker teilen. Seit dem 9. Jahrhundert gerieten die Kalifen mehr und mehr in Abhängigkeit von den Führern vor allem der türkischen Leibwache (Seldschuken), die in Bagdad die eigentliche Macht ausübten. 1258 wurde der letzte Kalif nach der Eroberung ihrer Residenz durch die Mongolen hingerichtet.

Arier (Lindo-iranisch Arya) – edel, von guter Abstammung. Mit Arier haben sich jene indoeuropäischen Stämme bezeichnet, die um die Mitte des 2. Jahrtausends v. u. Z. von Norden her nach dem Iran und Indien einwanderten. Nach lange andauernden Kämpfen unterwarfen die Arier die einheimische Bevölkerung und setzten ihre Ideologie und Religion durch. Die Arier waren halbnomadische Rinderzüchter, die sich im Stadium der zerfallenden Urgesellschaft befanden. Aus der Synthese von arischer und vorarischer Gesellschaft entstand in Indien und Iran die Klassengesellschaft. Über die Urheimat der Arier gibt es unterschiedliche Meinungen. Verschiedene Forscher nehmen das Zweistromland zwischen Amu Darja und Syr Darja als Siedlungsgebiet und die spätere Handelsstraße von Baktrien nach Indien als möglichen Wanderweg an, wogegen andere die Ansiedlung weiter nördlich vermuten und für eine Wanderung der Arier nach Indien durch das Pamir-Vorland plädieren. Während des Faschismus wurde das Wort Arier mißbraucht und insbesondere die Rolle der vorderasiatischen »Arier« stark aufgewertet. Die Wissenschaft korrigierte inzwischen die Auswirkungen dieser Verfälschung grundlegend und nachhaltig.

Bogomilen – Anhänger einer religiös-sozialen Sektenbewegung, benannt nach ihrem Begründer Bogomil, einem bulgarischen Dorfpriester aus dem 10. Jahrhundert, der in Makedonien wirkte. In Anlehnung an die Paulikianer vertraten die Bogomilen eine dualistische Weltauffassung, nach der Gott und Satan, ein abgefallener Sohn Gottes, nebeneinander das Weltgeschehen bestimmen, wobei die irdische Welt und alles Körperliche als Schöpfung des Satans aufgefaßt werden. Das bedeutete eine scharfe Verneinung irdischen Reichtums, weltlicher Macht, kirchlichen Kults sowie kirchlicher Ordnung überhaupt. Diese Forderung nach einer streng asketischen Lebensführung fand vor allem im 10. Jahrhundert bei der bulgarischen Bauernschaft Anklang. Bis zum 12. Jahrhundert beeinflußten die Bogomilen mit ihrer Weltsicht die Ketzerbewegungen in großen Teilen Europas.

Chan – Titel eines Herrschers über einen Stammesverband in Zentralasien, allgemein auch »Herrscher« genannt. Der Chantitel wurde auch noch in islamischer Zeit verwendet.

Denkard (mittelpersisch, Acta der Religion) – Enzyklopädie in mittelpersischer Sprache, die im 9. und 10. Jahrhundert eine endgültige Fassung erhielt. Von den damals existierenden 9 Bänden gingen zwei verloren. Das Denkard gilt als umfangreichstes, aber auch schwierigstes Werk der Pahlavi-Literatur. Neben theologisch-philosophischen Abhandlungen enthält das Denkard unter anderem auch Spruchweisheit und eine legendäre Zarathustra-Biographie im Rahmen einer theologisch fundierten, mythischen Menschheitsgeschichte.

Diadochen (griechisch, Nachfolger) – makedonische Feldherren, die nach dem Tod Alexanders des Großen dessen Reich 323 und 321 v. u. Z. unter sich aufteilten. Die bedeutendsten unter ihnen waren Antipatros (Makedonien), Lysimachos (Thrakien), Antigonos (Phrygien), Seleukos (Babylonien, Syrien), Ptolemaios (Ägypten). Im 4. Jahrhundert v. u. Z. nahmen die Diadochen den Königstitel an und gründeten eigene Dynastien. Nach den sogenannten Diadochenkriegen entstanden hellenistische Reiche wie Makedonien (Antigoniden), Syrien (Seleukiden), Ägypten (Ptolemaier).

Ekbatana (griech., ⟨ altpers. Hagmatana, heute Hamadan) – Hauptstadt des Reiches der Meder im 7./6. Jh. v. u. Z. Später wurde es Residenz der Achämeniden (559 – 330 v. u. Z.) und dann der Arsakiden (3. Jh. v. u. Z. – 226). In Ekbatana blühten bis zum 1. Jahrtausend u. Z. Handwerk und Handel. Die Festungsanlagen der Stadt waren für die Beherrschung des nordwestlichen Iran von besonderer Bedeutung.

Eklektiker – Vertreter des Eklektizismus (⟨ lat., ⟨ griech., Auswahl). Der Eklektizismus war ein in der Philosophie und in der Kunst angewandtes Verfahren, durch Auswahl aus früheren Schöpfungen eigene Werke zusammenzusetzen, ohne daß eine eigenständige Qualität entstehen kann, weil die Bestandteile nicht zueinander passen bzw. sich widersprechen. In Griechenland waren die Eklektiker und ihre eklektizistische Philosophie vor allem in der Zeit des Hellenismus präsent.

Ephesos (lat. Ephesus) – antike Stadt an Kleinasiens Westküste. Das heutige Ephesos liegt etwa 7 km landeinwärts. Um 1100 v. u. Z. besiedelten Ionier die Stadt. Ephesos wurde eine der bedeutendsten Handelstädte des Altertums (Kulturstätte, Münzprägestätte, bedeutender Hafen). Nachdem zunächst eine aristokratische Regierungsform herrschte, folgte im 7. Jh. v. u. Z. die Tyrannis, der sich im 6. Jh. v. u. Z. eine gemäßigte Demokratie anschloß. Auf den Tempelresten einer karischen Fruchtbarkeitsgöttin wurde 560/550 v. u. Z. das Artemision (Artemistempel, eines der »Sieben antiken Weltwunder«) erbaut. Etwa um 560 v. u. Z. eroberte der Lyderkönig Kroisos die Stadt Ephesos. Später geriet Ephesos unter persische Herrschaft, 189–133 v. u. Z. war es pergamenisch, seit 133 v. u. Z. römisch. Die Goten zerstörten im Jahre 263 die Stadt, die später wieder aufgebaut wurde. 395 byzantinisch geworden, fiel Ephesos 1426 an die Türken.

Fasces (lat.) – mit Lederriemen umschnürte Rutenbündel; für die höchsten römischen Magistrale Zeichen der Amts- und Strafgewalt. Liktoren (Amtsdiener) trugen sie den Beamten voran.

Gathas (avest., Lied, Hymnus) – 16 bzw. 17 Strophen umfassende und metrische Dichtungen des Zarathustra, die in der überlieferten

Form dessen Religionsvorstellungen mitteilen. Es sind Gebetshymnen, die den Opferakt begleiteten und an die Gottheit gerichtet waren. Aufgrund der außerordentlichen Schwierigkeit ihrer Sprache sind ihrem Verständnis enge Grenzen gesetzt.

Gaugamela – Stadt in der Tigrisebene, wo Alexander der Große 331 v. u. Z. das persische Heer unter Dareios III. besiegte.

Gnostiker – Anhänger des Gnostizismus (Gnosis). Der Gnostizismus (griech.) war eine religiöse Bewegung der Spätantike. Diese Religion war vorchristlich orientalischen Ursprungs mit streng dualistischem Charakter, Abwertung des Kosmos als Schöpfung eines minderwertigen Gottes und Glaube an die Erlösung der Seele (oder des Geistes) aus der diesseitigen Fessel durch »Wissen« um ihren göttlichen Ursprung. Die Gnostiker führen ihre Lehren auf übernatürliche Offenbarungen zurück, die uns in zahlreichen Schriften, vor allem in koptischer Sprache, erhalten sind. Ihre Ethik ist entweder asketisch oder ausschweifend orientiert. Darin drückt sich wohl der radikale Protest gegen die antike Gesellschaft aus, allerdings ohne sozial wirksam zu werden. Der Gnostizismus ist ein Produkt des Synkretismus (jüdische, iranische, griechische und christliche Elemente). Er zerfiel in mannigfaltige Sekten und Schulen, durchsetzte Judentum, Christentum, Mysterienkulte und erreichte seinen Höhepunkt in den christlich-gnostischen Systembildungen des 2. Jh. und im Manichäismus. Die frühe christliche Kirche konnte sich der Gnostiker nur in harten Kämpfen erwehren. Vollkommen konnte sie ihren Einfluß auf die christliche Lehrbildung nicht beseitigen.

Gundeschahpur (neupers., das Heer Schahbuhrs; syr. Beth Lapat) – von Schahpuhr I. (241–272) gegründete Stadt in Südwestiran zwischen Schuschtar und Susa. Hier wurden die aus Antiochia weggeführten römischen Gefangenen angesiedelt. Im 3. Jahrhundert wurde Gundeschahpuhr Hauptstadt des sassanidischen Reiches. Vom 6. bis 9. Jahrhundert gab es hier eine bedeutende medizinische Akademie.

Gutäer (auch Gutier, keilschriftl. Quti) – Bevölkerung in den Gebirgen östl. des Tigris, später auf alle Bewohner dieses Berglandes ausgedehnt. Die Gutäer wurden zuerst in mesopotamischen Keilschrifttexten aus dem 23. Jh. v. u. Z. genannt. Sie trugen zum Zusammenbruch des Akkadischen Reiches bei und beherrschten vom 23. Jh. bis zum 22. Jh. v. u. Z. Teile Mesopotamiens. Der letzte König der Gutäer wurde vom Herrscher von Uruk (Südmesopotamien) besiegt. Damit fand die Herrschaft der Gutäer in Mesopotamien ihr Ende, jedoch kämpften Könige aus Mesopotamien auch später noch gegen die Gutäer.

Harappa – eine der größten Städte der bronzezeitlichen Industal-Kultur im Panjab (3. – 2. Jahrtausend v. u. Z.), die 1921 ausgegraben wurde. Ihre Entdeckung war ein Hinweis auf Existenz einer hochentwickelten Zivilisation in Indien vor Einwanderung der Arier (um 1200 v. u. Z.), daher spricht man bei der Industal-Kultur auch von Harappa-Kultur. Die Stadt Harappa entstand um 3000 v. u. Z. wahrscheinlich als Siedlung von Einwanderern aus dem afghano-belutschistanischen Raum (Zhob-Kultur) und wurde später zum Zentrum des Fernhandels nach Iran und Mittelasien. Die Bevölkerung Harappas lebte in erster Linie von handwerklicher Produktion (Schmuck, Keramik) und vom Handel. Seit dem Beginn des 2. Jahrtausends v. u. Z. ging der Fernhandel zurück, und es kam zum Niedergang.

Herbed (mittelpers., altiran., aethrapati, Feuerpriester; auch Ehrpat, Herpat) – zoroastrischer Priestertitel, der vor allem in Südwestiran verbreitet war. Neben den Movbeds bildeten die Herbeds die wichtigste Priesterschaft im sassanidischen Reich. Sie waren vor allem für den priesterlichen Unterricht verantwortlich.

Hyrkanien (altpers. Varkana) – fruchtbare, von zahlreichen Gewässern durchzogene Landschaft im Südosten des Kaspischen (Hyrkanischen) Meeres. Hyrkanien war recht dicht besiedelt und besonders durch seine Pferdezucht berühmt.

Kappadokien – Landschaft Kleinasiens östlich des Halys (heute Teil der Türkei), nach den um 700 v. u. Z. eingewanderten Kappadoken so genannt. Seit Mitte des 6. Jh. v. u. Z. war Kappadokien lydisch, unter Kyros II. persische Satrapie. Nach kurzer makedonischer Herrschaft schufen die Kappadoken 255 v. u. Z. unter dem Perser Ariarathes III. ein selbständiges Königreich. Im Jahre 17 wurde es schließlich römische Provinz.

Kassiten – heute gebräuchlicher Name für die in Keilschrifttexten des 2. Jahrtausends v. u. Z. als Kaschschu bezeichnete Bevölkerung, deren erste Gruppen bereits im 18. Jh. v. u. Z. aus den östlichen Gebirgen in Babylonien einwanderten. Andere Gruppen ließen sich am mittleren Euphrat nieder. Nach dem Sturz der Hammurapi-Dynastie (um 1595 v. u. Z.) durch die Hethiter übernahmen die Kassiten in Babylon die Macht. Bis zum 12. Jh. v. u. Z. regierten sie Babylonien, bevor die Elamer die Dynastie stürzten.

Kavi (avest., mittelpers. Kaj) – vorachämenischer ostiranischer Herrschertitel, von dem auch die halblegendäre Dynastie der Kajaniden ihren Namen hat. Das altindische kavi bezeichnet den übernatürliches Wissen besitzenden Menschen oder Gott, im Iran benennt Kavi einen durch sakrale Würde ausgezeichneten König, etwa einen Priesterkönig. In der mitteliranischen und späteren Überlieferung dagegen stand die Stärke und Größe der Kajaniden-Herrscher im Vordergrund, so daß man das neben dem Dynastientitel kaj in seiner sekundären Bedeutung kav (»Gigant, Heros«) bewahrte.

Kilikien – Landschaft an der Südostküste Kleinasiens, deren bedeutendste Stadt Tarsos ist. Kilikien gehörte zum Perserreich und wurde 333 v. u. Z. nach der Schlacht bei Issos von Alexander dem Großen erobert. Im 2. Jh. v. u. Z. breitete sich hier besonders das Piratenunwesen aus, das erst der römische Feldherr Pompeius 67 v. u. Z. in die Schranken wies. Im Jahre 17 wurde Kilikien römische Provinz.

Ktesiphon – Stadt in Babylonien am linken Tigrisufer. Ktesiphon diente den parthischen Königen als Winterresidenz und wurde dann Hauptstadt des Sassaniden-Reiches.

Lullubier (Lullubäer) – in mesopotamischen Keilschrifttexten erwähntes Gebirgsvolk im Gebiet der heutigen Stadt Suleimanija, das vor allem von der Viehzucht lebte und sich im Stadium der zerfallenden Urgesellschaft befand. Das Land der Lullubäer (Lullubum) erscheint seit dem 23. Jh. v. u. Z. in historischen Quellen. In ihnen sind für die Zeit vom 2. bis frühen 1. Jahrtausend v. u. Z. ständige Kämpfe zwischen den Lullubiern und den Bewohnern der mesopotamischen Tiefebene überliefert. Der Name Lullubäer wird dabei oft synonym für »Bergbewohner«, »Barbar« verwendet und bezeichnet damit auch andere Stämme. In assyrischen Inschriften erscheint der engere Bereich der Lullubäer als Zamua.

Mana – besondere Ausdrucksform des Animatismus bzw. Animismus, vor allem in Polynesien verbreitet, aber auch bei den Kongopygmäen in Afrika, den nordamerikanischen Indianern sowie südamerikanischen Stämmen bekannt. Man verband damit die Vorstellung überpersönlicher Lebenskraft, die in Menschen und Tieren, aber auch in Gegenständen (z. B. in Amuletten oder Masken) wirksam sein sollte. Besondere Bedeutung hatte die Manavorstellung bei den Völkern der sich auflösenden Urgemeinschaftsordnung. Häuptlingen, Heerführern und Priestern schrieb man übernatürliche Kräfte zu, so daß sich zunehmend eine herrschende Klasse etablierte.

Manichäismus – spätantike gnostische Weltreligion, die im 3. Jh. von dem aus Mesopotamien stammenden Mani begründet wurde und gewissermaßen die hellenistische Religionsgeschichte im Orient zu einem gewissen Abschluß brachte. Dem komplizierten und teilweise stark mythologisch ausgestalteten System liegt ein strenger Dualismus zwischen Licht und Finsternis, Geist und Materie, Gut und Böse zugrunde. Im Mittelpunkt steht die Befreiung der Seele bzw. des göttlichen Geistes aus der irdischen Welt (mythologisch als Kampf des von dem höchsten Gott gegen die Finsternis gesandten »Urmenschen« dargestellt, der Teile seines Wesens in der Finsternis belassen muß). Für die Erlösung der Seele sorgen sog. Lichtboten (u. a. Seth, Buddha, Noah, Henoch, Zarathustra, Jesus, Mani). Auch asketische Lebensweise spielt eine wichtige Rolle. Der Manichäismus reichte weit nach dem Osten (Iran, Staatsreligion im Uiguren-Reich von 763–840, in China noch im 14. Jh. nachweisbar) und verbreitete sich nach dem Westen (Syrien, Ägypten und Nordafrika). Später heftige Verfolgungen (bes. durch Römer) und allmähliches Verschwinden. Die Ideen des Manichäismus setzten sich in mittelalterlichen antifeudalen Häresien (Bogomilen, Katharer) fort.

Mazdakismus – Lehre von Mazdak i Bamdadan, der um 500 eine Religion von stark sozialrevolutionärem Charakter verkündete. Mazdak trat besonders als Oberhaupt der gnostisch – manichäischen Sekte der Drist-denan (»Rechtgläubigen«) hervor. Der Mazdakismus hat in seinem Programm unterschiedliche verschiedenen sozialen Gruppen zuzuordnende Forderungen. Es wurde die Überführung des ungleichen Besitzes an Frauen und Gütern mit friedlichen Mitteln in Gemeineigentum gefordert. Andrerseits verlangte man auch die gewaltsame Umverteilung des Reichtums an Frauen und Gütern zu Lasten der Reichen und zugunsten der Armen. Ausgelöst durch Hungersnöte und verschärfte Ausbeutung des Volkes kam es zur Erhebung gegen die bestehende Ordnung (Mazdakitenaufstände).

Mazdakitenaufstände – Volkserhebung unter Mazdak i Bamdadan, die durch Hungersnöte und verschärfte Ausbeutung des iranischen Volkes am Ende des 5. Jh. ausgelöst wurde. Hauptträger der Bewegung waren die Bauern. Unter Kavad I. (488-531) formulierten Mazdak und seine Anhänger Programm und Ziele der Aufständischen, fanden eine gewisse Unterstützung des Königs und bewirkten so indirekt eine Zunahme, Verstärkung und zielgerichtete Wirkung der Erhebung. Vor allem Versuche einer gewaltsamen Überführung des materiellen Besitzes und der Harems in Gemeineigentum scheinen den Adel schwer getroffen zu haben.

Auch wenn Kavad zunächst die Mazdakitenbewegung zur Stärkung seiner eigenen Position gegenüber der Adelsschicht ausgenutzt hatte, so endeten die Aufstände letzten Endes mit der Abkehr Kavads von den Zielen Mazdaks und der blutigen Niederwerfung der Bewegung. Im Ergebnis der Mazdakitenaufstände vergrößerten sich die sozialen Differenzierungen im spätsassanidischen Iran noch und führten zur verstärkten Ausbildung feudaler Eigentumsformen.

Movbed (mittelpers., Haupt der Magier, auch Magupat, mobad) – iran.-zoroastr. Priestertitel, der in der Sassaniden-Zeit die zweithöchste Priesterklasse darstellte. Die Movbeds unterstanden wiederum dem Leiter der zoroastrischen Staatskirche, dem »Haupt der Movbeds« (movbedan movbed), dem Obermovbed.

Parni (auch Aparni) – nomadischer Stamm, im Gebiet der heutigen Turkmenischen SSR ansässig. Die Parni sprachen eine ostiranische Sprache. Nach dem Tod Alexanders des Großen drangen sie in Parthien ein und errangen 238 v. u. Z. unter Arsakes I. Die Herrschaft über dieses Gebiet. Die aus den Parni hervorgegangene Arsakiden-Dynastie dehnte ihr Machtgebiet über den Iran und Mesopotamien aus. Die Aparni wurden von der seßhaften Bevölkerung assimiliert und bildeten schließlich die Oberschicht bei den Parthern.

Parsen (mittelpers., Einwohner der Provinz Pars (Fars)) – Anhänger des Mazdaismus. Nach der Islamisierung Irans im 8. Jh. wanderten die Parsen nach Indien aus. Besonders seit dem 16. Jh. hatten sie wesentlichen Anteil an der Ausweitung und Blüte des indischen Handels mit dem Westen, der ihnen zu Ansehen und Reichtum verhalf. Dadurch konnten sie sich für wohltätige Zwecke (Schulen, Krankenhäuser) einsetzen. Die Gemeinde besteht bei den Parsen aus Priestern (Movbeds) und Laien (Behdins), wobei ein erbliches Priestertum besteht. Die Verehrung Ohrmazds, seines Propheten Zarathustra sowie Feuerkult, strenge Reinheits- und Moralvorschriften prägen die Weltanschauung der Parsen. Außer in Indien gibt es auch im Iran Parsen.

Seidenstraße – zwischen China und dem Vorderen Orient seit dem 2./1. Jh. v. u. Z. bestehende Verbindung zum Austausch von Handelsgütern. Die Karawanenstraße führte über das Tarim-Becken nach Mittelasien und von dort weiter über Palmyra, Antiocheia bis nach Rom. Neben dem Austausch von materiellen Gütern (insbesondere Seide) kam auch viel Kulturgut zu den jeweiligen Nachbarn.

Suren – arsakidisches Adelsgeschlecht. Sie spielten unter den Arsakiden (Mitte 3. Jh. v. u. Z. – 226) und Sassaniden (226-651) eine wichtige Rolle. Ein Zweig der Suren bekehrte sich zur Zeit der Sassaniden zum Christentum und bekleidete noch im 8. Jh. hohe geistliche Ämter, während ein anderer Zweig wahrscheinlich mit den letzten Sassaniden nach China ging.

Synkretismus [griech. synkretismos, Vereinigung der Kreter, oder synkerannymi, – mischen] – Synkretismus wird die seit dem Hellenismus verstärkt einsetzende Religionsmischung genannt. Ein wesentliches Merkmal des Synkretismus besteht in der Angleichung bzw. Gleichsetzung von orientalischen, griechischen und römischen Gottheiten. Wahrscheinlich wurde der Synkretismus insbesondere durch die altägyptische Vorstellung vom Einwohnen verschiedener Götter ineinander angeregt.

Talmud [hebr., Lehre] – neben der Bibel Hauptwerk jüdischer Religion. Der Talmud hat zwei Hauptbestandteile: die Mischna, die Kodifizierung der mündlichen Lehre, und die Gemara, die Erläuterungen zu diesen Vorschriften und die Diskussionen der Gelehrten über sie.

Thrakien – Siedlungsgebiet thrakischer Stämme auf der östlichen Balkanhalbinsel zwischen unterer Donau und Ägäis. Seit Homer häufig in griechischen Quellen erwähnt, wobei jedoch die Grenzen des Landes unterschiedlich angegeben sind. Die 46 von den Römern eingerichtete Provinz Thracia umfaßte nur den Balkan und die südlich davon gelegenen Territorien bis zum Mittelmeer. Etwa seit dem Ende des 3. Jhs. muß zwischen der größeren Diözese Thrakien und der dazu gehörenden kleineren Provinz Thrakien mit der Hauptstadt Philippopolis unterschieden werden.

Urartu [assyr., auch Uruatri; urartäisch Biainili] – altorientalischer Staat, der vom 9. bis 6. Jh. v. u. Z. im Armenischen Hochland existierte.

Die wirtschaftliche Grundlage Urartus war eine durch Einführung eiserner Geräte effektiver gewordene Landwirtschaft und Viehzucht sowie eine entwickelte Metallurgie (Eisen, Bronze).

Register